KB218037

가장 길었던 한 주

The Longest Week

THE

LONGEST

WEEK

"2천 년 전 그때 그곳에서는 도대체 무슨 일이 있었나?"

가장 길었던 한 주

닉 페이지

오주영 옮김

포이에마

POIEMA

가장 길었던 한 주

닉 페이지 지음 | 오주영 옮김

1판 1쇄 발행 2011. 3. 9. | **1판 4쇄 발행** 2019. 5. 11. | **발행처** 포이에마 | **발행인** 고세규 | **등록번호** 제300-2006-190호 | **등록일자** 2006. 10. 16. | 서울특별시 종로구 북촌로 63-3 우편번호 03052 | 마케팅부 02)3668-3260, 편집부 02)730-8648, 팩시밀리 02)745-4827

값은 뒤표지에 있습니다. ISBN 978-89-93474-52-7 03230 | 독자의견 전화 02)730-8648 | 이메일 masterpiece@poiema.co.kr | 좋은 독자가 좋은 책을 만듭니다. | 포이에마는 독자 여러분의 의견에 항상 귀를 기울이고 있습니다.

과거는 결코 죽지 않는다. 사실 과거는 과거가 아니기도 하다.

_윌리엄 포크너

오늘과 내일은 내가 귀신을 쫓아내며 병을 고치다가 제삼일에는 완전하여지리라.
그러나 오늘과 내일과 모레는 내가 갈 길을 가야 하리니
선지자가 예루살렘 밖에서는 죽는 법이 없느니라.

_누가복음 13장 32-33절

THE LONGEST WEEK

차례

들어가는 말 … 10

진동 : 32년 겨울 - 33년 봄 … 21
수전절
나사로의 부활

전날 밤 3월 28일 토요일 … 64
베다니에 계신 예수님 : 토요일 저녁

첫째 날 : 입성 3월 29일 일요일 … 78
승리의 입성 : 예루살렘, 아침
성전을 둘러보시다 : 성전, 오전
헬라인들과 이야기하다 : 예루살렘, 오전

둘째 날 : 성전 3월 30일 월요일 … 122
무화과나무를 저주함 : 감람 산, 아침
성전 시위 : 성전 산, 아침

셋째 날 : 종말 3월 31일 화요일 … 160
무화과나무 두 번째 이야기 : 감람 산, 이른 아침
네 가지 질문 : 성전, 아침
성전에 관한 예언 : 성전 밖, 낮
장래에 관한 예언 : 감람 산, 저녁

넷째 날 : 음모와 향유 4월 1일 수요일 … 194
예수님을 죽이려고 모의하다 : 성전, 아침
예수님에게 향유를 붓다 : 베다니, 초저녁
유다가 대제사장들을 만나러 가다 : 성전, 늦은 밤

다섯째 날 : 체포 4월 2일 목요일 … 214
식사 준비 : 예루살렘, 아침
최후의 만찬 : 예루살렘 다락방, 저녁
체포 : 겟세마네 동산, 늦은 밤부터 이른 아침까지

여섯째 날 : 처형 4월 3일 금요일 … 248
안나스의 심문 : 가야바의 집, 이른 새벽
야간 재판 : 가야바의 집, 이른 새벽
뜰에서 지켜보는 베드로 : 가야바의 집, 이른 새벽
산헤드린 공회 아침 모임 : 가야바의 집, 오전 6시
빌라도의 첫 번째 재판 : 헤롯 궁, 오전 7시
헤롯 안디바의 심문 : 하스몬 궁, 오전 7시 30분
유다의 죽음 : 성전고, 오전 8시
빌라도의 두 번째 재판 : 헤롯 궁, 오전 8시
채찍에 맞음 : 헤롯 궁, 오전 8시 15분
십자가 처형 : 골고다, 오전 9시
사방이 어두워짐 : 골고다, 정오
죽음 : 골고다, 오후 3시
장사지냄 : 골고다 근처 무덤, 오후 4시

일곱째 날 : 침묵 4월 4일 토요일 … 358
경비병이 무덤을 지킴 : 헤롯 궁, 아침 8시

여덟째 날 : 귀환 4월 5일 일요일 … 364
빈 무덤 : 무덤, 오전 5시
엠마오로 가는 길 : 엠마오 길, 오후
다락방 : 다락방, 저녁

여진 : 33년 이후 … 385

주註 … 394 / 참고도서 … 420 / 찾아보기 … 428

–

33년 4월 3일 금요일

요셉의 아들 여호수아, 흔히 나사렛 예수라 불리는 사람이 처형되었습니다.

그 사람이 이 도시에 들어온 건 불과 엿새 전이었어요.
감람 산 언덕에서부터 환호하는 무리를 이끌고 들어왔습니다.
그 후 며칠간, 도시 전체는 그 사람에 관한 소문과 논쟁으로 들썩였습니다.
성전에서 소동을 일으키고 납세 거부를 지지하더니, 성전 정결법에 도전하고,
유대든 로마든 모든 권위에 대항했습니다.
하지만 결국에는 자기 제자 중 한 사람에게 배신당했다고 합니다.
유대 귀족들에게 급히 재판을 받고, 로마 당국으로 넘겨졌다는군요.
다양한 권력집단과 사람들 사이에서 정치적 거래와 협상이 오간 끝에,
로마는 그를 처형하는 데 동의했습니다.
로마 군사들이 사마리아에서 파견되어 나왔는데, 어찌나 심하게 매질을 했는지
그 탓에 십자가에서 빨리 숨을 거두었다는군요.
어떤 부자가 그를 묻을 수 있게 해달라고 로마에 청원을 했답니다.
유대 종교법을 따르느라 시신을 급히 안치한 모양이더군요.

그저 갈릴리 출신 소란꾼이에요.
또 하나의 자칭 메시아지요.
로마제국 정치사에 한 줄이나 기록될까요?
제국 변방에서는 늘 일어나는 처형이니까요.

특별할 것 하나 없는 일입니다.

The Longest Week

-

들어가는 말

이 책은 예수님의 생애 마지막 일주일의 기록이다.

그렇다고 신학 책은 아니다. 그렇다고 영성 책도 아니다. 영적인 측면이 있다고는 생각하지만. 지어낸 이야기도 아니다. 상상력을 동원해야 하는 장면이 많기는 하지만. 비밀 결사 음모서도 아니다. 음모를 담고 있기는 하지만. 이 책은 역사를 다룬 책이다. 예수님의 생애와 시대에 대해 우리가 알고 있는 것, 그리고 그것이 전체 이야기를 이해하는 데 어떤 도움을 주는지를 다룬다. 도시와 사람들, 시간과 공간에 대한 책이다. 세상을 전적으로 변화시킨 일주일에 관한 책이다.

어떤 독자들은 '역사'라는 용어를 이런 이야기에 갖다 붙일 수 있는지 의구심을 품을지도 모르겠다. 오늘날 우리는 이 이야기를 하나의 신화나 은유로 들어왔다. 등장인물은 창작품이고 그 자체로 거대한 상징이 되는 신화나 은유 말이다. 역사라니? 말도 안 된다. 역사는 그냥 놔두는 게 최선이다. 그저 이 모든 것을 하나의 이야기로 생각하라.

하지만 진실을 말하자면, 실제 역사적인 사실이 있기에 예수님의 마지막 일주일의 행적을 탐구할 수 있다. 이 이야기는 속속들이 실제 사실들로 가득 차 있다. 이 이야기의 구석구석에 등장하는 사람들은 실존했던 역사적 인물들로, 당시 사회에 속해서 살아 숨 쉬고 일하고 땀 흘렸던 사람들이다. 또 그 역사 속으로 파고들어 가서 종교적 성상과 신학적 해석을 벗겨내면 거기서 또 하나의 이야기를 발견할 수 있다. 지극히 인간적인 정념이 그 이야기의 영적인 의미를 설명해준다. 이것은 두려움과 분노의 이야기이다. 비폭력 저항과 국가 차원의 잔학행위이다. 버림받은 자와 힘 있는 자, 행렬과 향유, 애찬과 절기, 죽음과 어둠, 궁극적으로는 승리의 이야기이다. 정확히 우리가 기대하는 바를 담은 이야기는 아니다. 다만 그리스도인으로서 내가 이 책에 바라는 게 있다면, 이 책이 내가 잘 아는 도시로의 여행을 안내하되, 한 번도 가보지 않은 골짜기와 샛길들, 있는 줄도 몰랐던 거리와 광장으로 이끌어주었으면 한다. 이 이야기는 우리가 깨달은 것보다 더 어둡고 복잡한 이야기이다. 정치와 이중 거래와 배반과 타협이 얽힌 드라마이고, 지축을 흔드는 믿기 어려운 사건이며, 실패로 보이지만 영광스러운 승리를 담은 이야기이다.

위와 같은 이야기들을 다룰 예정이다. 진정한 역사를 모르면, 다른 사람이 꾸며낸 이야기를 믿을 수밖에 없다. 그리스도인이든 아니든 그 시대 문화를 이해하려 하거나 정말 무슨 일이 있었는지 알려 하지 않는다면, 다른 사람이 이야기를 꾸며내는 걸 막을 수 없다. 그리고 그들은 이 이야기를 사용해 수천 가지 방식으로 수천 가지 내용을 주장할 것이다. 그들이 주장하는 예수는 그분이 결코 말하지 않은 이야기들을 떠들고, 그분이 결코 원하지 않은 것을 그분의 손에 쥐어줄 것이다. 그들은 이 이야기를 가져다가 시청자들의 지갑을 여는 데 사용하거나, 권력자의 입장을 정당화하거나, 종말에 관한 이론을 퍼트리거나, 인종주의와 광신주의로 왜곡할 것이다. 역사상 가장 위대한 비폭력적 사랑 이야기를 가져다가 무시무시한 폭력행위를 정당화하는 데 사용할 것이다.

그렇다. 이 책은 이런 것들을 다룬다.

시간별 구성

역사적 사실을 서술하는 데도 이야기를 재구성할 필요가 있다. 역사, 적어도 읽을 가치가 있는 역사 중 사실 관계만 담고 있는 역사는 없다. 고고학과 고전학처럼 명백히 '사실적인' 근거에도 불구하고 여기에는 해석이 필요하다. 우리는 사실을 알 뿐만 아니라, 그것을 검토하고 어루만져 마음속으로 휘저어본 다음, 새로운 가능성과 혼합해 새 유형으로 분류해야 한다. 간단히 말해서 우리에게는 상상력이 필요하다.

이 책에서 내가 택한 상상력의 발판은 많은 학자가 무시하고 그냥 지나칠 만한 것들이다. 사건들마다 실제 일어났을 법한 날짜와 시간을 도입하는 방식을 택했다.

일종의 모험이라는 점을 인정한다. 하지만 한 주간의 틀을 짜봄으로써 어떻게 압력이 가해지고 증가해서 마침내 금요일 아침 이 모든 사건이 갑작스럽고도 빠르게 폭발했는지 알게 될 것이다.[1] 시간표는 복음서에서 언급한 날짜와 시간에 기초했다. 예수님이 빌라도 앞에 선 것이 6시인지, 6시 30분인지는 중요하지 않을지도 모른다. 하지만 그것에 의미를 부여하면

각 사건의 순서를 고려하는 데 도움이 된다. 상상력을 동원하기가 수월해지는 것이다. 또 실제 의미를 좀 더 가깝게 끌어올 수도 있다.

내가 택한 상상력의 발판이 여기에만 도움이 되는 건 아니다. 역사적 전모를 상상함으로써 다른 시대, 다른 사람들, 다른 관점들을 이해하는 데도 도움이 된다. 나는 로마령 팔레스타인뿐 아니라, 중세 사우디아라비아나 빅토리아 시대의 더블린이나 나치가 점령한 그리스와 근대 아프리카의 자료들도 활용할 것이다. 물론 여기에는 시간과 시대를 혼동하거나 당시 사람들에게 몇 세기 후의 시대착오적인 감정과 태도를 적용하는 위험이 도사리고 있다. 하지만 그렇게 하지 않으면 우리 앞에 그 사건이 다시 벌어진다 해도 가장 길었던 한 주의 이야기를 우리와 아무 상관도 없고 의미도 없는, 본질적으로 돌이킬 수 없는 이야기로 바라보는 위험에 빠지고 만다.

참고문헌

그러므로 상상력이 필요하다. 근대에 일어난 평행사건들과 다른 경험들도 필요하다. 하지만 가장 중요한 정보는 그 사건들과 당시의 모든 상황에서 나오기 마련이다.

예수님의 처형을 기록한 로마나 유대의 공식 자료는 없다. 순교자 저스틴은 공식 기록인 〈빌라도 행전The Acts of Pilate〉을 언급하는데, 이 기록은 이미 오래 전에 없어졌다.[2] 주후 100년경에 활동한 로마 역사가 타키투스는 그리스도(그는 예수님을 그리스도라 불렀다)가 어떻게 "티베리우스의 통치 기간에 로마의 법정 대리인 중 하나인 본디오 빌라도의 손에 극한 형벌을 겪었는지" 적고 있다. 이 내용은 당시 로마의 공식 기록에서 취했다고 봐도 무방

할 것이다.[3]

하지만 지금은 공식 기록이 없으므로 기본적이고도 가장 중요한 자료는 복음서이다.

마태복음, 마가복음, 누가복음, 요한복음 등 사복음서는 모두 65년에서 80년 사이에 기록되었다. 학자들에 따라 기록 연대를 조금 더 이르거나 늦은 시기로 보기도 한다. 앞의 세 복음서는 공관복음으로 알려졌는데, 대략 사건의 개요가 동일하고 같은 자료를 많이 포함하고 있기 때문이다. 대부분의 학자가 이 세 복음서 중에서 마가복음이 가장 최초의 자료라는 데 동의한다. 요한복음은 다른 복음서와는 꽤 다른 형태를 취한다. 세 복음서와 다른 순서로 기록했는데, 처음 세 복음서보다 늦게 기록했을 수도 있다. 게다가 문체도 현격히 다르다.

오늘날 많은 학자가 복음서 저자들을 무시하는 경향이 있다. 그들을 역사가보다는 창작자로 본다. 내 생각에 복음서에 대한 근대 비평학자들의 자세는 완전히 식민주의에 사로잡혀 있다. 복음서 저자들이나 초대교회 사람들을 성품은 좋아도 본질적으로 순진하고 무지한 부류로 취급한다. "그들이 지적이지 않다는 건 아니다. 그들을 축복한다. 그들은 최선을 다 했다. 다만 우리가 좀 더 잘 알고 있을 뿐이다."

복음서 자체는 객관적이지 않다. 객관적이라고 주장하지도 않는다. 누가는 자신을 후원하는 로마인 데오빌로가 "알고 있는 바를 더 확실하게 하려고"(눅 1:3-4) 글을 썼다고 했다. 역사적 세부 사항에 관해서 만큼은 그들이 우리보다 더 많이 안다. 저자들도 독자들도 당시 생존했던 사람들이기 때문이다. 그들은 로마에 살든, 예루살렘에 살든 공통 문화권에 속해 있었다. 그들이 살았던 세계에 대해 우리가 아는 것보다는 더 많이 알던 이들이다. 따라서 의심스러운 점이 무엇이든 우리의 방식이 아닌 그들의 방식으로 의심해야 한다.

저자들의 설명이 서로 충돌하거나 모순되는 점이 전혀 없다고는 할 수 없다. 복음서마다 사건의 순서를 다르게 기록한다. 마가는 성전 정화를 예수님이 예루살렘에 도착한 다음날에 배치하는데, 마태와 누가는 도착한 날에 일어난 것처럼 기록했다. 어떤 사건들은 다른 복음서에는 없는 것도 있다. 요한이 기록한 예수님의 긴 설교는 다른 복음서에는 나오지 않는다. 하지만 이런 차이점에도 불구하고 복음서들은 일반적으로 납득할 수 있는 설명을 제공한다.

따라서 복음서들을 주된 연구자료로 삼을 것이다. 하지만, 다른 자료들도 상세히 다룰 생각이다.

바울의 서신들은 십자가와 부활 사건을 모두 설명하고 있고 사실 복음서보다 집필 연대가 더 빠르다. 확실히 바울은 본디오 빌라도 앞에서 치러진 예수님의 재판을 언급한다(딤전 6:13). 최후의 만찬과 이 세대의 통치자들이 주님을 십자가에 못 박았다는 사실도 마찬가지이다(고전 2:8). 최후의 만찬에 관한 전승을 전해주는가 하면, 부활하신 예수님을 목격한 사람들의 이름도 남겼다.

성서를 제외한 주된 목격자는 1세기 유대인 역사가 요세푸스이다.

요세푸스는 유대인으로 주후 67-70년 사이에 있었던 유대인 대반란 기간에 무리를 따라 로마로 떠났고 유대 전쟁과 유대 백성에 관한 역사를 기록했다. 그는 이 책을 93-94년경에 마무리했는데, 당시 유대 분위기에 관해 유용한 정보를 많이 제공한다. 요세푸스는 실제 그 지역에서 살았다. 성전의 기능이 살아 있는 것을 보았고 그 당시 정치활동에 관여하기도 했

로마의 티투스 개선문. 70년,
파괴된 예루살렘에서 금등잔을 비롯한
전리품을 가지고 돌아가는 로마 병사들을 자세히 묘사했다.

다. 때때로 일관성을 잃기도 하고 확실히 숫자를 과장하거나 상당히 친로마적 견해를 펼치는 경향이 있지만, 그 저변에는 실제 그곳에 살았던 인물이 전하는 당대에 대한 진실한 설명이 있다.[4]

내가 인용하려는 또 다른 유대 자료는 대략 주전 20년에서 주후 50년까지 알렉산드리아에서 살았던 유대인 작가 필로의 저작이다. 필로는 당시의 주요한 역사적 사건들을 다룬 작품 외에도 문학, 신학, 철학 등에 관한 작품을 많이 남겼다.

방대한 양의 유대 랍비문학, 즉 랍비들이 수집한 작품들도 참고했다. 이들 중 가장 중요한 작품이 아마도 〈미쉬나Mishnah〉일 것이다. 이 책은 주후 200년을 전후해서 랍비들이 수집해놓은 구전 종교법의 방대한 총서를 대표한다.

이해를 돕기 위해 잠깐 설명하자면, 주후 67년에 유대인은 로마 통치에 저항해 반란을 일으켰다. 초기에 성공하는가 싶었으나 결국 로마가 3만 명의 군사로 예루살렘을 포위했다. 예루살렘 안에서는 고통과 질병과 내부 분열이 극심했다. 마침내 주후 70년, 도시는 다시 점령되었고 성전은 완전히 무너졌다. 그러다 유대인들은 주후 130년에 '별의 아들'을 뜻하는 바르 코흐바Bar Kokhba가 민수기 24장 17절 예언을 실현하는 인물이라 믿고 그를 앞세워 다시 반란을 일으켰다. 역시나 처음에는 성공하는가 싶더니 결과적으로 로마의 군대가 얼마나 강력한지 증명하는 것으로 끝났다. 두 번째 반란 이후 유대인들은 예루살렘에서 완전히 추방되었다. 추방당한 이들은 유대와 갈릴리 등지에 터를 잡았는데, 대표적인 곳이 갈릴리 호수 근처의 디베랴이다. 그곳과 그 일대에서 〈미쉬나〉가 발견되었다.

따라서 〈미쉬나〉는 상실감으로 가득 찬 책이다. 성전 예배, 희생 제사,

성전세, 공회 모임, 명절 들을 설명하면서 돌이킬 수 없는 잃어버린 세계를 반영한다. 하지만 그 안에는 희망에 차 이상을 노래하는 분위기가 상당 부분 녹아 있다.

따라서 〈미쉬나〉는 있는 그대로의 예루살렘이나 유대를 반영하는 것이 아니라 후대 바리새주의 편집자들이 마땅히 그래야 한다고 생각하는 바를 담았다고 말해도 좋을 것이다.[5]

마지막으로 외경 복음서들이 있다. 즉, 신약에 포함되지 않거나 연대가 훨씬 후대로 추정되는 기독교 작품들이다. 다양한 학자와 소설가와 영화 제작자 들의 주장에도 불구하고 이들 작품에는 예수님의 생애에 관한 역사적 가치가 거의 없다. 예수님 시대와 근접한 시기에 실제 목격자들이 쓴 작품이 아니기 때문이다. 2세기 후반 기독교 소수 종파들의 신앙과 관행을 조명하는 데는 유용하지만, 예수님에 관해서는 새로울 것이 없다. 하지만 그럴지라도 후대에 첨가된 작품들 속에 예수님의 원래 가르침의 단편이나 실제 사건을 반영하는 이야기와 전승이 숨어 있을 수도 있다.

이어서 이 여정에서 우리의 도구가 될 수 있는 것은 고고학과 상상력이다. 그리고 고대 문학과 현대 저작이다. 이것들은 모두 예루살렘 성의 광경과 소리와 냄새를 탐험하게 도와주는 안내자들이다. 이 길을 따라가며 중간에 병사들과 사두개인과 바리새인과 제사장과 창녀와 강도와 배신자와 영웅과 악당을 만날 것이다. 예루살렘 거리에서 나는 하수구 냄새뿐 아니라 네팔에서 수입한 진한 향수 냄새도 맡을 것이다. 신선한 빵을 나누고 쓴 포도주도 마실 것이다. 환호 속에 흔들리던 종려나무 가지가 날카로운 가시관으로 바뀌는 모습도 볼 것이다. 제국 정치의 어두운 세계와 묵시문학의 폭발적인 언어도 탐험할 것이다. 하나님나라가 로마제국에 속한 땅과 충돌할 때 어떻게 되는지 목격할 것이다.

무엇보다 이 세상에 존재한 가장 위대한 사람의 마지막 생애를 통해 손에 땀을 쥐는 모험을 할 것이다. 준비되었는가?

Tremors

Winter AD 32-Spring AD 33

진동

3 2 년 겨 울 - 3 3 년 봄

The
Longest
Week

/

Tremors

/

진동 : 32년 겨울-33년 봄

우리가 예루살렘으로 올라가노니

32년 겨울에 이르러 예수님은 결정을 내리신 듯하다. 2년간 가르치고 선포하고 비유와 이적을 행하시고 난 후였다. 이 일들을 계기로 예수님에게는 중요한 제자들이 생겼다. 물론 그만큼 많은 적도 생겼다. 평범한 사람들, 하루하루 근근이 살아가는 백성들, 가난한 이들, 집 없는 이들, 대접받지 못하는 이들은 그분을 사랑했다. 그분은 그들을 먹이고, 그들과 똑같이 살아가며, 그들에게 하나님이 그들을 사랑하신다고 말해주었다. 그분이 가는 곳마다 사람들이 모였다.

당시 지도자들은 그리 믿음이 가지 않았다. 예수님은 갈릴리 마을과 동네에서 중요한 영향을 끼치던 바리새인들과 계속 충돌했다. 예루살렘에서 올라온 서기관들은 그분이 하는 일을 감시했다(막 3:22). 한편 헤롯대왕의 아들 중 하나로 지방 통치자였던 헤롯 안디바는 그분을 죽이려 했다(눅 13:31).

그런 적대감은 아직 견딜 만했다. 예수님은 대부분 갈릴리 시골이나 유대 광야로 행동반경을 제한하면서 정치적 분쟁 지대에서 멀리 떨어져 있었다. 그러다 32년 혹은 33년 초부터 움직이기 시작했다. 제자들과 함께 남쪽 사마리아를 관통해 유대로 나아갔다. 점점 더 그분의 사상과 말씀은 한 곳, 즉 예루살렘에 집중되었다.

예수님은 전에도 거기 가신 적이 있다. 공관복음에는 예루살렘 여정이 한 번만 자세히 나와 있다. 재판과 죽음으로 이어지는 마지막 여정이다.[1] 하지만 요한복음에는 예수님이 예루살렘에 네 번 이상 가신 것으로 나와 있다.

요한복음 2장에서 예수님은 유월절에 올라가 성전을 정화하시고 니고데모라는 바리새인과 한밤중에 만났다(요 2:13-3:21). 이것이 특별한 사건인지, 마가복음 11장 15-19절의 단순한 변형인지 알 수는 없지만, 성전 사건을 마지막 주에 배치한 마가복음이 더 타당해 보인다.

요한복음 5장에서 예수님은 예루살렘에서 정확히 명칭을 밝히지 않은 '유대인의 명절'을 지낸다. 아마도 유월절일 테지만 명시되지 않았으므로 다른 명절일 수도 있다.

요한복음 7장에서 예수님은 10월에 수확을 축하하는 절기로 7일간을 지키는 초막절 혹은 장막절*Sukkoth*을 지내러 올라가신다. 초막절은 3대 순례 축제 중 하나로 이 절기를 지키려고 수천 명의 순례자가 예루살렘에 모였다. 이 축제 기간에는 물을 붓거나 성전에 큰 불을 밝히는 기념행사가 있었다. 예수님은 이런 기회를 이용해서 자신을 세상의 빛이라 설명하신다

(요 8:12). 예수님이 성전에 나타나자 논쟁과 소란이 일었다. 예수님을 체포하려는 시도가 있었지만, 그분의 가르침에 권위가 있었기 때문에 미룰 수밖에 없었다. 니고데모도 그분을 옹호하며 예수님에게 발언권을 줘야 한다고 주장했다.[2]

이 여행의 시점이 언제이든, 즉 성전 정화 사건처럼 예수님 생애 마지막 일주일의 사건을 요한이 조금 더 이른 시기로 옮겨온 것이라 해도, 결론은 똑같다. 예수님은 돌에 맞거나 체포되는 위협을 받으셨다.

그러고 나서 32년에서 33년으로 이어지는 겨울, 네 번째로 예루살렘을 방문하게 되었다.

본디오 빌라도가 유대의 총독으로 있을 때

이 책에 나온 날짜는 여러 가지 자료에 의존한다. 기본적인 시간의 틀은 분명하다. 우리는 예수님이 본디오 빌라도에게 십자가형을 받으셨다고 알고 있다. 빌라도는 주후 26-36년 사이 유대의 총독이었다. 요한복음은 이 간극을 좀 더 좁히면서, 다양한 명절에 예루살렘을 방문했다는 기록을 통해 예수님의 공생애가 2-3년 정도 지속되었음을 보여준다. 물론 이 공생애의 정점은 예루살렘으로의 마지막 여행과 죽음이다. 이것이야말로 우리가 날짜를 더 정확하게 알아내는 데 도움이 된다. 모든 복음서가 예수님이 안식일 직전 금요일에 죽었다는 데 동의하기 때문이다.[3] 유대 풍습에서 하루는 일몰부터 시작된다. 따라서 안식일은 금요일 저녁 일몰부터인 셈이다. 또 복음서는 그 사건이 유월절 기간에 일어났다는 데도 동의한다. 하지만 최후의 만찬의 경우, 공관복음은 유월절 만찬이었다고 말하고 요한복음은 유월절 전날 밤이라고 한다. 나는 요한이 옳다고 생각하는데, 그 이유를 좀 더 설명해보겠다. 공관복음이 옳지는 않다 해도 완전히 틀린 것은 아니다. 요한의 시간대를 살펴보면, 예수님의 처형은 유월절 동안이 아니라 유월절이 시작되기 전 아침에 발생했다고 보는 게 더 타당하다. 그러므로 확신하건대, 최후의 만찬은 유월절 전날 밤에 있었고 예수님은 '준비일'에, 즉 일몰과 함께 유월절이 시작되기 전에 처형당했다.

따라서 십자가 처형이 일어난 날짜로 26-36년 사이에서 금요일이 유월절이었던 해를 찾아야 한다. 유월절은 항상 만월에 찾아온다. 필로는 "명절은 그 달의 중간인 15일에 시작되었다. 만월이어서 전혀 어둡지 않아 일부러 선택한 날이었다"[4]라고 말한다. 그래서 어마어마한 자료를 통해 어느 해 유월절이 금요일이었는지 계산할 수 있었다.[5] 딱 두 번이 나오는데, 30년과 33년이다.

두 가지 견해 모두 지지자들이 있다. 나는 33년을 지지하는데, 정치적 상황에 비춰볼 때 33년이 더 타당하다. 예컨대 빌라도가 왜 그렇게밖에 할 수 없었는지 설명해준다. 우리가 아는 대로 주후 30년만 해도 빌라도는 유대인들과 타협하기는커녕 그들의 말을 들을 필요도 없었다. 하지만 주후 33년에 상황이 바뀌었다.

그리고 유월절이 만월이라고 했다. 아주 중요한 또 다른 세부 사항이 있다. 예수님의 제자들이 모여 예루살렘에서 며칠간 자신들에게 일어났던 사건을 이야기할 때, 그들은 유대 성서 전체에서 선례들과 예언들을 찾았다. 사도행전 2장에서 베드로는 "하나님이 큰 권능과 기사와 표적을 너희 가운데서 베푸사 너희 앞에서 증언하신 자, 나사렛 예수"에 관한 설교의

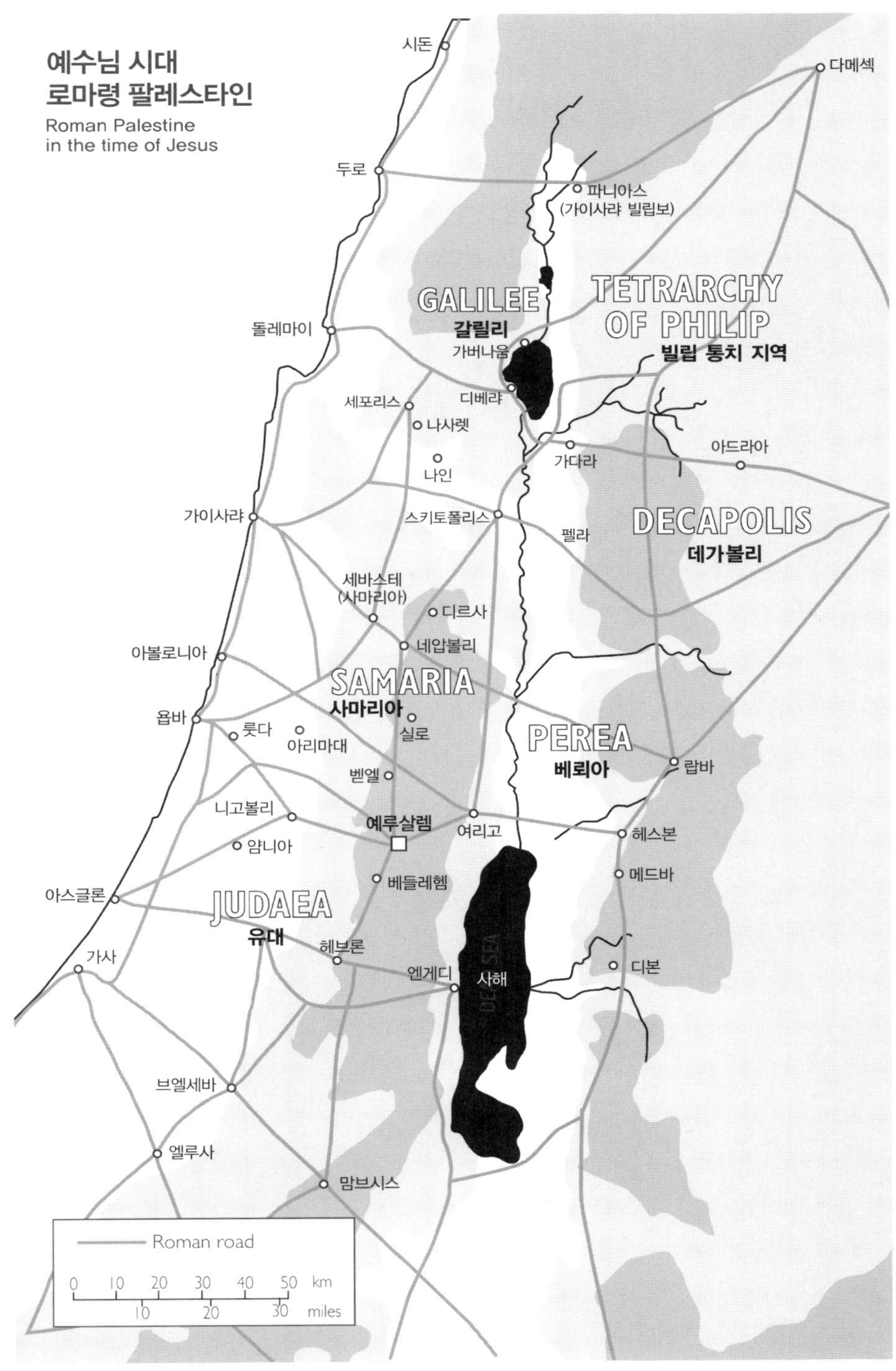
예수님 시대
로마령 팔레스타인
Roman Palestine
in the time of Jesus
시돈
다메섹
두로
파니아스
(가이사랴 빌립보)
GALILEE
갈릴리
TETRARCHY
OF PHILIP
빌립 통치 지역
돌레마이
가버나움
디베랴
세포리스
나사렛
나인
가다라
아드라아
가이사랴
스키토폴리스
펠라
DECAPOLIS
데가볼리
세바스테
(사마리아)
디르사
네압볼리
아볼로니아
SAMARIA
사마리아
욥바
룻다
아리마대
실로
PEREA
베뢰아
랍바
벧엘
니고볼리
예루살렘
여리고
헤스본
얌니아
베들레헴
메드바
아스글론
JUDAEA
유대
가사
헤브론
엔게디
사해
디본
브엘세바
엘루사
맘브시스
Roman road
0 10 20 30 40 50 km
10 20 30 miles

일부로 구약성경에서 예언자 요엘을 인용한다.

> 또 내가 위로 하늘에서는 기사를 아래로 땅에서는 징조를 베풀리니 곧 피와 불과 연기로다. 주의 크고 영화로운 날이 이르기 전에 해가 변하여 어두워지고 달이 변하여 피가 되리라(행 2:19-20; 욜 2:30-31).

피로 변한 달을 언급한 부분이 흥미롭다. 복음서는 예수님이 죽을 때 비정상적으로 사방이 어두웠다고 주장하는데, 예언 내용에 꽤 잘 맞아떨어진다. 하지만 피로 물든 달은 무엇일까? 33년 4월 3일 금요일 저녁, 부분적인 월식이 일어났고 예루살렘에서 이를 목격할 수 있었다. 월식이 진행되는 동안에 달은 주황색이나 붉은색으로 변한다. 초대교회는 요엘서의 구절이 예수님의 죽음과 연관된 두 가지 이상 현상, 즉 비정상적인 어둠과 붉은 피로 물든 달을 예언한 것으로 간주했을 듯하다.[6] 그래서 이 책은 예수님의 십자가 사건이 33년에 있었다는 견해를 지지한다. 보다시피 정치 문화는 물론 천문학까지도 이 견해와 들어맞는다.

Tremors

수전절

장소 ★ 예루살렘 성전 왕궁 행각
시간 ★ 32년 겨울

요한에 따르면 예수님은 32년 겨울에 수전절을 지키려고 예루살렘으로 돌아오셨다(요 10:22). 이전처럼 이번 방문도 충돌과 위험으로 점철되었다. 하지만 분위기는 더 조용했고 은밀하기까지 했다.

제자들은 말할 것도 없었다. 어쩌면 혼자만의 여행이었는지도 모른다. 아마 제자들은 그분이 어디 가셨는지 알지 못했을 것이다. 그래서 이 사건이 마태, 마가, 누가 등 공관복음에 등장하지 않는지도 모른다. 주님은 그리 멀지 않은 곳에 자리 잡고 계셨다. 마가복음 10장 1절에 따르면 예수님은 가버나움을 떠나 "유대 지경과 요단 강 건너편으로 가셨다." 32년 늦가을에서 겨울 즈음, 예수님이 갈릴리를 떠나 베뢰아 지역에 도착해 자리를 잡으셨다고 상상하는 데는 무리가 없다. 그러고 나서 예수님은 수전절을 지키려고 베뢰아에서 예루살렘으로 이동했던 것이다. 주님이 예루살렘에서 함께 지낸 사람들은 갈릴리에서부터 따라온 사람들이 아니라 제자들이었다.

수전절은 안티오쿠스 에피파네스가 성전을 더럽힌 후 주전 165년 12월에 성전을 다시 봉헌한 것을 기념하는 절기이다. 에피파네스는 유대인의 종교를 박멸하려 했던 인물이다. 그가 행했던 가장 극단적인 시도는 성전에 이방 제단을 세운 것이다. 아마도 제우스 성상에 자기 얼굴을 입혔을 것이다.[7] 이 행위로 말미암아 마카베오전쟁이 일어났다. 마카베오 가문이 이스라엘을 독립시키고 성전을 정화하고 회복하려 한 사건이다. 요세푸스는 수전절을 포타*phota*, 즉 빛의 절기라 칭했다. 랍비 힐렐에 따르면, 명절 첫날 등잔 하나가 켜지고 날마다 하나씩 더해지면서 모든 등잔이 켜지는 축제였다.

이 절기가 유명한 건 성서의 권위 때문이 아니다. 수전절은 히브리 성서에 언급되지 않았다. 오히려 정치적 색깔이 짙은 명절이라는 사실 때문에 유명세를 탔다. 유대 나라가 보존되고 거의 압살될 지경에 이르렀던 유대 민족의 종교와 문화가 죽지 않고 살아남은 것을 기념하는 절기로 일종의 유대 독립기념일인 셈이다. 독립을 기념하는 대신 요원한 꿈을 축하하는 명절이라는 슬픈 의미를 담고 있지만 말이다.[8]

우리에게는 왕이 아니라 황제가 있다

가장 길었던 한 주에 일어난 사건들은 로마제국이 지배하는 세계에서 일어났다.

흔히 고대 세계에서 로마제국을 문명의 등대라 생각한다. 그들의 문화와 역사, 도로와 군대 조직과 문학과 법 체계와 건축은 학자와 일반 대중을 모두 끌어당기는 매력이 있다. 이 때문에 우리는 로마가 권력을 얻게 된 것은 인상적인 건축물 덕분이 아니라 저항할 수 없는 그들의 잔혹함 때문이라는 사실을 잊어버리곤 한다. 무엇보다 로마제국은 정치적으로 군사 독재 체제였다. 루키우스 세네카가 작성한 네로의 연설은 제국의 권력을 이렇게 요약한다.

> 나는 민족들의 생사를 좌우하는 중재자이다. 각 사람의 운명과 죽음은 내 권력에 달려 있다. 운명이 각 인생에게 어떤 선물을 내려줄지 내 입술이 선포한다. 내 발언으로부터 백성들과 나라들은 기뻐할 이유를 찾을 것이다. 내 호의와 은총이 없다면 온 세상의 어느 한 구석도 번성할 수 없다. 내 평화가 억누르는 수천의 검들이 내 고갯짓 한 번으로 뽑힐 것이다.[9]

근거 없는 허세가 아니다. 사실이 이러했다. 로마가 도로와 다리를 건설해 유지하는 동안 그들이 정복한 나라는 계속 그들 손아귀에 들어 있었다. 그들을 강력하게 만든 것은 이처럼 군사 훈련과 군사 조직이었다.[10]

이런 군사력에 점령당하는 것을 무엇에 비유할 수 있을까? 이와 유사한 압도적인 군사력, 이를 테면 나치군을 보고 느낀 공포감이 마을로 들어서는 로마군을 보며 느낀 공포감과 비슷했을 것이다.

> 이들은 철모를 쓰고 제복 위에 초록색, 갈색, 검정색 등으로 위장한 외피를 전신에 두르고 있었다. 이들 인간 로봇들은 철로 감싼 두 직사각형을 이루고 많은 숫자지만 빠른 걸음으로 행진하면서 난공불락의 병력을 과시하는 듯했다.[11]

점령당한 사람들은 그 의미를 알았다.

로마가 어떤 편의도 제공하지 않았다는 건 아니다. 가장 넓은 지역을 점령한 제국답게 사회기반시설이 향상되었고 지중해 해적들이 소탕된 덕분에 여행하기가 훨씬 수월했다. 그 유명한 팍스 로마나가 도래했다. 하지만 그것은 어디까지나 "상상을 뛰어넘는 많은 피와 눈물을 흘린"[12] 대가였다. 타키투스가 무시무시한 언어로 로마의 관행을 받아들이지 않는 영국인들을 묘사한 글에는 "로마의 평화를 두려워하는" 종족들이 나온다. 즉, 철모를 쓴 사람들이 오는 것을 두려워하는 종족과 사람들이 있었다.

두려움이 핵심이었다. 로마가 다스리는 세계에서 생명을 이어가려면 끊임없이 두려움이 속삭이는 소리를 들으며 하층민으로 살아야 했다. 꼬박꼬박 세금을 내고 자기 처지를 잘 아는 한 무사할지도 모른다. 하지만 일단 선을 넘는 순간 로마는 무자비한 폭력으로 다스릴 것이다. 그런 폭력에는 어떠한 보상도 따르지 않았다. 로마는 국가 차원에서 "항상 정복한 적들에게 전쟁은 전적으로 그들의 잘못이라는 인식을 강요했다."[13] 지역 차원에서도 민간인에게 어떠한 보상도 하지 않았다. 군대가 전적으로 법 위에 군림하는 로마 안에서도 마찬가지였다.

> 우선 혜택은 모든 군인에게 돌아간다는 점에 유의하라. 민간인은 감히 군인에게 맞설 수 없다. 혹시 두들겨 맞았대도 입을 다물 것이다. 감히 치안판사 앞에서 부러진 이나 새카맣게 멍들어 부어오른 얼굴, 의사가 가망 없다고 한 눈을 보이지 못할 것이다.[14]

로마에 사는 로마인들도 사정은 마찬가지였다. 지방에서는 법률 소송의 최종 중재인이 항상 군대 소속의 지방 장관이었고 민간인에게는 재판 기회도 거의 없었다. 고대 로마의 그리스인 철학자 겸 저술가 플루타르코스는 냉철하고도 정직하게 밝힌다.

> 당신이 제국의 총독이나 지방 장관이 통치하는 나라에서 관직에 오른 자라면, 당신의 직위에 자부심이나 자신감을 갖지 마라. 군인의 군화가 당신 머리 위에 떨어질 테니 말이다.[15]

제국의 인구는 적게는 3,100만 명에서 많게는 5,600만 명이었다.[16] 지방으로 분할되어 각각 로마 관료가 관할했다. 속주의 크기나 경제적 중요성에 따라 통치방식이 결정되었다. 큰 지방에서는 로마 관료를 장관이라 불렀고, 유대 같은 작은 지방에서는 총독이라 불렀고, 시간이 지난 후에는 행정장관이라 불렀다. 각 지방은 로마의 주요 군사 및 행정 제도를 지원하는 도시의 관할이었다. 시리아 지방의 수도는 대규모 국제도시인 오론테스의 안디옥에 있었다. 좀 더 작은 유대 지방은 예루살렘이 아니라 가이사랴의 관할이었다.

이 모든 영토와 백성들과 관청들의 주안점은 돈을 벌어들이는 것이었다. 로마제국은 경제 집행체로서 로마를 위해 부를 창출하도록 고안되었다. 군인들은 경제 선봉대였다.[17] 즉, 그들이 다리와 도로와 수로를 건설한 것은 어디까지나 그 땅을 활용하기 위해서였다. 바빌로니아 탈무드에 다음과 같은 유익한 이야기가 나온다.

랍비 유다와 랍비 요세와 랍비 시므온이 함께 앉았는데, 개종자의 아들 유다가 그들 옆에 앉았다. 랍비 유다가 말했다. "이 나라의 업적은 정말 대단합니다. 시장을 세우고 다리를 만들고 목욕탕을 지었군요." 랍비 요세는 아무 말이 없었다. 요하이의 아들 랍비 시므온이 대답했다. "그들이 세운 건 모두 자기들이 필요해서 지은 것뿐입니다. 매음굴을 만들려고 시장을 세웠고, 쾌락을 위해 목욕탕을 지었고, 통행료를 부과하려고 다리를 만든 거지요." 개종자의 아들 유다가 이 말을 듣고 고발한 탓에 그들 모두 지방 장관에게 심문을 받았다. 지방 장관은 말했다. "칭찬한 유다는 칭찬을 받을 것이고, 입을 다문 요세는 세포리스로 추방할 것이고, 비난한 시므온은 사형에 처할 것이다."[18]

이 사건이 일어난 주후 135년경 당시 로마는 유대인의 비난을 참고 봐줄 상황이 아니었다. 어쨌거나 이 이야기는 보통 사람들이 로마의 발전을 어떻게 느끼는지 보여준다. 랍비 가말리엘은 이런 말을 했다고 한다. "이 제국이 우리를 좀먹는 네 가지는 통행료, 목욕탕, 극장, 각종 세금이다."[19] 로마의 제국주의는 그들이 정복한 땅에 사는 백성들의 영혼을 좀먹었다.

로마는 통행료와 세금으로 지방에서 돈을 거둬들였다. 통행료는 남쪽 아라비아나 페르시아 만의 게르하 같은 교역 중심지에서 다양한 무역 방식을 통해 각 나라에 들어오는 물품에 부과했다. 육상 교역로는 나바테아나 갈릴리를 통해 지중해 해안의 항구로 연결되어 있었다.[20] 소작 농민이나 도시 무역상에게도 직접 세금을 부과했다. 요세푸스에 따르면, 헤롯대왕이 제국을 통치할 때 연간 540만 데나리온을 세금으로 거둬들였는데, 이 중 360만 데나리온이 유대에서 나왔다고 한다.[21]

유대 같은 지방에서 세금을 걷고 질서를 유지하는 등의 핵심 사업은 지역 유지들에게 위임했다. 주후 6년 이전에 팔레스타인은 헤롯대왕이 위임받아 통치했고 그 후에는 그의 아들들인 빌립과 안디바, 아켈라오에게 넘어갔다. 이들은 로마의 이익을 위해 예속된 왕으로서 팔레스타인을 통치했다. 군대도 거느렸는데, 이들이 받은 이런 특권은 곧 로마의 바람대로 로마에 대항하지 말고 로마의 통치를 수용해야 한다는 걸 의미했다.[22]

아켈라오가 물러났을 때 로마는 지방을 다스릴 새로운 지도자를 찾으려 했다. 다음 계층에 속하는 대제사장들과 예루살렘 귀족 가문들에게 눈을 돌렸다. 따라서 로마 통치 아래에서 대제사장은 로마가 직접 임명했다. 대제사장과 제사장들은 로마의 신하들로 자신들의 지위를 유지하고자 총독에게 기대야 했다. 사실상 그들은 권력을 차지하는 데 이바지하는 협력자들이었다.

로마는 부유한 귀족층 지도자들이 성전의 종교 지도자들과 결탁하면 자동으로 존경을 받으리라 믿었다. 하지만 예상은 빗나갔다. 로마 지도자가 되려면 좋은 집안 출신이거나 좋은 배경을 갖고 있거나 무엇보다도 부자면 그만이었다. 그러나 유대 사회에서는 동일한 조건이 적용되지 않았다. 지도자를 선정하는 유대의 표준은 까다로웠다. 가정사나 양육 환경을 어느 정도 중시하는 것은 사실이지만, 돈이 지혜만큼 중요하지 않았다. 유대 사회의 진정한 지도자들은 유대 종교의 순전함을 지키려는 열정이 있는 현자들이었다.

이 때문에 예수님 당시에 공직에 있던 지도자들이 사람들에게 보편적으로 미움을 받았던 것이다.[23] 유대 백성들이 볼 때, 혐오스러운 헤롯 왕조는 로마제국에 굽실거린 대가로 자리를 얻은 것에 불과했다. 백성들은 종교 지도자들도 경멸했다. 로마의 직접 통치를 따른 최초의 대제사장들은 인기가 너무 없어서 해임되고 말았다. 로마 지도자들은 그들을 대신할 사람으로 무명의 인물을 발탁했는데, 그가 복음서에 나오는 셋의 아들 안나스이다. 매우 영리한 모사꾼으로 평가받는 인물로 그의 가족은 향후 60년간 대제사장직을 독차지했다. 교활한 정치인으로서 인정을 받았을지는 몰라도 존경받고 힘 있는 엘리트는 아니었다. 성전 엘리트들은 권력은 있었지만, 결코 존경은 받지 못했다.[24]

그들이 그런 이유로 괴로워했을 거라 생각지는 않는다. 존경은 못 받아도 상당한 안락과 풍요를 누리며 위안을 삼았다. 예루살렘의 고대 유적지 중 다락방이 있는 집에서 '바르 카트로스*Bar Kathros*'라고 적힌 저울이 발견된 적이 있다. 카트로스는 대제사장 가문의 이름이었다. 가까운 곳에는 거대한 가옥의 잔해가 남아 있어 이 동네에 예루살렘 엘리트 귀족 가문이 다수 살았다는 사실을 암시한다. 흔히 궁궐 같은 저택이 들어섰던 자리로 가옥 한 채 면적이 600제곱미터나 된다. 벽은 로마식 프레스코로 장식되어 있고, 시돈의 엔니온이라는 유명한 유리 제작업자가 만든 유리제품이 남아 있다. 또한 정결 의식을 치르는 데 쓰는 욕조가 눈에 띈다. 유대 종교법의 주요 신조 중 하나는 사람이 정결해지려면 씻거나 목욕해야 한다고 가르친다. 성전에 들어가거나 제사를 드리기 전에는 반드시 씻어야 했다. 그래서 예루살렘에는 정통 유대인이 정결 의식에 사용하는 미크바*miqvaot*라는 목욕탕이 아주 많았다. 그런데 이들은 자기 집 안에 목욕탕을 갖고 있었다. 즉, 이 집은 부유한 가문에 유대 정결법을 세심하게 지키던 집안이었다는 이야기이다. 사실상 이런 부류의 집은 대제사장의 소유였을 가능성이 크다.[25]

이들은 어떻게 이런 부를 손에 넣게 되었을까? 역사학자 마틴 굿맨Martin

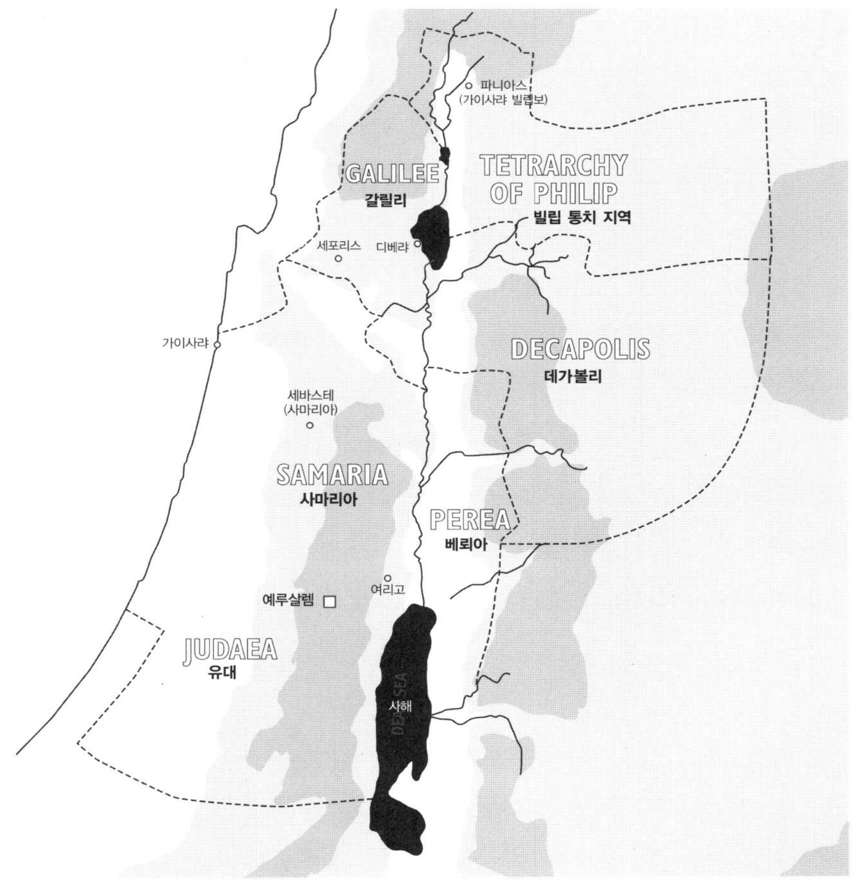

33년경 유대 지방과 세부 구획

The province of Judea and its subdivision, c. AD 33

유대와 사마리아는 로마가 직접 통치했고, 총독 관저는 가이사랴에 있었다. 갈릴리는 헤롯 안디바가 다스렸다.

Goodman은 이들이 대부업으로 돈을 벌었을 가능성이 있다고 말한다. 채무자가 빚을 갚지 못하면 채무자의 땅을 차지하는 것이다. 그들은 이렇게 해서 재산을 불릴 수 있었다. 의미심장하게도 주후 66년, 로마에 대한 반란이 시작되고 유대인 무리가 성전을 차지했을 때, 그들은 가장 먼저 채무기록을 찾아 불태웠다. 이는 성전이 일종의 은행, 그것도 대출만 해주는 은행 역할을 했으며, 그 권력이 민중의 분노를 사고 있었다는 명백한 증거이다.[26] 성전의 재정 권력은 다음 장에서 더 자세히 살펴볼 것이다.

자, 그들에게는 돈이 있었고, 폭력을 휘두를 수 있는 권력이 있었다. 성전 귀족층이 반대파를 때렸다는 기록은 신약성경에만 있는 게 아니다. 요세푸스와 다른 유대인 작가들도 대제사장의 다양한 파벌이 폭력을 쓰거나 술책을 부렸다고 암시한다. 유대 사회에서 이들 가문이 저지른 행동은 오랫동안 기억되었는데, 바빌로니아 탈무드에서 바트니트의 아들 아바 사울은 다음과 같이 말한다.

> 베두스의 가문으로 말미암아 내게 화 있으리라.
> 그들의 막대기로 말미암아 내게 화 있으리라.
> 하닌(하난, 즉 안나스)의 가문으로 말미암아 내게 화 있으리라.
> 그들의 속삭임으로 말미암아 내게 화 있으리라.
> 카트로스의 가문으로 말미암아 내게 화 있으리라.
> 그들의 펜으로 말미암아 내게 화 있으리라.
> 파비의 아들 이스마엘 가문으로 말미암아 내게 화 있으리라.
> 그들의 주먹으로 말미암아 내게 화 있으리라.
> 대제사장과 그들의 아들은 〔성전〕 회계원이며 그들의 사위는

보관인이며 그들의 종은 막대기로 사람들을 때린다.[27]

이제 알 만하다. 베두스, 안나스, 카트로스, 파비 등 주요 대제사장 가문 전부가 이 애가에 포함되어 있다. 그들은 정실 인사, 완력, 태형, 주먹질로 두고두고 기억되었다. 재정을 장악하고 통제하는가 하면, 은밀히 정치 음모를 꾸몄다. 권력을 쥐고 있었고 권력을 유지하는 법을 아는 사람들이었다. 대제사장들은 성전 계급 질서에 따라 자기 지위를 이용해 단순히 예루살렘을 다스린 정도가 아니었다. 막대기와 주먹을 휘두르기도 했다.

바로 이들이 예수님 당시에 유대를 지배하는 무리였다. 귀족 엘리트는 로마에 의해 선출되었고 성전의 자원을 사용해 부를 축적했다. "유대 지배 계급의 불법적 성격과 지위를 유지하려고 타협과 착취 행위"[28]를 적나라하게 보여주는 사람들이었다. 그렇다고 이들이 자신들이 신봉하는 종교나 성전을 염두에 두지 않았다는 말은 아니다. 내 생각에 그들은 성전과 유대 민족의 생존을 필사적으로 염려했지만, 모든 점령군 부역자들이 그러하듯이 행정당국이 권력을 장악하는 데 협조함으로써 숙명적으로 타협했을 것이다. 권력은 일단 움켜쥐면 내려놓기 어려운 법이다. 사실인즉, 주후 70년에 성전이 무너진 후 단 한 건의 유대 문헌도 성전 특권층의 몰락에 유감을 표하지 않았다. 물론 그들은 성전을 그리워했지만, 성전을 운영한 사람들을 그리워하지는 않았다.[29]

가난한 자에게 복음을 전하게 하시려고 내게 기름을 부으시고

광대한 로마제국도 예루살렘과 다르지 않았다. 로마제국 어디에서나 부와 권력은 소수 엘리트의 수중에 있었다. 전체 인구의 2-5퍼센트에 해당하는 귀족들이 거대한 영토를 다스렸다.[30] 그러나 궁극적으로 제국의 지배 비용을 부담하는 이들은 하층 계급이었다. 유대의 소작농과 장인들에게 부과된 세금의 총액은 학자들마다 크게 차이가 나지만, 어쨌거나 그들이 생산한 물품의 30-60퍼센트를 세금으로 내야 했다. 여기에는 로마에 내는 세금뿐 아니라, 유대인들이 하나님에 대한 의무라 여기고 성전에 내는 십일조도 포함되었다.[31]

이런 재정 부담은 막대했을 것이다. 특별히 작황이 좋지 않은 해에는 살아남으려면 돈을 빌릴 수밖에 없고, 다음 해에는 대출금을 갚을 수 있을 만큼 풍작을 이뤄야만 했다. 바람대로 다음 해에 풍작을 이루지 못하면 많은 가정이 가난이라는 소용돌이로 빨려 들어갔을 게 뻔하다.

구약성경의 처음 다섯 권, 즉 창세기, 출애굽기, 레위기, 민수기, 신명기를 일컫는 토라에는 백성들이 장기 대출로 망하지 않도록 보호하는 조항이 분명히 명시되어 있다. 안식법에 따르면 7년마다 빚을 탕감해주어야 한다. 하지만 역설적으로 이 법 때문에 돈을 빌리기가 더 어려웠다. 율법을 지키려는 의로운 마음을 지닌 사람일수록 안식년이 가까우면 절대로 돈을 빌려주지 않을 테니 말이다.

랍비 힐렐은 이를 해결할 방편을 찾았다. 프로즈불*prozbul*이라는 안전한 대출 방식을 창안한 것이다. 프로즈불은 7년째 해에도 대출금이 면제되지 않는다는 선언이었다.[32] 힐렐은 고통받는 소농이 훨씬 쉽게 돈을 빌릴 수

있게 돕고 싶었던 모양이다. 하지만 그 결과 안식법은 완전히 무시되었고 채무 개념이 도입되었다.[33]

이런 빚더미에 앉은 사람이 어떻게 돈을 벌 수 있겠는가? 지금은 사람들이 은행에서 돈을 빌린다. 예수님 시대에도 유일한 재정 지원 수단이 있었는데, 바로 성전이었다. 성전으로 흘러가는 돈은 어떻게든 쓰여야 했고 그대로 있으면 안 되었다. 성전의 자산은 빈궁한 소농에게 고금리로 대출을 해주는 데 쓰였다. 소농이 대출금을 갚지 못하면 땅은 채권자에게 넘어갔고 소농은 소작농으로 전락했다.[34]

예수님은 이런 사회에서 태어나 그 속에서 일하고 가르치고 기적을 행하셨다. 그분이 살았던 사회는 불법을 행하는 지도자들이 이방 제국의 지배 아래에서 권력을 위임받아 다스리는 로마의 속주였다. 백성들을 부를 축적하는 수단쯤으로 여기는 군사 독재 체제였다. 부자와 가난한 사람의 간극은 어마어마했고, 대다수 백성은 "자기 머리 위에 군인들의 군홧발이 떨어질 것을 알기에" 가난으로 빚어가는 인생이 더욱 비참했다.

의심할 여지없이 대다수 사람들은 구원자요, 영웅이요, 메시아인 분이 오기를 고대했다.

메시아면 그렇다고 말해주시오

주후 32년으로 다시 돌아가자. 한겨울 쌀쌀한 날씨에 예수님이 왕궁 행각을 오르고 계셨다(요 10:22). 성전의 남쪽 끝에는 길게 늘어선 기둥이 여럿 있다. 예수님은 문자적으로나 비유적으로나 숨어 다녔지만, 결국 발각

되어 도전을 받으셨다. 예수님에게 따지려고 유대인들이 주위를 에워쌌다. 그들이 말했다. "당신이 그리스도이면 밝히 말씀하소서." 하나님이 언젠가는 유대 나라를 새로운 황금기로 인도할 해방자요, 메시아이신 그리스도를 보내시리라는 믿음에 근거를 둔 행동이었다.

예수님은 이미 그들에게 말씀하셨지만, 그들이 믿지 않았다고 대꾸했다. 어쩌면 주님을 에워싼 이들 중에는 아무것도 믿고 싶지 않은 이들도 있었을 것이다. 사두개인들은 메시아의 존재를 믿지 않았다.[35] 하지만 그들이 예수님을 믿지 않았다고 해서 누군가 나타나든 말든 개의치 않았다는 뜻은 아니다. 유대인 집단이 모두 열렬히 메시아를 기다렸던 것은 아니다. 사두개인은 로마를 등에 업은 권력을 가지고 있었다. 명백히 한계가 있는 권력이지만, 어쨌든 권력은 권력이었다. 메시아가 오면, 그들이 어떻게 권력을 가질 수 있겠는가? 역사가 증명하는 바대로 권력을 장악하는 데 협조한 사람들은 해방을 반대하기 마련이다. 그들은 자기들이 칭찬은 고사하고 배신자로 낙인찍힐 거라는 사실을 알고 있었다. 제2차 세계대전 당시 나치가 세운 프랑스 괴뢰정권 비시 정부에서 국무장관을 지낸 피에르 퓌셔는 북아프리카에서 자유 프랑스군을 만났다. 한때 동료였던 그 군대가 자신을 환영하리라 믿었지만, 오히려 그는 비시 정권에서 최초로 반역죄를 언도받은 관리가 되었다. 그리고 끝내 처형당했다.[36] 같은 일이 유대에서도 일어났다. 반란이 일어났을 때, 암살자의 칼끝이 겨냥한 것은 로마의 총독 펠릭스가 아니라 대제사장 요나단이었다.[37] 이것이 적과 동침한 사람들의 운명이었다.

따라서 그들이 예수님에게 던진 이 질문은 희망에 찬 질문만은 아니었다. 예수님의 말씀은 이렇게 이어졌다. "아버지와 나는 하나이니라"(요

10:30). 모여든 당국자들이 극단적인 신성모독으로 간주할 만한 말이었다. 주님은 계속해서 시편 82편을 인용하신다. 이 시편은 이스라엘의 지도자들이 불공평한 재판으로 악인의 편을 든다고 고발하는 한편, 가난한 자와 고아에게 공의를 베풀고 곤궁한 자와 고통받는 자를 구원하라고 촉구한다(시 82:1-4).

결국 이번 여정은 종교적으로 과열된 예루살렘의 분위기에서 예수님을 대적하는 수많은 무리가 그분의 목숨을 위협하는 상황으로 끝이 났다. 유대인들이 돌을 들어 주님을 치려 했다고 요한은 말한다(요 10:31). 그들은 주님을 잡으려 했지만, 주님은 "그들의 손에서 벗어나 나가셨다"(요 10:39). 그분은 도시의 동쪽을 향해 아래로 아래로 요단 강까지 내려가서 세례 요한이 전에 세례를 베풀던 곳으로 건너갔다. 우리가 아는 대로 그곳에서 많은 사람이 그분을 믿었다(요 10:42). 예루살렘은 오래 전에 있었던 독립을 기념하며 열광적이고도 정치적으로 흥분된 분위기에서 예수님을 돌로 치려 했지만, 광야에 있던 사람들은 그분을 믿었다.

그렇다면 이번 방문의 목적은 무엇이었을까? 예수님은 무엇을 하셨는가? 단지 성전 엘리트들을 만나려고 간 것일까? 예루살렘에서 명절을 보내며 당시 권력자들을 긴장시키려 한 걸까?

아닐 것이다. 이번 방문은 예비적 성격이 짙다. 주님은 앞서 계획하시는 분이다. 아마도 사람들을 만나 접촉했을 것이다. 큰 방이 있는 사람, 당나귀를 가진 사람들과 말이다.

나로 인해 실족치 않는 자는 복이 있다

이번 방문은 예수님이 사람들을 공격하는 데 기막힌 재주가 있음을 보여준다. 주님이 일단 입을 열거나 식사 자리에 앉으시면 사람들은 언짢아지기 십상이다. 33년 1월까지 나사렛 예수는 팔레스타인의 힘 있고 영향력 있는 사람들을 모두 멀리하거나 화나게 하거나 초조하게 하거나 말 그대로 무력하게 했다.

바리새인을 예로 들어보자. 바리새주의는 종교 의무를 대단히 강조하는 일종의 풀뿌리 경건 운동이었다. 도심 마을과 가난한 지역에서 인기가 있었는데, 이는 역으로 사람들이 공식적인 경건 파벌, 즉 고위 제사장들에게 상당한 불만을 품고 있었다는 뜻이다. 인기 높은 경건 운동은 점차 공식 종교에 대한 반발을 불러일으켰다.

성전에서 일하는 귀족적인 고위 성직자들과 달리 바리새인들은 율법을 설명하고 해설하고 해석하는 구전 교훈과 전승을 발전시켰다. 이는 일상의 언어로 성전 예배를 드리는 것과 같았다. 복잡한 토라법을 일상생활에 적용하는 길이었다. 자연히 바리새인은 대중적인 공감대를 얻었고, 구전 전승이 백성들 사이에서 성행했다. 이런 현상은 팔레스타인 마을과 촌락이 맞부딪히는 삶의 복잡한 양상과 어려움을 반영했다.[38] 또한 바리새주의는 유대 사회의 모든 계층 사람들을 끌어모으는 포괄적인 운동이었다. 하지만 주목할 것은 그들이 책임을 지지 않았다는 사실이다. 바리새인은 유대의 통치 모임인 산헤드린에 대표자를 보냈지만, 어디까지나 비주류였다. 다른 비주류들과 마찬가지로 그들은 어떤 것에도 책임을 질 필요가 없었다. 바리새인들이 인기를 끈 데는 그들이 원칙적으로 로마의 유대 점령에 반대했다는 점이 크게 작용했다.

이처럼 바리새주의가 평범한 유대인들이 율법을 해석하고 의로운 삶을 살도록 돕는 운동이라면 예수님도 당연히 지지하셨으리라 생각하는 이들도 있을 것이다. 사실 몇몇 바리새인은 예수님의 가르침에 이끌렸다. 비록 공개적으로 예수님을 지지하는 것은 삼갔지만 말이다. 바리새인들처럼 예수님은 백성들에게 거룩하라고 명하셨다. 하지만 그분의 명령은 달랐다. 바리새인과 성전 당국자들이 외형적인 율법 준수에 집중하는 반면, 예수님은 내면의 경건함을 강조하셨다.

이 점에서 예수님은 친척이기도 한 세례 요한의 족적을 따르신다. 세례 요한 또한 경건 운동과 반反성전 활동의 지도자였다. 앞에서 보았다시피 유대인은 성전에 들어가기 전에 순례자나 예배자를 정결하게 해주는 정결 의식을 매우 강조한다. 요한은 이 개념을 가져다 대중화했다. 성전도 필요 없고 특별한 미크바에서 목욕을 할 필요도 없다. 요한은 강가에서 사람들에게 세례를 줌으로써 정결함과 죄 사함을 선포했다. 제사장 가문 출신이 분명한 세례 요한이 성전 체제에 대안을 제시한 것이다.[39]

예수님은 이러한 경건의 대중화를 더 확대하신다. 주님은 바리새적인 믿음에서 대단히 중요한 부분을 차지하는 정결법을 줄곧 깨뜨리셨다. 주님은 제대로 씻지도 않으셨고(막 7:15), 금식할 필요도 못 느끼셨다(막 2:19). 안식일을 지키는 문제도 다소 유연했고(마 12:1-8), 모세의 가르침의 우선권도 인정하지 않았다(막 10:2-9).

주님은 어떤 예언자도 접촉했을 리 없는 사회 구성원들과 함께 먹고 마시는 데 시간을 보냈다. 바로 창녀와 세리와 나병환자들과 함께했다. 또 여성들과 이야기를 나눴다. 더 가관인 것은 사마리아 여성에게 말을 걸었다는 점이다. 그것도 단정치 못한 사마리아 여성과 말이다. 금식과 안식일 준수와 제의 목욕에 대한 파격적인 입장에 덧붙여, 주님은 부정한 사람들과도 지속적으로 어울리셨다. 당시 율법을 준수하는 유대인이라면 부정한 이교도인 사마리아인들이 자신들보다 하나님나라에 더 가까울 수 있다는 말에 분통이 터졌을 것이다. 바리새인이 아니더라도 애국심 강한 유대인은 누구나 이 말이 대단히 모욕적이라고 여겼을 것이다.[40]

게다가 주님은 가장 심각한 금기사항 중 하나를 건드리셨다. 바로 죽은 자의 장례였다. 장례는 절대적으로 우선해야 할 사안이었다. "죽은 자들이 그들의 죽은 자들을 장사하게 하고 너는 나를 따르라"(마 8:22)고 말한 것은 자못 충격적이었다. 유대인이라면 그 말이 토라에 저촉된다는 것을 알았을 것이다. 십계명은 부모를 공경하라고 하지 않는가.

정결에 관한 예수님의 관점은 모든 유대인의 정결법을 일시에 폐기처분하는 듯한 말로 요약된다.

> 무리를 다시 불러 이르시되 너희는 다 내 말을 듣고 깨달으라. 무엇이든지 밖에서 사람에게로 들어가는 것은 능히 사람을 더럽게 하지 못하되 사람 안에서 나오는 것이 사람을 더럽게 하는 것이니라(막 7:14-16).

많은 학자가 이 선언은 예수님 세대의 관행이라기보다 후대의 기독교 관행이 반영된 듯이 보인다며 의구심을 표했다. 하지만 예수님이 유대인의 정결법을 의도적으로 위반했다고 언급하는 몇 가지 이야기는 적어도 초기 전승을 일부 반영한 것임에 틀림없다. 친척인 세례 요한과 마찬가지로 유대인의 정결 규례를 엄격하게 준수하는 데 반대한다는 점에서 어느 정도 예수님의 입장을 파악할 수 있기 때문이다. 신약학자 마르틴 헹엘 Martin Hengel의 말대로 "예수님에게 토라는 더 이상 궁극적인 기준이 아니었다. 예수님은 동시대 유대인들과는 달리 시내 산에서 모세가 받은 토라 위에 계셨다."[41]

이를 강조하고자 주님은 바리새인에 대해 부정적인 편향이 담긴 이야기를 들려주셨다.[42] 주님이 자신의 이름으로, 자신의 권위로 가르치신다고 강조한 점은 토라에 호소하는 바리새인의 관행과 달랐다. 주님은 매우 전복적인 방식으로 말씀을 사용하셨다.[43] 앞에서 보았다시피 현인으로 알려지는 것은 종교 지도자에게 특히 중요했다.[44] 율법을 아는 것은 대중으로부터 신뢰를 얻는 길이었다. 랍비 가말리엘 같은 사람은 현명한 토라 학자로 알려졌기 때문에 백성들 사이에서 대단한 영향력을 행사했다(행 5:34).[45] 바리새인이든 사두개인이든 지도층 인사들을 바보로 만들었으니 그들 사이에서 예수님은 인기를 얻을 수 없었을 것이다. 예수님에겐 누구나 앉아서 그의 말씀을 듣게 만드는 힘이 있었다. 또 그분의 이야기는 들을 가치가 있었다. 게다가 그분은 무엇이든지, 어떤 질문이든지 전부 답할 수 있었다.

예수님은 바리새인의 가르침에 존경을 표하는 대신 그들을 비난하셨다. 그들의 위선을 고발하고, 그들을 풍자했으며, 율법은 용의주도하게 지키면서 양심으로는 단순한 정의를 수시로 외면하는 태도를 반복해서 지적하셨다. 바리새인은 자신들이 다른 사람들의 예배를 돕고 있다고 믿었지만, 예수님은 그들이 다른 사람들에게 자신들의 짐을 지운다고 책망했다. 주님은 사람들을 하나님나라로 이끌어 오셔서, 문 밖에 있는 사람들도 잔치에 참여할 수 있게 하신다. 이것은 주님의 가르침을 지킬 필요가 없다는 말이 아니라 그 가르침이 배타적이지 않다는 뜻이다.

이처럼 바리새인은 외식하는 자들이며 거짓말쟁이였다. 그러나 예수님을 대적하는 자들의 명단은 이들이 다가 아니었다. 대다수 정통 유대인에게 예수님의 행동과 말씀은 도발적이었다. 갈릴리의 분봉왕 헤롯 안디바는 예수님을 죽이려고 했던 여우였다(눅 13:31-32). 알다시피 성전에 있던 유대인들도 예수님의 선포에 너무나 격분한 나머지 그분에게 돌을 던지려 했다(요 10:31-39). 가족들도 예수님을 지지하지 않았다(요 7:3-5). 로마 당국자들만이 아직 공격에 나서지 않았는데, 아마도 아직 주님과 대면하지 않았기 때문일 것이다. 심지어 세례 요한도 예수님을 의심했다. 헤롯 안디바의 감옥에 갇혀 있는 동안 요한은 사람들을 보내 예수님에게 중요한 질문을 던졌다. "오실 그이가 당신입니까? 우리가 다른 이를 기다려야 합니까?"(눅 7:19) 예수님은 단순히 자신의 행위를 묘사하는 말로 응답하셨다. "맹인이 보며 못 걷는 사람이 걸으며 나병환자가 깨끗함을 받으며 귀먹은 사람이 들으며 죽은 자가 살아나며 가난한 자에게 복음이 전파된다 하라. 누구든지 나로 말미암아 실족하지 아니하는 자는 복이 있도다"(눅 7:22-23).

그러고 보면 이것이 예수님의 역사적 활약을 이해하게 해주는 첫 번째 사건이다. 주님은 밖으로 쫓겨난 사람들을 부르셨고, 그렇게 함으로써 참으로 급진적인 성향, 즉 권력자들을 묘하게 자극하는 능력을 보이셨다.

바리새인을 공격하는가 하면 정결 의식에 대해서는 유연하고 바리새인이나 종교 집단과는 거리를 두면서 비폭력을 옹호하고 원수를 사랑하라고 가르침으로써 예수님은 당대 정치 활동가와 자신을 구별하셨다. 예수님 당시 로마에 대항한 유대의 무장봉기가 어느 정도였는지는 역사가들마다 의견이 분분하다. 예수님의 제자 중 적어도 한 명은 정치 집단과 연관되었다는 기록이 있다. 시몬은 열심당원이었는데, 과격한 좌파로서 언제든 바리새인 무리에 들어갈 수 있었다. 그들은 로마에 대항한 게릴라전을 수행하면서 모든 세금 납부와 재정 지원을 보류했다. 주후 66년 대항쟁 기간에 대다수 바리새인의 지지를 받은 이들 열심당원들이 예루살렘을 통치했다. 결과는 끔찍했지만 말이다.

예수님 당시에 그들이 얼마나 활약했는지는 논쟁의 여지가 있지만, 어느 정도 무장봉기가 진행 중이었던 건 확실하다. 예수님과 함께 십자가형을 받은 사람들만 보아도 그렇다. 로마의 지배나 여기에 동조하는 사람들에게 저항하는 계획적인 봉기가 꾸준히 있었고, 주후 66년 유대인의 첫 번째 반란이 수십 년에 걸쳐 진행되면서 절정으로 치달았다. 로마에 대항하는 무장봉기를 옹호하는 사람들에게 "원수를 사랑하라"니 말도 안 되는 일이다. 이것은 교회조차도 어려워 할, 도무지 감당할 수 없는 요구였다. 하지만 이것이 예수님의 가르침의 핵심이라는 것도 확실하다.[46] 주님은 무장봉기가 상황을 변화시킨다는 발상에 도전하셨다. 심지어 사람이 하나님나라를 억지로 앞당길 수 있다는 생각을 부인하는 말도 했다(막 4:26-32).

이런 정치적 종교적 분파를 역동적으로 지지하거나 고수하는 유대인들은 아주 소수에 불과했음을 기억해야 한다. 요세푸스의 추정으로는 약 50만 명의 유대 거주자 중에서 바리새인이 6,000명, 에세네파가 4,000명, 사두개인은 극소수였다.[47] 하지만 그들은 영향력이 있었고 예수님은 그들 모두에게 눈엣가시였다.

그런데 예수님이 꾸준히 인기를 얻은 집단이 있다. 바로 가난한 자들과 소외된 자들이다. 예수님을 동류로 여긴 사람들은 가난한 자들이었다. 예수님은 가난한 자들의 눈을 통해 사물을 바라본다고 말씀하셨다. 자신이 가난했기에 가난한 자들을 알았다. 가난한 자들에게 음식보다 더 필요한 것이 있음을 알았다. 가난한 자들이 하나님을 예배하고 하나님나라를 차지하게 될 것을 알았다. 하지만 하나님께로 이르는 그 길에 사실상 너무나 많은 장애물이 있다는 것도 헤아렸다.

권력자들 사이에서는 지지가 부족했지만, 보통사람들 사이에서는 부족함이 없었다. 그들은 주님의 가르침을 들으려고 몰려들었고, 그분을 쫓아다니며 고쳐달라고 소리쳤다. 앞으로 살펴보겠지만, 지도자들이 무슨 말을 하든지 주님께 등을 돌리는 법이 없었다.

이렇게 예수님이 가난하고 소외되고 부정한 자들을 중시하며 종교 지도자를 외면하신 결과, 32년 말에 이르러 예수님의 가르침과 행한 기적들은 불신과 적개심을 불러왔다. 다양한 집단이 주님에게 격렬히 대항했지만, 그분을 제거하려는 계획적이고 일관된 전략은 없었다. 주님은 그런 큰 위험은 겪지 않으셨다.

그러고 나서 33년 이른 봄에 주님은 상황을 전적으로 뒤집는 참으로 괴로운 일을 행하셨다.

/

Tremors

/

나사로의 부활

장소 ★ 베다니 주변

시간 ★ 33년 봄

33년 이른 봄, 예수님이 요단 강 건너편에서 잠시 머무실 때 도움을 구하는 절규가 들려왔다. 주님의 친구인 베다니의 나사로가 아프니 도와달라며 나사로의 누이들인 마리아와 마르다가 다급한 전갈을 보냈다. 예수님이 여전히 요단 강 건너에 계시다면 베다니에서 약 32킬로미터 떨어진 셈이니 하루면 갈 수 있는 거리였다. 하지만 주님은 여행을 미루고 이틀이나 지체하셨다. 그동안 나사로는 죽고 말았다.

왜 지체하셨을까? 요한은 무슨 일이 일어날지 알고 있었기에 이를 자세히 묘사한다. 주님은 이적을 준비하고 계셨다(요 11:4-6). 어쩌면 위협을 받았던 곳으로 그렇게 곧장 돌아오는 것을 염려했을지도 모른다. 베다니는 예루살렘에서 고작 4킬로미터 떨어진 곳이었고, 성전에서 일하는 종교 지도자들이 공격할 수 있는 사정권 안이었다. 제자들도 이런 긴장을 알고 있었다. 예수님이 마침내 초청에 응하기로 결심하자 제자들은 염려를 표한다. "랍비여, 방금도 유대인들이 돌로 치려고 했는데 또 그리로 가시려 하나이까?"(요 11:8) 예수님이 계속해서 고집하자 비관론자인 도마가 일행의 분위기를 이렇게 요약한다. "우리도 주와 함께 죽으러 가자"(요 11:16).

이렇게 해서 예수님과 제자들은 요단 강을 건너 예루살렘에서 조금 떨어진 베다니로 갔다. 마을 밖에 있는 무덤에서 주님은 나사로를 무덤 밖으로 부르셨다. 나사로를 살리고 일으키셨다. 죽은 자를 생명으로 일으킨 사건은 분명 역사가들에게 엄청난 도전을 주는 일이다. 뒷부분에서 부활에 관한 주제를 다루면서, 마리아와 마르다와 나사로의 식구들을 더 자세히 살펴볼 것이다. 우리가 예수님의 기적을 어떻게 생각하든 주님은 처음부터 경이로운 사람들과 연관되어 있었음이 분명하다. 주님은 치유와 구원의 행위는 물론이고 초자연적이고 권세 있는 행위와도 연관되어 있었다.

이제 이 행동의 영향이 어마어마했음에 주목해야 한다. 단지 예수님이 기적을 행했다거나, 마리아와 마르다가 잃었던 오빠를 다시 얻은 사건이 아니었다. 이것은 유대인 공회인 산헤드린에 보고될 만한 행동으로 성전에 달린 경고 종을 울린 것이나 마찬가지였다.

> 이에 대제사장들과 바리새인들이 공회를 모으고 이르되 이 사람이 많은 표적을 행하니 우리가 어떻게 하겠느냐. 만일 그를 이대로 두면 모든 사람이 그를 믿을 것이요. 그리고 로마인들이 와서 우리 땅과 민족을 빼앗아 가리라 하니 그중의 한 사람 그해의 대제사장인 가야바가 그들에게 말하되 너희가 아무것도 알지 못하는도다. 한 사람이 백성을 위하여 죽어서 온 민족이 망하지 않게 되는 것이 너희에게 유익한 줄을 생각하지 아니하는도다 하였으니(요 11:47-50).

이것은 이제 막 시작된 대결에서 중요한 역할을 맡은 한 사람의 말이다. 바로 대제사장 가야바였다.

한 사람이 백성을 위하여 죽어야 너희에게 유익하다

1990년, 예루살렘 탈피오트 북부 지역에 있는 한 동굴에서 고고학자들이 12개의 납골단지, 즉 죽은 이들의 뼈가 담긴 용기를 발굴했다. 이 중 여섯 개는 손이 닿지 않은 것이었는데, 그중 하나에서 아그립바 시대(주후 42-43년)로 추정되는 동전이 나왔다. 납골단지 중 두 개에 가야바의 이름이 들어 있는데, 하나는 60세 된 사람의 뼈가 담겨 있다. 이것을 대제사장 가야바의 것이라고 확신할 수는 없다. 하지만 부유한 사람의 무덤인 것만은 확실하고, 가야바는 부유한 사람이었다.[48]

나사로가 태양빛에 눈을 찡그리고 무덤 밖으로 비틀거리며 나올 때, 가야바는 약 15년간 대제사장직에 있었다. 당대 정치의 변덕스러운 성격을 감안할 때 상당히 인상적인 위업이었다.[49] 대제사장이라는 위치도 정치적이었다. 비록 표면적으로는 종교적 지위였지만, 앞에서 살펴보았다시피 정치적으로 이루어진 임명이자 로마 총독의 선물이었다. 아마도 해마다 이 자리에 누구를 앉힐지 고심했을 것이고 로마는 서너 가문을 교대로 대제사장직에 임명하는 정책을 구사했을 것이다. 사실상 이 가문들은 유대의 귀족 가문들로서 임명 절차는 성전에 대한 권리와 제사장 지위를 합법적으로 보장하는 수단이었다. 지배계급에 속한 사람들은 자신들이 대제사장 가문 중 하나라고 자랑스러워했는데, 결혼을 통해 이들 가문과 결합할 수 있었다.[50] 따라서 가장 유력한 제사장 가문의 아들 중에서 마땅한 결혼 상대를 찾으려 애를 썼고, 제사장들 역시 생계를 위해 일해야 하는 하층 계급 여자들과 결혼함으로써 자신들의 명예와 지위가 손상되는 것을 피하려 했다.[51] 그 결과 일종의 종교 귀족층이 탄생했고 권력은 같은 가문 사람들 사이를 오갔다. 가야바는 주후 18년에 대제사장에 임명되어 36년까지 그 자리에 있었다. 그의 장인 안나스는 주후 6년에서 15년까지 대제사장이었고, 이후 가야바의 처남들인 안나스의 아들들이 해당 직분을 수행했을 것이다.[52]

가야바가 대제사장으로 장수할 수 있었던 것은 일단 그 특권을 유지하는 데 필요한 돈을 빌라도에게 계속 댈 형편이 되었기 때문이다.[53] 하지만 주변에는 그 만큼 부유한 사람들이 항상 있었을 테니, 가야바가 대제사장직을 보존할 수 있었던 것은 그가 자신의 직무를 잘 수행했고, 빌라도와 좋은 관계를 유지했기 때문이라고 보는 편이 더 타당할 것이다. 빌라도가 로마로 소환되었을 때가 가야바가 대제사장직에서 물러나기 몇 개월 전이었다는 데 주목해야 한다. 어떤 상황이든 역사 속에서 가야바에 대해 추론할 수 있는 한 가지는 그가 자기 직임을 잘 수행했다는 사실이다.

또한 그 직임은 유지할 만한 가치가 있었다. 대제사장으로서 가야바의 위치는 대단한 영향력을 갖고 있어서 로마의 최종적인 권위도 허용했을 정도였다. 성전 통제야말로 대제사장에게 권력을 부여하는 일이었다. 성전을 큰 교회쯤으로 생각들 하는데, 사실은 훨씬 더 엄청난 권력 기구였다. 예루살렘 경제 권력의 본산지였고, 도시의 지도층 고용주들에게는 가장 큰 사업장이었다. 성전에는 건축 일감이 끊이지 않았다. 동물들을 도축할 일손도 필요했다. 일꾼들은 성전의 기능을 관장할 필요가 있었다. 노예와 종 들은 성전을 깨끗하게 유지하고 잘 운영해야 했다. 희생 제물로는 곡물과 나무와 소와 양과 새와 감람유와 과일과 향유가 필요했다. 이 모든 것이 공급되어야 했다. 결과적으로 성전은 거대한 부를 축적했다. 게다가 그리스-로마 세계에 있는 모든 유대인에게서 해마다 기부를 받았고, 유대와 다른 곳에 있는 백성들에게서 농산물의 십분의 일을 거둬들였다.[54]

가야바는 대제사장직에 오를 때 이미 부유한 사람이었음에 틀림없다. 대속죄일 같은 날에 대제사장은 자기 몫으로 대단히 큰 제사를 드려야 했기 때문이다. 복음서는 가야바가 경계 처소들과 노비들을 둘 만큼 큰 집에 살았다고 보도한다. 그리고 알다시피 그 집은 부유한 상부 도시에 있었다. 대제사장의 수입에 대해서는 자료가 전혀 없지만, 어쨌든 상당히 많았을 테고 성전 자산을 가져다 쓰기도 했을 것이다. 사실 대제사장으로서 가야바는 성전 창고를 책임지는 중요한 지위에 자기 친척들을 임명했고 덕분에 그들은 거대 자본에 접근할 수 있었다.[55]

이처럼 대제사장직은 대단한 이윤을 가져왔고 따라서 위험부담이 컸다. 통상 직업 수칙이라고 부르는 정도의 부담이 아니었다. 로마의 결정만으로도 하루아침에 지위를 잃을 수도 있고, 황제의 결정 하나로 유대인들은 성전이라는 가장 거룩한 자산을 잃을 수도 있었다. 로마와 관계를 유지하는 것은 항상 어려웠다. 대개 종교적 열광 때문에 일을 그르치기 쉬웠다. 빌라도 통치 기간에 일어난 분쟁은 거의 항상 종교 분쟁으로 시작되었다. 유대인들은 형상을 사용하거나 성전의 정결함을 위협하거나 신성한 돈을 사용하는 문제에 직면할 때 들고 일어났다. 얄궂게도 유대 종교에 너무 열정적인 나머지 가야바와 로마제국이 보호하는 종교가 그들에게 가장 큰 위험이 되었다.

그래서 유대인들이 공회로 모였을 때 가야바는 염려했다. 예수님의 행동과 점점 높아지는 인기는 유대 땅과 민족을 위협하는 요소로 보였다. 이 두 가지는 본질적으로 서로 연결되어 있다. 성전은 민족이 아니었다. 그것은 상징이자 대표성이었다. 이방 세력이 지배하는 세계에서 성전은 유대인들에게 진정한 독립의 단편을 제공했다. 다른 곳과는 달리 로마인이 접근하지 않는 유일한 장소였다. 물론 로마인은 성전을 감시했다. 성전이 내려다보이는 요새에서 성전을 주의 깊게 꾸준히 살폈다. 어느 정도까지는 예배를 통제하고 대제사장의 의복을 관리하기도 했다. 하지만 성전은 유대인에게 속한 지구상의 유일한 장소였다. 30년 후 일어난 유대인 반란 전야에 아그립바는 똑같은 말로 위협한 적이 있다. 로마가 지성소를 태우고 백성들을 쓸어버릴 것이라고 말이다.[56]

반대로 가야바는 유대인이 가진 전부를 잃을지 모른다는 악몽 같은 위협을 대신해 예수님을 희생시키는 대안을 제시했다.[57]

이것은 타협의 문제였다. 가야바는 사두개인이었기 때문에 타협에 관한 한 빠삭했다.

부활이 없다 하는 사두개인들이 예수께 와서

사두개인에 관한 보편적 견해는 이렇다. 정치적으로 로마와 연루되어 있지만, 신학적으로 보수적이고 부유한 귀족층으로 세속적인 헬레니즘 생활양식을 고수하며 성전을 맡고 있는 대제사장 계급이다. 이 견해는 즉각 반박에 부딪힐 수 있다. 보수적이고 토라에 근거한 신학은 그리스-로마 생활양식에는 부합하지 않기 때문이다.

사두개인의 기원은 가늠하기 어렵다. 이들에 관한 언급은 하스몬 시대에 처음 나오는데, 주전 3세기경으로 종교적 제휴보다는 정치적 결탁에 가까웠다. 예수님 시대에 사두개인들은 이름을 제외하고는 그들의 조상들과 아무 상관이 없었다.[58] 사두개인에 관한 언급은 그다지 많지 않다. 동시대 저술 중에는 복음서와 사도행전, 요세푸스의 저작에 나타나는 게 고작이다. 더 후대에 기독교 작가들의 작품에서 언급하는 내용도 복음서에서 인용한 것이다. 〈미쉬나〉에는 바리새인과 사두개인 간의 갈등을 언급하고 있지만, 그 자료가 수집되었을 때는 사두개인이 완전히 사라진 뒤였다.[59]

요세푸스는 사두개인의 강령이 "소수긴 하지만 여전히 가장 큰 영예를 가진 자들에게 수용되었다"[60]고 말한다. 요세푸스가 쓴 다음 단락에 좀 더 자세한 단서가 나와 있다.

> 내가 설명하려는 바는 이것이다. 바리새인은 백성들에게 그들의 조상으로부터 계승되었지만 모세의 법에는 기록되지 않은 많은 계명을 엄격하게 전수했다. 그 때문에 사두개인은 바리새인에게 반대하면서, 그들의 계명을 있는 그대로 따를 의무는 있어도, 전통이나 조상들에게서 기인한 것까지 지켜야 하는 것은 아니라고 말한다. 이것과 관련해서 그들 사이에 큰 논쟁과 분명한 입장차가 있었다. 사두개인은 부자를 제외하고는 아무도 설득할 수 없었고, 그들에게는 아첨하는 대중만 남았다. 반면에 바리새인은 다수를 그들 편으로 끌어들였다.[61]

이 두 가지 설명에서 알 수 있듯이, 특별히 경제적으로 부유하고 정치적으로 힘 있는 사람들 사이에서 사두개인을 따르는 무리가 많았던 듯하다.

요세푸스는 사두개인이 후에 유대인의 종교 전통을 따르지 않았다고 주장한다. 그럼에도 어느 정도의 해석 없이 토라를 지키는 것은 실제적으로 불가능했을 것이다. 다만 그들은 바리새인의 해석을 거절했던 것처럼 보인다. 이것은 계급 문제와 관련이 있었을 것이다. 바리새인의 구전법은 유대와 갈릴리 시골 공동체의 삶에서 기인했다. 이와 달리 사두개인의 해석은 예루살렘의 더 부유하고 더 높은 계층을 배경으로 나왔던 모양이다.

요세푸스에 따르면 그들은 운명이라는 개념도 거부했다.

> 사두개인으로 말하자면, 그들은 운명을 없애버렸다. 그리고 운명은 없다고 말한다. 인간의 행사는 자신의 처분에 달려 있지 않다. 그럼에도 그들은 우리의 모든 행동이 우리 자신의 힘에 달려 있다고 주장한다. 그래서 우리 자신이 선한 것의 원인이며, 우리가 어리석은 탓에 악한 것을 얻게 된다고 말한다.[62]

이것은 매우 강경한 주장으로 왜 사두개인이 주로 부유한 엘리트였는지 잘 설명해준다. 만약 가난하고 압제받는 사람이라면 로마가 세금을 재촉하고 귀족들이 강제로 땅을 빼앗는데도 "모두 네 탓이야"라는 말을 듣는 게 유쾌할 리 없다.

사두개인이 제사장 그룹이었다는 주장은 보편적으로 받아들여진다. 여기에서 좀 더 까다로운 문제가 생기는데, 요세푸스도 후대의 랍비 문헌도 사두개인이 제사장 계급이었다는 암시를 전혀 주지 않기 때문이다.[63] 신약성경 또한 둘 사이에 차이점이 있다고 본다. 사도행전 4장 1절에서 누가는 제사장들과 성전 맡은 자와 사두개인들을 각각 언급한다. 분명 제사장이 모두 사두개인이었던 것은 아니다. 우리가 보다시피 바리새인 제사장도 있었다.

그러므로 대제사장이 모두 사두개인이었던 것은 아니고, 대제사장이었던 사두개인들이 일부 있었다. 특히 우리가 아는 사두개인 대제사장이 있는데, 주후 62년에 대제사장이었던 안나스의 아들 아나누스로 예수님의 형제 야고보를 처형한 장본인이다. 다시 요세푸스의 글을 보자.

> 이제 보고서는 장로 안나스가 가장 운 좋은 사람으로 증명되었다고 말한다. 그에게는 다섯 아들이 있었는데 모두 하나님 앞에서 대제사장직을 수행했다. 안나스 자신은 그 위엄을 오랫동안 누렸다. 다른 어떤 대제사장에게도 없었던 일이다. 그러나 우리가 이미 말했던 대로 대제사장직에 오른 아나누스는 기질상 대담한 사람이었고 매우 무례했다. 그는 또 사두개파의 일원으로서 범죄자를 재판하는 데 매우 엄격했는데, 우리가 이미 지켜보았던 대로 특히 남은 유대인들에게 엄했다.[64]

아나누스는 제사장이 된 안나스의 다섯 아들 중 하나였다. 이것이 안나스의 집안이다. 앞에서 그들의 속닥거림에 유감을 표했던 구절들을 기억할 것이다. 의미심장하게 가야바도 안나스의 사위로 방계 가족의 일원이었다. 여기에서 다루는 이들은 왕가나 다름없었다. 가야바보다는 아나누스 쪽이 가족의 전통을 이은 것으로 보인다. 그들 모두 사두개인이었다. 그것이 그들의 신앙이자 종파이자 정치적 입장이었다. 그들의 행위는 확실히 근대 정당에 가까웠다. 요세푸스는 이렇게 기록했다. "사두개인이 같은 사두개인을 대하는 태도는 상당히 사나웠다. 같은 편에 서 있는 이들끼리 나누는 대화는 타인과 나누는 대화만큼이나 야비했다."[65]

가야바가 사두개인이라면, 나사로의 부활이 왜 예수님의 등을 떠미는 계기가 되었는지 설명이 된다. 우리가 알고 있는 바리새인을 사두개인으로부터 나누는 결정적 사안은 죽은 이의 부활이다. 요세푸스는 이렇게 썼다. "사두개인의 교리는 영혼이 몸과 함께 죽는다는 것이다."[66] 이 사안에 관한 바리새인과 사두개인 사이의 논쟁은 너무나 격렬해서 언제라도 싸움이 일어날 수 있었다. 바울은 영리하게도 산헤드린 앞에서 심문을 받는 동안 이 논쟁을 이용해 소란을 일으켰다. 바울은 자극적인 말을 한두 마디 했을 뿐인데 그곳에서는 폭발이 일어났다(행 23:3-8). 그러므로 죽은 자 가운데서 나사로를 살리신 예수님은 그들이 믿는 바대로 민족주의적 메시아에 대한 열망을 부추기는 동시에 그들의 신학을 붕괴시킨 꼴이었다. 죽음 이후의 삶이 없다면 나사로의 삶은 무엇을 위한 것인가?

당시 사두개인이 제사장 계급만큼 정결해 보일 수는 없었다. 그들은 근본주의자 바리새인에 저항하는 유대교 자유주의 종파가 아니었다. 굳이 따지자면 다른 식으로 표현해야 한다. 그들은 '오직 성경으로*sola scriptura*'를 추종하는 종파였다. 그들의 관행은 토라에 기초했다. 그들은 마틴 굿맨이 표현한 대로 '과격한 성서 근본주의자'였다. 그리고 예수님 시대에 그들에게는 권력이 있었다.

하지만 권력을 휘두르는 것은 생각만큼 편리한 일이 아닐 수 있다. 그들은 권력에 다가서자마자 세상이 정확히 교리의 틀대로 작동하지 않는다는 것을 알게 되었다. 예를 들어 가야바는 성전을 책임졌다. 하지만 요세푸스의 말대로 보통 유대인들은 기도와 제사에 관해서는 바리새인의 관행을 따랐다. 이 때문에 사실상 지방에서는 사두개인도 권력 잡기를 꺼렸을 수 있다. 그것이 곧 백성들과의 지나친 타협을 의미했기 때문이다.

> 그들이 행정장관이 되어 마지못해 억지로 그 직임을 맡아야 한다면, 그들은 바리새인의 개념에 자신들을 끼워 맞추었다. 그렇지 않으면 다수가 그들을 견디지 못할 것이기 때문이었다.[67]

그리고 타협은 지방 수준에 그치지 않았다. 그리스-로마 세계의 신전에서 황제는 신으로 경배를 받았다. 희생 제물은 황제의 것이었다. 그러나 예루살렘 성전의 희생 제사는 달랐다. 거기에서는 유대인의 믿음을 존중해서 황제를 위해서가 아니라 그의 건강과 로마 시민의 안녕을 위해서 희생 제물을 바쳤다. 다시 말해서 로마는 희생 제물과 로마에 대한 충성을 어떤 형식으로든 결합해야 한다고 주장했지만, 유대인의 귀에 거슬리지 않는 언어로 순화할 수 있었다.

그렇다고 모든 유대인의 귀에 거슬리지 않았던 것은 아니다. 성전 안에서조차 이 타협안에 대한 반대가 있었다. 주후 66년, 로마와의 전쟁이 일어나기 전날 밤에 혁신적인 개혁을 위한 최초의 행동 목표가 바로 이 상번제였다. 혁명에 대한 열정에 사로잡힌 몇몇 제사장은 더 이상 외국인을 위해서나 황제를 위해서 제물을 드리지 않기로 결심했다. 희생 제사를 멈춘 사람은 엘르아살이라는 사람이었다. 그는 성전의 수장이었다. 성전에서는 서열 2위로 예전의 대제사장(안나스 가문은 아닌)의 아들이었다.[68] 엘르아살의 과격한 행동은 모두의 지지를 얻지는 못했다. 대제사장과 주요 인사 다수가 반대를 표명했다.[69] 분명 대표적인 귀족 가문 모두가 이 제사에 반대한 것은 아니었다.

즉 대제사장이자 사두개인인 가야바가 타협안의 당사자였다. 사두개인으로서 그는 토라에 나오지 않는 어떤 제사든 반대해야 했지만, 대제사장으로서는 이 수정안에 동의해야 했다. 로마의 호의가 있을 때에만 성전 예배가 살아남는다는 것을 다른 누구보다 그는 잘 알고 있었다. 또 이 희생제사만 유일하게 로마의 권력을 드러내는 것도 아니었다. 명절 때 입는 대제사장의 의복도 로마가 직접 관리했다. 로마 당국은 명절 기간에 의복을 가야바에게 넘겨주었다가 다시 건네받아 보관했다. 일종의 자동차 키를 소유하는 것과 같았다. 유대인들에겐 차를 운전할 자유가 있었지만, 로마가 그들에게 키를 내줄 때뿐이었다.

따라서 이런 관점에서 가야바가 예수님에 관해서 "한 사람이 죽는 게 낫다"고 말한 것은 유대에서 일어나는 일들에 관한 현실을 제대로 간파한 것이었다. 로마의 안녕을 유지하고 유대 종교를 살릴 목적으로 매일 소와 양이 성전에서 희생되었다. 한 사람이 다른 목적을 위해 희생당하는 것은 아주 사소한 문제였다. 이 점에서 가야바는 성전을 보존하는 것이 정치적으로 균형 있는 행위임을 알았다. 그리고 그는 예수님이 언제 터질지 모르는 시한폭탄이자 이 미묘한 방정식에서 통제가 불가능한 존재임을 알아챘다.

그래서 가장 긴 한 주가 가까워오는 몇 달 사이에 이미 결론을 내렸다. 무슨 일이 일어날지 최초의 진동을 느낄 수 있었다. 예수님은 이미 효과적으로 선포하셨다. 공회 지도자들은 그에게 어떻게 해야 하는지 알고 있었다. 그들이 해야 할 일은 주님을 붙잡는 것이었다.[70]

이것을 결정한 것은 성전 귀족들이었고, 한 가문의 핵심 인물이었고, 성전을 계속 운영하고 유대 나라를 살리자는 공동의 목표를 가진 동료요 지지자들이었다. 그들의 행위를 전부 이기적이라고 보는 것은 옳지 않다. 그들은 유대인에게 남은 한 가지, 즉 성전을 보호하려고 노력하는 중이었다. 그럼에도 그들은 마약과도 같은 부와 권세를 누리고 있었기에 그것을 쉽게 떨쳐버릴 수 없었다.

명령이 내려졌다. 예수님은 막아야 할 사람이다. 나사로의 부활 이후 예수님은 더 이상 공개적으로 다닐 수 없어서 광야와 가까운 에브라임이라는 마을로 향하셨다. 아마도 벧엘 근처 에브라임일 것이다. 본문은 그곳이 예루살렘의 북동쪽으로 유대 광야에서 가깝다고 추측한다. 정확한 장소는 불확실하지만 예수님은 숨어 계신다.

당국자들은 주님이 오랫동안 떠나 있지는 않으리라 추측한다.

> 유대인의 유월절이 가까우매 많은 사람이 자기를 성결하게 하기 위하여 유월절 전에 시골에서 예루살렘으로 올라갔더니 그들이 예수를 찾으며 성전에 서서 서로 말하되 너희 생각에는 어떠하냐. 그가 명절에 오지 아니하겠느냐 하니 이는 대제사장들과 바리새인들이 누구든지 예수 있는 곳을 알거든 신고하여 잡게 하라 명령하였음이러라(요 11:55-57).

그가 오고 있을까? 유월절이 다가오자 모두가 품었던 질문이다. 순례자들로 터질 것 같은 도시에서 순례자 한 사람을 고대하고 있었다. 주님의 제자들은 그분이 와서 혁명을 시작할 거라 기대했다. 주님의 대적자들은 그분을 체포할 틈을 노렸다.

양쪽 모두 바라는 바를 얻을 것이다.

:

베다니에 계신 예수님 토요일 저녁

:

33년 3월 28일 토요일

니산월 8일

일몰

예수님과 제자들이 베다니,
나사로의 집에 도착함

여리고에서
베다니로 이동

The Night Before

Saturday 28 March

전날 밤

3월 28일 토요일

33년 3월 29일 일요일

니산월 9일

자정

일출

The Longest Week

/

The Night Before

/

베다니에 계신 예수님

장소 ★ 나사로, 마르다, 마리아의 집
시간 ★ 저녁

유월절 엿새 전에 예수께서 베다니에 이르시니 이곳은 예수께서 죽은 자 가운데서 살리신 나사로가 있는 곳이라(요 12:1).

요한은 예수님이 베다니에 도착한 일을 다음 주 금요일에 시작되는 유월절 엿새 전인 토요일 일몰 이후에 배치했다.[1] 예수님과 제자들은 여리고에서 삭개오라는 세리와 함께 식사를 하고(아마 삭개오의 집에 묵기도 했을 것이다) 오는 길이었다. 세리가 될 사람들은 매년 총 세액을 올려내겠다고 당국에 약속하는 계약을 맺게 되어 있었다. 총액 이상은 그들이 가져도 되는 몫이었다. 따라서 많이 걷으면 걷을수록 수익이 커졌다.

그리스-로마 세계 어디서나 세리들은 존경을 받았다. 그러나 유대에서만큼은 욕을 먹었다. 그들이 출세한 것이 토라에 대한 지식 때문이 아니라 로마 당국자들에게 협력한 결과였기 때문이다. 부자와 가난한 사람의 간극이 점점 커지는 사회에서 세리들은 부당하게 재산을 증식한 탓에 오늘날 도시 투자자들만큼이나 조롱을 받았다. 세리들은 로마에 협력하여 부를 쌓았다.[2] 하지만 사람들이 그들을 경멸하고 혐오하는 데는 뭔가 다른 요소가 있었다. 사람들은 세리가 제의적으로 불결하다고 여겼다. 〈미쉬나〉는 "세리가 집에 들어가면 집[과 그 안에 있는 모든것]이 부정해진다"고 기록하고 있다.[3] 세리는 불결한 자들이었고 경제적 나병환자였다. 예수님이 이런 자들을 제자로 받아들이고 그들을 하나님나라에 초대하고 이들과 함께 밥을 먹은 행동은 정결에 관한 유대인의 금기를 깨는 행위였다.

여리고에서 오는 길에 예수님은 무리들과 동행하셨다. 그들은 당연히 예수님이 예루살렘에 들어가길 열렬히 고대했다. 마태복음은 예수님이 여리고를 떠나실 때, 맹인 두 사람이 주님을 부르며 눈 뜨기를 간구했다고 전한다(마 20:29-30). 마가복음은 다른 맹인의 치유를 기록하면서 그가 디매오의 아들 바디매오였다고 한다. 의미심장하게도 맹인은 예수님을 "다윗의 자손"이라 불렀다. 이 호칭은 예수님의 시대만 해도 메시아, 즉 이스라엘을 구원하고 보좌를 차지할 구원자를 일컫는 직함이었다.[4] 무리가 환호한 것은 당연했다.

예수님과 제자들은 여리고에서부터 언덕을 따라 올라오는 길을 택했다. 나사로와 마르다, 마리아 자매가 사는 베다니까지 약 18킬로미터 떨어진 곳이었다. 예수님의 생애 중 최절정의 일주일을 보낼 지점이었다.

열둘을 부르사

예수님이 많은 무리와 함께 베다니에 도착하셨다. 예수님의 제자가 열두 명이라는 전통적 견해는 부분적으로만 옳다. 사실 신약은 예수님에게 많은 제자가 있었음을 암시한다. 열두 명은 그중 핵심 인물이었다. 복음서들마다 이들의 구성을 다르게 설명하기는 하지만 말이다. 제자 명단이 일치하지 않는 것은 개개인이 다른 이름을 가졌거나 설명 방식이 다르다는 점으로 설명되곤 한다. 열두 제자의 명단은 다음과 같다.

마 10:2-4	막 3:16-19	눅 6:13-16
베드로라 하는 시몬	베드로라 하는 시몬	베드로라 하는 시몬
안드레	안드레	안드레
세베대의 아들 야고보	세베대의 아들 야고보	야고보
세베대의 아들 요한	세베대의 아들 요한	요한
빌립	빌립	빌립
바돌로매	바돌로매	바돌로매
도마	도마	도마
마태	마태	마태
알패오의 아들 야고보	알패오의 아들 야고보	알패오의 아들 야고보
다대오	다대오	야고보의 아들 유다
가나나인 시몬	가나나인 유다	셀롯이라는 시몬
가룟 유다	가룟 유다	가룟 유다

요한은 열두 제자를 세 군데에서만 언급한다(요 6:67, 70-71; 20:24). 전체 명단은 전혀 언급하지 않는다. 위에 언급된 몇몇 사람들 외에도 예수님의 제자에는 나다나엘(요 1:45), 아리마대 요셉(요 19:38)이 포함된다. 요한이 열두 제자의 명단을 확실히 언급하지 않은 것은 사실 공관복음도 인정하듯 열둘이 넘는 제자가 있었음을 반영한다. 누가는 따로 72명(혹은 70명)이 선택되었다고 한다. 또 예수님을 재정적으로 후원한 여인들을 언급하는데, 그들 중 몇몇은 예수님과 함께 다녔다.

그 후에 예수께서 각 성과 마을에 두루 다니시며 하나님의 나라를 선포하시며 그 복음을 전하실 새 열두 제자가 함께하였고 또한 악귀를 쫓아내심과 병 고침을 받은 어떤 여자들 곧 일곱 귀신이 나간 자 막달라인이라 하는 마리아와 헤롯의 청지기 구사의 아내 요안나와 수산나와 다른 여러 여자가 함께하여 자기들의 소유로 그들을 섬기더라(눅 8:1-3).

예수님을 따른 의도와 목적 면에서 이 여인들도 제자라 할 수 있다. 그러나 적어도 복음서에서는 그렇게 말하지 않는다. 당대 문화에서 제자는 모두 남성이었다.[5] 그래도 예수님을 지원하고 함께 여행한 여성들의 역할은 주목할 만하다. 케네스 베일리Kenneth Bailey가 지적하는 대로 오늘날에도 중동 지역에서는 여자가 남자들과 여행할 때는 친척집에서 묵어야 한다.[6]

이렇게 볼 때 예수님과 함께 베다니까지 동행한 사람들은 다양한 배경을 갖고 있었다. 그중에는 소외된 사람들이나 차별받는 사람들도 있었다. 일부는 한때 세례 요한의 제자였다. 적어도 네 명은 어부 출신이었다. 마태는 세리였다. 시몬은 가나나인이었다. 누가복음에서는 '셀롯'으로 나오는데, 가나안 출신이라는 의미가 아니라 아람어로 셀롯*Zealot*, 즉 열심당원을 의미한다. 다시 말해 그는 전에 극단적인 민족주의 정치활동에 참여한 적이 있었다. 마틴 루터 킹의 핵심 지지자 중 하나였던 미국 극좌 과격파 흑표범단원과 동급이라 할 수 있다.

예수님의 제자 중 열심당원이 있다는 사실은 예수님 본인이 그런 유형의 정치 혁명가일 수 있다는 추론을 가능하게 한다.[7] 이미 설명했듯이 예수님은 사두개인, 바리새인, 헤롯당원을 포함한 여타의 모든 유대인 정치 분파를 비판하셨는데, 열심당만은 비판하지 않으셨다. 그렇지만 예수님이 비폭력을 지지했다는 점에서 이 이론과는 잘 어울리지 않는다. 세금 문제로 공격을 받았을 때 임기응변으로 답한 점과도 어울리지 않는다. 예수님 당시에 열심당이 소외된 소수 집단이었기 때문에 비판을 피했다고 보는 것이 더 그럴듯하다. 나중에는 어땠는지 몰라도 당시에 열심당은 잘 조직된 군사 조직은 아니었다. 또 예수님이 열심당을 비판하지 않으셨다고 했는데, 예수님이 로마를 비판하지 않았다고 해서 그분을 로마인이라 할 수는 없는 일이다.[8]

예수님을 계급에 근거한 혁명을 주도한 분으로 묘사하려는 시도는 다른 계급이나 집단과의 관련성을 무시할 때만 가능하다. 과거 귀신들렸던 여성은 말할 것도 없고, 열두 명 중에 세리 출신이 있다는 점은 예수님이 다양한 범주의 사람들을 끌어당기는 비상한 매력을 가졌다는 증거이다.

예수께서 베다니 나사로의 집에 이르시니

요한복음은 그날 밤 나사로 집에서 저녁 식사가 있었고, 마리아가 예수님의 발에 기름을 부었다고 기록한다. 그러나 마가는 향유 사건이 다른 장소와 시간, 즉 나병환자 시몬의 집에서 수요일 밤에 있었다고 보고한다. 각각의 복음서가 이 사건을 다른 장소에서 일어났다고 말한다면, 복음서 저자 중 누구도 이 일이 언제 일어났고 누가 연루되어 있는지 분명하게 확신하지 못했다고 보는 게 맞을 것 같다. 나는 마가의 전승을 더 선호한다. 따라서 향유 사건이 수요일 밤에 일어났다고 본다. 그러나 예수님이 나사로 집에 머무시는 것은 충분히 자연스럽다. 그들은 예수님의 친구였다. 예수님은 몇 주 전에도 오셨다. 베다니는 예루살렘과 아주 가까운 거리에 있었고, 감람 산 동쪽 비탈길에 있어 군중들과 사람들의 관심을 피하기에는 충분할 정도로 멀었다.

나사로와 그의 누이들인 마르다와 마리아는 신약성경에서 가장 친숙한 이름에 속한다. 하지만 이 가족의 사회적 지위는 불가사의하다. 나사로에게는 아내가 없었고 마리아와 마르다는 남편이 없었던 듯하다. 그밖에 다른 가족구성원에 대한 언급은 전혀 없다. 그렇다면 이들은 누구인가?

신약에 등장하는 개개인은 여러 가지 방식으로 소개된다. 이름만으로는 이들이 누구인지 확인할 방법이 없기 때문에 보통 아리마대 요셉, 막달라 마리아처럼 그들의 출신지를 밝히거나 쌍둥이를 뜻하는 '두기고' 도마처럼 특징을 밝히는 정보가 함께 등장한다. 아마도 가장 보편적인 정보는 가족 관계를 통해 사람을 소개하는 것이다. 대개는 아버지를 밝힌다. 그래서 일반적인 호칭은 Y의 아들인 X의 형식을 띤다. 요나의 아들 시몬(마 16:17), 세배대의 아들 야고보와 요한(마 10:2)처럼 말이다. 여자들은 남편이나 아들과의 관계로 신원을 확인했다. 야고보와 요셉의 어머니 마리아(마 27:56), 글로바의 아내 마리아(요 19:25)처럼. 이 때문에 학자들은 대부분 예수님이 가르치고 고치는 사역을 시작했을 때는 이미 요셉이 죽은 후라 믿는다. 예수님의 호칭 '마리아의 아들 예수'는 어머니는 살아 있지만 아버지는 죽었음을 암시하기 때문이다. 일반적으로 딸들은 Y의 딸 X처럼 아버지의 이름을 사용해 소개했다.[9] 하지만 마리아와 마르다는 단지 오빠의 이름만 나온다. 그리고 누이들 외에 나사로의 가족관계는 전혀 나오지 않는다. '베다니에 사는 나사로'(요 11:1)라고 거주지로만 소개된다. 따라서 여기 이 가족은 가장인 나사로가 누이들과 함께 살고 있다고 볼 수 있다.

부모님은 어디에 있는가? 어디에도 언급이 없다. 마르다나 마리아의 남편에 대한 단서도 전혀 없다. 유대인 소녀의 결혼 연령은 대략 12살 전후이고, 랍비 문헌에 따르면 남자나 여자나 일찌감치 결혼했다는 걸 알 수 있다.[10] 확실히 14-18세 사이의 유대인 소녀는 결혼하는 것이 정상이고, 유대인 남자라면 스무 살 즈음에 결혼하는 게 보통이다. 따라서 미혼인 남자 형제가 미혼의 누나 둘과 같이 사는 것이 흔한 일은 아니었다. 이 가족은 모두 미혼이었다. 나사로의 집은 1세기 학생 숙소나 다름없다.

따라서 이 가족 구성원을 재구성하면 세 명 모두 어리고 부모님은 죽었을 가능성이 있다.[11] 그러면 나사로는 돈을 버는 역할을 떠맡지 않을 수 없었을 것이다. 또한 이들은 가난한 가정이 아니었던 듯하다. 집에는 예수님과 제자들이 묵을 만큼 방이 충분했고, 알다시피 향유 사건은 그들에게 상당한 자산이 있었음을 암시한다. 하지만 이들 가족은 위태로운 처지에 놓여 있었다. 나사로가 죽을 경우 두 여인에게는 상속권이 없기 때문이다. 이들의 재산이 다른 친척에게 통째로 넘어갈지도 몰랐다. 그렇게 되면 나사로의 죽음은 두 여인에게 엄청난 의미를 갖게 된다. 이들은 단지 사랑하는 형제를 잃는 것뿐 아니라 집과 돈을 잃고 무엇보다 사회적 지위까지 잃고 만다. 이들이 여성으로서 내릴 수 있었던 최소한의 자기 결정권마저 완전히 빼앗길 것이다. 그래서 마르다가 예수님에게 하는 말에는 씁쓸함이 배어 있었다. "주께서 여기 계셨더라면…."

따라서 나사로의 부활은 잃었던 형제가 돌아온 것 이상의 의미가 있다. 경제적 안정과 사회적 지위의 회복이었다. 마르다와 마리아는 부모를 잃었고 형제를 잃었지만, 이제 신뢰할 수 있는 다른 남자에게 의지하고 있다.

아버지의 부재는 이들 세 남매와 예수님이 더 일찍 만났다고 설명하는 누가복음의 이야기를 잘 설명해준다. 이 이야기에서 마리아는 예수님의 발치에 앉아 있다. 누가복음에 이 이야기가 들어 있는 것은 예수님이 예루살렘을 한 번 이상 방문하셨다는 은근한 암시로 볼 수 있다. 누가는 이 장소의 이름을 밝히지 않고 그저 '한 마을'이라고 말한다. 그 마을이 베다니였다.

예수님이 방문하셨을 때, 마리아는 언니를 돕는 대신 예수님의 발치에 앉아 있었다(눅 10:38-42). 이 이야기는 흔히 사역형 삶과 묵상형 삶의 차이를 나타내는 것으로 해석되곤 한다. 그러나 사실은 자신의 위치를 아는 것과 거기서 벗어나려는 노력의 차이에 관한 이야기이기도 하다. 또 마리아가 사회 규범을 상대적으로 무시하고 있다는 것도 보여준다. 누가복음에서 마리아는 예수님의 발치에 앉아 그분의 가르침을 듣는다. 그런데 랍비의 가르침은 토라 연구에서 여성을 배제하는 것처럼 보인다. 랍비 엘리에셀은 "자기 딸에게 토라를 가르치려는 사람은 딸에게 음란함을 가르치는 것이나 마찬가지이다"[12]라고 말했다. 여성은 다양한 종교 모임에 참석하기는 했지만, 토론에 참여하기보다는 주로 듣는 쪽이었다. 엘레아자르 벤 아자리아Eleazar ben Azariah는 "백성의 남녀와 어린이… 모으고"(신 31:12)라는 구절을 해석하면서 남자는 연구하러 오는 것이되 여자는 들으러 오며 어린이들은 "그들을 데려온 사람들이 보상을 받게 하려"[13] 오는 것이라고 해석했다. 여성들이 어느 정도는 토라를 알고 있었던 것 같기는 하다. 특히 주방이나 식솔들과 관련된 율법이나 가정사와 관련해 몇몇 실례들을 담은 〈미쉬나〉는 남성보다 더 많이 알고 있었을 것이다. 하지만 전체 여성을 놓고 보자면 그들에게 필요한 것 이상을 배웠으리라 기대하기 어렵다. 따라서 마르다가 마리아에게 불평한 것은 마리아가 예수님의 말씀을 들으려고 주방에서 나간 것이 선을 넘는 일이라 여겼기 때문이다. 이것은 사역형과 묵상형의 삶과는 아무 상관이 없다. 여성에게 당연히 부과된 삶에 관한 것이다.

예수님이 예루살렘에 계신 동안 함께 머무신 가족의 모습이 이와 같다. 그분에게 구원과 보호와 다른 삶에 대한 소망을 기대하는 두 소녀가 있는 어린 가족. 한 젊은이가 그분께 거는 기대가 어땠을지는 상상에 맡기겠다. 이 가족은 예수님이 구원하신 가족이다.

예수님이 베다니에 도착하자마자 곧 사람들의 주의를 끌었다고 보는 데는 의문의 여지가 없다. 무리가 예수님뿐 아니라 나사로를 보려고 몰려들었다.

> 유대인의 큰 무리가 예수께서 여기 계신 줄을 알고 오니 이는 예수만 보기 위함이 아니요. 죽은 자 가운데서 살리신 나사로도 보려 함이러라. 대제사장들이 나사로까지 죽이려고 모의하니 나사로 때문에 많은 유대인이 가서 예수를 믿음이러라(요 12:9-11).

나사로의 부활은 성전 귀족층이 행동에 나서기로 결심한 계기가 되었다. 그들은 예수님을 제거하기로 결의했다. 예수님에 대한 로마의 분노가 자신들에게 전가될까 두려웠던 것이다. 그런데 왜 나사로를 없애려 했을까? 어쩌면 나사로는 두 번째 죽음이 아니라도 충분히 고통받았을지 모른다.

알다시피 사두개파 철학의 주요 강령 중 하나는 죽은 자의 부활을 믿지 않는 것이다. 그런데 정반대의 증거가 살아 있다. 그들이 예수님을 없애려 한 이유 중 하나는 그들이 틀렸음을 예수님이 증명했기 때문이다. 그리고 그들이 나사로를 없애려 한 이유 중 하나는 그 증거를 없애고 싶었기 때문이다.

하지만 여기 또 다른 요소가 있다. 가장 길었던 한 주는 그 부활이 정치적 행위였다는 것을 알려준다. 나사로의 부활은 본질적으로 체제 전복적 행위였다. 나사로는 국가의 위험인물이었다. 나사로의 부활 이야기가 정치 지도자들의 신학을 파괴할 뿐 아니라, 독재 지도자들의 권력을 파괴하기 때문이다. 사람들이 죽음을 두려워하지 않는다면, 죽음이 끝이 아니라면, 국가가 사람들을 상대로 무슨 힘을 발휘할 수 있겠는가? 훗날 한 그리스도인도 "죽기를 무서워하므로 한평생 매여 종노릇하는"(히 2:15) 사람들에 관해 기록했다. 로마제국은 그리스-로마 세계 전역에서 죽음의 공포와 현생만이 존재한다는 발상으로 수백만 명을 노예로 부리고 통제했다. 그러므로 예수님의 사상이 민족주의적이고 혁명적이어서 문제가 되었다고 보는 건 지나치게 그림을 축소해서 보는 것이다. 그분의 혁명은 훨씬 위대했다. 그분이 시작한 반역은 훨씬 더 위대한 권력을 목표로 하고 있었다.

:

승리의 입성 예루살렘, 일요일 아침

성전을 둘러보심 성전, 일요일 오전

헬라인들과 이야기함 성전, 일요일 오전

:

33년 3월 29일 일요일

니산월 9일

일출

승리의 입성

성전을 둘러보심

헬라인들과 이야기함

감람 산을 지나 예루살렘에 들어옴

성전 경내

Day One : The Entry

Sunday 29 March

첫째 날 : 입성

3월 29일 일요일

니산월 10일

정오

일몰

베다니로 돌아감

베다니

The
Longest
Week

/

Day One
: The Entry

/

승리의 입성

장소 ★ 예루살렘
시간 ★ 아침

주님은 동쪽에서 감람 산을 넘어 오셨다.

예루살렘에는 양쪽으로 봉우리가 있고 그 사이로 골짜기가 뻗어 있다. 남쪽엔 힌놈 골짜기가 있고 티로포에온 골짜기가 북에서 남으로 성을 가로지르며 흐른다. 성의 동쪽에는 기드론 골짜기가 있는데, 그 너머에 감람 산이 솟아 있다. 감람 산 등성이를 넘으면 바로 베다니가 나온다.

그날 동틀 녘에 일어난 예수님은 하루를 미리 준비하면서 언덕 너머에 생의 가장 큰 도전이 기다리고 있음을 예감하셨다. 그리고 서쪽으로 여로를 확정했다.

그들이 예루살렘에 가까이 와서 감람 산 벳바게와 베다니에 이르렀을 때에 예수께서 제자 중 둘을 보내시며 이르시되 너희는 맞은편 마을로 가라. 그리로 들어가면 곧 아직 아무도 타 보지 않은 나귀 새끼가 매여 있는 것을 보리니 풀어 끌고 오라. 만일 누가 너희에게 왜 이렇게 하느냐 묻거든 주가 쓰시겠다 하라. 그리하면 즉시 이리로 보내리라 하시니 제자들이 가서 본즉 나귀 새끼가 문 앞 거리에 매여 있는지라. 그것을 푸니 거기 서 있는 사람 중 어떤 이들이 이르되 나귀 새끼를 풀어 무엇 하려느냐 하매 제자들이 예수께서 이르신 대로 말한대 이에 허락하는지라(막 11:1-6).

예수님은 제자들에게 마을로 가서 나귀를 끌어오라고 명하신다. 아마도 그분 앞에 끌려온 나귀는 여리고에서 예루살렘을 연결하는 주요 도로를 따라 샛길로 왔을 것이다. 이 길은 벳바게까지 남쪽으로 뻗어 있었다.[1] 그리스도인들은 대개 이 나귀와 함께 일사불란한 최후의 만찬 준비를 예언에 대한 성취로 이해한다. 예수님은 나귀가 기다리고 있음을 기적적으로 아셨다. 그러나 본문에서 복음서 저자들이 이 사건을 기적으로 여겼다는 암시는 없다. 이 일은 사전에 준비되었고 신호에 따라 실행에 옮겨졌다. 예루살렘이나 예루살렘에서 가까운 엠마오와 베다니 같은 마을에 예수님의 제자들이 있었음을 기억해야 한다. 주님은 전날 밤에 이 모든 일을 계획하셨는지도 모른다. 더 그럴 듯한 추측은 32년 겨울에 조용하고도 은밀히 예루살렘을 방문했을 때 예비했다고 보는 것이다. 중요한 것은 예수님이 이번 여행을 세밀하게 준비하실 필요가 있었다는 점이다. 성에 들어갈 때 타고 갈 적당한 동물이 필요했다. 이날 아침 몇 가지 신호가 작동했을 것이다.

예수님은 이렇게 주의 깊게 준비한 다음 예루살렘에 입성하신다. 당나귀를 타고 제자들을 앞서 보내 소식을 전하게 하고 언덕을 넘어 눈앞에 있는 예루살렘 성에 아침 햇살이 서서히 내려앉는 광경을 바라보신다.

보라 우리가 예루살렘에 올라가노니

유대의 한복판, 숨을 불어넣고 맥박을 뛰게 하는 심장부가 예루살렘이다.

도시의 부지를 결정하는 요소는 크게 두 가지이다. 바로 돈과 방어력인데, 대부분의 도시는 무역 시장에서 출발해 무역로를 따라 확장되다가 지역 농산물과 광물을 매매하는 장소로 자리를 잡거나 항구를 중심으로 최적의 항만으로 자리매김한다. 방어가 용이하다는 이유로 갑자기 부각되는 도시도 더러 있다. 그런 도시는 보통 언덕 꼭대기에 자리 잡고 있다. 그런 위치에 있으면 적이 쉽게 공격할 수도 없거니와 주변 들판에서 일어나는 일을 한눈에 파악하고 통솔할 수 있기 때문이다.

처음에는 돈을 벌어들이는 상업 도시로 출발했다가 점차 방어기지 역할을 하는 거점으로 바뀌는 도시도 있다. 예루살렘은 원래 가나안 사람들의 도시, 즉 여부스 족속의 성으로 세워졌다. 그러다 주전 1000년경에 다윗이 이 성을 점령했다.[2] 당시 예루살렘 성은 전략적으로 유리한 위치에 있었다. 높은 언덕에 자리 잡고 있어서 적이 공격하기가 어려웠다. 성경에 따르면 다윗은 수로로 군대를 들여보내 간신히 이 성을 점령했다. 그리고 이곳을 이스라엘 왕국의 방어 수도로 전환했다.

하지만 예수님 당시에는 예루살렘의 방어력이 그리 좋지 못했다. 군대 규모가 커지고 성을 포위하고 벌이는 교전이 갈수록 교묘해지면서 예루살렘 성은 쉽게 고립되었고 심각할 정도로 물 공급이 어려웠다. 주전 586년, 바벨론이 예루살렘을 점령했을 때 이스라엘은 결국 그들의 포위망을 뚫지 못하고 무너졌다.

다윗은 이 성에 법궤를 들여놓았고, 그의 아들은 이곳에 성전을 지었다.

하지만 그런 영광의 날들은 이미 지나간 과거에 불과했다. 유대인이 바벨론 포로생활에서 돌아오고 나서 스룹바벨이 2차 성전을 지었지만 턱없이 왜소했다. 성전의 규모는 이스라엘의 처지를 그대로 대변했다. 주전 63년, 로마군이 당도했을 때 예루살렘은 허약한 성이었다. 몰락해가는 나라의 작은 수도에 불과했다. 그런데 한 사람이 이 모든 상황을 바꿔놓았다. 헤롯, 그것도 '대왕'이라 불리는 사람이었다.

헤롯 이전에는 성전을 재건축하더라도 방어력과 물 공급에만 신경을 썼다. 헤롯에 앞서 유대 지방을 통치했던 하스몬 왕조는 성전 동쪽에 큰 궁을 지었다. 정확한 위치는 확인할 수 없지만, 분명히 성전을 한눈에 내려다볼 수 있는 서쪽 언덕에서 동쪽으로 내려가는 비탈쯤이었을 것이다. 하스몬 왕조는 도시 저지대에 새로운 수로 시설을 만들고 성벽 바깥에 큰 저수지를 지었다. 요세푸스에 따르면 '다듬은 돌의 방Chamber of Hewn Stone'이라 불리는 회의실도 만들었는데, 성전의 서쪽 티로포에온 골짜기에 자리를 잡았다고 한다.

헤롯이 예루살렘의 방어력을 증진시킨 건 분명하다. 그런데 동시에 그는 유대 주변 언덕 꼭대기에 궁전과 별장을 나란히 지었다. 예루살렘의 방어력을 신뢰하지 않는다고 스스로 인정하는 것이나 다름없었다. 헤롯은 예루살렘이 변해야 한다는 걸 알아챘다. 간단히 말해서 장사가 될 만한 것을 찾아야 했다. 까다로운 문제였다. 예루살렘 성은 농업이나 광산 자원이 넉넉하지도 않았고 주변에 큰 강도 없었다. 하지만 거대한 자산이 있었는데, 바로 솔로몬이 세우고 스룹바벨이 재건한 성전이었다. 헤롯은 예루살렘의 밑천이 종교라 믿고 그것을 돈벌이 수단으로 삼았다.

헤롯은 예루살렘을 점령하면서 성전을 그리스-로마 세계의 불가사의로 만들기로 했다. 수십 년간 모든 유대 통치자가 성전을 치장했지만, 본격적인 증축에 나선 이는 헤롯대왕이었다. 거대한 담을 세우기 위해 건물 주변에 연단椽端을 확장했다. 성 전면을 돌아가며 거대한 주랑을 지었는데, 남쪽 끝에는 스토아*stoa*라는 긴 주랑 현관이 있었다. 또 스룹바벨 성전 입구에는 큰 베란다와 이층을 연결하고 T자 모양으로 바꾸었다. 성전 외관은 흰 대리석으로 꾸미고 금을 입혀 장식했다. 이렇게 해서 성전은 불결한 세계를 비추는 정결함의 상징으로 찬란한 햇빛을 받으며 빛을 뿜었다.

헤롯은 여기서 멈추지 않았다. 성전 북쪽에 요새를 짓고 마르쿠스 안토니우스의 이름을 따서 안토니아 요새라 불렀다. 성의 서쪽 끝에는 웅장한 새 궁전도 지었다. 그리고 그리스-로마 문화의 세련미를 가미해 경기장과 원형극장을 세웠다. 분명 목욕탕 시설까지 갖췄을 것이다. 이방인이나 서구화된 유대인에게 오락거리를 제공하기 위해서였다. 또 수로와 도로를 증설했다. 주요 도로는 북쪽과 남쪽, 양쪽으로 뻗어나가 골짜기 아래까지 이어졌다. 도로를 따라 상점들이 줄을 지었고 거리에는 당시 중동의 주요 도로들처럼 주랑이 들어섰다. 열을 지어 늘어선 기둥들이 집이나 가게들을 연결한 지붕을 떠받쳤다.[3] 상당히 발전된 양식이긴 하지만, 중동의 도시라면 어디서나 흔히 볼 수 있는 상점가(아랍어로 수크*suq*, 페르시아어로 바자*bazar*라 부른다)였다. 대개 상점가 주변으로 도시나 마을의 중심가가 형성되기 마련이다. 중동의 열기와 먼지 덕분에 이 지역 도시에서는 서구 건축 양식에서 흔히 보이는 시장이나 광장 같이 탁 트인 공간을 기대하기 어렵다. 대신 좁고 구불구불하고 어두침침한 거리를 따라 상점이 들어선다.[4] 하스몬 시대부터 있었던 또 다른 주요 도로는 지금의 욥바 문에서 티로포에온 골짜기를 가로질러 다리를 지나 성전까지 이어진다. 이 도로의 자취는 지금까지도 남아 있는데, 구시가지의 북쪽 입구인 다메섹 문에서 각각 남동쪽과 남서쪽으로 약 40도 각도로 갈라져 있다.

그럼에도 예루살렘을 특별하게 만드는 요소는 여전히 성전이었다. 헤롯은 성전 덕분에 예루살렘을 필수 여행지, 즉 다른 어떤 도시와도 차별화되는 순례자의 도시로 변모시킬 수 있었다. 로마제국 전역에 흩어져 사는 유대인에게 예루살렘은 순례의 종착지가 되었다. 그러나 주로 예루살렘을 찾는 이들은 유대 지역에 사는 사람들이었다. 헤롯은 그리스-로마 제국 전역에서 순례자들을 끌어들일 수 있는 예루살렘의 잠재력을 간파했다. 팍스 로마나가 실현되어 이전보다 훨씬 멀리까지 여행할 수 있게 되면서 이 잠재력은 더 커졌다.

헤롯이 예루살렘 성을 개발한 이유는 돈 말고도 많았다. 무엇보다 자신의 명성을 위해, 즉 사람들에게 환심을 사려고 성을 개발했다. 하지만 별 소득이 없었다. 사람들은 헤롯이 성전을 짓자 전보다 훨씬 더 그를 싫어했다. 건축물의 가치를 인정하고 이용하기는 했지만, 건물을 지은 사람은 계속 경멸했다.[5] 물론 헤롯이 성전을 개발한 데는 좀 더 경건한 이유도 작용했을 것이다. 가이사랴에 아우구스투스를 위한 신전을 지은 것으로 보아 그가 정통파 유대인이 아닌 것은 분명하지만 말이다.

그러나 누가 뭐래도 헤롯이 예루살렘을 개발한 건 예루살렘 성이 부를 가져다줄 거라 보았기 때문이다. 실제로 그러했다. 예수님 시대에 예루살렘은 매년 어마어마한 방문자를 끌어들였다. 조금 이전 시대에 예루살렘을 묘사하는 글을 보면, 순례자의 행렬이나 무역에 대한 언급이 전혀 없다. 그 전에도 디아스포라 유대인들은 예루살렘에 돈을 보내왔지만, 직접 예루살렘에 갈 생각은 하지 않았다. 그럴 필요를 느끼지 못했다. 그런데 헤롯이 상황을 바꾸었다. 성전 기반시설에 과감히 투자해서 예루살렘 성을 당대의 불가사의로 변모시켰다. 헤롯의 건축 양식과 성전 자체의 웅장함에 매료된 사람들은 예루살렘 성에 가고 싶어 했다. 헤롯은 또한 성전에 기부금을 보내도록 유대인을 격려했다. 성문은 알렉산드리아에 사는 한 유대인 감독관이 보낸 금으로 도금했다.[6] 로도 출신의 아케스토르의 아들 파리스라는 사람은 도로 포장 비용을 후원했다.[7] 또 헤롯은 동쪽에서 오는 순례자의 길을 보호하려고 군사기지도 세웠다.[8] 예루살렘은 그리스나 헬레니즘 도시와 달랐다. 그리스-로마 세계의 도시들은 대부분 근대 도시 문명다운 정교함을 뽐내면서 헬레니즘 문화 유산을 자랑스러워했다. 하지만 예루살렘은 전형적인 그리스-로마 도시의 특징을 보이면서도, 자신의 독특한 전통과 유산을 간직하고 있었다.[9] 예루살렘을 방문한 로마인들은 전형적인 그리스-로마 도시에 있다는 생각이 전혀 들지 않았다. 목욕탕이나 극장이 있긴 하지만, 유대인에게 그런 시설은 부패한 이교도의 상징일 뿐이었다. 예루살렘의 중심지는 오락시설이 아닌 성전이었다.[10]

로마제국에는 유대인이 많이 살았다. 400만 명에서 800만 명 사이로 전체 인구의 6-12퍼센트에 달했다.[11] 다른 민족과 달리 유대인은 쉽게 동화되지 않았다. 로마는 다른 종교에 하는 만큼 유대교에도 관용을 베풀었다. 문제는 다른 데 있었다. 유대교가 로마를 참아줄 수 없었던 것이다. 이집트, 그리스, 로마의 종교는 다신교를 숭상하지만, 유대인은 유일신을 섬겼다.[12] 게다가 유대교를 따르는 길은 유대인을 다른 민족과 철저히 분리시켰다. 유대인은 다른 민족과 같은 음식을 먹지 않았고 같은 신을 섬기지도 않았으며, 다른 옷을 입고 다른 달력을 사용했다. 게다가 일주일에 한 번은 모든 게 멈춘 듯했다. 이방 세계에서 유대인의 안식일은 정말로 이해하기 어려운 제도였다.

유대인을 로마 세계와 구별하는 이런 특징은 그들에게 힘을 불어넣기도 했다. 유대인은 자신들의 관습과 율법을 끈질기게 지킨 덕분에 침략과 포로생활, 통치자의 잦은 교체, 그리고 1000년 내내 이어진 압제 속에서도 살아남을 수 있었다. 히브리 성서에 나오는 율법은 그 강도는 물론이고 인내의 측면에서 그리스-로마 세계에 속한(혹은 그 이후로도) 다른 어떤 민족도 따라갈 수 없는 정체성을 유대인에게 부여했다. 유대인은 자기가 누구인지 알았다. 그들은 선택된 민족, 하나님의 백성이었다. 로마 세계에서 그런 확신이 환영받았을 리 만무하다. 하지만 유대인은 초연한 듯했다. 이방인들은 유대인과 한 상에서 먹는 것을 꺼렸고, 심지어 사소한 일을 돕는 것도 달가워하지 않았다. 유대인은 적대적이고 까다롭고 남의 기분을 상하게 하고 외부인에게 배타적인 부류로 규정되었다.[13]

유대인은 로마법 아래서 특권을 누렸는데, 외관상으로는 옥타비아누스(후에 아우구스투스)와 안토니우스 사이에 일어난 내전 기간에 헤롯을 지지한 대가였다. 알렉산드리아 같은 디아스포라 유대인의 도시에도 지도자들의 모임이 있었다. 징집 의무에서도 면제되었다. 군인이 되면 안식일에도 전쟁을 하지 않을 수 없었기 때문이었다. 또 조상들의 율법을 따르는 것도 허락되었다. 알렉산드리아에 사는 유대인은 인두세를 내지 않아도 되었다.[14] 로마가 유대인에게 관용을 베풀고 혜택을 준 건 분명하다. 그렇다고 해서 유대인을 존중한 것은 아니었다. 로마인들에게 출셋길이었던 군역에서 면제되었다는 건 유대인이 로마 사회의 상류층으로 진입할 수 없었다는 뜻이다. 유대 지역의 부유한 유대인들은 로마제국의 다른 부유한 지도자들과 달리 시민권을 받지 못했고, 유대인 중에는 원로원 의원에 오른

사람이 하나도 없었다. 이렇듯 로마는 항상 지역 협력자들을 내려다보며 멸시했다.[15]

로마제국에서 의심스런 눈초리를 받으며 노동을 하고 공격과 조롱과 핍박을 받으면서도 인내할 수밖에 없는 유대인에게 예루살렘과 성전은 유일한 자랑거리였다. 예루살렘은 제국 안에 있는 어떤 것과도 어울리지 않는 도시로 유대인의 유산이자 불굴의 용기를 상징했다. 모든 건물은 그 건물을 사용하는 사람들과 거기서 사는 사람들에 대해 증언하기 마련이다. 성전이 증언하는 바는 "우리가 믿음을 지키고 있다"는 사실이었다. 따라서 이 거룩한 도시를 방문하고 성전을 후원하는 것이 중요한 일이 되었다. 그 일은 곧 유대인의 정체성과 관련된 일이었다. 로마가 임명한 대제사장들은 이를 한 단계 더 발전시켜 예루살렘 후원을 유대인의 의무로 규정했다. 자발적으로 내는 사람은 물론이고 스무 살 이상의 유대인 남자라면 누구나 해마다 성전세를 바치도록 제도화했다.

이 모든 정황은 거대한 자금이 예루살렘으로 흘러들어왔다는 걸 가리킨다. 성전세와 순례자들, 그리고 팔레스타인에 사는 모든 유대인이 내야 하는 십일조를 통해 자본이 유입되었다. 예루살렘은 부유했다. 다른 부유한 도시들처럼 전국에서 엘리트를 끌어들였다. 이름만 들어도 요직에 있고 존경받는 가문 출신임을 알 수 있는 인물들이다. 이들은 세포리나 골란 고원의 감라 혹은 갈릴리 출신이거나 지방 유지들이었다. 그런 점에서 예루살렘은 현대의 대도시와 유사했다. 사람들이 자신의 명성과 부를 뽐낼 곳으로서 예루살렘은 팔레스타인 전역에서 사람들을 자석처럼 끌어당겼다. 도심이 이렇게 번창하는 것이 지방 사람들에겐 유감스러운 일이었다. 그래서 그들은 이 성을 냉담하게 주시하고 오만하게 보았으며 도시의 몰락

을 기뻐하기도 했다.[16]

훗날 한 랍비는 이렇게 기록했다. "예루살렘을 보지 않고서 도시의 아름다움을 논하지 마라."[17] 당시 랍비들은 더 이상 예루살렘에 살 수 없었다. 자세히 들여다보면 도시 전체가 성전의 명성만큼 웅장한 것도 아니었다. 도시에는 부와 재주꾼도 모이지만, 가진 것 없는 사람들도 모이기 마련이다. 그래서 로마 원로원의 카시오도루스는 이렇게 말했다. "야수들은 들판과 숲에 살게 하자. 아무나 도시로 들어와서는 안 된다."[18] 로마는 이 말대로 행했다. 그 결과 도시의 정글에는 도시의 야수가 살게 되었다.

스스로 분쟁하는 도시나 집마다 서지 못하리라

성 자체의 크기는 약 1제곱킬로미터로 근대적인 개념으로 보자면 작은 편이었다. 이 작은 성 북서쪽에 인구 밀집 지역이 생겼다. 예수님 시대에 이 지역 땅값이 어느 정도 비쌌는지는 알 수 없다.[19] 거주 지역은 크게 세 곳으로 나뉘었는데, 동쪽으로 성전이 있고 중앙에서 남쪽 골짜기까지는 하부 도시, 서쪽에는 상부 도시가 자리를 잡았다.

상부 도시는 고지대에 있었다. 부유한 엘리트가 사는 동네로 이곳에서 가장 큰 건물은 당연히 헤롯 궁이었다. 알다시피 이 지역에서 으리으리한 저택의 유적이 발견되었다. 로마제국의 부유층들은 언덕 위에 집을 짓고 살았는데, 볕이 잘 들고 환기가 잘 되는데다 무엇보다 하수를 아래쪽으로 흘려보낼 수 있었기 때문이다.[20] 적어도 이 점에서 그리스-로마 도시들은 오늘날의 도시와 유사하다. 부유한 사람들은 높은 언덕에 살고 가난한 사람들은 낮은 골짜기에 살았다. 부자들은 탁 트인 전망과 시원한 바람을 만끽하는 반면, 가난한 사람들은 번잡한 거리와 텁텁한 공기, 그리고 겨울 홍수를 감내해야 했다. 따라서 상부 도시는 말 그대로 상류층을 위한 곳, 예루살렘과 유대 귀족들을 위한 곳, 로마 총독이 방문하는 동안 머무는 곳으로 권력과 특권이 녹아든 지역이었다.

뭔가 쾨쾨한 냄새가 풍기는 하부 도시와는 완전히 달랐다. 우리는 고대 도시들의 속성을 오해하는 경향이 있다. 파괴적인 공허함에 속고 거대한 대들보와 시원한 도로와 새하얗고 우람한 기둥들에 현혹되곤 한다. 그들이 남긴 유산이 여전히 견고히 지속되고 있고 아름다워 보이는 까닭에 사람들이 이 안에서 살아 숨 쉬던 그때에도 그렇게 아름다웠을 거라 생각한다. 예루살렘 한가운데 아름답고 깨끗한 순백의 성전이 버티고 있으니 도시 전체가 영광스러웠을 거라 생각한다.

이것이 바로 웅장한 건물이 가진 문제이다. 그런 건물들은 우리의 눈을 멀게 한다.

근대적인 시각에서 볼 때, 고대 도시들은 상상할 수 없을 만큼 더러웠다. 고대 도시에 살던 대부분의 사람들은 거의 빈민가와 비슷한 환경에서 살았다. 로마 거주민 대다수는 위험하고 불결한 공동주택 단지에 모여 살았다. 5-6층 높이의 주택에서 사는 경우도 있었다. 예루살렘의 경우는 1-2층 건물이 대부분이었는데, 알렉산드리아나 폼페이에서 발견된 집들과 비슷한 유형이었다. 그 외의 많은 사람이 하부 도시에서 거주할 곳을 찾았다.

하부 도시는 그늘진 곳이었다. 요세푸스는 이 지역 주요 건물 중 하나인 아디아베네의 헬레나 궁에 대해 기록한다. 이 기록에 따르면 여기에서 한참 떨어진 성전 남쪽 입구에 있는 공공건물들까지는 좁고 답답한 길들이나 있고 길을 따라 빈민촌이 들어섰으리라 짐작할 수 있다. 축축한 거리와 좁은 골목에는 볕이 아주 조금 들 뿐이었다. 예루살렘의 하부 도시로 들어가면 짙은 어둠과 음지가 펼쳐지는데, 덧문을 내린 가게 입구들, 따닥따닥 붙어 있는 통로와 골목들, 천으로 대충 가린 좌판과 염료 작업대, 통로를 막아선 과일과 물건들, 그것들 사이사이로 넝쿨과 빨랫감이 뒹굴었다. 하부 도시에서 나와 성전으로 한 걸음 내딛거나 상부 도시의 정원으로 들어가는 건 깊은 어둠에서 벗어나는 것과 같았다.

예루살렘의 서민들 가운데 여유가 있는 사람들은 남녀가 따로 방을 쓸 만큼 충분한 공간이 있었다. 1층 상점에 딸린 방을 사용하기도 했다.[21] 형편이 어려운 사람들은 방 하나를 여러 용도로 쓰거나 싸구려 하숙집에서

방을 빌려 생활했다. 이마저도 여의치 않으면 부자들이 내다버린 폐물을 이어 붙여 오두막을 짓고 살았다.[22] 약자들에게 고대 도시의 골목은 위험하기 짝이 없었다. 불결하고 해로운 환경인데다 치안도 보장할 수 없었다. 악명 높은 로마 군인들도 이 무법천지는 순찰하지 못했다. 자칫 길이라도 잃으면 목숨을 잃기 십상이었기 때문이다.[23] 예루살렘에서도 로마 옷을 입은 사람은 이런 지역에 들어가지 말라는 충고를 받았을 것이다.

지금도 불법 거주자들이 도시 개발의 대상자가 되는데, 고대 세계에서도 별반 다를 게 없었다.[24] 로마 시대에 사람들은 도시 변두리에 허름하고 작은 집을 지었는데, 이를 투구리아*tuguria*라 한다. 일터나 공공건물 앞에, 심지어 현관 기둥 사이에 짓기도 했다.[25] 그러다 오두막 촌을 형성할 만큼 자

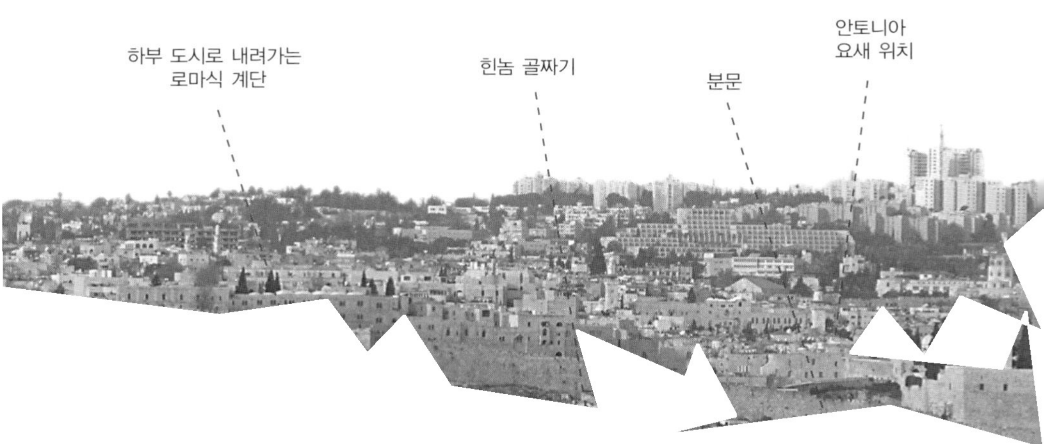

리를 잡았다. 당국자들은 화재 위험 등을 운운하며 환경 정화에 나서거나 이들을 내쫓았다. 임대비를 내고 그곳에 남아 있을 방법도 없었다.

오두막을 구하지 못한 사람들은 몸을 피할 수 있는 곳이면 어디라도 찾아들었다. 계단 밑에 있는 공간이나 지하실, 저장고, 아니면 아예 탁 트인 곳 어디라도 상관없었다. 너무 가난해서 도시 안에서는 도저히 살 수 없는 사람은 도시 밖으로 밀려나 아무데서나 생활했다. 버려진 사람들과 나병 환자들과 쫓겨난 사람들은 공동묘지에서 살았다. 이렇게 형성된 주거 공간은 매음굴이나 공동 화장실로 변모하곤 했다.[26] 이런 곳에 살면 죽은 사람과 접촉하게 되니 유대인의 정결법을 위반할 수밖에 없지만, 그런 걸 신경 쓸 형편이 안 되는 이들이 더러 있었다. 예수님도 갈릴리 지역에서 무덤 사이에서 사는 귀신 들린 사람을 만난 적이 있지 않은가(막 5:1-17). 집과

비슷하게 지었든 언덕배기에 패인 동굴이든, 어쨌거나 무덤은 아주 위험한 지역이라 마음이 조마조마하고 불안해서 죽은 사람과 접촉하면 부정해진다는 사실을 걱정할 여력이 없었다. 오늘날에도 무덤에 사는 사람들이 있다. 카이로에는 죽은 사람들의 도시가 있는데, 100만 명가량이 마멜루크 공동묘지를 거처로 삼고 있다. 묘비를 탁자나 선반 대용으로 쓰고, 비석 사이에 빨랫줄을 걸고 옷을 넌다. 공동묘지가 뭐하는 곳인지 몰라서가 아니라 형편 때문에 적응하며 사는 것이다.[27]

죽음이, 세금이, 가난이 늘 우리와 함께하듯이 빈민가도 항상 우리 곁에 있다.

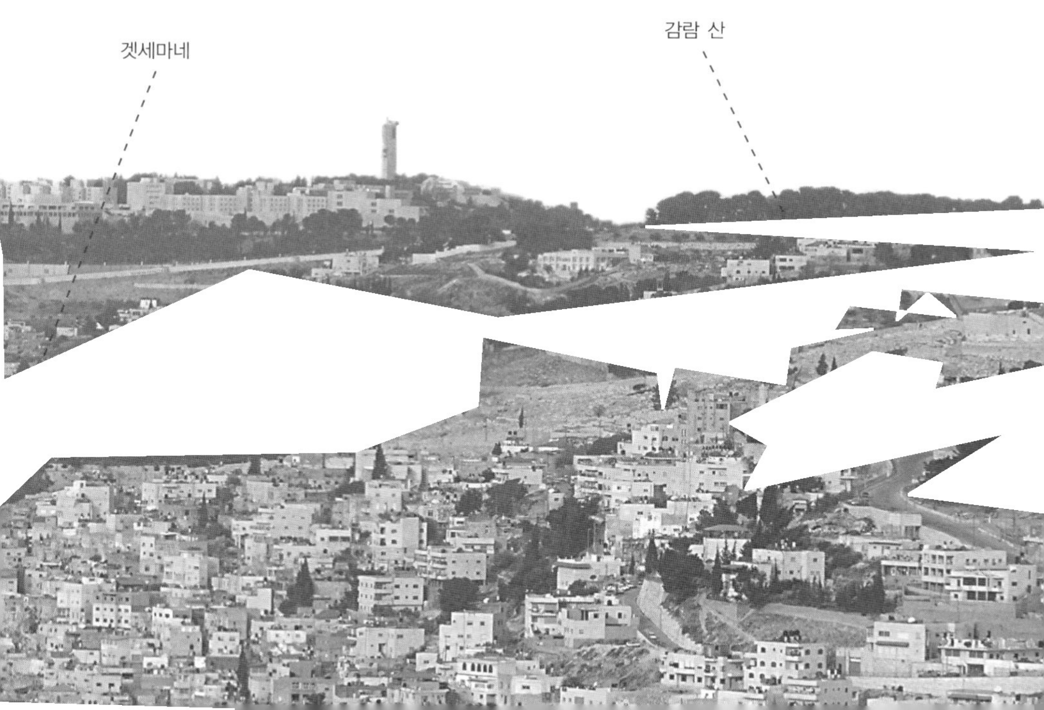

가난한 자, 절뚝이는 자, 저는 자, 못 보는 자

이런 곳에서 살아가는 인생들은 어떨까? 상부 도시의 시원한 분수와 고요한 정원에서 멀리 떨어진 하부 도시의 노동자, 상인, 행상, 걸인 들의 삶은 어떨까?

그들에겐 사생활이 없다. 그렇게 다닥다닥 붙어 사는 사람들 주변에서는 한 발만 내디뎌도 누군가와 부딪히게 마련이다. 알다시피 예수님이 예루살렘에서 사적인 공간을 찾으시는 건 단순히 묵을 곳을 구하거나 도시를 떠나 한적한 감람나무 숲으로 간다는 의미가 아니었다. 도시에는 일행이 함께 머물 독립된 공간이 없었다. 아마도 요즘의 더블린 빈민가처럼 방이라고 해봐야 그저 몸을 씻고 옷을 갈아입으려고 대충 천으로 가려놓은 공간 정도였을 것이다. 여성들이 볼일을 볼 땐, 남편과 아들은 잠깐 자리를 피해야 하는 그런 공간 말이다.[28]

먹을 것을 얻으려는 몸부림도 치열했지만, 물을 충분히 얻지 못해서 더욱 어려웠을 것이다. 생존을 위해서는 최소한 하루에 2-5리터 정도의 식수가 필요하다. 그러나 어디 식수뿐이겠는가? 요리하고 씻고 빨래하고 집과 공공장소를 관리하는 데 들어가는 물까지 하면 그 정도로는 어림도 없다. 로마에서 도시에 끌어온 물의 3분의 1만이 보통사람들에게 공급된 것으로 추정된다. 대부분은 황제와 부유한 사람들 몫이었다. 로마의 강우량은 많은 편이었으나 예루살렘은 여전히 가물었다.[29]

일반적으로 사람들은 공공 급수시설에 의존해야 했다. 아마도 물을 가둬놓을 수 있는 분수, 수로, 샘 등이 있었을 것이다. 고대 예루살렘에서 지붕은 물을 저장하는 기능을 했다. 물은 가장 중요한 관리 대상이었다. 물이 범람할 때를 대비해 곳곳에 배수 시설을 갖췄을 텐데도, 넘친 물은 언덕 아래 티로포에온 골짜기를 채우고 분문을 통해 밖으로 흘러나갔다. 그런데 도시 저지대에 분문이 있는 탓에 힌놈 골짜기는 온통 쓰레기장이 되곤 했다.[30] 비만 오면 분문 주변으로 물이 전부 흘러들었던 것이다.

유독 눈에 띌 정도로 물이 풍족한 곳이 두 군데 있었다. 상부 도시와 성전이다. 상부 도시에는 물을 공급하는 수로가 두 개 있었다. 그러나 하부 도시에는 스트루티온 못과 연결된 수로 하나뿐이었다. 또 하나의 수로는 성전으로 연결되어 있는데, 북쪽에 있는 못들과 이어진 수로를 말한다.[31] 정결의식과 청소 때문에 물이 많이 필요했기에 성전에는 인접한 산 아래 물 저장고와 연결된 수로가 많았다. 주전 100-200년으로 추정되는 아리스테아스Aristeas의 글에서 성전을 찾은 한 방문객은 "마치 자연 우물에서 힘차게 샘물이 솟아나는 것처럼 한없이 물이 공급되고… 말로 다할 수 없이 멋지고 기가 막힌 지하 저수지가 성전 초석의 5스타데스나 차지하고 있다"[32]고 묘사한다. 이 샘은 기혼 골짜기에서 끌어왔을 것이다.

물과 함께 악취도 심각한 문제였다.

예루살렘은 로마와 마찬가지로 정식 쓰레기 처리 시스템이 없었고, 사람들의 배설물을 어딘가에 버려야 했다. 부유한 사람들은 큰 구덩이를 파고 그 위에 화장실을 지어 처리했을 것이다. 하지만 이렇게 한곳에 모아둔 배설물은 거름 장수가 와서 가져가기 전에는 쌓여 있을 수밖에 없다. 거름 장수가 오면 구덩이를 비우고 내용물을 분문으로 가져가서 거름이 필요한 사람들에게 되팔았다. 인간의 배설물은 특히 암모니아가 많아서 나무에 이롭기 때문에 일부는 감람 산 숲에 뿌렸을 것이다. 더 부유한 로마인들은 붉은 점토로 만든 파이프로 화장실과 정원에 있는 구덩이를 연결했다. 화장실에 물 한 양동이만 부으면 깔끔하게 처리할 수 있었을 것이다. 하지만 물이 부족한 예루살렘에서 이런 행동은 극도의 사치였다.

가난한 사람들은 쓰레기를 그냥 아무 데나 내다버렸다. 도랑이나 가까운 배설물 더미에 갖다 버리거나 밤중에 길거리에 내놓는 사람도 있었다.[33] 그렇게 나온 쓰레기는 개나 썩은 고기를 찾는 독수리 혹은 솔개들의 몫이 되었다. 때론 이런 세태가 끔찍하고 불쾌한 충격을 안겨주기도 했다. 수에토니우스Suetonius의 기록에 따르면, 베스파시아누스 황제가 점심을 먹는데 개가 길거리에서 사람 손을 물어와 테이블 아래 두었다고 한다. 베스파시아누스는 이것을 하나의 징조로 보았다.[34]

예루살렘은 정결을 아주 강조했으니 다른 중동 도시들보다는 쓰레기 처리 문제를 심각하게 보았을지도 모른다. 그러나 현실적으로 도시를 깨끗하게 유지하는 건 불가능했다. 가장 큰 하수구를 뜻하는 클로아카 막시마*Cloaca Maxima*를 가진 로마에서조차 길 한복판에 하수가 그대로 흘러가는 개수로에 의존했다. 네로 황제가 즐겨하는 장난 중 하나가 한밤중에 변복을 하고 나가서 부주의한 시민을 도랑으로 밀어버리는 짓이었다.[35] 플리니우스Plinius는 비두니아에 있는 아마스트리스라는 우아하고 아름다운 도시에도 길 한복판에 개수로가 있었다고 기록한다.[36]

도로 한복판에 개수로가 있는 이런 광경을 생각하면, 명절이 아닌 이상 길 한복판을 걸어 다니는 사람은 부정하다고 한 〈미쉬나〉의 기록도 충분히 이해할 수 있다.[37] 명절 기간에는 예루살렘이 너무 붐볐기 때문에 길에서 가장 역겨운 부분조차도 피해 다닐 수 없었다.

분문 쪽으로 내려가는 도시의 남동쪽에서는 길 밖에 붉은 점토로 만든 큰 항아리를 두고 소변소로 이용했다. 분문은 여러 면에서 볼 때 예루살렘에서 가장 부정한 곳이었다. 분문 근처에서는 직공이나 염색공 들이 살면서 오줌으로 천을 염색했다. 하지만 붉은 점토로 만든 항아리에는 작은 구멍이 생기기 마련이라 이 항아리에 배설물을 모아두는 건 그리 좋은 생각이 아니었다.[38]

그러나 예루살렘은 우리가 아는 대로 순례의 도시이자 동물을 바쳐 제사를 드리는 도시이다. 양과 염소와 소의 행렬이 끝없이 이어졌고 이 동물들은 길에서 팔리거나 도살되었다. 잔해는 성전 근처 길거리에 불결한 상태로 버려졌다. 음식으로 쓰는 건 꿈도 꿀 수 없었다. 제사를 드린 다음 성전에서 나온 쓰레기도 어딘가에 치워야 했다. 시체는 버리고 피는 씻어내야 했다.

일부는 예루살렘의 쓰레기장인 힌놈 골짜기로 갔다. 예수님 시대에는 힌놈 골짜기를 게헨나*gehenna*라 불렀는데 지옥을 뜻하는 단어와 음이 같다(마 13:42; 막 9:43-47 참조). 만약 힌놈 골짜기에 모여든 쓰레기 더미가 어땠을지 상상이 안 가면, 로마의 에스퀼리누스 묘지에서 발굴된 75개의 큰 구덩이를 생각하면 된다. 이 구덩이에는 "빈민들의 시체와 동물의 시체, 오물과 온갖 구역질나는 쓰레기가 한데 뒤엉켜" 있었다.[39] 힌놈 골짜기에서는 시체 뼈다귀를 물어뜯는 개들을 심심찮게 볼 수 있었을 것이다. 마르티알리스Martialis는 걸인에 관한 시에서 개의 말을 듣는 사람을 묘사한 바 있다. 이 시 속에서 그는 개들이 자기 시체를 뜯어먹으리라 예상하고 신음하면서 입은 옷을 펄럭여 먹잇감을 노리는 새들을 내쫓고 있었다. 가난하고 궁핍한 사람들은 돌보는 사람 없이 길거리에서 죽어야 했고, 이들의 시체를 정결하게 처리하는 일은 노예들의 몫이었다.[40]

고대 도시의 사람들은 19세기 중엽 유럽의 대도시 주민들과 비슷한 환경에서 생활했다.[41] 산업화로 생긴 빈민가와는 성격이 다른 19세기 더블린이나 네이플의 빈민가는 예루살렘의 생활상을 고고학 책보다 더 잘 보여준다. 20세기 초반, 더블린 거주자의 3분의 1정도가 단층에 방 한 칸짜리 작은 공공주택에서 생활했다. 자녀를 여섯에서 열둘을 둔 가정도 적지 않았는데, 모두 방 한 칸에서 함께 살았다. "출생에서 결혼까지 한 사람의 모든 일생이 가난한 이들이 '집'이라 부르는 이 작은 방에서 이루어졌다."[42] 이런 생활상을 소개한 기록이 있다.

> 집주인들은 법의 눈을 피해 아슬아슬하게 집의 형태만 유지했다. 대개 지은 지 아주 오래되어 다 허물어지는 형국인데도 최소한의 관리만 했다. 어쩌다 집을 수리라도 하게 되면 그만큼 집세가 올랐다! 그래서 사람들은 불평조차 하지 않았다.[43]

> 길 한복판에 물이 고인 도랑이 있다. 쓰레기는 쌓이고, 움푹 꺼진 곳에는 웅덩이가 생기고, 보도는 울퉁불퉁하고, 쥐구멍처럼 벌어진 캄캄한 통로에는 오물이 가득하다. 그럼에도 행인들은 이 흉측하고 냄새나는 광경을 무심히 지나친다. 자기가 사는 집의 몰골도 크게 다르지 않기 때문이다.[44]

지난 수세기 동안 빈민가에서 산 사람은 누구나 겪었던 일이다. 적은 수입으로 살아가는 도시 노동자들은 대개 안락한 생활을 기대할 수 없었다. 집주인도 주거 환경 따위는 신경 쓰지 않았다. 고대 도시의 빈민가는 오늘날의 임대 주택 단지에 비견할 만하다. 부유한 주인은 집을 소유하고 실제 관리는 노예나 관리인이 한다. 오늘날 나이로비에서는 이런 집주인을 가리켜 와벤지wabenzi라 부르는데, 부와 권력의 상징인 독일제 벤츠 승용차를 타고 다니는 사람들이라는 뜻이다.[45] 예수님 시대에 예루살렘에서 집을 소유할 정도면, 아마 고위 제사장이거나 장로였을 것이다.

이런 곳에 사는 사람들은 성전을 보고 어떤 생각을 했을까? 유대인이라면 으레 성전을 자랑스러워했겠지만, 어두컴컴한 하부 도시에 자리 잡은 더러운 오두막에서 사는 가난한 사람들은 성전에 쏟아 붓는 막대한 돈을 더 좋은 곳에 쓰면 어떨까 하는 고민을 한 번쯤은 해보지 않았을까. 헤롯이 세운 건설 계획은 아주 방대해서 도시에서 쫓겨나는 사람이 늘어날 수밖에 없었다. 로마제국에서 가장 큰 성전을 지으려면 적잖은 사람들을 이주시켜야 했다. 스코비Scobie가 로마의 공공장소에 대해 기록한 대로 "기술도 없는 노동자가 기본적인 삶을 영위하는 데 필요한 집을 소유할 수 없다면, 최소한의 식량과 의복을 조달할 수 없다면, 공공 교육과 법적 보호를 받을 수 없다면, 으리으리한 공공건물이나 공원이 있다 한들 무슨 소용인가? 거기서 뭘 보상받을 수 있겠는가?"[46]

예루살렘에서도 분명 똑같은 일이 벌어졌을 것이다. 만일 당신이 매일 빵 한 조각으로 끼니를 때우고, 일거리도 없고, 마지막 남은 땅뙈기마저 저당 잡혀 부자의 손에 넘어가고, 가진 거라곤 옷 몇 벌이 고작이라면, 과연 언덕 위에서 웅장한 위용을 뽐내는 성전을 보고 즐거워할 수 있을까? 아침 제사를 알리는 새벽 나팔소리가 도시 전역에 퍼져나갈 때 당신 심장은 기쁨으로 고동칠까? 그러기는커녕 오늘 하루는 또 뭘 먹고 사나 걱정하지 않을까? 제사에 앞서 목욕재계를 하려고 줄을 서는 게 무슨 의미가 있을까? 다시 깨끗해질 수 있기는 한 걸까?

이것이 예루살렘이다. 이쪽 산비탈에는 웅장한 성전이 있고 저쪽 산비탈에는 으리으리한 집과 호화로운 궁전이 있는 곳. 그리고 그 사이에는 비좁은 거리와 좁아터진 집, 구멍가게와 오두막촌, 초조하게 도살을 기다리는 동물들의 신음소리가 가득한 곳. 제의적 정결과 상상도 하기 싫은 오물이 공존하는 도시. 성전에서는 분향을 하고 게헨나에서는 시체를 태우는 도시. 양지와 음지, 상부와 하부가 공존하는 도시. 이제 이 도시에 새로운 왕이 들어오실 것이다.

그때 주님이 예루살렘에 들어가셨다

> 나귀 새끼를 예수께로 끌고 와서 자기들의 겉옷을 그 위에 얹어놓으매 예수께서 타시니 많은 사람들은 자기들의 겉옷을, 또 다른 이들은 들에서 벤 나뭇가지를 길에 펴며 앞에서 가고 뒤에서 따르는 자들이 소리 지르되 호산나 찬송하리로다. 주의 이름으로 오시는 이여 찬송하리로다. 오는 우리 조상 다윗의 나라여 가장 높은 곳에서 호산나 하더라(막 11:7-10).

예수님은 기드론 골짜기로 내려가 예루살렘에 들어가거나 성전 북쪽으로 나 있는 문을 통과하거나 남쪽에 있는 분문을 통해 예루살렘에 들어가셨을 것이다. 골짜기를 지나 지금의 황금문(미문)을 통과해 곧장 성전에 들어가실 수도 있었다. 하지만 내 생각엔 남쪽에서 예루살렘에 들어온 다음 중앙 계단을 이용하셨을 것 같다.

관건은 시간이다. 알다시피 예수님은 유월절 주간이 시작되는 때에 예루살렘에 입성하셨다. 유대인이 가장 중요하게 여기는 주간은 아니지만, 그래도 꽤 중요한 주인 것만은 분명하다. 따라서 주님이 어떤 길을 택하셨든, 순례자들의 물결에 휩쓸리셨을 것이다. 주님이 어느 봄날 아침, 감람산 기슭에 오르셨을 때 골짜기 아래 북쪽으로는 장막들과 임시 오두막이 펼쳐져 있었을 것이다. 요세푸스는 유월절 순례자들이 '성전 밖에 있는 장막'에 머물렀다고 언급한다.[47] 여건이 허락되거나 친척이 있는 순례자들은 성 안에 머물렀다. 하지만 수천 명의 사람들은 성 바깥에 장막을 치고 묵었을 것이다. 그래서 예수님은 이동하는 동안 언덕 아래에 있는 사람들의 물결에 떠밀려 갔을 것이다. 열렬한 유대인들과 가난한 순례자들 사이로…. 당연히 그분이 오신다는 소문이 퍼졌다. 마치 글래스톤베리나 우드스탁 같은 뮤직 페스티벌 행렬을 이끌듯 왕이 행차하고 계신 것이다.

유월절이 미친 영향에 대해 계속해서 생각해보자. 유월절에는 성이 폭발할 위험성이 높았다는 점을 염두에 두어야 한다. 예수님은 제자들에게 둘러싸여 군중들 사이로 내려오신다. 사람들에게 그들의 삶이 변화될 것이라고 가르치고 전파하며 그들을 고치신다. 또 새로운 제자들을 모으고, 변화와 희망을 꿈꾸다 좌절한 사람들을 격려하신다. 사람들은 제각기 가지를 흔들고 환호하며, 예수님이 인파를 가로질러 간신히 빠져나가시는 동안 해초처럼 행렬에 달라붙는다.

종려나무 가지를 흔들고 '호산나'를 외치는 것은 장막절에 더 잘 어울린다고 주장하는 이들도 있다. 〈미쉬나〉에 따르면 장막절에 '호산나'를 부르고 가지를 흔드는 전통이 있었다.[48] 그렇다고 장막절에만 이런 행사를 치렀다고 단정할 이유는 없다.

이것은 구체적으로 예언되었던 일이었다. 이미 준비된 일이었고, 많은 구약 예언을 참조한 종교 행위였다. 가장 비슷한 예가 스가랴 9장에 나온다. 보통 세계 정상회담 등에서 자주 볼 수 있는 대규모 조직적 시위를 고대에 옮겨놓은 것과 같았다. 예수님은 스가랴의 상징을 사용하셨다. 이 사건은 그분이 보이시려 했던 내용을 정확히 전달하기 위해 주의 깊게 준비된 것이다.

> 시온의 딸아 크게 기뻐할지어다. 예루살렘의 딸아 즐거이 부를지어다. 보라. 네 왕이 네게 임하시나니 그는 공의로우시며 구원을 베푸시며 겸손하여서 나귀를 타시나니 나귀의 작은 것 곧 나귀 새끼니라(슥 9:9).

이것은 메시아, 기름부음 받은 이, 이스라엘의 왕에 관한 용어이다. 여리고에서 오는 길에 예수님은 '다윗의 자손'이라는 환호를 받으셨다. 나귀를 타신 그분은 스가랴에 나오는 단어들로 불리고 있다. 적어도 구약의 예언자들을 알고 있는 이들은 알았을 것이다. 이 사건이 "나는 왕이다"라는 메시지라는 사실을 말이다. 그들이 관련 구절을 인식했든 못 했든, 사람들은 왕과 연관된 전통을 따라 자기 옷을 땅에 던져 그분을 맞이한다.[49]

데이비드 캐치폴David Catchpole은 알렉산더 대왕이나 유다 마카비 같은 사람이 예루살렘으로 입성하는 장면을 소개하면서 12가지 승리의 입성을 예로 든다. 이들은 모두 일정한 경향을 보인다. 승리는 이미 성취되었고 공식적이고 기념비적인 입성만 남아 있다. 군중은 환호를 보내고 성전으로 들어가는 순간 입성은 절정에 달한다.[50]

그러나 이 사건은 종교적 문맥으로만 볼 사건이 아니다. 예수님은 왕으로서의 승리도 선포하신다. 그런데 그의 나라는 뭔가 의심스러운 나라이며 그분은 이상하리만치 어설픈 왕이다. 우리는 여기에서 어설프지만 신나고 통제할 수 없는 어떤 요소를 감지하게 된다. 예를 들어 보자. 예수님이 타신 나귀는 한 번도 사람을 태워본 적이 없는 어린 새끼이다. 예수님이 타시기엔 너무 작은 당나귀였다. 마치 다 큰 어른이 어린이용 자전거를 탄 모양새다. 여기서 재미와 풍자와 조롱의 요소가 강조된다. 또 한 가지는 그날 예루살렘에 들어가는 또 하나의 행진이 있었다는 것이다.

그날 성 안으로 들어온 사람이 또 하나 있었다. 물론 그분의 입성과는 정 반대되는 입성이었지만 말이다.

많은 사람이 유월절 전에 자신을 정결하게 하려고 예루살렘에 오니라

예루살렘에는 엄청난 인파와 명절의 종교적 열기가 뒤섞여 위태로운 분위기가 감돌고 있었다. 요세푸스는 몇몇 주요한 소동을 기록하면서 명절엔 "치안이 위태로웠다"고 쓰고 있다.[51] 불꽃이 하나만 튀어도 불이 확 일어날 듯했다. 가장 악명 높은 사건 하나를 소개할까 한다. 안토니아 요새에서 성전을 내려다보며 망을 보고 있던 병사 하나가 뒤에 있는 유대인들에게 벌거벗은 뒤태를 보이며 "그 태도만큼이나 볼썽사나운 소리를" 냈다. 이어서 일어난 소요로 3만 명이 깔려 죽었다고 요세푸스는 전한다.[52]

이런 이유로 주요 순례 명절 때마다 빌라도는 성에 들어와 있었다.[53] 예루살렘에는 로마 병사가 그리 많지 않았다. 약 500명으로 구성된 소대 하나가 안토니아 요새에서 성전을 감독하고 있었다. 상징적인 병력일 뿐이었고, 대개 성의 치안은 대제사장과 성전 경비대가 책임졌다. 이 병력은 수천 명 규모였을 것이다. 일차 유대인 반란 기간에 8,500명의 성전 경비대가 전임 대제사장 안나스를 지키다가 죽고 말았다.[54] 명절 기간에도 경비대는 임무를 지속했다. 긴장된 분위기에 휩싸인 성은 강한 역사의식과 정결한 종교적 열망을 가진 유대인들로 터질 것만 같았다. 로마 당국은 로마 군대가 그곳을 지키고 있을 거라 믿었을 것이다.

빌라도 총독이 성에 들어와야 했던 건 제사장에게 의복을 넘겨주어야 했기 때문이다. 가야바에게 열쇠를 건네주는 간단한 행사였다. 그러나 제사장의 의복을 넘겨주는 상징적 행위에는 중요한 진실이 녹아 있었다. 이 행사는 정치적 현실을 나타내는 광경이었다. 예루살렘으로 행진해 들어온 군사들은 창끝에 달린 술과 같았다. 가야바와 그의 백성들은 로마의 바퀴가 항상 그들을 짓누르고 있다는 걸 잊지 말아야 했다.

반짝이는 갑옷과 윤나는 가죽을 상상해보라. 말 위에 탄 기병들과 어깨 위의 제국의 독수리가 행진의 선두를 이끈다. 보병들이 길가에서부터 사람들을 때리고 밀치며 행군한다. 권력의 전시였다. 총독이 도착했음을 온 성에 알리는 입성이었다. 황제를 대표해 성을 차지하기 위한 행진이었다.

그리고 그는 성의 반대편으로 들어왔다. 가이사랴에서 욥바를 지나 해안에 도착해 언덕을 넘어 서쪽에서 예루살렘으로 입성했다. 빌라도의 본부는 헤롯대왕의 옛 궁전에 있었을 것이다. 예루살렘에서 가장 화려한 개인 소유의 건물로 상부 도시의 서편에 있는 건물이었다.[55]

따라서 이 상황에서 예수님의 예루살렘 입성은 예언적 상징 행위로서 메시아의 의미심장한 선언보다 훨씬 강력했다. 성의 반대편에서 일어난, 혹은 현재 일어나는 과정을 정교하게 패러디하고 있는 것이다. 예루살렘의 서쪽에는 권력과 특권이 있고 경제와 정치와 군사적 권위를 가진 빌라

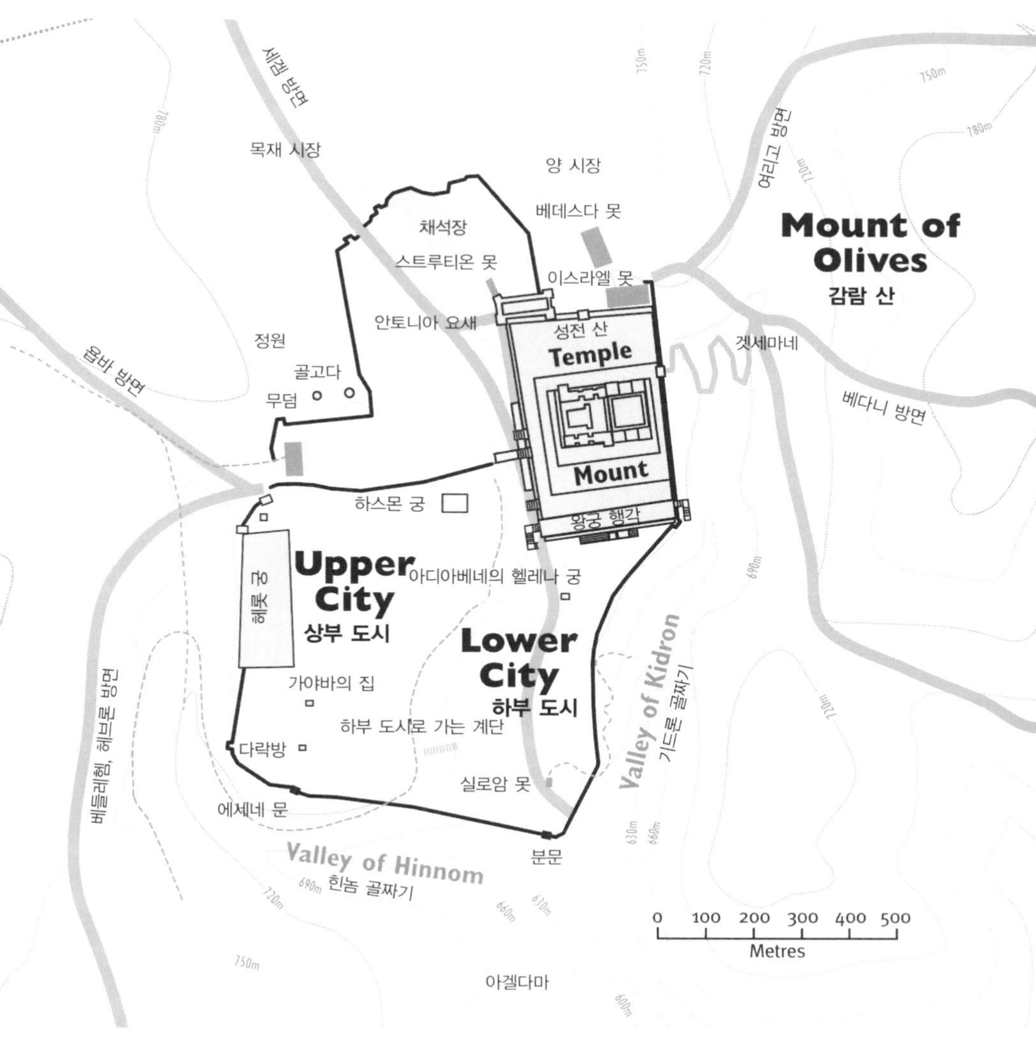

33년경 예루살렘 Jerusalem c. 33 AD

일요일 승리의 입성 당시 예수님은 감람 산을 지나 동쪽으로 예루살렘에 들어오셨다. 비슷한 시기에 빌라도는 욥바 방면 서쪽에서 예루살렘으로 들어오고 있었다.

도가 있다. 동쪽에서는 전혀 다른 급진적 권력이 있다. 서쪽은 세상 정권이요 동쪽은 예수님과 하나님나라이다.

예수님은 스가랴의 예언을 성취하시려고 이 정치적 사건을 연출하셨다. 동물을 선택하신 것은 메시아적 상징이다. 그러나 다음을 보라.

> 내가 에브라임의 병거와 예루살렘의 말을 끊겠고 전쟁하는 활도 끊으리니 그가 이방 사람에게 화평을 전할 것이요. 그의 통치는 바다에서 바다까지 이르고 유브라데 강에서 땅끝까지 이르리라(슥 9:10).

그분은 전쟁하는 메시아가 아니었다. 성의 반대편에서 일어나는 군사 행렬과도 달랐다. 그렇다. 도시의 반대편에는 부유함과 상부 도시의 특권을 독점하려는 로마의 전쟁 기계가 있었다. 하지만 동쪽에는 초라하고 누더기 같은 평화의 왕이 있었다. 이것이 그날 예수님이 사람들에게 보여주신 사건의 진수이다. 성전 지도자들, 장막에 거하는 순례자들, 공동주택에 사는 빈민들, 전부터 그분을 따르고자 했던 모든 사람에게…. 당신은 어떤 왕을 택할 것인가? 로마의 압제인가 하나님나라의 통치인가? 당신은 어느 편에 서 있는가?

/

Day One
: The Entry

/

성전을 둘러보시다

장소 ★ 성전
시간 ★ 오전

예수님의 예루살렘 입성은 정교하게 연출된 승리의 장면이다. 주님의 메시아적 상징은 제사장들에겐 도전이었다. 성 반대편에서 진행되는 로마의 장엄한 행진은 그들의 군사적 정치력에 대한 선포였다. 마가는 예수님의 예루살렘 입성을 다음과 같이 설명했는데, 끝부분에 의문이 남는다. 아무 일도 없었던 듯 사건이 무마된 것처럼 보인다.

> 예수께서 예루살렘에 이르러 성전에 들어가사 모든 것을 둘러 보시고 때가 이미 저물매 열두 제자를 데리시고 베다니에 나가시니라(막 11:11).

예수님은 위풍당당하게 성에 들어오셔서는 한 번 둘러보시고 다시 나가셨다. "때가 이미 저물었기" 때문이다. 어떻게 보면 주님이 뭔가를 더 하실 필요가 없었다. 분명한 상징성을 띤 행진으로 주님은 핵심을 보여주셨다.

사실 다른 공관복음들은 성전에서 일어난 사건을 바로 설명한다. 하지만 마가는 그에 앞서 예수님이 성전으로 들어가셔서 호기심을 가지고 둘러보셨다고 전한다. 주님은 무엇을 보고 계셨을까? 왜 둘러보셨을까?

예수님이 성전에서 무엇을 보셨는지 언급하는 자료가 있다. 신약성경이 아니라, 이집트의 쓰레기 더미에서 발견된 양피지 조각들에 그 기록이 남아 있다. 여기에 예수님이 무엇을 보고 계셨으며 주님의 승리의 입성이 어떻게 끝났는지 알려주는 단서가 들어 있다.

마음이 청결한 자는 복이 있나니 하나님을 볼 것이라

앞서 예수님의 행적에서 살펴보았다시피 유대교의 정결 율법은 그 범위가 아주 넓다. 적절한 제의 목욕을 하거나 씻지 않으면 오염되었거나 부정한 사람이 된다. 월경중인 여자는 나병환자만큼이나 부정하다. 이방인과 함께 먹거나, 세리의 집에 들어가거나, 특정 직업을 가지면 부정하다. 시체를 만지면 부정하다. 복잡하고 억지스러운 음식 정결 율법들도 있었다. 극단적인 경우는 음식이 이방인에게 닿기만 해도 부정할 수 있다. 이방인의 기름, 빵, 포도주도 더러울 수 있다. 이런저런 정결법에 저촉되지 않으려면 차라리 이방인과는 함께 식사하지 않는 편이 낫다.[56] 반면 복음서 전반에서 예수님이 정결 율법을 넘나드는 것을 볼 수 있다. 그리고 그분은 부정한 사람들이 영웅이 되는 이야기를 연신 말씀하신다.

선한 사마리아인 이야기는 제의적 정결에 관한 이야기이다. 등장인물들이 심상치 않다. 강도 맞은 유대인, 성전에서 일하는 제사장과 레위인, 그리고 할례를 받지 않았기에 유대인에게 '정결하다'고 인정받을 수 없는 사마리아인. 성전에서 일하는 두 성직자는 길 한쪽에 누워있는 사람을 무시한다. 자비가 부족해서가 아니라 그가 죽었다고 생각했기 때문이다. 그를 도우면 시체와 접촉했다는 이유로 제의적 부정에 빠지게 된다. 예수님의 이야기는 정결 율법에 얽매여 있는 종교적 위선에 대한 공격이다. 이 사람들은 정결함을 지키는 게 이웃을 돕는 것보다 중요하다고 생각했다.[57]

당시 유대인들이 이런 제의를 어떻게 바라보았는지, 그리고 〈미쉬나〉에 등장하는 많은 준수사항들을 1세기 팔레스타인 사람들이 널리 지켰는지에 관해 전문가들 사이에 중요한 논쟁이 있었다. 일부 전문가들은 이런 정결법이 사치였다는 점에 동의한다. 알겠지만 가난한 농촌에서 소작을 하거나 하부 도시의 빈민가에서 입에 풀칠이나 하며 살고 있다면, 충분한 음식을 저장했다가 안식일에 먹는 일은 불가능하다. 질병이 만연한 누추한 공동주택으로 기어들어가야 하는데, 시체로 인한 부정함을 피할 도리가 있겠는가.

실제적으로 바리새인과 사두개인처럼 엄격하게 율법을 준수하는 건 중상류층 사람들에게나 가능하다. 예를 들어 월경중인 여성과 접촉하는 것을 금지한다고 하자. 〈미쉬나〉에 따르면 월경중인 여성은 그 기간에 집안의 가재도구나 다른 식구들과 접촉하지 않도록 따로 있어야 한다. 형편이 나은 집에서는 이런 여인들이 지낼 곳이 2층에 따로 마련돼 있었을 것이다. 그 많은 방 중 한 곳에 피해 있어도 될 일이었다.

하지만 가난한 노동자 계층에서 자기 혼자 쓸 수 있는 방 하나는 물론이고 여분의 방을 가진다는 건 사치에 불과했다. 부유한 사람들은 부정함을 보호해준다는 도자기 그릇을 사용할 여력이 있었지만, 더 가난한 사람들은 평범한 그릇을 사용해야만 했다. 물론 그 그릇도 부정한 것이었다. 부요한 사람이라면 제의 목욕을 위해 개인 미크바를 가질 수 있었지만, 가난하다면 다른 사람들처럼 다함께 사용하는 공공 연못을 사용해야 했다. 이것이 예수님이 바리새인을 공격하게 된 동기였다.

> 또 무거운 짐을 묶어 사람의 어깨에 지우되 자기는 이것을 한 손가락으로도 움직이려 하지 아니하며(마 23:4).

사실상 율법은 가난한 사람들이 의를 이루지 못하게 만드는 법이었다. 의를 강조하는 것도, 율법을 해석하려는 시도도 잘못은 아니다. 문제는 그들의 입장에서 나온 해석은 중상류층만을 보호한다는 것이었다. 민중의 생존을 더 힘겹게 하는 해석이었다.

예수님은 가난한 사람과 부정한 사람들 편에서 의의 가능성을 보여주셨다. 사실 그분은 가난을 진정한 의로움의 전제조건으로 보셨다. 부유한 사람이 하나님나라에 들어가는 건 낙타가 바늘귀를 통과하는 것만큼 어려웠다. 그래서 주님의 제자들이 이 말씀을 듣고 놀랐던 것이다. 그들은 의로움은 정결함을 통해 가능하다고 믿었다. 정결함은 부의 기능이었다. 그렇다고 예수님이 유대인의 법을 무시하거나 순종하지 않으셨다는 의미는 아니다. 오히려 주님이 예루살렘에 나타나신 것 자체가 율법의 주요 교리를 따르는 증거였다. 주님이 보신 건 성 안의 의로부터 차단된 허다한 사람들이었다.

부유한 사람들은 율법의 모든 조항을 지키기에 충분한 자원을 가지고 있었다. 가난한 사람들은 그렇지 못했다. 하지만 예수님의 가르침에서 하늘나라를 얻는 이는 가난한 사람들이었고 만찬에 함께한 거지였다.

왜 당신의 제자들은 장로들의 전통을 깨는가

정결함은 일종의 통제책이었다. 성전 지도자들은 그들이 부정하다고 판단한 사람들이 성전에 입장하거나 예배에 참석하지 못하도록 제한할 수 있었다. 중세 교황이 파문의 위협을 사용했던 것처럼 성전 추방을 선언하는 건 강력한 무기였음에 틀림없다. 사실 2차 성전 시대 말기는 정결 규례가 점점 많아지고 그 해석도 다양해지는 추세였다. 성전 지도자들도 실제적인 영향력과 통제력을 잃어가고 있다는 여론이 확산되고 있었다. 정치권력은 사람들이 복종하지 않는 것 같으면 규율을 더 강화한다. 새로운 규율들을 만들고 위반 사항에 대해 더 가혹한 처벌을 부과한다.

이 때문에 순례자들은 유월절을 지내기 위해 예루살렘에 일찍 올라가야 했다. 그들은 유월절에 참석할 수 있다는 확정이 필요했다. 어떤 제의들은 예루살렘에서만 가능한 조건을 요구했다. 예를 들어 시체로 인한 부정에서 정결하게 되려면 붉은 암송아지의 잿물을 뿌려야 했다. 그런 잿물이 예루살렘 밖에서 얼마나 널리 사용되었는지는 논란의 여지가 있다. 필로는 세계 어디에서나 사람들이 스스로 깨끗하게 하는 의식으로서 암송아지를 태운 재를 우려낸 물을 뿌리곤 했지만, 그렇게 해도 성전에 들어올 만큼 정결해지진 못했다고 기록했다.[58]

반면에 널리 퍼진 정결 관행도 있었다. 〈미쉬나〉에는 이렇게 나와 있다. "아무리 자신이 깨끗하다 해도 침례를 행하기 전에는 아무도 예배를 위해 성전 뜰에 들어오거나 〔성전 활동에〕 참여할 수 없다."[59] 팔레스타인 탈무드는 더 나아가 이 구절이 희생 제사를 드리지 않았을지라도 성전에 들어갈 수 있는 사람이 있었음을 암시한다고 해석한다.

그런데 승리의 입성을 다루는 마가복음은 씻는 문제를 언급하지 않는다. 사실 복음서 어디에도 예수님이 제의적으로 목욕을 하셨다는 대목이 나오지 않는다. 이것이 곧 주님이 제의 목욕을 하지 않으셨다는 뜻은 아니지만, 그렇다고 했다는 의미도 아니다. 또 알다시피 주님과 제자들은 음식을 먹기 전에 씻지 않은 탓에 비난을 받기도 했다. 씻지 않고 먹었다는 사실도 주목할 만하지만, 예배 전에 씻지 않았다는 것도 중요한 일이다. 신약성경 외의 문헌에서 예수님이 예배 전 정결의식을 생략했다는 기록을 발견했다.

예수께서 모든 것을 둘러보시고

옥스퍼드의 보들레안 도서관에는 주후 4세기 작품인 코덱스 사본, 즉 책의 파편 조각이 있다. 파피루스 옥시린쿠스*Papyrus Oxyrhynchus*라 불리지만 사실 파피루스가 아니라 양피지이다.[60] 이 사본은 45행으로 이루어졌다. 한 복음서에서 유래한 듯하지만, 복음서 전승과는 다른 두 가지 이야기를 담고 있다. 첫 번째는 예수님이 성전에 올라가는 도중 말씀하신 담화인데, 여기서 예수님은 악을 행하는 자들에게 다가올 운명을 경고하신다. 두 번째 이야기는 레위라는 유대인 고위 제사장과의 만남을 다루는데, 그는 예수님이 정결 제의를 행하지 않고 성전에 들어왔다고 고발한다.

주님이 사람들을 데리고 거룩한 곳에 들어가 성전 경내를 거닐고 계셨다. 바리새인이며 고위 제사장인 레위라 하는 사람이 그들에게로 다가오더니 구세

주께 말했다. "누가 당신들에게 거룩한 곳에 들어와서 거룩한 그릇들을 보라고 허락했습니까? 당신은 씻지도 않았고, 당신 제자들도 발을 닦지 않았는데 말입니다. 당신이 부정한 상태로 들어온 이 성전은 거룩한 곳입니다. 우선 몸을 씻고 옷을 갈아입지 않고는 누구도 들어오거나 감히 이 거룩한 그릇들을 볼 수 없습니다."

구세주께서는 즉시 발걸음을 멈추고 그의 제자들과 함께 서서 대답하셨다.

"지금 이 성전에 있는 당신은 과연 정결합니까?"

그러자 그가 대답했다. "나는 다윗의 못에서 씻었기 때문에 정결합니다. 또 나는 희고 순결한 옷을 입었기 때문에 이 거룩한 그릇들을 볼 수 있지요."

주님은 말씀하셨다. "화 있을지어다. 볼 수 없는 눈먼 자여! 당신은 개와 돼지가 밤낮으로 뒹굴고 있는 이 물에서 씻었소. 또 창녀와 무희들이 기름을 바르던 곳에서 씻고 닦았소. 인간의 욕망을 위해 치장하느라 씻고 닦지만 이 여인들의 내면은 온갖 독기와 사악함으로 가득하오. 하지만 당신이 씻지 않았다고 말하는 나와 내 제자들은 하늘의 하나님으로부터 내려온 영생의 물에 씻었다오. 저들에게 화가 있으리라…."[61]

이야기는 이렇게 끝난다. 이 사본이 처음 공개됐을 때만 해도 꾸며낸 이야기라 생각했다. 편집자들의 판단에는 역사적 진술로서의 조건을 정확하게 갖추고 있지 않았기 때문이다. 이제는 예수님을 '구세주'라고 언급하는 것이 예수님 당시보다 더 후대의 신학을 반영한다고 인정된다. 하지만 이 조각이 유대의 관습과 성전 지형도를 무시한다는 주장은 사실이 아니다.

마가복음 11장 11절에 따르면 예수님은 여기서 유일하게 성전에 있는 것들을 '둘러보셨다.' 주님은 정결한 곳, 아마도 성전의 안쪽 뜰 중 한 곳에 들어가셔서 "거룩한 그릇들을 바라보셨을" 것이다. 대부분의 성전 그릇들은 측면 방에 보관했기에 '거룩한 그릇'은 제사장의 뜰에서 매일 사용되는 신성한 도구들을 언급하는 듯하다.[62] 어쩌면 예수님과 제자들은 성전 지성소의 핵심을 바로 들여다볼 수 있을 만큼 충분히 깊이 들어가셨을 수도 있다. 요세푸스가 암시하는 바에 따르면, 지성소 입구를 가린 베일은 뒤로 묶여서 명절에는 수많은 순례자들이 안을 들여다볼 수 있도록 했다. 탈무드의 한 대목도 이를 지지하는데, 순례자들이 진설병이 놓인 떡 상과 금 접시를 볼 수 있었다는 것이다. 그랬을 법도 하다. 순례자들도 성전의 보물을 보고 싶었겠지만, 제사장들도 제도의 경외심과 장엄함을 과시하고 싶었을 테니 말이다.[63]

이 제사장이 누구인지는 분명하지 않다. 그는 레위라 불리는 바리새인으로 나오는데, 헬라어 *archierieus*가 반드시 대제사장을 의미하지는 않는다. 헬라어는 정관사가 없으므로 주요 제사장 중 한 사람을 지칭한다고 볼 수 있다. 의장 역할을 하는 제사장이나 감독자나 바리새인 종교 지도자 중 한 사람을 말하는지도 모르겠다.[64]

아직까지 확인된 바 없지만 다윗의 못은 예루살렘에 있는 미크바의 개수를 좌우할 만큼 중요하게 취급되진 않는다. 랍비 문학에서도 잘 나타나 있지 않은 부분이다. 사실 가장 유명한 것은 요한복음 5장 2절에 언급된 벳세다 못이었다. 솔직히 말해, 다윗이 정복한 이 성에서 여러 제의 목욕탕 중 하나쯤에는 그의 이름을 붙이지 않았겠는가. 그의 이름을 딴 못이 하나도 없다면 오히려 그것이 더 놀랍지 않은가. 실제로 고고학자들은 성전 산에 적어도 세 개의 미크바가 있는 걸 확인했다.[65] 또 두 계단에 관한 세부 사항도 정확하게 밝혔다. 예루살렘에 대한 여러 고고학적 연구에서

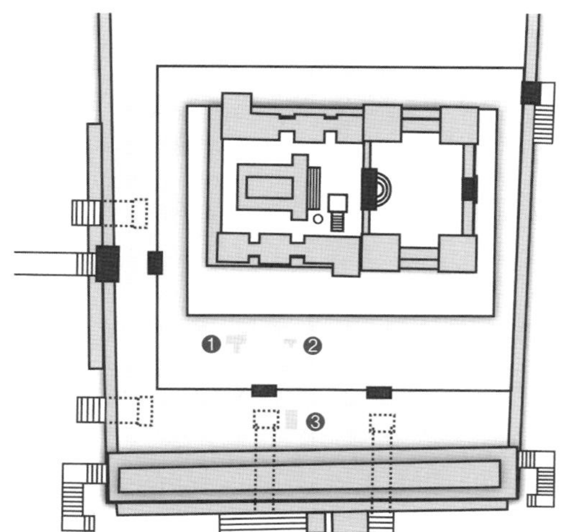

성전 산에 있는 미크바
Miqvaot on the Temple Mount

고고학자들은 성전 산에서 미크바로 보이는 세 장소를 확인했다. 수조를 통해 빗물을 가득 채워 사용했을 것으로 추정된다.

연못에 두 개의 계단이 있었다는 점이 밝혀졌다. 아마도 들어갔던 길로 다시 나와서 재오염되는 걸 막기 위함이었을 것이다.[66] 흐르는 물에 관해서는 바리새파 관행의 한 단면을 반영한다. 바리새인들은 미크바에 흐르는 물을 담으면 소용이 없다고 믿었다. 그래서인지 현재까지 발굴한 미크바에는 수로 역할을 하는 또 하나의 못이 있다.[67]

의복을 살펴보자. 안쪽 뜰에 들어가려는 방문자는 누구나 지팡이, 신발, 가방, 전대를 벗어두어야 했고, 또 자기 발에 먼지가 없는지 확인해야 했다. 이스라엘 사람들의 뜰에는 '레위기가 요구하는 완전히 정결한' 상태에 있는 사람들만 들어갈 수 있었다.[68] 이 정도의 차원 높은 정결 수준에 이르려면 옷을 갈아입어야만 했을 것이다. 에세네파 사람들은 성전 제의에 참여하려면 완전히 물속에 잠겼다가 나와서 흰옷으로 갈아입어야 했다.[69] 제사장이 옷을 갈아입는다고 해서 일반 방문자들도 반드시 그렇게 해야 한다는 법은 없다. 그렇기에 이 사건의 초점은 예수님과 제자들이 발을 씻지 않았다는 점에 있다.

이런 일이 일어날 가능성을 랍비 문헌에서도 엿볼 수 있다. '고상한 시몬'이라 불리는 사람에 관한 이야기를 보자. 그는 성전에서 지성소와 번제단 사이로 들어가려고 할 때 자기 손과 발을 씻지도 않고, '감독자'들의 제지도 받지 않았다고 주장했다.[70] 이 이야기를 좀 더 자세히 살펴보면 고고학자들의 주장과 일치한다. 만약 이 조각이 최초의 편집자가 주장하는 대로 2세기의 유물이라고 해도 괜찮다. 누군가가 이 연구를 계속하고 있을 테니까.

그런데 돼지와 개들은 어떻게 될까? 물이 수로에서 직접 공급되는 것이라면 이 문장은 물의 정결함이 다소 의심스럽다는 의미일 수도 있다.[71] 확실히 예수님의 나머지 공격은 과장되고 풍자가 넘치기 때문에 이것을 문자적으로 취할 필요는 없다. 예수님은 심지어 창녀들도 뛰어들어 씻었지만 그것으로 정결해졌다는 증거가 없다는 사실에 주목하신다.

'옥시린쿠스 파피루스 840'은 예수님이 유대교의 가장 거룩한 장소 중 하나에 들어가면서 마땅히 요구되는 정결 의식에 어떤 주의도 기울이지 않았다고 기록한다. 주님은 부정하고 불결한 상태로 들어가셨다. 그다지 신경 쓰지 않은 듯하다. 과연 이게 실제 이야기일까? 복음서에 나오지 않는 장면이 아닌가? 분명 이것은 수많은 편집자의 손을 거쳤을 것이다. 그러나 이야기 자체가 얼토당토않은 것은 아니다. 이 이야기는 정결 의식에 대한 예수님의 태도를 보여주는 더 큰 그림과도 들어맞고, 예수님을 대적하던 자들 중에서 좀 더 정통파에 속하는 이들이 왜 그렇게 격분했는지도 설명해준다. 예수님의 진정한 관심사는 내적 정결함이지 외적인 율법 준수가 아니었다. 창녀와 무희들도 목욕했고 심지어 돼지도 씻었다.

정결 제의가 통제를 위한 것으로 변질될 때, 이 규례에 개의치 않는 사람이 생겨난다면 역설적으로 통제가 불가능해진다. 옥시린쿠스의 도편들은 성전에 계신 예수님의 그럴 듯한 초상화를 보여준다. 비록 후대에 편집되었을 가능성이 있지만 말이다. 그것이 진정성 있는 이야기인지 아닌지는 쉽게 결론이 나지 않을 것이다. 하지만 복음서 전체가 지지하는 바, 예수님이 당시 정결 규례에 계속해서 저항하셨다는 전승을 표현함에는 틀림이 없다.

예수님은 말 그대로 통제 불능이셨다. 주님이 무슨 일을 하실지 누가 알겠는가?

/

Day One
: The Entry

/

헬라인들과 이야기하다

장소 ★ 예루살렘
시간 ★ 오전

예수님의 승리의 입성은 그야말로 승리였다. 바리새인들은 주님을 따르는 자들과 변화를 감지하고 기뻐하는 순례자들에 둘러싸여 예수님을 바라보며 외쳤다. "볼지어다. 너희 하는 일이 쓸 데 없다. 보라. 온 세상이 그를 따르는도다"(요 12:19).

> 명절에 예배하러 올라온 사람 중에 헬라인 몇이 있는데 그들이 갈릴리 벳새다 사람 빌립에게 가서 청하여 이르되 선생이여 우리가 예수를 뵈옵고자 하나이다 하니 빌립이 안드레에게 가서 말하고 안드레와 빌립이 예수께 가서 여쭈니(요 12:20-22).

세상은 예수님을 따랐다. 예루살렘에는 헬라인들이 있었고 그들은 예수님을 만나고 싶어 했다. 하지만 예수님에 대한 그들의 반응은 불분명했다.

게다가 이 거룩하신 분이 이방인들과 접촉하신다? 그러면 통역자를 대동해야 할 텐데? 아마도 그들은 예수님에게서 바리새인이나 사두개인에게 받은 인상 정도를 기대하고 있었을 것이다. 사실 제자들조차 확신이 없었다. 빌립도 예수님을 따르기 전에 형제와 먼저 상의하지 않았는가.

예수님의 반응은 수수께끼와 같다. 이런 반응은 난해한 상징으로 가득했다가 천둥소리로 끝맺는 요한의 글에서 발견할 수 있다.

> 아버지여, 아버지의 이름을 영광스럽게 하옵소서 하시니 이에 하늘에서 소리가 나서 이르되 내가 이미 영광스럽게 하였고 또다시 영광스럽게 하리라 하시니 곁에 서서 들은 무리는 천둥이 울었다고도 하며 또 어떤 이들은 천사가 그에게 말하였다고도 하니 예수께서 대답하여 이르시되 이 소리가 난 것은 나를 위한 것이 아니요 너희를 위한 것이니라(요 12:28-30).

이 소리는 목소리였을까? 천사였을까? 우렛소리였을까? 분명 반향이 있었다. 하늘에서 울린 목소리는 예수님이 세례받으실 때 말씀하셨던 그 음성이었다. 이 잔을 감당하려는 예수님의 결심이 "이 잔을 지나가게 해달라"(마 26:39)는 소원보다 강력해지는 순간이었다. 무엇이 사실이든 요한의 의도는 분명하다. 세상은 예수님께 환호했다. 승리의 입성은 한 나라를 선포하는 것이었다. 그 나라는 예루살렘으로 제한되는 것이 아니라 헬라인들에게로, 온 세상과 만민에게로 퍼져나갈 나라이다.

:

무화과나무를 저주함 감람 산, 월요일 아침

성전 시위 성전 산, 월요일 아침

:

33년 3월 30일 월요일

니산월 10일

니산월 10일에 유월절 어린양을 선택함

무화과나무를 저주함

성전 시위

베다니에서 감람 산을 거쳐옴

성전 경내

Day Two : The Temple

Monday 30th March

둘째 날 : 성전

3월 30일 월요일

니산월 11일

정오

일몰

베다니로 돌아감

The
Longest
Week

/

Day Two
: The Temple

/

무화과나무를 저주함

장소 ★ 감람 산

시간 ★ 아침

이튿날 그들이 베다니에서 나왔을 때에 예수께서 시장하신지라. 멀리서 잎사귀 있는 한 무화과나무를 보시고 혹 그 나무에 무엇이 있을까 하여 가셨더니 가서 보신즉 잎사귀 외에 아무것도 없더라. 이는 무화과의 때가 아님이라. 예수께서 나무에게 말씀하여 이르시되 이제부터 영원토록 사람이 네게서 열매를 따 먹지 못하리라 하시니 제자들이 이를 듣더라(막 11:12-14).

문맥으로만 보면 이상한 이야기이다. 예수님은 열매를 맺지 못한 무화과나무를 저주하셨다. 무화과나무는 본래 5-6월에 한 번 열매를 맺고 8-10월에 두 번째 과실을 맺는다. 그러므로 나무의 잘못이 아니다. 5월에 사과나무 주위를 어슬렁거리면서 빨간 사과가 없다고 징징대는 것과 마찬가지이다. 주님은 뭘 기대하셨을까?

기대하신 게 없다. 그게 요점이다. 요점은 열매를 따는 것이 아니라, 열매를 얻지 못한다는 점에 있다.

학자들은 이 단락을 '마가의 샌드위치'라고 부른다. 마가는 이야기나 사건을 둘로 쪼개서 둘 사이에 다른 이야기를 끼워 넣는 습관이 있다. 앞뒤로 전개되는 원래의 이야기가 주석 역할을 하는 것이다. 따라서 마가복음 11장 12-14절은 '무화과나무 전반부'인 셈이다. 그리고 마가복음 11장 20절에 가서야 이야기의 결론이 나는데, 때는 마가의 시간표대로라면 다음날 아침이다.

예수님은 이 나무를 상징이자 은유로 사용하셨다. 주님의 배고픔, 열매를 찾는 헛된 시도와 저주는 모두 앞으로 일어날 일에 대한 상징들이다. 또 무화과나무의 운명은 지금 일어나고 있는 일들과도 밀접한 관련이 있다. 골짜기를 사이에 두고 저 너머에서 일어날 일이기도 하다. 마가는 사건의 장소를 특히 강조한다. 예수님은 감람 산에 계시고 기드론 골짜기 건너편을 바라보신다. 골짜기 저편에는 성전이 있다.

성전보다 큰 이가
여기 있느니라

예루살렘 성전은 고대 세계에서 아주 큰 건물 중 하나였다. 이 건물이 단순히 성전, 즉 성소이기에 경이롭게 느껴진 건 아니었다. 약 5만 6,600제곱킬로미터의 넓이로 고지대에 세워진 복합건물이요, 그 자체로 거대한 광장이었다. 예루살렘 도시 전체의 12퍼센트에 해당하는 면적이다.[1]

앞에서 보았다시피 헤롯대왕이 이 공사를 진두지휘했다. 성전 규모를 두 배로 늘려놓은 것이다. 그는 북쪽에 있는 기반암의 상당 부분을 잘라내고 티로포에온 골짜기의 동쪽에 거대한 성벽을 쌓았다. 이 건물의 규모가 얼마나 거대한지는 현재까지 남아 있는 서쪽의 벽, 바로 통곡의 벽을 보고 확인할 수 있다.

이렇게 높은 곳에 성전을 세우자면 건축공학적으로 복잡한 문제들에 직면했을 것이다. 한 가지 예를 들어보자. 흙으로는 기반을 단단히 다질 수가 없다. 흙이 가득 메워져 있는 기반은 바깥으로 밀고 나오려는 엄청난 대지의 압력을 견디지 못한다. 따라서 성벽 안에 있는 흙무더기는 성전의 아치나 둥근 천장에 사용되었다. 이것은 고고학자, 모험가, 음모론자 들을 매료시켰다. 또 한 가지 난제는 고도 때문에 성전 광장에 접근하기가 어려웠다는 점이다. 그래서 남쪽에 있는 성전 입구에 들어서면 비탈진 터널로 연결되는 대형 계단을 통해 성전 연단으로 들어가도록 만들었다. 서쪽으로는 다리가 있어서 티로포에온 골짜기와 아래쪽 거리로 향하는 수많은 계단들로 연결되었다.

예루살렘에는 그리스-로마 세계의 다른 성전들과는 달리 행렬을 위한 주요 도로가 없었다. 순례자들과 예배자들을 곧장 성소로 이끌어가는 길이 없었던 것이다. 대신 사람들은 좁은 도로를 뚫고 지나가거나 남쪽 정문이나 서쪽에 있는 다리를 가로질러 길을 찾아야 했다.

두 사람이 기도하러 성전에 올라가니

한 순례자가 예루살렘에 도착했다. 무척이나 긴 여행이었다. 해안을 따라 힘겹게 보트를 타고 와서 프톨레미부터 가파른 길을 걸어 올라와 이제

막 거룩한 성에 들어가, 성전에서 예배하는 일생일대의 열망을 성취할 참이다. 성의 남쪽 입구에 섰다. 눈앞에 보이는 건물들과 집 위로 우뚝 솟아 있는 거대한 대리석, 저기가 바로 성전이다. 성전 건물 지붕에 있는 쇠조각에서 반사된 황금빛이 눈부시다. 그는 순례자 행렬에 동참했다. 무수한 예배자들의 발길에 치이고, 미끈해진 석회암 계단으로 이어진 거리 이곳저곳을 휩쓸려 다녔다. 왼쪽에 있는 도로는 경사가 더 심했다. 하부 도시의 어둠 속으로 좁은 지붕들이 어렴풋이 보인다. 주변에서는 노점상과 행상 들이 거래를 하고 있다. 과일, 깜찍한 유리제품, 싸구려 포도주, 빵, 옷, 희생 제물이 될 동물들까지 없는 게 없다.

마침내 그는 성전 계단에 도착했다. 넓고 거대한 한 줄 계단이 어둠 너머에 있는 삼단 문까지 연결돼 있다. 그는 발 디딜 틈도 없는 인파 속으로 과감히 밀고 들어갔다. 드디어 성전 산을 오른다. 남쪽에 있는 궁전 주랑현관 아래로 이어지는 터널을 지나 비탈진 계단을 오르는 것이다. 성이 밝아오고 어둠이 물러났다. 돌진하듯 사람들의 발걸음이 빨라졌다. 그는 어느샌가 그늘에서 빠져나와 성전 뜰 한복판에 서 있었다. 밝은 빛, 넓은 공간, 소음뿐이다.

이곳이 이방인의 뜰로 알려진 까닭은 이방인들도 여기까지는 들어올 수 있도록 허락되었기 때문이다. 바깥 뜰은 외국인을 비롯해 모두에게 개방되었다. 월경중인 여성만 입장할 수 없었다.[2] 이 공간에서 사람들은 토론하고 담화하고 심지어 거래도 한다. 거리마다 숨이 막히도록 붐비는 이 도시에서 성전 산은 꽤 많은 사람들을 만날 만큼 여유가 있는 흔치 않은 곳이다. 이 때문에 예수님도 예루살렘에 계실 때면 이곳에서 가르치기를 즐겨 하셨고 초대교회도 초창기에는 이곳에서 만남을 계속했다.

이곳에서 돈 바꾸는 자들, 상을 펴고 매매하는 사람들이 비둘기와 양 등의 희생 동물들을 팔고 있었다. 교회의 뜰이자 거래 시장이며 가축 시장인 다용도 공간이다.

방문자들에게 충격적인 것은 무엇보다도 청결 상태였다. 쓰레기더미 같은 하부 도시와 달리 성전 뜰은 필로도 주목했듯이 특별한 정결함과 청결함이 유지되었다.[3]

이제 소음에 정신이 번쩍 든다. 성전 남쪽인 궁전 주랑현관에는 동물들과 새들의 울음소리가 생생했다. 순례자들과 예배자들이 희생 제사를 위해 동물을 구입하는 곳도 여기였다.[4] 성소 안에서부터 레위인들의 목소리인 듯, 낮게 윙윙거리는 성가와 노랫소리가 들려왔다. 높은 성벽에서는 일정 간격으로 나팔소리가 터져 나왔고, 안쪽 건물에서는 도살되고 있는 동물들의 고통에 찬 울음소리가 흘러나왔다. 온통 사방에는 웅성거리는 사람들로 북적거렸다. 특히 명절 기간에는 고함치고, 논쟁하고, 물건을 흥정하고, 외치고, 제의 목욕을 하느라 물을 뿌리고, 나즈막이 기도를 중얼거리는 사람들의 소리로 가득했다.

이번엔 냄새다! 제단 계단에서 피비린내가 진동한다. 안쪽 뜰 번제단에서 동물을 태우면 고기 굽는 냄새가 코를 찔렀다. 성소 안쪽으로 좀 더 가까이 다가가면 장작 타는 이색적인 향내도 맡을 수 있다. 그뿐인가. 명절이 되면 곳곳마다 빽빽이 들어선 순례자들의 시큼한 땀 냄새도 한몫을 더한다.

성전이 있는 북쪽을 올려다본다. 둘러쌓은 성벽 너머로 높이 솟아올라 태양에 불타듯 금빛이 찬란하다. 성전 너머로는 뜰의 가장자리 끝으로 안토니아 요새가 아스라이 보인다.

하스몬 왕조는 바리스*Baris*라 불리는 요새를 짓고, 중요한 명절 때마다 입는 대제사장의 겉옷을 그곳에 보관했다. 헤롯은 이 건물을 증축해 중요한 요새로 만들고 안토니우스 이름을 따서 안토니아 요새라 불렀다. 바위 위에는 매끄러운 포석을 세웠는데, 지금으로 말하면 오름 방지 페인트인 셈이다. 요세푸스는 내부를 이렇게 묘사한다. "모든 편의시설을 갖추고 나니 마을처럼, 장엄한 궁전처럼 보였다." 여기에는 사방으로 네 개의 탑이 있었다. 세 탑은 높이가 50규빗, 동남향 탑은 70규빗이었다. 요새의 위치와 크기를 보아 헤롯도 성전을 예사롭지 않게 생각한 것을 알 수 있다. 안토니아 요새의 유일한 목적은 성전을 감독하는 것이었다. 요새에서 성전 뜰로 바로 내려갈 수 있는 계단이 있었다. 사실 대도시에 수비대를 두는 것은 흔치 않은 일이다. 하지만 예루살렘은 특별한 경우였다. 성전을 감독하는 수비대의 위치로 보아 수비대가 필요했던 이유를 충분히 짐작할 수 있다. 예루살렘에서 일어난 문제들은 거의 성전에서 시작되었던 것이다.

예수님 당시까지 로마군이 요새를 차지하고 있었다. 안토니아 요새는 예루살렘을 수비하는 보병 한 소대의 주둔지로 기능했고, 이들을 이끄는 보병대 사령관은 예루살렘의 로마 총사령관 역할을 했다. 그들은 주로 체포조로 활약했다. 바울이 성전 근처에서 소요를 일으켰을 때, 군사들이 내려와 그를 붙잡았던 일을 기억하는가(행 21:31-40).[5] 요세푸스는 로마 보병대가 어떻게 그곳에 주둔하게 되었으며 명절 기간 동안 "사람들을 감시하고 소요를 진압하기 위해" 어떻게 보초들을 배치했는지 설명한다. 군인들은 이 성에서도 자신들만의 작은 성 안에 살고 있었다. 사마리아인과 그리스 원군들은 유대인을 경멸했다.

성전 안으로 더 깊이 들어가려 하면 점점 여과 장치가 작동한다. 문을 하나 지날 때마다 들어갈 수 있도록 허락된 사람들의 수는 점차 줄어든다. 누구나 큰 뜰로 들어갈 수 있지만, 성전의 첫 번째 벽 안으로는 오직 유대인만 들어갈 수 있었다. 요세푸스는 말한다.

> 부정하지 않은 모든 유대인은 아내를 데리고 두 번째 뜰로 들어갔다. 세 번째 뜰은 깨끗하고 정결한 유대인 남자만 들어갔다. 네 번째 뜰에는 제사장의 옷을 입은 제사장들만 들어갔다. 지성소에는 오직 특유의 옷을 갖춰 입은 대제사장만 들어갈 수 있었다.[6]

정결 단계에 이렇게 주의를 기울인 흔적은 성전 설계에 그대로 나타난다. 고대 세계에서 큰 신전을 두고 있는 많은 도시들과 달리, 예루살렘은 '거룩한 길'이나 입구로 이어지는 대로가 없다. 예를 들어 터키 에베소에는 도시 밖에서 아르테미스 신전까지 거룩한 길이 놓여 있다. 요르단 제라시는 도시의 동쪽 입구에서부터 거룩한 길로 연결돼 있다. 바벨론에는 이쉬타르 문에서 신전 건물들까지 이어지는 행렬도로가 있었다.[7]

그런데 예루살렘에는 왜 없을까? 유대교에도 순례 행렬이 그렇게 많은데 말이다. 예루살렘이 그런 길을 만들 수 없는 지형인 탓도 있다. 하지만 성전 산 자체를 건설하는 것보다 더 어렵지는 않았을 것이다. 아마도 그들이 성전 심장부로 곧장 이어지는 직통로를 원하지 않았다고 보는 게 정확한 것 같다. 하나님께 똑바로 갈 수는 없다는 것이다. 과연 성전 안에는 직선로가 없었다. 성전 산에는 안쪽 뜰을 직접 들여다볼 수 있는 문이 없다. 대신 뜰의 동쪽으로 이동해 서쪽을 향해 돌아야 볼 수 있다. 일종의 영적인 여과 장치로 거룩함의 각 수준마다 단계적인 상승이 이루어졌다.[8]

성전의 벽The walls of the Temple

1_ 통곡의 벽에 놓인 헤롯 시대 거대한 돌들은 원래 헤롯이 증축한 성전 산을 지탱하는 벽으로 세운 것이다. **2**_ 황금문. 잔틴 시대에 지은 것으로 추정되는 이 건축물 아래에는 기드론 골짜기로 통하는 헤롯문(수산문)의 유적이 있다. **3**_ 헤롯 삼중 성문과 여기로 이어지는 계단의 윤곽. 이 문으로 들어가면 성전 산으로 올라가는 지하 통로가 있었다.

당신이 유대인이라고 가정해보자. 성전 뜰의 동쪽 입구에서 북동쪽을 향하면, 죽음의 고통에 빠지지 않게 조심하라고 이방인에게 경고하는 헬라어 푯말이 뜰을 둘러싼 벽면에 새겨져 있는 것을 발견할 것이다.

성전의 정문이 열리면 여인들의 뜰로 이어진다. 이 뜰의 사면에 네 개의 방이 있는데, 두 개는 희생 제사를 드릴 나무와 기름을 쌓아두는 방이고, 다른 두 개는 특별한 정결 제의를 필요로 하는 두 남성 집단, 나실인과 회복중인 나병환자를 위해 마련된 방이다.

이제 눈앞에는 작은 계단이 놓여 있는데 니카노르 문(미문)으로 올라가게 되어 있다. 이 거대한 청동 문은 니카노르Nicanor라는 사람에게 헌정된 고린도 양식의 문이었다.[9] 여기가 이스라엘 사람들의 뜰로 들어가는 입구이다. 여성은 여기까지만 들어갈 수 있다. 니카노르 문 근처에 있는 소수의 여성들만이 안쪽 뜰에서 성전 활동이 벌어지는 광경을 볼 수 있었다. 그 너머는 유대 남성들만을 위한 곳이다.

사람들로 붐비는 큰 명절에는 시간의 제약을 받으며 제의를 지켜볼 수밖에 없었다. 봉헌자들은 제사장들의 뜰에서 자기 제물이 어떻게 드려지는지 먼발치에서만 볼 수 있었다. 여성은 안쪽 뜰에 들어오는 것조차 완전히 금지되었기 때문에 전혀 볼 수 없었다.[10]

니카노르 문을 지나 이스라엘의 뜰로 들어가면 모든 정결 제의를 완수한 유대인 남자들에게만 공개된 장소가 나온다. 문 앞에는 제사장들이 서서 출입 여부를 가린다. 검열을 통과하면 성전 앞마당으로 들어갈 수 있는데, 이곳은 나머지 건물들에 비해 높이가 낮았다.

이제 또 다른 장애물이 버티고 있다. 이번에는 제사장의 뜰과 이스라엘의 뜰을 구분하는 낮은 성벽이다. 오직 제사장들만 들어갈 수 있는 곳이다. 이곳에선 성벽 너머로 제사장들이 직분을 행하는 모습이 보인다. 희생된 동물의 피는 따로 모아 제단 계단에 뿌리고, 고기는 제단 위에서 태웠다. 물로 씻는 제의를 위해 거대한 청동 대야에 물이 담겨 있었다. 이곳이 성소이다.

거대한 돌이여,
어마어마한 건물이여!

헤롯은 스룹바벨이 지은 작은 성전을 단순히 증축한 게 아니라 완전히 개조했다. 2층을 올려 건물 높이를 100규빗(약 45미터)이나 높였다. 그리고 입구 현관 양쪽으로 측면 건물을 새로 이었다. 이렇게 해서 전체 건물은 'T'자 형을 이루게 되었다. 〈미쉬나〉에 따르면 이 측면 건물 중 하나가 희생 제물 도살용 칼을 보관하는 창고 역할을 했다고 한다. 다른 건물은 2층으로 올라가는 계단으로 사용했다.[11]

성전 후면의 넓이는 스룹바벨 성전과 같았다. 아래층은 높이 60규빗, 아래층보다 더 좁은 위층은 높이 40규빗이었다. 위층은 15규빗 넓이의 지붕 발코니로 둘러싸였고 5규빗 높이의 난간이 붙어 있었다. 내부는 길이 60규빗, 넓이 20규빗, 높이 55규빗으로 스룹바벨 성전과 똑같았다.

난간 문은 열려 있고 두꺼운 막으로 가려져 있었다. 하지만 방문자들이 건물 내부를 슬쩍 들여다볼 수 있도록 묶어두었고, 수직 기둥에서 늘어져 내려온 거대한 황금 포도가 가장 눈에 띄었다. 이 포도에 잎사귀나 열매를 봉헌해서 매달 수 있었다.[12] 여기까지만 들어갈 수 있다. 제사장의 뜰 너머로 난간과 황금 문을 지나면 성소가 있다. 어둑어둑한 성소 안에는 금상과

성전 산 Temple Mount

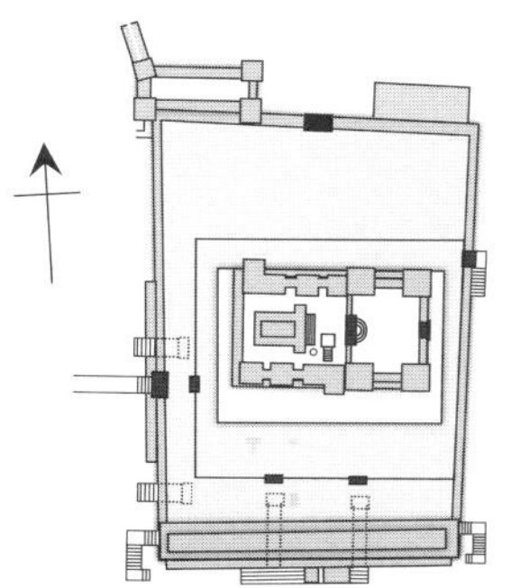

헤롯대왕은 성전 산의 규모를 두 배로 키우고 웅장한 성전을 건축했다. 주전 10년경에 봉헌했지만, 공사는 수십 년간 이어졌다. 주후 70년에 로마군이 유대인의 반란을 진압하는 과정에서 무너뜨렸다.

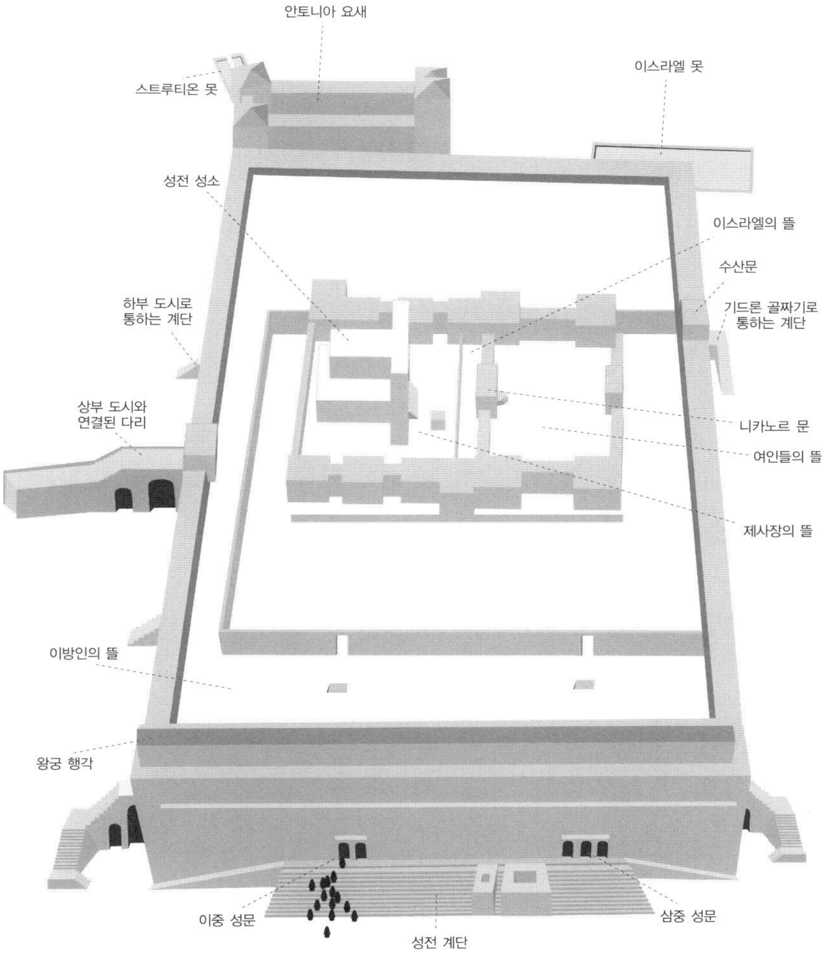

안토니아 요새
스트루티온 못
이스라엘 못
성전 성소
이스라엘의 뜰
수산문
하부 도시로 통하는 계단
기드론 골짜기로 통하는 계단
상부 도시와 연결된 다리
니카노르 문
여인들의 뜰
제사장의 뜰
이방인의 뜰
왕궁 행각
이중 성문
삼중 성문
성전 계단

등잔대와 향단이 놓여 있다. 알다시피 그 너머에 가장 거룩한 지성소가 있다. 고요한 폭풍의 눈, 정육면체의 공간으로 오직 대제사장만 일 년에 한 번 들어갈 수 있다. 일반인은 출입할 수 없는 곳이다.

이렇게 희생제물을 드리고 다시 뜰로 돌아오면 된다. 계단을 내려가 문을 지나 화려함과 상징과 역사를 뒤로하고 다시 매매인들과 돈 바꾸는 자들이 있는 남쪽 문으로 돌아온다.

그런데 거기에서 뭔가 소동이 일어났나 보다.

/

Day Two
: The Temple

/

성전 시위

장소 ★ 성전 산
시간 ★ 아침

그들이 예루살렘에 들어가니라. 예수께서 성전에 들어가사 성전 안에서 매매하는 자들을 내쫓으시며 돈 바꾸는 자들의 상과 비둘기 파는 자들의 의자를 둘러엎으시며 아무나 물건을 가지고 성전 안으로 지나다님을 허락하지 아니하시고 이에 가르쳐 이르시되 기록된 바 내 집은 만민이 기도하는 집이라 칭함을 받으리라고 하지 아니하였느냐. 너희는 강도의 소굴을 만들었도다 하시매 대제사장들과 서기관들이 듣고 예수를 어떻게 죽일까 하고 꾀하니 이는 무리가 다 그의 교훈을 놀랍게 여기므로 그를 두려워함일러라(막 11:15-18).

사복음서 모두 이 사건을 기록하고 있다. 요한은 이것을 예수님의 사역 초기에 배치했다. 마가복음은 세 가지 행동을 지적한다. 예수님은 매매하는 자들을 내쫓으시고, 돈 바꾸는 자의 상과 비둘기를 파는 자의 의자를 둘러엎으시고, 물건을 가지고 성전을 오가지 못하게 하셨다. 누가복음은 단 두 절로 묘사했는데, 예수님이 "장사하는 자들을" 내어 쫓으셨고, 성전을 강도의 굴혈로 만들었다고 책망하는 말씀을 하셨다. 마태복음은 돈 바꾸는 자들과 비둘기를 언급하지만, 물건을 가지고 성전을 지나다니는 사람들을 언급하지는 않는다. 요한의 설명은 가장 극적이다. 예수님이 "소와 양과 비둘기 파는 사람들과 돈 바꾸는 사람들이 앉아 있는 것을 보시고" 노끈으로 채찍을 만드셔서 그들을 내쫓으셨다. "이것을 여기서 가져가라 내 아버지의 집으로 장사하는 집을 만들지 말라"(요 2:16).

이 일이 예수님을 위기에 빠뜨린 결정적 사건이란 견해가 일반적이다. 분명 이 사건은 그분을 대적하는 사람들에게 좋은 빌미가 됐을 것이다. 성전에서 폭력을 행했다는 건 법정에 세울 만한 일이기도 했다. 하지만 무슨 짓을 했느냐보다 더 중요하고 결정적인 문제는 그 행동의 '의미'이다.

예수님은 이 행동으로 심각한 반란을 선동하지 않으셨다. 다른 사람들에게 집기를 집어던지라고 부추기신 증거도 없다. 예수님은 여기에서 반란을 일으킬 의도가 없으셨다.[13] 사실 이것은 중요한 사건도 아니었다. 정기적으로 이 지역을 순찰하는 성전 경비대든 안토니아 요새에서 내려다보고 있는 로마 병사든 아무도 개입하지 않았다.

이것은 성전 기능을 중단시키려는 시도도 아니었다. 희생 제의를 중단시킬 목적이었다면 이 사건은 완전히 다른 곳, 예컨대 안쪽 뜰에서 일어나야 한다. 돈 바꾸는 자들의 상을 뒤엎는 것으로 제단 위에서 드리는 희생제사를 막을 수는 없다. 예루살렘이 포위되었거나 전쟁이 극에 달했을 때에도 제사장들은 그들의 임무를 지속했다. 예수님이 상 몇 개를 던져 일으킨 소란은 그들의 소음 측정기에 기록조차 되지 않을 일이었다.

결국 이 일은 성전 '정화' 사건이 아니었다. 좀 더 후대에 가서야 이 사건에 대한 기독교의 해석이 나온다. 돈을 바꾸고 비둘기를 파는 것은 완전히 합법적인 사업이었다. 사람들이 희생 제사를 드리고 성전세를 낼 수 있는 기회였다.[14]

그렇다면 이 사건은 무슨 의미가 있는가? 그것은 선포이고 표징이며 선언이었다. 성직자의 창문에 벽돌을 집어던지는 일과 같았다. 신학적 그래피티graffiti였다. 이 사건을 이해할 수 있는 단서는 예수님이 인용하신 구약의 구절에 있다. "내 집은 만민이 기도하는 집이라 칭함을 받으리라"(막 11:17). 주님은 이사야의 한 구절을 인용하셨다.

> 내가 곧 그들을 나의 성산으로 인도하여 기도하는 내 집에서 그들을 기쁘게 할 것이며 그들의 번제와 희생을 나의 제단에서 기꺼이 받게 되리니 이는 내 집은 만민이 기도하는 집이라 일컬음이 될 것임이라(사 56:7).

이 구절은 이방인들이 성전에서 하나님을 예배할 때가 오리라는 예언이다. 따라서 우리는 이 구절이 이방인을 언급한다고 보아야 한다. 사건 당시 예수님은 성전에서 가장 넓은 이방인의 뜰에 서 계셨다. 하지만 이사야 구절을 좀 더 살펴보면 더 구체적인 면이 드러난다. 그것은 단순히 이방인에 관한 것이 아니다. 이사야는 고자들에 대해 말하고 있다(사 56:3-5). 고자들은 신체 부위가 망가졌기 때문에 성전에서 예배드릴 수 없었는데(레 21:20), 여기에서는 예배 공동체에서 배척되어야 했던 사람들을 상징한다.[15]

하지만 예수님의 말씀에 따르면 이 기도의 집은 강도의 굴혈이 되었다. 주님이 사용하신 강도*lestes*라는 단어는 단지 도둑이 아니라 강탈자에 가깝다. 이것은 단순한 도둑질이 아니었다. 국가에 대항하는 체계적인 탈취였다. 이런 범죄는 로마 행정당국에 저항하는 것으로 이런 강탈자에게 마땅한 처형은 십자가형이었다. 예수님은 여기서 로마 당국이 그렇게도 증오하는 강탈자만큼이나 이스라엘의 종교 지도자들이 사악하다고 고발하신다.

내 집은 만민의 기도하는 집이라 일컬어지리라

예수님은 성전 안에서 이루어지는 절차들을 공격하신 것이 아니라 성전의 파괴를 겨냥하신 것이란 주장이 있다. 이렇게 해석하면 이사야 인용은 복음서 저자가 후대에 첨가한 것이 된다. 예수님은 이 사건을 통해 일종의 예언적 상징을 보여주신다. 성전에 관한 심판이 선포되었고 성전은 파괴될 것이다. 이런 선포는 아주 위험하다. 성전에 대한 공격은 국가에 대한 위협으로 인식되었기 때문이다.

그럴 만도 한 것이, 예수님은 다른 장소에서도 성전 파괴를 예언하신 바 있다. 무화과나무를 기억하는가? 성전에 대한 심판이 다가오고 있었고 그것은 유쾌한 내용이 아니었다. 또한 예수님이 심문을 받으실 때, 성전을 파괴하겠다고 위협했다는 혐의가 주요 기소 항목이었다. 따라서 우리는 재판 장면에서 이런 혐의를 거론했을 거라 생각한다. 하지만 실제로 그들은 이 사건을 끌어들이지 않았다. 그들이 예수님이 한 말 중에서 걸고넘어진 건 "돌 하나도 남아 있지 않으리라"가 아니라, "사흘 만에 성전을 다시 일으키겠다"는 말이었다. 그들은 사실 예수님의 행동이 아니라 말을 문제 삼았다.

성전에 대한 심판이 다가오고 있다는 말에는 왜냐고 물어야 한다. 무슨 일이 일어나고 있기에 그런 심판이 불가피한가? 왜 상징적 행동이 말 그대로 상징적이지 못한 것인가? 내가 보기에, 돈 바꾸는 자들의 상을 뒤엎고 비둘기를 날려 보내는 행동은 파괴를 상징하는 적절한 예로 보이지 않는다. 무화과나무 이야기라면 몰라도…. 알다시피 무화과나무는 완전히 말라버렸다. 하지만 상은 부서지지 않았다. 그저 엎어졌을 뿐이다. 예레미야도 파괴 행위를 예언하면서 항아리를 깨지 않았던가.

이제 예수님이 인용하신 말씀이 남아 있다. "내 집은 만민이 기도하는 집이라… 너희는 강도의 소굴을 만들었도다." 몇몇 학자들처럼 이 구절을 후대의 창작으로 취급해서는 안 된다.[15] 이 말씀의 의미를 찾고자 한다면, 특별한 요소들을 눈여겨보아야 한다. 돈 바꾸는 자들의 상, 희생 제물인 동물들, 기도하는 집이 강도의 굴이 되었다는 고발 등이다. 이런 것들을 없애버리고 행동만 강조하면 아무 의미가 없다. 좀 더 단순한 이론으로 시작하는 게 좀 더 합리적인 듯하다. 예수님은 진정으로 돈 바꾸는 자들과 비둘기 파는 자들에게 반대하셨고 기도하는 집이 실제로 강도의 소굴이 되어버렸다고 생각하셨다. 분명 성전에 심판을 불러온 뭔가가 있었다.

왜 예수님은 그렇게 생각하셨을까?

예루살렘 성전은 그리스-로마 세계에서 가장 부유한 조직 중 하나였다. 매년 제국 전역에 살고 있는 유대인들에게서 성전세를 거둬들였고, 수천 명의 순례자에게 날마다 희생 제물과 헌물을 판매하여 이윤을 남겼으며, 농산물의 십일조도 거두어들였다. 또 성전은 부유한 사람들의 유동 자산 창구로도 사용되었는데, 그들은 자산을 안전하게 관리해주는 대가를 성전에 지불했다. 성전은 단지 예배만을 위한 장소가 아니라 예루살렘 경제의 핵심이자 유대의 중앙은행이었다.[17] 이뿐만이 아니다. 성전은 여리고 근처

발삼 재배 지역에 있는 농장도 소유했다.[18] 뭐니 뭐니 해도 덩치가 가장 큰 수입원은 지역 십일조와 전 세계에서 들어오는 성전세였다.

십일조는 엄청난 양의 돈과 생산품을 끌어들였다. 7년 주기 동안 3년째와 6년째 해에 농부들은 수확의 일정 비율을 따로 모아 예루살렘으로 가져와 풀어놓을 의무가 있었다. 물론 정결한 상태로 말이다. 하지만 농장이 예루살렘에서 하룻길 이상 되는 먼 거리에 있다면 돈을 가져와서 물건을 살 수도 있었다. 얼마나 많은 유대인이 이것을 지켰고, 지킬 능력이 있었는지는 모르겠다. 제사장들에겐 십일조만 드리면 됐기 때문에 꽤 많은 자본이 지방에 그대로 남아 있었을 것이다. 그럼에도 상당량이 예루살렘 인근 도시들로 흘러들어왔다.[19]

두 번째 주요 수입원은 성전세였다. 20세 이상 유대인 남자는 누구나 성전 유지를 위해 1년마다 반 세겔씩 세금을 내야 했다. 성전 지도자들은 출애굽기 30장 13절 이하의 선례로 당위성을 주장할 수 있었다. 모세가 인구조사를 시행한 이후에 반 세겔씩을 거둬들였는데, 그 외에는 구약에서 다른 선례를 찾아볼 수 없다. 반 세겔 세금은 하스몬 시대에만 부과되었다는 주장이 있는데, 아마도 살로메 알렉산더 시대나 좀 더 후대를 말하는 것 같다. 사실상 주후 33년 시점에 성전세는 꽤 최근의 관행이었고 자주 거론되던 문제였다.[20]

특히 연간 세금으로 하느냐, 일시 지불로 하느냐는 논쟁이 끊이지 않았다. 바리새인들도 연간 세금을 지지했지만, 다른 종파들은 강하게 반대한 것이 분명하다. 또 다른 쟁점은 제사장들의 면세였다. 라반 요하난 벤 자카이Johanan ben Zakkai의 말로 추정되는 다음 글은 유다가 로마에 의해 멸망한 원인을 제사장들의 면세로 보고 있다.

당신들이 하나님을 섬기지 않았기에 이제 가장 낮은 이방인, 아랍인들을 섬기게 되었다. 하나님께 '성소의 반 세겔'을 내지 않아서 이제 적들의 다스림을 받으며 15세겔을 지불해야 한다. 당신들은 도로를 정비하지도, 순례자를 위한 길을 열지도 않더니, 이제 왕들의 도시로 가는 사람들을 위해 역과 정거장을 정비하게 되었다.[21]

세금을 피하려는 시도가 있었음을 상상해볼 수 있다. 역사상 이런 시도들은 언제나 만연했기 때문이다. 동기가 아무리 고상할지라도 말이다. 그럼에도 분명 이것은 논쟁이 될 만한 일이었다.

성전세에 대한 예수님의 입장은 모호한 편이다. 세금에 관한 도전을 받으시고는 기적을 일으키셔서 세금을 내셨으니 말이다.

가버나움에 이르니 반 세겔 받는 자들이 베드로에게 나아와 이르되 너의 선생은 반 세겔을 내지 아니하느냐. 이르되 내신다 하고 집에 들어가니 예수께서 먼저 이르시되 시몬아 네 생각은 어떠하냐. 세상 임금들이 누구에게 관세와 국세를 받느냐 자기 아들에게냐 타인에게냐. 베드로가 이르되 타인에게니이다. 예수께서 이르시되 그렇다면 아들들은 세를 면하리라. 그러나 우리가 그들이 실족하지 않게 하기 위하여 네가 바다에 가서 낚시를 던져 먼저 오르는 고기를 가져 입을 열면 돈 한 세겔을 얻을 것이니 가져다가 나와 너를 위하여 주라 하시니라(마 17:24-27).

예수님이 지적하신 대로 세상의 왕들은 자기 아들에게 세금을 면제해준다. 세상 왕도 자기 가족의 세금을 면제해주는데, 하물며 제사장 귀족들은 어떻겠는가? 명백한 추리가 가능한 질문이다.[22] 하지만 예수님은 다른 사람들이 오해하지 않도록 세금을 내셨다. 다만 주머니에서 꺼내는 대신 기적을 일으켜 납부하셨다. 주님은 규범을 따르기 위해 이런 식으로나마 세금을 내셨지만, 암묵적으로는 통치자들을 비판하신 것이다.

성전세는 연중 특정한 때 내게 되어 있었다. 〈미쉬나〉는 돈 바꾸는 자의 상이 아달월 15일부터는 각 지방에, 아달월 25일부터는 성전에 마련되며 유월절 2주 전인 니산월 1일까지 성전세를 내야만 했다고 기록한다.[23] 이를 근거로 어떤 학자들은 이 사건이 좀 더 일찍 일어났다고 주장한다. 유월절 며칠 전이 아니라 몇 주 전이라는 것이다. 내 생각에 이것은 전혀 다른 상황이다. 〈미쉬나〉에서조차 과세는 우리 생각보다 더 유동적이었다. 늦게 낼 수 있는 방법이 있었다.[24] 두 주는 돈을 걷어 예루살렘까지 가져오기에는 너무 짧은 시간이다. 성전세는 유대나 갈릴리에서 열흘 동안 징수되었지만, 다른 지역에서는 언제 내야 했는지 분명하지가 않다.[25] 유월절을 지내러 그리스-로마 세계 전역에서 예루살렘으로 오는 유대인들이 성전세를 가져왔다고 보는 게 훨씬 그럴 듯하다. 끝으로 우리가 기억해야 할 것은, 이 날짜와 관련해 남아 있는 유일한 증거가 성전이 기능을 멈추고 130년이 지난 후의 것이라는 점이다.

성전세는 순례자들이 방문할 때마다 일 년 내내 걷혔다고 결론내리는 편이 훨씬 간단하다. 이렇게 생각해보자. 돈을 바치는 데 이를 거절하는 종교기관이 있었던가? 예루살렘의 경제 체제는 성전 위에 세워졌기에 성전을 먹여 살릴 필요가 있었다. 많은 순례자들이 명절에 예루살렘에 도착해서 그때 성전세를 지불했다는 건 충분히 가능성이 있는 견해다. 유월절이 세금을 걷어 들인 직후일 거라 추측되는데, 그때에는 세금 수입이 절정에 달했을 것이다. 방문객들은 알렉산드리아, 안디옥, 로마 등에서 몰려들었고, 모두 자기 지역에서 나는 헌물을 가져왔다.

이 모든 헌물은 돈 바꾸는 자들이 처리해줘야 했다. 토라에 따르면 세겔은 '성소의 세겔로'(출 30:13) 내야 했다. 후대에는 은으로 지불해야 했다고 해석한다. 〈미쉬나〉는 성전세가 전에는 페르시안 다리나 로마 데나리온 등을 포함해 다양한 동전으로 지불되었다고 기록한다.[26] 그러나 예수님 시대에는 유일한 공식 화폐로 지불해야 했으니 바로 두로의 세겔이었다.

고정 화폐를 선택했다는 건 감수해야 하는 고통이 있었음을 반증한다. 로마가 유대인만의 은전을 주조하도록 허락하지 않았다는 뜻이기 때문이다. 제국은 은전을 생산했는데, 유대 지방의 화폐는 청동이나 구리로 만든 동전이었다. 동전에는 제국의 형상이나 승리의 상징이 새겨지는 법이기에 이는 민감한 사안이었다. 유대인들이 이런 형상을 새긴다는 건 위협적인 일이었다(그들이 주후 67년에 봉기했을 때, 가장 먼저 한 일 중 하나는 성전의 형상을 담은 은전을 화폐로 만든 것이다). 따라서 당시 그들이 선택한 동전에서는 어떤 타협점을 발견할 수 있을 것이다. 결국, 성전 지도자들이 승인한 동전만이 사용되어야 했다는 말이다. 아무튼 성전세를 지불할 수 있는 유일한 '공식' 동전은 두로의 세겔이었다. 탈무드는 "율법이 가리키는 돈은 모두 두로의 돈이다"라고 기록한다.[27]

왜 특별한 화폐를 선택했을까? 물론 우정이나 충성의 표시로 그런 건 아닐 것이다. 요세푸스는 두로인들이 항상 유대인을 증오했다고 기록한다.[28] 어떤 학자들은 세겔이 로마제국의 다른 동전들과 달리 제국의 형상을 담고 있지 않아서 '새긴 우상'에 관한 엄격한 금지조항에 저촉되지 않았기 때문이라고 주장한다. 그러나 두로 세겔의 앞면에는 멜카르트(헤라클레스) 신이, 뒷면에는 "가장 신성한 두로"라는 글귀와 함께 두로의 독수리가 새겨져 있다.[29] 이것이 티베리우스나 아우구스투스의 형상보다 더 거룩한 대안이라고 볼 수 있을까? 이방의 신이 황제들보다 나을 것이 무엇인가? 또 다른 주장은 두로의 화폐가 그 지역 전체에서 사용되었기 때문이라는 것이다. 당시 유대의 상황을 고려하면 더 적합한 견해인지도 모르겠다. 하지만 이 또한 제국 내 다른 곳에서는 통하지 않는 주장이다. 성전세를 먼 데서도 거둬야 한다면 로마 통화가 틀림없이 더 편리했을 것이다. 알다시피 로마 동전도 유대에서 통용되었다.

두로 세겔을 선택한 진짜 이유는 아주 평범하다. 통용되는 은 동전 중에서 두로 세겔이 가장 좋은 은이었기 때문이다. 안디옥의 은 동전은 평균적으로 은이 80퍼센트밖에 들어 있지 않다. 두로의 세겔은 은이 평균 90퍼센트 함유되었고 그 함량이 매우 균등하다.[30] 로마제국은 금표준제를 시행하지 않았다. 당시 금은 유용했고, 그 가격은 일반적인 통화, 데나리온으로 표현되었지만 밀 가격만큼이나 다양했을 것이다.[31] 따라서 사실상 은이 더 안전했다. 다시 말해서 이것은 종교적 선택으로 포장된 상업적인 결정이었다. 세겔에 있는 모든 형상은 이교도적이었지만, 성전 지도자들은 두로 세겔을 가장 가치 있는 동전, 은이 가장 많이 들어 있는 동전으로 쳐줬다.

두로 동전에는 반 세겔짜리 디 드라크마와 1세겔짜리 테트라 드라크마 두 종류가 있었다. 1세겔짜리 동전은 가장 가치 있는 동전으로 인식되었는데 아마도 은이 가장 많이 함유되었기 때문일 것이다. 그러나 한 사람에게 지정된 성전세는 반 세겔이었다. 성전 지도자들은 당연히 더 가치 있는 동전을 원했을 것이다. 따라서 그들은 각 개인이 지불해야 하는 반 세겔에 8퍼센트의 부과금을 얹었다. 다시 말해서 만약 성전에 가서 성전세를 지불하게 되면 부과금을 내야 했다는 말이다.[32] 반 세겔이 정확한 액수인데 부과금을 내야 하는 것이다. 이 때문에 사람들은 함께 모여서 테트라 드라크마, 가장 가치 있는 동전으로 세금을 내서 납부액을 낮춰야 한다는 생각을 하게 되었던 것이다.[33] 따라서 예수님의 행동을 쉽게 설명하자면, 돈 바꾸는 자들에게 뭔가 문제가 있다는 것이다. 우리는 이와 같은 세금 지불 체계에서 세 가지의 오류를 발견해낼 수 있다. 그들은 세금을 내는 유일한 방식으로 가장 가치 있는 화폐를 골랐다. 또 일 년에 한 번 이상 납세할 것을 주장했다. 게다가 정확한 액수를 내도 부과금을 매겼다.

돈 바꾸는 자들은 대제사장들과 성전 권위자들에게 인가를 받았다. 이들이 어떤 동전을 사용할지 결정한 것이 아니라는 말이다. 예수님이 공격하신 건 돈 바꾸는 자들이 아니라 경제 착취 체계였다.

이제 비둘기를 살펴보자.

산비둘기 한 쌍이나 새끼 비둘기 두 마리

성전이 돈을 버는 또 하나의 방법은 희생 제물 판매였다.

그리스-로마 세계는 피로 진동했다. 실제로 그리스-로마 세계의 모든 종교들에서 동물 제사는 핵심적인 부분이었다. 신전들은 도살장에 가까웠고, 제사장들은 희생되는 동물들에게 꽤 복잡한 외과 수술을 행하는 데 능숙했다. 사실 채식주의자들(혹은 동물들)에게는 역겨운 시간이다. 하지만 유대의 희생 제사는 이교도들의 술에 취한 축제와는 사뭇 달랐다. 요세푸스는 이렇게 기록한다.

> 우리가 그분께 희생을 드릴 때는 과식하거나 술에 취해서는 안 된다. 이런 폭식과 폭음은 하나님의 뜻이 아니며, 때로는 상처나 탐닉이 될 것이다. 그보다는 자신을 냉정하고 질서정연하게 유지하고, 소명을 위해 준비를 갖추고, 다른 사람들보다 더 절제할 수 있어야 한다.[34]

성전의 제사는 날마다 희생 제물로 시작해서 희생 제물로 끝이 났다. 새벽과 저녁 끝 무렵에 양이 각각 한 마리씩 희생되었다. 하나는 낮 동안 도우시는 은혜에 대한, 다른 하나는 밤에 내려주신 축복에 대한 감사를 표하는 제물이었다.[35] 명절에는 더 많은 희생 제물로 감사를 표했다. 사람들은 희생 제물을 통해서 하나님께 감사하고 그분과 화평을 누렸다. 그리고 주요 명절을 기념하고 죄 사함을 구했다. 또한 희생 제물로 부정함도 씻을 수 있었다. 용서를 받고 정결함을 얻기 위해선 다른 행위도 필요했지만, 제의는 언제나 희생 제물을 드림으로 절정에 달했다.[36]

따라서 희생 제물은 필수적이다. 하지만 알렉산드리아에 사는 순례자가 유월절을 지내러 예루살렘까지 오면서 동물을 끌고 올 수는 없는 일이다. 그래서 명절에 쓸 제물을 예루살렘에서 사곤 했는데, 이것이 순례의 핵심이었다. 희생 제물 없이 어떻게 죄 사함을 얻어 정결해질 수 있는가? 공동체 예배에 참여하기 위해서도 희생 제물이 필요했다. 희생 제물이 필요하다는 건 예루살렘에서 동물을 살 수밖에 없다는 의미이다.

이 순례자가 성전의 남쪽 현관에 있는 노점에서 동물을 산다고 해보자. 지금 돈으로 치면 시가가 얼마나 될까? 몇 십 년 사이의 시가와 비용을 비교하는 것도 어려운데, 2천 년의 시간과 문화를 거슬러 값을 환산하는 건 거의 불가능하다. 상품이란 효용가치가 바뀌기 마련이다. 직업에 따라 임금에 영향을 주는 요인들도 각각 다르다. 하지만 예수님 이야기에서 드러나는 생활상과 그 밖의 다른 문헌(마 20:2)으로 미루어 볼 때, 그 당시 노동자의 하루 일당은 1데나리온이었던 듯하다.[37]

여기에 당시 품삯에 관한 자료가 있다.

- 갈릴리에서 예루살렘까지 돌을 나르는 운반비 = 다섯 사람에게 20데나리온
- 10코르의 밀밭에서 일한 품삯 = 200데나리온
- 기도할 때 두르는 탈리트 1개를 짜는 품삯 = 8데나리온
- 능숙한 서기관의 하루 품삯 = 2데나리온
- 랍비 힐렐의 하루 품삯 = 반 데나리온[38]

서기관의 임금은 예수님 시대보다 한 세기 후대의 자료다. 하지만 물가 상승을 반영한다 해도 약간의 차이가 있을 뿐이다. 한편 힐렐처럼 유명한 랍비는 빈곤 한계 이하의 삶을 사는 것을 중시했을 것이다. 따라서 하루 1데나리온은 일용직 노동자의 임금, 즉 당시 최저 임금이라 생각하면 정확할 것이다. 1데나리온을 밀로 환산하면 8-12리터 정도였다.[39] 하루에 두 끼니를 배불리 먹을 정도의 빵을 사려면, 1데나리온의 12분의 1정도가 들었다.[40] 작물은 도시가 시골보다 비싼 편이었고 과일 가격은 시골보다 3-6배나 비쌌다. 예루살렘에서 무화과 3-4개가 1이사르에 팔렸다는 기록이 있다. 참고로 1데나리온은 24이사르이다.[41] 따라서 하루에 필요한 기본 식량이 빵과 과일이라고 보면 하루 임금 중 10분의 1에서 12분의 1이 식비로 드는 셈이다.

오늘날의 임금과 비교해서 따져보자. 지금 영국의 최저 임금은 시간당 5.73파운드이다. 과수원이나 농장에서 일하는 노동자들이 이 정도의 임금을 받는다. 그러면 하루 임금이 40파운드 정도 되는 셈이다. 꽤 괜찮은 환산법이다. 하루 먹을 식비로 최소한 일당의 10분의 1이 든다고 할 때, 희생 제물의 가격을 가늠해 볼 수 있다.

물론 동물의 크기에 따라 값은 천차만별이다. 소 한 마리는 100-220데나리온, 송아지는 20데나리온, 숫양은 8데나리온, 새끼양은 4데나리온이었다.[42] 비둘기는 가장 가난한 사람들이 택하는 제물로 1데나리온이었다. 성전세는 두로의 세겔로 받았는데 2데나리온, 즉 이틀치 임금에 해당했다. 따라서 이처럼 매우 비과학적인 환산법으로 어림잡아볼 때, 성전세는 80파운드, 비둘기 한 쌍은 40파운드, 유월절 양은 80파운드라는 계산이 나온다.[43] 비교 비용이 얼마가 되었든, 도시에서 가난하게 살아가는 수천 명의 사람들은 최소한의 준비로 성전 예배에 참여하더라도 어마어마한 비용이 들었으리라는 것을 알 수 있다. 여기에다 명절 특수까지 작용하면, 이들이 희생 제사를 드린다는 건 거의 불가능에 가까웠을 것이다.

그들이 평상시처럼 명절에 올라가니라

다시 순례자 이야기로 돌아가보자. 예루살렘에 도착하면 머물 곳을 찾아야 한다. 혹시라도 이곳에 친척이 있으면 친척집에서 기거하거나 회당 옆에 있는 호스텔에 묵을 수도 있다. 1914년에 예루살렘에서 발견된 비문에는 다음과 같은 내용이 있다.

회당장의 손자이며 회당장의 아들이자 제사장이며 회당장인 베네투스의 아들, 테오도투스는 율법을 읽고 계명을 가르치기 위해서 회당을 지었다. 또 해외에서 온 사람들이 묵을 수 있도록 호스피스와 숙박시설과 급수시설을 만들었다. [회당의] 토대는 조상들과 장로들과 그리스 시인 시모니데스Simonides가 마련했다.[44]

회당은 배움과 토론의 장소인 동시에 성을 방문하는 그리스-로마 세계 유대인들을 위한 장소였다. 이 비문이 보여주듯 예수님 당시에 예루살렘에는 회당이 있었고 회당은 특별한 집단과 민족성을 대표했던 듯하다. 바울도 헬레니즘 회당에서 논쟁했고 사도행전에서는 자유민들의 회당을 언급한다(행 6:1-10).

하지만 만약 이런 시설에 들 수 없다면 어떻게 할까? 어디에 묵을까? 명절이 성전 시대 내내 유지되었다는 사실에서 뭔가를 알아낼 수 있을 것이다. 매년 수많은 모슬렘 순례자들이 하지Hajj라는, 세계에서 가장 규모가 큰 연례행사에 참여하기 위해 메카로 길을 떠난다. 수세기 동안 메카의 주민들은 수백만 명의 순례자들에게 필수품을 조달하고 숙박시설과 음식을 제공하고 길 안내를 해줌으로써 생계를 꾸려갔다. 그리고 숙박시설을 중개하고 여행 가이드를 해주면서 일종의 수수료를 받았다. 스노우크 휘르흐로녜Snouck Hurgronje라는 사람이 1888년에 기록한 바에 따르면, 메카의 거의 모든 주민이 하지 '사업'을 했다고 한다.

메카는 호텔이 없지만, 매년 [음력] 마지막 달만 되면 1층이든 중간층이든 상관없이 집이 있는 메카 사람들은 모두 호텔 소유주가 된다. … 따라서 메카 사

20세기 초, 예루살렘에 도착한 러시아 순례자들.
이런 순례 행렬은 수세기 동안 이어졌다.

람들은 모두 몇몇 세이크〔지방 가이드〕들과 좋은 관계를 갖길 원했고, 그들은 사람들과 폭넓은 인맥을 쌓아갔다.[45]

하지 기간에 집주인과 순례자가 얼굴을 붉히는 일이 많았고, 이런 일에 대한 불만은 수세기 동안 해결되지 못했다. 13세기 이슬람 판사들은 하지의 의무가 더 이상 "순례자들이 히자즈Hijaz 주민들의 손에 꼼짝 못하는 끔찍한 범죄의 기회"가 되어서는 안 된다고 생각했다.[46]

물론 메카는 예루살렘이 아니고 하지는 유월절이 아니다. 하지만 유사한 점이 있다. 유월절처럼 하지는 순례자가 거룩한 제단에 접근하기 전에 제의 목욕을 해야 하는 구슬ghusl 등 여러 가지 복잡한 의례들을 거쳐야 했다.[47] 실제로 정결의식, 식사, 희생 제사, 철야 등 하지의 기본 제의들은 이슬람이 생기기 이전으로 거슬러 올라가 셈족 관습에서 그 기원을 찾을 수 있다.[48] 하지는 위대한 축제의 시대부터 쭉 있어 왔다. 단순 비교는 위험하지만, 하지의 일반적인 내용이 예루살렘에서도 비슷하게 이뤄졌을 거라고 짐작할 수 있다. 예루살렘 사람들은 순례자들을 통해 돈을 벌었다. 사실상 그럴 수밖에 없었다. 큰 명절, 십일조, 세금은 예루살렘의 주된 수입원이었다. 순례자들이 방문 기념으로 다양한 물건을 헌물했다는 증거도 있다. 고고학자들은 예루살렘 유리가 시돈의 고품질 세공품만큼 최상품이었고 이 도시에 전문적으로 돌을 깎는 공동체가 번성했다는 증거를 발견했다.[49] 또 어떤 랍비 문헌에 따르면 벌어들인 돈을 가져온 순례자들이 성 안에서 돈을 쓰려면 십의 2조로 교환해야 했다.[50] 하지를 맞이하는 사우디아라비아의 상인들의 마음은 미국이나 영국 상인들이 크리스마스를 기대하는 마음과 비슷했다. 그야말로 대목이었다. 유월절도 이와 비슷한 경제적 중요성을 갖고 있었을 것이다. 이때가 1년 중 가장 바쁜 때였다.

하지에 온 순례자마다 희생 제사를 드려야 했으므로, 공급과 수요의 법칙에 따라 제물의 가격은 천정부지로 치솟았다. 한 예로, 1967년에는 양 한 마리의 가격이 9달러에서 22달러로 뛰었다고 한다.[51] 예루살렘에서도 똑같은 현상이 일어났다. 〈미쉬나〉의 한 구절을 보자.

> 한때 예루살렘에서는 비둘기 한 쌍의 값이 무려 금 1데나리온이나 된 적이 있었다. 이와 같은 현실 앞에서 라반 시므온 가말리엘은 탄식하며 말했다. "그 어디도 아닌 바로 이 예루살렘 성전에 이런 날이 오다니! 나는 이곳에서 비둘기 한 쌍의 값이 다시 은 1데나리온으로 떨어져야 비로소 괴롭지 않은 밤을 지낼 수 있으리라."[52]

금 1데나리온은 은 25데나리온이었다. 따라서 이 가격은 거의 강탈 수준이라 할 수 있다. 이 랍비는 여성들이 다섯 번 아이를 낳거나 유산하면 한 쌍의 비둘기를 드릴 수 있고 그렇게 함으로써 "희생 제물을 먹을 수 있다"고 가르치기 시작했다. 즉 그때부터 여성이 명절에 참여할 수 있고 자신이 드린 희생 제물을 먹을 수 있다는 것이다. 보통은 제사장들이 먹었다. 여기에서 흥미로운 점 세 가지가 있다. 첫째, 이 랍비는 비둘기 한 쌍에 은 1데나리온이 합당한 가격이라고 생각했다. 둘째, 분명 강탈 수준의 비용에 대한 소송이 일어날 수 있었다. 셋째, 이 경우는 분명 명절과 관련이 있었다. 당연히 명절은 가장 수요가 높은 기간이었다. 명절에 참여하려고 수백만 킬로미터를 달려온 사람은 제대로 명절을 쇠는 데 사력을 다할 것이다. 그렇지 않으면 명절에 참여할 수 없고 비싼 값을 치르고 고생한 보람이 없기 때문이다.

이렇게 해서 성전은 십일조와 세금과 희생 제물 판매를 통해 엄청난 돈을 벌어들이는 기계가 되었다. 성전 경제가 기능을 다하려면 많은 양의 현금이 돌아야 했다. 그곳에는 수많은 사람들이 일하고 있었고, 이는 예루살렘의 경제 안정에 결정적 역할을 했다. 하지만 그것은 독점이었다. 유일한 경제 권력의 실체가 성에 있었다. 그리고 이것은 재정 통로들이 악용될 수 있다는 의미이기도 했다.

예를 들어 지방과 거래를 할 때 성전은 항상 독단적으로 나왔다. 한 공급업자가 밀가루 12리터를 1데나리온에 공급하기로 했다고 치자. 그런데 밀가루 가격이 9리터에 1데나리온으로 올랐다면 어떻게 할까? 그래도 그는 예전 가격 그대로 1데나리온에 12리터의 밀가루를 공급해야 한다. 그러나 그가 1데나리온에 9리터의 밀가루를 공급하기로 했는데 뒤이어 1데나리온에 12리터로 밀가루 값이 떨어지면, 그는 약속한 9리터가 아닌 12리터의 밀가루를 공급해야 한다. 〈미쉬나〉에 따르면, "성전에는 윗분들이 있기 때문이다." 정확한 지적이다.[53]

당시 장식과 의복 중에는 낭비가 심한 사치품이 있었다. 대제사장의 의복을 만드는 데는 1만 데나리온이 들었다고 전해지는데 상상할 수도 없는 가격이다. 지금으로 말하자면 옷 한 벌에 40만 파운드나 나가는 꼴이다.[54]

따라서 돈 바꾸는 자들과 비둘기 파는 자들이 단순히 서비스를 제공해서 사람들이 성전세를 물거나 희생 제사를 드릴 수 있게 도왔다는 주장은 핵심에서 벗어난 이야기라 볼 수 있다.[55] 핵심은 어떤 동물이 필요했는지가 아니라, 동물의 값이 얼마이고 거기에서 누가 이득을 봤느냐는 점이다. 돈 바꾸는 자에 관한 이야기가 아니라 첫 번째 장소에서 왜 돈을 바꿔야 했는지에 관한 이야기인 셈이다. 토라에는 성전세를 은으로, 그것도 가장 순수한 두로의 은으로 내라는 말은 고사하고 매년 내야 한다는 규정도 없다. 하지만 경제적 완력을 써서 성전은 최소한의 비용만 지불하도록 했고, 언제나 극빈층에게 아주 불리한 방식으로 율법을 해석했다.

〈미쉬나〉에 나오는 이야기는 절대로 성전을 반대하는 선전문이 아니라 성전을 악용하는 일이 벌어졌음을 확증하는 증거들이다. 하지만 장사꾼들의 책임이 아니었다. 이들은 경제체제의 일부에 지나지 않았다. 초과 비용은 장사꾼의 몫이 아니라 성전 지도자들의 몫이었다. 이들이 가격을 정하는 사람들이었다. 성전에는 윗분들이 있었다.

그러나 너희는
강도의 굴혈을 만들었도다

다시 돌아가 보자. 흐트러진 상, 퍼덕이는 비둘기, 짤랑거리는 동전 소리, 신이 난 노점상들, 주위를 서성이는 사람들의 은밀한 즐거움.

성전 경제는 시장 경제가 아니었다. 그리스-로마 세계의 유대인들은 정서적으로나 영적으로 성전에 애착을 보였다. 그래서 이들은 어떤 것으로도 성전을 대체할 생각이 없었다. 이 당시에 이집트 레온토폴리스에 또 다른 유대인 성전이 있었다. 72년 로마가 봉쇄시킬 때까지 200년 동안 성전 역할을 했지만, 1세기 유대인 대다수는 전혀 관심을 기울이지 않았다. 이 성전에서 약 225킬로미터 떨어진 알렉산드리아에 살았던 필로는 이를 언급도 하지 않고 약 560킬로미터나 떨어져 있는 예루살렘 성전에만 집중한다.[56] 적절한 비유인지 모르겠지만, 아마도 자신이 성원하는 축구팀에 대한 강한 정서적 호감도와 비슷할 것이다. 축구팀 구단주는 시즌 경기 입장권 값을 올릴 수도 있다. 진정한 팬이라면 다른 팀 경기 입장권이 아무리 싸더라도 자기 팀과 바꾸지 않는다는 것을 알기 때문이다. 자기 팀은 자기 정체성의 일부인 것이다. 너무 비싸다고 불평은 하겠지만, 결국 그 제단에 돈을 갖다 바칠 것이다.

당신에게 충분한 돈이 있어서 빵과 무화과를 살 수 있고 잠잘 곳도 빌릴 수 있다면 한 쌍의 비둘기를 사는 데는 얼마나 낼 수 있겠는가? 성전 귀족들에게 가장 많은 것을 빼앗긴 사람들은 유대인 자신이었다. 그들은 누추한 공동주택에 살면서 먹고 살려고 몸부림치는 평범한 서민이었다. 도시에 사는 수백만 명이 과거에 그랬고 앞으로도 계속 그럴 것이다. 가난한 사람들도 언제나 우리와 함께 있고 교회와 예배당도 언제나 종교의 이름으로 그들을 벗겨 먹을 것이다.

그때 예수님은 돈 바꾸는 사람이나 비둘기 파는 사람을 공격하신 것이 아니다. 제도 배후에 있는 사람들을 공격하셨다. 가난한 사람들은 엄두도 낼 수 없는 가격에 성전 입장권을 팔면서 성전을 강도의 집, 도둑의 굴혈로 바꾸는 권위자들을 고발하셨다.

성전 지도자들에게 이것은 의도적인 정책이었을까? 아니면 단순히 체제를 움직이는 방식이었을까? 단언할 수는 없다. 성전 규모의 경제적 실체를 통제하기는 분명 어려웠을 것이다. 하지만 이 이야기에는 또 하나의 왜곡이 숨어 있다.

희생 동물의 거래는 성전이 아니라 대제사장에게 이윤을 남기는 사업이었다. 성전 구역(과 도시 안에 있는 다른 시장에서도), 즉 왕궁 행각 옆의 남쪽 측면에서 동물을 사고팔았다. 의미심장하게도 성전 가까이에는 하나운Hanaun,

즉 하난Hanan 가문의 가게가 있었다.[57]

여기에서 주의해야 할 점은 이 이름이 특이한 이름이 아니라는 점이다. 하지만 하난은 대제사장 가문인 안나스의 또 다른 이름이다. 따라서 이방인의 뜰에서 동물을 파는 진열대는 그냥 익명의 장사꾼이 아니라 예레미아스Jeremias의 말대로 "힘 있는 제사장 가문 안나스가 밀어준"[58] 자들일 가능성이 있다. 여기서 성전 시위에 관한 또 다른 관점을 발견한다. 성전 권력을 쥐고 있는 대제사장 가문이 터무니없는 가격에 희생 동물을 팔았기 때문에 예수님이 항의하신 건 아닐까?

후대의 랍비 문헌에 나오는 한 구절은 안나스 가문이 십일조 체계도 쥐고 흔들었음을 말해준다.

> 하닌〔하난〕 자손들의 〔곡물〕 창고는 이스라엘 땅의 안식년이 오기 3년 전에 파괴되고 말았다. 이들은 자신들이 쌓아놓은 식량 가운데 십일조를 따로 떼어내지 않았기 때문이다. 그렇게 한 까닭은 그들이 성서의 한 대목을 잘못 해석한 결과였다. 문제가 된 대목은 "너는 마땅히 십일조를 바치고… 먹을 것이며"라는 구절이었는데, 이를 해석할 때 그 "너"에서 농작물을 판 사람은 제외시켜 그 사람의 소득에서 십일조를 계산에 넣지 않았고, "너희 모든 씨앗의 소산에서 늘어난 부분"이라는 구절을 해석할 때는 곡물을 산 사람의 소득증가분을 십일조 계산에서 빼먹었기 때문이다.[59]

다시 말해서, 하난 자손은 곡물을 팔 때 생긴 가격 차이도 반영하지 않았고, 곡물을 사들일 때 생겨난 이익도 모두 자기들이 챙겼다. 이건 이거대로 저건 저거대로 욕심껏 자기들 주머니에 챙겨넣고 십일조에 대한 하나님의 말씀을 지키지 않다가 결국 욕심의 창고가 된 그들의 창고가 무너지는 사태를 맞았던 것이다. 마치 오늘날의 대기업들이 법인세를 물지 않으려고 서류와 장부를 조작하는 식이었다.

즉 예수님의 성전 시위는 성전에 대한 물리적 위협이 아니었다. 예수님은 그것을 의도하지도 않으셨다. 예수님은 상을 뒤엎음으로써 경제적 착취가 성전을 작동하는 원동력이 돼버린 시대상을 공격하신 것이다. 이것은 당시 성전을 다스리고 있던 가문에 대한 도전이었다. 안나스 가문은 그런 비난을 선선히 들어 넘기지 못했을 것이다. 그들은 그것을 기억했다. 이것이 가야바가 그렇게 확고히 예수님의 처벌을 주장한 또 하나의 이유일 것이다. 또한 여러 해가 지난 후까지 안나스 가문이 그리스도의 가문과 제자들에게 원한을 품게 된 이유일지도 모르겠다. 그것은 개인적인 원한이었다.

예수님의 행동이 성전 귀족층에 대한 공격이었다는 점은 그에 따른 반응을 보아도 알 수 있다.

> 대제사장들과 서기관들이 듣고 예수를 어떻게 죽일까 하고 꾀하니 이는 무리가 다 그의 교훈을 놀랍게 여기므로 그를 두려워함일러라(막 11:18).

예수님에 대한 성전 지도자들의 불타는 적개심이 마가복음에서 처음으로 설명되는 부분이다. 주님은 그들의 성전 경영을 공개적으로 반대하셨고, 그들을 여리고 도상에서 활개 치는 도둑들과 같이 취급하며 그들의 강도짓을 고발하셨다. 심지어 무리들마저 그분의 편이었다.

이제 예수님은 성을 떠나 감람 산 너머 베다니로 가셔서 밤을 보내실 것이다(눅 21:37). 이젠 다른 무기로 성전을 공격하실 참이다.

:

무화과나무 두 번째 이야기 감람 산, 화요일 이른 아침

네 가지 질문 성전, 화요일 아침

성전에 관한 예언 성전 밖, 화요일 낮

장래에 관한 예언 감람 산, 화요일 저녁

:

33년 3월 31일 화요일

니산월 11일

무화과나무 두 번째 이야기

네 가지 질문

감람 산을 거쳐 베다니에서 들어옴

성전 경내

Day Three : The End Times

Tuesday 31 March

셋째 날 : 마지막 때

3 월 31 일 화 요 일

니산월 12일

정오

일몰

성전에 관한 예언

장래에 관한 예언

베다니로 돌아감

성전 밖

감람 산

The Longest Week

/

Day Three
: The End Times

/

무화과나무 두 번째 이야기

장소 ★ 감람 산
시간 ★ 이른 아침

다음날 아침 일찍, 예수님과 제자들은 예루살렘으로 돌아갔다.

마가는 그들이 언덕을 내려가고 있을 때 전날 보았던 무화과나무가 "뿌리째 마른 것을"(막 11:20) 보았다고 기록한다. 마가복음에서 예수님은 이 이야기를 사용해 믿음에 관해 말씀하셨다. 제자들이 진정으로 믿는다면, 산이라도 옮길 수 있을 거란 말씀이었다. 하지만 이야기의 정황상 마가의 샌드위치 중앙에 끼어 있는 이 부분은 다른 뜻을 지닌다. 성전을 방문하시기 전에 예수님은 무화과나무를 저주하셨다. 성전을 정화하고 나자 무화과나무는 '뿌리째' 말라버렸다. 즉 성전은 열매를 맺지 못하는 나무이다. 결국 말라 죽게 될 것이다.

전날 예수님이 일으키신 소동을 생각하면 곧장 다시 성전으로 들어가 거니시는 게 이상해 보인다. 성전 시위가 큰 소요사태를 일으키지 않았던 게 분명하다. 그렇지 않다면 예수님의 전폭적인 인기를 우려한 권위자들이 예수님이 성전 관할구역으로 다시 들어가도록 허락했을 리가 없다. 어쨌든 성전은 예수님이 앉아 가르치실 공간을 마련해주었다. 예루살렘에서 탁 트인 공간은 그리 흔치 않다. 갈릴리 언덕이나 벌판을 이용하시던 예수님이 예루살렘에서도 비슷한 공간을 찾으신 것은 당연한 일이다. 특히 성전은 널찍한 공간과 남쪽에서 뻗어 올라가는 넓은 계단이 있어 완벽하게 조건이 맞아떨어지는 곳이었다.

예수님은 오히려 광장에 계실 때 더 안전했다. 무리들과 함께 공개된 자리에 계실 때 그분을 해하는 건 사실상 불가능했다. 이런 점에서 예수님은 대중적 지지도에서 상당한 우위를 점하고 있었다. 그들은 폭동이 일어날 위험이 있기 때문에 공개된 자리에서 예수님을 체포할 수 없었다.

당분간은 예수님을 체포하기가 쉽지 않기에 성전 지도자들은 다른 전술을 구사하기로 했다. 바로 그분의 평판에 흠집을 내는 것이다.

/

Day Three
: The End Times

/

네 가지 질문

장소 ★ 성전
시간 ★ 아침

마가가 묘사한 셋째 날 풍경에는 까다로운 질문으로 예수님을 공격하는 언쟁이 나온다. 성전 권위자들은 군대를 보내서 예수님을 체포하는 대신 그분의 신뢰도를 무너뜨리려 했다. 마가는 예수님께 던져진 네 가지 도전을 기록한다.

- "무슨 권위로 이런 일을 하는가?"
  도전자 : 대제사장, 서기관, 장로 들(막 11:27-33)
- "황제에게 세금을 바치는 것이 옳은가?"
  도전자 : 바리새인, 헤롯당원 들(막 12:13-17)
- "부활 때 그 중 누구의 아내가 되는가?"
  도전자 : 사두개인들(막 12:18-27)
- "모든 계명 중에 제일가는 계명은 무엇인가?"

도전자 : 서기관(막 12:28-34)

이중에서 한 가지만 진짜 질문이었고 나머지는 정교한 덫이었다. 폭탄이나 노출된 뇌관만큼 민감하고 교묘했다.

무슨 권위로 이런 일을 하는가

권위자들이 가장 염려한 것 중 하나는 예수님에게도 비록 다른 종류이긴 하지만 권위가 있다는 점이었다. 그들은 처음부터 예수님께 다른 종류의 권위가 있다는 사실을 알아챘다. 사람들은 예수님의 가르침이 뭔가 다르다는 것을 느꼈다. "그가 가르치시는 것이 권위 있는 자와 같고 서기관들과 같지 아니함일러라"(막 1:22). 예수님이 귀신 들린 사람에게 공격을 받으시고 나서 귀신을 내쫓으실 때, 사람들은 "권위 있는 새 교훈이로다"(막 1:27)라고 반응했다. 예수님은 노련한 율법 학자나 서기관과 같지 않았다. 예수님은 자신의 주장을 입증하기 위해 선례를 들먹일 필요가 없었다. 그냥 말씀만 하셨다. 그 말씀은 그대로 진리가 되었다. 그분이 행하신 일은 곧 그분의 말씀을 체현한 것이었다.

예수님의 권위에는 학자들 대부분이 이의를 제기하지 않는다. 그분이 누구라 생각하든 사람들은 그분을 주목했다. 예수님의 지혜는 그분의 확신과 통찰과 독자성으로부터 흘러나왔다. 그분의 말씀은 그 자체로 진가를 발휘했다. 그분의 가르침은 "스스로 자신을 입증하는 능력"[1]이 있었다. 이런 능력으로 볼 때, 예수님은 가장 두려운 권위를 갖고 계셨다. 바로 신뢰였다.

하지만 이런 권위는 토대가 취약할 수도 있었다. 그것을 지탱해주는 선례나 성서의 권위가 없다면 그 권위 자체나 말한 자의 생애로 입증해야 하기 때문이다. 따라서 예수님의 인격, 태도, 행동은 그분의 가르침에서 가장 중요한 부분이었다. 그런 점에서 이 책 전체는 예수님의 권위에 대한 논의이다. 이 한 주간에 일어난 사건들은 자신이 내뱉은 말을 입증하기 위해 극한으로 내몰리는 한 사람의 이야기이기 때문이다.

먼저 "무슨 권위로 이런 일을 하느냐, 누가 이런 일을 할 권위를 주었느냐?"(막 11:27-33)는 첫 번째 도전은 쉽게 물리칠 수 있었다. 예수님은 전형적인 랍비들의 방식으로 대적자들을 다루신다. 그들이 '누가 더 지혜로운가' 게임에서 이기면 그들의 질문에 대답하시겠다는 것이다. 예수님은 자신의 주요한 무기 중 하나인 군중을 적절히 사용하신다. 예수님이 "요한의 세례가 하늘로부터냐 사람으로부터냐"(막 11:30)라고 물으시자 질문했던 자들은 덫에 걸렸다. 군중들이 세례 요한을 지지하는 줄 알기 때문에 그들은 세례 요한을 속이는 자라고 소신껏 말할 수 없었다. 그러면 군중들이 자신들에게 달려들거나 사태가 더 심각해질지도 몰랐다. 하지만 세례 요한이 하늘의 권위를 가졌다고 말하면 다음에는 필시 "그러면 너희가 왜 그를 믿지 않았느냐?"고 물을 게 분명했다. 결국 무너진 건 예수님의 신뢰도가 아니라, 질문한 자들이었다.

예수님이 비유로
그들에게 말씀하시되

예수님은 그들의 질문에 계속 답변해 나가신다.

공관복음 세 권은 모두 이 도전에 이어 새로운 이야기보따리를 풀어놓는다. 악한 포도원 농부의 비유이다(마 21:33-46; 막 12:1-12; 눅 20:9-18). 마태복음은 여기에 두 가지 비유를 덧붙인다. 두 아들의 비유(마 21:28-32)와 혼인 잔치 비유(마 22:1-14)이다.

마태복음의 첫 번째 비유인 두 아들 비유는 요한의 사역에 대한 평가와 정결법에 대한 비판을 포함하는 노골적인 반박이다. 요한의 지적을 받고 그의 말을 믿어 자기 마음을 돌이킨 자들이 바로 아버지의 뜻을 행한 자들인데, 그들은 세리와 창녀였다(마 21:32).

마태복음의 두 번째 이야기는 모든 공관복음에 나온 이야기로 악한 포도원 농부들 이야기이다. 분명 사두개인들을 겨냥한 이야기였다. 포도원은 이스라엘 땅을 상징하고, 이스라엘을 세워 자기 백성에게 준 하나님을 왕에 비유했다. 악한 농부들은 아버지가 보낸 자들을 죽였는데, 먼저 종들(예언자들)을 죽였고, 결국 포도원 주인의 아들마저 죽였다. 이 비유는 좀 특이하다. 어쨌거나 승리는 하지만 아들의 죽음으로 끝맺기 때문이다. 하지만 예수님이 훗날 선포하시게 될 그날, 즉 하나님의 날, 하나님이 오셔서 모든 것을 변화시키실 때를 예고하고 있다. 예수님은 말씀하신다. "너희가 가진 모든 것을 빼앗길 것이다. 너희가 하나님이 보내신 사자들을 죽이고 나도 죽이겠지만, 결국 정의가 승리할 것이다." 이 비유는 따돌림 받는 예수님의 신뢰도를 강조한다. 예수님은 건축자들이 외면한 모퉁이 돌의 이미지를 사용하신다. 그분은 쫓겨난 자들의 왕이시며 외면당한 자들의 통치자이시다. 예수님은 자신의 권위가 혈통에서뿐만 아니라 독자성에서 나온다는 사실을 입증하신다. 그분은 영원한 아웃사이더였다.

마태복음의 세 번째 이야기는 악한 농부들 비유와 비슷하다. 하늘나라에 왕자의 혼인잔치가 열렸다. 왕은 종들을 보내 사람들을 초대했지만, 초대받은 손님들은 잔치에 가기를 꺼렸다. 어떤 사람은 핑계를 댔고, 어떤 사람은 종들을 잡아 죽이기까지 했다. 왕은 군대를 보내 살인자들을 진멸하고 도시를 멸망시켰다. 그러고 나서 다시 종들을 보내 "악한 자나 선한 자나"(마 22:10) 길거리에서 만나는 대로 사람들을 초대했다. 여기까지는 이야기가 비슷한 구조로 진행된다. 그런데 누가복음에서 이 비유의 결말은 혼인잔치에 "가난한 자들과 몸 불편한 자들과 맹인들과 저는 자들"(눅 14:21)처럼 초대받지 않은 하찮은 자들이 가득했다는 것이다. 하지만 마태복음은 예상치 않은 부분을 덧붙인다. 한 사람이 혼인 잔치에 들어왔는데, 혼인 예복을 입지 않았다는 내용이다. 예복에 대해 묻는 왕에게 그는 아무 말도 하지 못했고, 결국 바깥 어둠 속으로 내몰려 "거기서 슬피 울며 이를 갈게 되었다." 그리고 예수님은 청함을 받은 자는 많되 택함을 입은 자는 적다고 말씀하셨다(마 22:13-14).

이 비유의 앞부분은 상당히 직선적이고 역사적이다. 혼인 잔치는 시편 107편 1-9절이나 이사야 25장 6-8절에 등장하는 천국 잔치 이미지를 연상시킬 만큼 성서 이미지를 그대로 가져온다. 종들은 예언자들과 거의 흡사하고, 그들의 운명 또한 농부들의 이야기를 반추한다. 마태복음 22장 7절은 주후 70년 로마군에 의한 예루살렘 멸망을 예고하는 것 같다. 즉 이 이야기는 공식적인 통치자들과 손님들에 대한 심판 이야기이다. 초청에 부응하지 않은 사람들 대신 '어울리지 않는' 손님들이 자리하고, 초청을 거절한 이들은 죽음과 멸망에 빠질 것이다.

그런데 마지막에 첨가된 부분은 무슨 의미일까? 첫째, 이것은 마태가 끝부분에 첨가한 또 다른 비유인 듯하다. 그렇지 않다면 길거리에서 끌려온 사람들이 가장 좋은 옷을 입지 않았다고 비난받는 부분이 다소 일관성 없어 보이지 않는가. 아마도 누가복음의 비유가 이야기의 '원형'이었을 것이다. 둘째, 울며 이를 간다는 구절은 마태복음의 다른 곳에도 나온다. 마태복음 8장 12절에서는 '그 나라의 본 자손들'이 이방인 대신에 바깥으로 쫓겨나 울며 이를 갈게 된다고 한다. 아마도 이 사건은 천국의 일원이 되는 것은 부르심이 아니라 반응에 달려 있음을 강조하는 듯하다. 모두가 초대받았지만 그들 모두 바른 길을 선택하지는 않는다.

비유는 '의미를 담은 이야기'라고 생각할 수 있다. 쓴 약에 설탕을 바르듯 살살 구슬리는 것이다. 하지만 예수님의 비유는 매운 고추를 초콜릿으로 덧칠하는 식이 아니다. 아예 초콜릿을 입히지 않는다. 정치사회적 정황을 보면, 예수님의 비유가 왜 그렇게 폭발적이고 불안했는지 알 수 있다. 유월절의 격동적인 분위기 가운데 성전 법정에서 이 이야기를 들었으니 성전 지도자들은 모욕감에 휩싸여 분노와 원한과 복수심으로 반응할 수밖에 없었다. 이것은 동화가 아니다. 매우 선동적인 이야기이다.

누가는 성전 지도자들이 이 비유의 요점을 잘 알고 있었음을 분명히 한다.

> 서기관들과 대제사장들이 예수의 이 비유는 자기들을 가리켜 말씀하심인 줄 알고 즉시 잡고자 하되 백성을 두려워하더라(눅 20:19).

이것이 중요하다. 군중은 예수님 편이었다. 군중은 이야기를 사랑했다. 그리고 예수님이 즉각 잡혀가지 않도록 보호했다.

하지만 예수님이 체포되는 건 시간 문제였다. 수세기 동안 많은 예술가와 작가와 이야기꾼들이 그랬듯, 전체주의 정권은 조롱당하는 걸 질색한다는 사실을 예수님도 아셨다. 비유를 말하다가 죽임을 당할 수도 있는 분위기였다.

황제에게 세금을 바치는 것이 옳은가

대제사장들은 자리를 뜨면서 더 많은 군대를 전투에 투입했다. 마가복음에 따르면 투입된 군대는 바리새인들과 헤롯당원들이었다. 예수님의 종교적 권위를 없애는 데 실패하자 정치적 권위를 훼손시키려고 질문을 한다. 예수님의 성전 시위 행위는 성전세와 관련이 있었다. 여기에서 세금 문제가 광범위해진다. 이 질문은 그날의 주요 정치적 이슈, 로마제국을 건드렸다.

> 그들이 예수의 말씀을 책잡으려 하여 바리새인과 헤롯당 중에서 사람을 보내매 와서 이르되 선생님이여 우리가 아노니 당신은 참되시고 아무도 꺼리는 일이 없으시니 이는 사람을 외모로 보지 않고 오직 진리로써 하나님의 도를 가르치심이니이다. 가이사에게 세금을 바치는 것이 옳으니이까 옳지 아니하니이까. 우리가 바치리이까 말리이까 한대 예수께서 그 외식함을 아시고 이르시되 어찌하여 나를 시험하느냐. 데나리온 하나를 가져다가 내게 보이라 하시니 (막 12:13-15).

이 사건을 두고 그리스도인은 시민의 의무를 다하라는 권고로 해석한다. 하지만 전체 주제는 좀 더 미묘하다. 로마는 주후 6년 유대를 직접 통치하기 시작한 때부터 유대인에게 세금을 부과했다. 일부 유대인들(특히 열심당원들)은 로마의 착취에 굴복하지 않았다. 이 이야기에서 예수님께 질문을 던지는 두 부류, 즉 헤롯당원과 바리새인은 정치적 입장이 달랐다. 헤롯당원들은 헤롯 왕궁에 속한 자들로 유월절을 지키기 위해 자신들의 우두머리인 헤롯 안디바와 함께 예루살렘에 와 있었다. 이들 중에도 예수님을 지지하는 사람들이 있었다. 후에 안디옥 교회의 일원이 되는 마나엔은 헤롯 안디바의 젖동생*syntrophos*으로 나온다. 이 단어는 양육되다, 함께 자라다, 수양 형제, 유년 시절의 동반자, 절친한 친구 등의 의미를 갖는다.[2] 또 갈릴리에서 예수님을 따르던 사람 중에 요안나라는 여인은 헤롯의 청지기 구사의 아내였다(눅 8:3). 헤롯당원들은 사두개인이나 바리새인과 달리 그 성격이 종교 집단보다는 정치 정당에 가까웠다. 그들은 헤롯 왕조를 지지했고 헤롯대왕의 후손들 아래서 일종의 부흥기를 맞고 싶어 했다. 따라서 친로마 정책을 지지했다. 로마의 지지가 있어야만 헤롯 왕조가 정권을 유지할 수 있었기 때문이다. 다시 말해 그들은 로마제국의 강력한 옹호자이자 그리스-로마 문화에 심취한 자들이었다.

반면에 바리새인들은 비록 고지식하긴 했지만 민족주의자들이었다. 제국에 대한 그들의 입장은 적극적인 반대에서부터 마지못한 수용까지 다양했다. 당시 대제사장의 대리자였던 하니나의 실용정치가 이를 가장 잘 설명해준다. 그는 "제국의 평화를 위해 기도하라. 제국의 평화가 깨지면 사람들은 서로 집어삼킬 것이기 때문이다"[3]라고 말했다. 하지만 그들도 세금 납부를 반대하지는 않았다.

그렇다면 왜 그런 질문을 했을까? 분명 예수님이 세금을 "내라"고 하면 로마의 과세 부담으로 몸부림치는 사람들의 지지를 잃어버릴 것이다. 만약 "내지 말라" 고 하면 그들은 예수님을 로마제국에 반대하는 반역자로 고발할 수 있을 터였다. 그래서 예수님은 어떻게 했는가? 그분은 "내라" 고도 "내지 말라" 고도 말씀하지 않으셨다.

예수님은 동전, 데나리온 하나를 가져오라고 하셨다. 아마도 티베리우스 황제의 데나리온이었을 텐데, 티베리우스는 당시의 통치자였고 유대인들의 조세도 그의 차지였다. 이 동전은 수백만 개가 발행되었고 티베리우스의 재임 기간에도 거의 바뀌지 않았다. 한쪽에는 티베리우스의 두상이 있고, 다른 쪽에는 평화를 상징하는 여인상이 있었다.[4] 이 동전들은 모두 골 지방에 있는 루그드눔 주조소에서 제작되었다. 알고 보면, 예수님이 집어 들었던 동전은 꽤 긴 여정을 지나왔다.

세금에 관한 질문은 예수님의 정치 성향을 드러내기에 적합했다. 민족주의자인가, 경건한 유대인인가, 정치적으로 현실적인 유대인인가? 정치적 위협이 다분한 질문이었다.

예수님은 질문의 핵심을 피하셨다. 그들에게 동전 하나를 달라고 요구하시고는 그들의 외식을 드러내셨다. 그들은 동전을 가져왔다. 이미 그 체제에 동참하고 있었던 것이다. 예수님의 말씀은 화폐를 가져온다면 마땅히 대가를 지불해야 한다는 것이다. 즉 로마제국의 돈을 갖고 있다면, 문자적으로 그들의 체제에 소속된 셈이다.

예수님은 그분을 고발하려는 자들이 제국의 체제에 얼마나 깊이 개입해 있는지 보여주시고 대답을 마치실 수도 있었다. 하지만 그분은 주제를 확대하신다. "하나님의 것은 하나님께 바치라." 가이사의 떡고물은 그렇다고 치자. 정작 하나님께 얼마나 많이 드리고 있는가?

수많은 그리스도인들은 이 비유가 예수님의 세금 정책이라도 되는 양 설명한다. 설교자들도 예수님이 "가이사에게 바쳐야 한다"고 말씀하신 만큼 세금을 내라고 사람들을 설득한다. 하지만 이것은 초점이 빗나간 설명이다. 핵심은 "얼마나 많이 하나님께 드리고 있는가"에 있다. 예수님에게 질문한 이들은 나라의 개념을 잘못 받아들였다. 예수님은 로마제국과 이스라엘 왕국의 충돌을 말하는 게 아니다. 두 나라 모두 세금을 받지 않는가. 하나님나라와 세상 나라 간의 충돌을 말하는 것이다.[5] 이 점은 예수님의 다른 교훈과 연결된다. "한 사람이 두 주인을 섬기지 못할 것이니 혹 이를 미워하고 저를 사랑하거나 혹 이를 중히 여기고 저를 경히 여김이라. 너희가 하나님과 재물을 겸하여 섬기지 못하느니라"(마 6:24). 로마에 재물을 바쳐야 하는가 하는 문제는 하나님께 모든 것을 드려야 한다는 명제와 비교하면 하찮은 문제에 불과하다.

어쨌든 이 점이 예수님이 가이사에게 세금 바치는 것을 '금한다'는 고발의 근거가 된다(눅 23:2). 사실상 예수님은 아무런 대답도 하지 않으셨다. 그분은 문제를 제시했을 뿐이다. 이방 나라에서 온전히 하나님을 위해 사는가? 그분의 제자라면 계속해서 이 문제로 씨름할 것이다.

부활 때 그 중 누구의 아내가 되는가

세 번째는 함정이다. 그들은 이제까지 단도직입적인 접근을 시도했다. 정치를 거론했다. 이제는 종교로 선회한다. 또 다른 대적자들이 나타난 것이다. 대제사장들과 서기관들과 장로들, 바리새인들과 헤롯당원들을 지나 사두개인들이 나섰다.

앞서 보았다시피, 사두개인과 바리새인을 구분하는 가장 큰 주제는 사후 문제이다. 바리새인들은 몸의 부활을 주장했다. 사두개인들은 이것을 부인하는데, 부활이 오경에 나오지 않는 내용이기 때문이다. 이 세상이 전부라는 것이다. 사두개인들이 부활을 부정하는 건 그들이 이 세상에서 충분히 편안한 까닭이다. 굿맨이 쓴 대로 "사두개인의 이념은 현 상태를 감내할 수 있는 부유한 자들의 거만한 자기 자랑을 구체적으로 드러낸다."[6]

사실 이 질문에는 어딘지 모르게 거들먹거리는 기색이 있다. 분명 신학적 논쟁이자 난제이며 철학적이고 추상적인 수수께끼이다. 이에 대한 반응으로 예수님은 논쟁에 불을 댕기신다. 사두개인이 그토록 사랑하는 오경 중에서 한 구절을 인용하면서, "나는 아브라함의 하나님이요 이삭의 하나님이요 야곱의 하나님이로라"는 구절이 암시하는 대로 이들은 모두 모세 당시에 살아 있는 자들이었다고 말씀하신다. 즉 예수님은 이들 성서 근본주의자들이 말씀을 읽지 않는다는 점을 추궁하셨다. 예수님의 논쟁은 흔히 '상식'이라고 불리는 것에 기반을 두었다. 하나님이 이 모든 것을 정돈해주실 능력이 있으시다는 것이다. 부활한 생명이 땅의 것들과 비슷하리라 생각하는 이유가 무엇인가? 예수님이 격앙하신 데는 또 다른 이유가 있다. 그들이 말하고 있는 대상은 과부이다. 또 다른 남자의 아내가 되는 여인이다. 이런 사람들은 알다시피 힘이 없다. 사두개인들은 태연히 한 과부의 불행을 신학적 난제 속으로 몰아넣는다. 이는 유대 땅 여기저기에서 날마다 일어나고 있는 문제들과 그들이 얼마나 동떨어져 있는지를 보여준다.

모든 계명 중에
제일가는 계명은 무엇인가

마가복음에 따르면 이것을 듣고 한 서기관이 예수님을 찾아온다. 복음서에 자주 등장하는 서기관들은 그 이름이 설명해주듯 뭔가를 기록하는 사람들이다. 아마도 현대어로 가장 적합하게 옮긴 단어는 '비서'일 것이다. 서기관들은 종교적인 중간 관리자들이었다. 행정가이자 관료였다. 그리스-로마 세계에서 서기관은 지방의회에 소속될 수 있었다(행 19:35 참조).

신약성경은 서기관 집단을 구별하지 않는 편이다. 그들은 대개 예수님에게 반대하는 집단으로 뭉뚱그려진다. 마가복음은 서기관들을 성전과 예루살렘, 특히 대제사장 집단과 연관시킨다. 그런 점에서 그들을 지방의 종교 자문관 정도로 생각할 수 있을 것이다. 성전 관료들은 예루살렘이 본거지였다. 그들이 갈릴리 어딘가에 등장할 때면 그들 중 일부는 예루살렘에서 온 자들이었다(막 3:22; 7:1). 기본적으로 그들은 글에 능통한 필사가들로서 법조문을 기안하거나 편지를 쓰는 일도 도울 수 있었다. 더 작은 마을에서는 행정당국과 백성들을 연계하는 기록 관리자로 일했을 수도 있다. 말하자면 1세기의 지방 의원인 셈이었다.[7] 서기관들은 다른 집단에 소속돼 다른 역할을 맡기도 했다. 예를 들어 서기관들을 바리새인과 훨씬 가깝게 묘사하는 마태복음에서 그들은 전승의 수호자이며 공동체 지도자로 보인다. 한편 누가복음은 그들을 바리새인과 자주 연관시킨다. 이는 그들이 유대교를 유지하고 보호하는 데 적극적이었기 때문이다.

그러나 이 질문자는 다른 서기관들과는 다르다. 이것은 공격이 아니라 진심어린 질문이다. 이를 통해서도 예수님이 사회적, 이념적 경계선을 얼마나 쉽게 허물어버리셨는지 알 수 있다. 이 서기관은 어떤 계명이 최고이며 최선인지 알고 싶어 했다. 또 예수님은 권위 있는 지혜로 율법과 선지자의 강령을 몇 마디 단어로 요약해내신다. 서기관의 반응도 인상적이다. 그는 서기관의 본분을 다한다. 즉 예수님이 말씀하신 것을 한 번 더 반복함으로써 다른 사람들이 기억하기 쉽게 해준다. 또 자신의 해석도 덧붙인다. "전체로 드리는 모든 번제물과 기타 제물보다 나으니이다"(막 12:33).

믿을 수 없는 일이다. 서기관이 성전에 서서 바로 그 순간에도 진행되고 있을 희생 제사보다 더 중요한 게 있다고 말하다니! 이 점에서 서기관의 태도는 의인 시몬의 말로 요약할 수 있다. "율법과 희생 제사와 사랑의 표현, 이 세 가지가 세상을 지탱한다." 여기에서 사랑은 단순히 사랑과 관용의 행위를 말하며 예수님이 요구하신 더 깊은 헌신을 의미하지는 않는다.[8] 어쨌든 이 특별한 서기관은 도약할 수 있었다. 그는 예수님의 눈을 통해 보았고 잠깐이나마 자기 의지를 내려놓고 기록할 수 있었다.

서기관들을 삼가라

이제 예수님이 질문하실 차례가 되었다. 한 서기관이 예수님을 잠시 지지했던 일에 이어 예수님은 서기관들이 얼마나 성서에 정통한지 시험하신다. 예수님의 질문은 메시아에 관한 것이었다. 다윗이 메시아를 '나의 주님'(시 110:1)이라고 부르는 마당에, 어떻게 서기관들은 메시아를 '다윗의 자손'이라고 부를 수 있었을까?

그들에게는 메시아가 오셔서 이 민족을 구원하고 나라를 새롭게 하리라는 확신에 찬 희망과 강렬한 열망이 있었다. 여기에서 핵심은 메시아를 다윗의 자손으로 이해했다는 점이다.[9] 예수님은 서기관들이 그런 연관성을 만들어낸 동기, 적어도 그것을 문자적으로 이해한 점을 문제 삼았다. 서기관들이 메시아를 언급하면서 실제로 다윗의 자손이라고 생각했을까? 무엇이 사실인가?

예수님은 여기에서 많은 일들을 행하신다. 첫째, 그분이 성경을 가장 잘 다루는 분이심을 과시하신다. 예수님은 이미 사두개인들을 압도하셨고, 이번에는 서기관들을 좌지우지하신다. 하지만 이것은 단순한 성서 지식 경연대회가 아니었다. 예수님의 질문은 서기관들의 메시아에 대한 이해를 지적한다. 실제로 예수님은 '다윗의 자손'이라는 구절을 재정의해야 한다고 촉구하신다. 서기관들이 메시아를 묘사하는 데 사용한 용어들에는 의도성이 있었다. 즉 영감 있는 성서에 기초하지 않은 정치적 호칭이었다.[10] 성서 전문가라는 사람들이 전혀 전문가답지 못했다.

초점은 '보좌'의 승계를 주장하면서 메시아를 정치, 군사적 존재, 세상의 왕으로 규정하는 개념을 지적하는 데 있다. 서기관들은 바리새파나 사두개파 지도자들을 좇아 메시아의 역할을 정치화했고, 그것을 이스라엘 황금기에 대한 열망으로 바꾸었다. 그러나 예수님은 여기에 성서적 근거가 없다고 말씀하신다. 그것은 지배층의 환상이다. 다윗 왕조로 회귀하는 일은 없을 것이다. 예수님은 서기관들이 이해한 방식으로 왕국을 재건하지 않을 것이다. 그분이 싸워야 할 대상은 로마가 아니다. 더 깊고 어두운 적과 대면해야 한다. 예수님이 서기관들의 신뢰도를 무너뜨리자 많은 사람이 박수를 보냈다(막 12:37). 예수님은 한걸음 더 나아가셨다. 서기관 중 한 명이 예수님을 지지하게 되었다는 사실 때문에라도 마가복음 12장 38절 이하에 나오는 예수님의 말씀을 맹목적인 비난으로 받아들일 수는 없다.

하지만 분명 서기관들 안에는 비난받아 마땅한 행태들이 충분히 있었다.

서기관들의 공식 복장은 흰색 마로 만든 긴 두루마기인데 아랫부분에는 덧두리 장식이 달려 있었다. 흰옷은 우월함과 정결함의 표상이었다. 특히 성전의 고위직 남자들이 흰옷을 입었다. 밝은 원색 옷은 서민들 차지였다. 사실 서민들은 아무 옷이나 구할 수 있는 옷을 입었다.[11] 〈미쉬나〉의 기록에 따르면 서기관들은 존경을 받았다. 그들이 지나갈 때 사람들은 걸음을 멈추고 기다려야 했다. 면제를 받은 장인들만 제외하고 말이다. 어떤 사람은 이것이 실제라기보다는 〈미쉬나〉가 희망한 바라고 주장하기도 한다. 어느 쪽이든 지위와 사례는 별개였다. 이들 관료들이 더 가난한 계층 출신임을 보여주는 분명한 증거가 있다.[12] 고위 제사장급 서기관들은 성전에 소속되어 사실상 중앙 행정부를 위해 일했다.[13] 이들은 성전 창고에서 수입을 끌어다 쓰곤 했지만, 대부분의 서기관들은 보조금으로 먹고 살았다. 서기관들은 자신의 전문성을 발휘해서 돈을 벌 수 없었다. 다만 그들의 지식에 예를 갖추는 의미로 그들을 환대하는 것은 허락되었다.[14] 그런데 이조차도 허락되지 않는 경우가 가끔 있었던 모양이다. 저명한 랍비 아키바가 짊더미에서 겨울을 나게 되자, 랍비 가말리엘 학파의 명망 높은 두 학자는 먹지도 입지도 않았다고 한다.[15]

하지만 대개 서기관들은 경건한 유대인들이 행하는 자선활동의 수혜자였다. 서기관을 돕는 건 명예로운 일이었고, 서기관들도 그것을 알았다.[16] 따라서 여기에서 예수님이 지적하는 건 서기관들이 넉넉하지 않은 사람들의 신세를 지는 경우이다. 이 사회에서 가장 가난한 과부들도 옳은 일을 하고 싶어 하거늘, 서기관들은 과부들을 어떻게 처우했는가? 그들의 가산을 집어삼키지 않았는가. 서기관들은 지금으로 말하면 방송 설교자쯤 되지 않을까? 경건한 이들을 물어뜯고 그들의 소유를 빼앗아 빈털터리로 만드는 사람들 말이다.

가난한 과부

예수님은 한 과부의 경건한 행동을 예로 드신다. 과부들은 유대 사회에서 가장 가난하고 소외된 사람들이었다. 초대교회도 이들을 관심 있게 돌봤다. '과부'는 초기 기독교 공동체에서 섬기는 여성들을 가리키는 용어로 굳어질 정도였다(행 9:39).

하지만 여기에 나오는 과부는 가진 것이 없는데도 하나님께 자기의 모든 소유를 드렸다. 예수님이 이 이야기를 많은 군중이 아니라 제자들에게만 들려주셨다는 점은 의미심장하다. 성전의 영광과 화려함이 이들에게 어떻게 다가왔을까? 부자들이 연보함에 던져 넣는 고액의 헌금에 현혹되었을까? 그렇다면 이 과부의 이야기를 들어야 했다. 자선이 아닌 완전한 헌신! 여인은 자신이 가진 전부를 드렸다. 이 사건은 예수님이 추구하시는 깊고 참되고 단순한 경건이 무엇인지 통쾌하게 보여준다. 가난한 이의 경건은 부유한 이의 의로움보다 훨씬 가치가 있다. 이와 비슷한 이야기를 전해주는 랍비 문학도 있다. 한 제사장이 과부가 주는 한줌의 곡식을 거절했는데 그날 밤 꿈에 질책을 받는다. "그 여인을 업신여기지 마라. 여인은 자신의 생명을 드린 것이나 마찬가지다."[17]

이렇게 예수님의 성전 교훈은 가난한 두 집단, 서기관과 과부를 비교하면서 끝을 맺는다. 둘 중에서 과부가 더 거룩하다는 것이 예수님의 결론이다.

/

Day Three
: The End Times

/

성전에 관한 예언

장소 ★ 성전 밖
시간 ★ 낮

예수께서 성전에서 나가실 때에 제자 중 하나가 이르되 선생님이여 보소서. 이 돌들이 어떠하며 이 건물들이 어떠하니이까. 예수께서 이르시되 네가 이 큰 건물들을 보느냐. 돌 하나도 돌 위에 남지 않고 다 무너뜨려지리라 하시니라(막 13:1-2).

예수님과 제자들이 성전을 떠나려 하자 질의 시간도 끝이 난다. 이날 예수님의 가르침과 이야기는 그 전날 행하신 일만큼이나 분란을 일으켰다. 광장에서 계단으로 걸어 내려오실 때까지 예수님은 서기관들과 사두개인들, 그리고 바리새인들을 응시하셨다. 그분은 성전의 재정 수입원에 의문을 표하셨고, 소외된 자들인 가난한 이, 나병환자, 세리, 과부들이 좋은 옷을 걸친 사람들보다 하나님나라를 더 잘 이해한다고 주장하셨다.

예수님은 마지막으로 성전 건물 자체에 관해 말씀하신다. 예수님이 이 모든 말씀을 하셨음에도 불구하고 제자들은 여전히 이 건물에 대한 경외심을 털어버릴 수 없었다. 예수님의 반응은 급작스럽고 혼란스러웠다. 마치 위협처럼 들렸다. 또 그분의 대적자들이 이것을 어떻게 보고할지도 모를 일이었다. 하지만 이것은 사실상 예언 행위였다. 건물은 허상이었다. 모래 위에 세운 이 건물은 곧 무너질 것이다. 누군가 국회의사당이나 백악관 같은 곳을 바라보면서 추종자들에게 이렇게 말한다고 생각해보라. "곧 무너질 겁니다." 아마도 그는 이 말에 반드시 책임을 져야 할 것이다.

이 간단한 진술이 지난 3일 동안 있었던 사건과 상징과 묘사와 이야기의 요약이다. 성전 파괴는 예수님이 그분의 말씀과 행동으로 비판하셨던 모든 것의 결과이다. 지난 일요일, 예수님은 새 왕처럼 성에 들어오셨다. 이 입성 행렬은 그분을 메시아로 선포했고, 동시에 새로운 왕국의 도래를 암시하는 듯했다. 성의 또 다른 문에서는 부와 권력과 명성의 행렬이 있었다. 하지만 예수님의 왕국은 평화와 사랑을 모토로 내세웠고 그 나라의 시민은 주로 소외된 자들이었다.

월요일, 예수님은 이제 성전 체제의 일부가 되어버린 부정행위들을 공격하셨다. 예수님이 돈 바꾸는 자와 제물 매매자들을 내쫓으신 이유는 돈이 예배에서 중심이 되고 예언자들이 이윤 때문에 희생되는 실상을 공격하시려는 것이다. 성전 지도자들은 무화과나무처럼 그들의 행위로 심판받을 것이다.

화요일, 사두개인과 바리새인과 서기관과 헤롯당원 들의 역량이 드러났다. 성경을 보는 그들의 관점은 얕고, 그들의 행위는 이기적이고 거만하며, 그들의 위선은 숨 막혔고, 메시아를 그들 계급 출신의 귀족적인 왕쯤으로 생각하는 그들의 관점은 적절치 못했다.

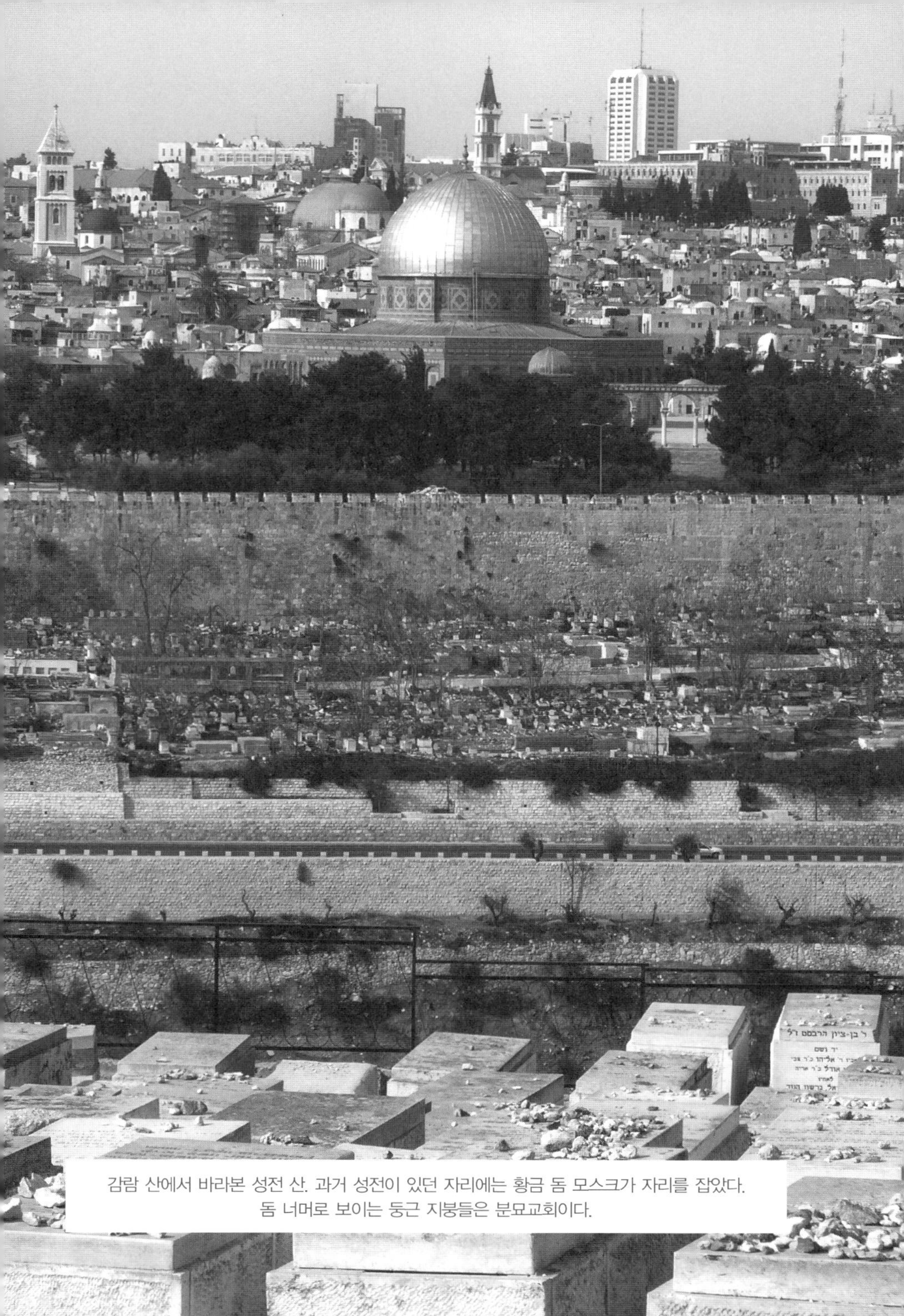

감람 산에서 바라본 성전 산. 과거 성전이 있던 자리에는 황금 돔 모스크가 자리를 잡았다.
돔 너머로 보이는 둥근 지붕들은 분묘교회이다.

마침내 예수님은 이 건물이 무너질 거라 선언하신다. 이스라엘의 상징이 파괴된다는 말이다. 그분의 말이 어떻게 전해졌을지 상상해보라. '쑥덕거림'의 대가인 안나스 일파는 군중들 틈에 사람을 심어두고 '주워듣게' 했을 것이다. 혹은 예수님 측 내부 고발자가 그들에게 정보를 흘렸을 것이다.

나사로 사건 직후에 가야바는 성전과 나라를 유지하는 것을 주된 목표로 삼았다. 이는 가야바에게 중요한 문제였고 그의 임무이기도 했다. 또 가야바와 그의 지지자들이 권력을 남용하기는 했지만, 깊은 확신과 진정성을 가지고 이 임무를 수행했다고 볼 수 있다. 그들은 진정으로 성전을 믿었고 힘을 합쳐 나라를 지탱하려고 노력했다. 예수님이 지적하신 대로 문제는 기존의 성전 체제와 정치적 권력 남용이 그들이 피하고자 했던 결과를 가져오리라는 점이었다. 성전을 구한답시고 그렇게 하다가는 성전을 잃을 것이다. 그들에게 동전의 양면과도 같은 로마 반대파들은 폭력 혁명을 주장하는 극단주의자들로, 그들도 재앙을 불러올 것이었다. 폭력이든 타협이든 종착지는 같을 것이다.

성전은 그 뿌리와 가지가 모두 파괴될 것이다.

/

Day Three
: The End Times

/

장래에 관한 예언

장소 ★ 감람 산
시간 ★ 저녁

예수님과 제자들은 예루살렘을 떠나 기드론 골짜기를 가로질러 감람 산에 올라 성전을 바라보았다. 골짜기 너머 성전 뒤로 해가 지고 있었다. 황혼빛에 성전은 희고도 노란 빛깔을 띠었다. 마지막 날에 무슨 일이 일어날지 말하기에 적절한 시간과 장소였다. 예수님이 성전 파괴를 언급하시고 나서 대화가 시작되었다. 제자들이 여쭈었다. "언제 이런 일이 있겠습니까? 무슨 징조가 있겠습니까?"

이제 예수님이 대답하셨다. 실제로 예수님이 마가복음 13장에 기록된 내용을 전부 말씀하셨든, 아니면 그 내용이 다른 시대 다른 자료에서 수집한 것이든 핵심은 바뀌지 않는다. 예수님은 해가 예루살렘 뒤로 저물어 갈 즈음, 포위된 도시의 죽음과 파괴, 땅이 흔들리는 사건과 산으로 도망치는 사람들 이야기를 들려주셨다. 묵시였다.

어느 때에 이런 일이 있겠사오며
무슨 징조가 있사오리이까

사실 고대 문화에서 시작과 중간과 끝이라는 의미로서의 시간은 존재하지 않는다. 계절은 오가고, 세월은 돌고 돌며, 한 제국이 저물고 다른 제국이 떠오른다. 유대인은 시간이 돌고 도는 대신 만물이 변하는 순간이 있을지도 모른다는 점에 착안했다. 이 순간을 '여호와의 날'이라 부른다. 하나님이 개입하셔서 사물의 완전한 본성을 회복시키는 순간을 일컫는다. 심판은 주로 이스라엘의 적들에 대한 처벌을 말한다.[18]

이 주제는 유대 사상에서도 매우 강력했기에 완전한 문학 장르, 곧 묵시를 파생시켰다. 헬라어 아포칼룹시스*apokalupsis*는 실제로 계시를 의미한다. 묵시 작품은 장래에 일어날 일을 보여준다. 언제나 그렇듯이 묵시문학을 어떻게 정의하느냐에 따라 학파가 나뉜다. 묵시문학은 성서문학 세계의 공상과학 분야라 할 수 있다. 봐야지만 알 수 있다는 말이다.[19] 알다시피 요한계시록은 야고보서와는 전혀 다르다. 언어가 다르고 줄거리가 다르다. 묵시문학의 전형적인 특징인 '타자'가 존재한다.

묵시문학의 언어는 문제를 일으킬 수 있다. 현대 독자들이 그 상징을 해석하는 게 어려울 뿐만 아니라, 그것을 전혀 상징이라고 생각하지 않기 때문이기도 하다. 묵시문학은 땅을 뒤흔드는 언어를 사용하기 때문에 그것이 실제로 땅을 뒤흔들어야 한다고 결론 내리는 것이다. 다시 말해 그것은 '우주의 종말'이어야 한다.

우리는 주로 '묵시'라는 단어를 대개 아주 먼 훗날 만유의 종말과 함께 산이 무너지고 핵이 폭발하는 재앙이나 파괴를 일컫는 단어쯤으로 생각한다. '묵시'나 '아마겟돈' 같은 용어는 파괴를 약칭하는 의미에서 인기가 있다. 하지만 묵시는 단지 끝에 관한 것이 아니라 또 다른 시작을 가리킨다. 즉 변형과 변화이자 새로운 사물이 존재하게 되는 것이다.[20] 아주 먼 장래의 일이 아니라 즉각적인 현재이다. 조지 오웰의 《1984년》이 사실상 1948년을 의미했던 것처럼, 유대 묵시문학은 거의 항상 현재 일어나는 일이나 가까운 미래에 일어날 일을 다룬다.

예나 지금이나 묵시문학 장르는 소외된 이들이나 비주류층이 환영한다. 이단은 묵시문학의 광팬들이다. 많은 이단들이 변형의 기대를 가지고 산다. 간혹 외계인의 도움을 받기도 한다. 묵시문학은 소외된 이들을 위한 문학이며, 억눌린 자와 갇힌 자와 비주류들의 비전이다. 그들은 이렇게 말한다. "언젠가 이 모든 것이 바뀔 거야. 그리고 내가 옳다는 게 밝혀지겠지. 기다려. 두고 보라고."[21]

이런 이유로 기독교인들은 이 장르를 너무 쉽게 받아들일 수도 있다. 묵시문학은 무슨 일이 일어나고 있는지 이해할 수 있도록 그들에게 힌트를 주었다. 초기 기독교는 변두리 신앙이자 묵시 종교였다. 그들은 즉각적이고 극적인 변형의 기대 속에서 살았고, 아마도 이제까지 기록된 작품 중 가장 영향력 있는 묵시문학 작품을 남겼다. 요한계시록은 '종말'에 관한 것이다. 하지만 아시아의 일곱 교회와 그들이 겪고 있는 일에 관한 것이기도 하다. 그리고 앞으로 다가올 일과 그들 주변에서 일어나고 있는 일을 설명하기 위해 보낸 일종의 편지이다.

예수님은 그들의 시대가 변하고 있음을 믿고 선포하셨다. 마가복음 13장에 관한 전통적인 기독교 해석은 그것을 '종말', 즉 그리스도가 재림하실 때라고 보고 그리스도인들이 믿고 있는 세상의 끝과 연관시킨다. 학자나 학계, 신학자, 심지어 이단 지도자들도 앞으로 일어날 일에 대한 자신들의 이론을 뒷받침하기 위해 이 말씀을 열심히 연구하고 있다. 하지만 안타깝게도 대부분의 학자들의 연구는 1900년이나 뒤쳐져 있다. 예수님께서 성전 파괴에 대한 질문에 이미 답하셨기 때문이다. 알다시피 그 일은 주후 70년에 일어났다. 우리는 이런 식으로 이해해야 한다. 그것은 먼 훗날의 사건이 아니라 즉시 일어날 사건이었다. 파괴에 대한 것이지만 또한 변형에 관한 것이었다.[22] 어떤 점에서 이 책 또한 묵시적이다. 한 사람이 죽고, 그 결과 모든 것이 변하기 때문이다.

난리와 난리의 소문

> 예수께서 감람 산에서 성전을 마주 대하여 앉으셨을 때에 베드로와 야고보와 요한과 안드레가 조용히 묻되 우리에게 이르소서. 어느 때에 이런 일이 있겠사오며 이 모든 일이 이루어지려 할 때에 무슨 징조가 있사오리이까(막 13:3-4).

마가복음 13장과 누가복음 19장 42-44절은 주로 복음서가 기록된 날짜를 결정할 때 인용된다. 모두 주후 70년, 예루살렘 포위를 전후한 사건을 묘사하기 때문이다. 학자들이 추정하는 대로라면 복음서 저자들은 후에 요세푸스 같은 역사학자들이 기록한 실제 예루살렘 포위 당시 세부 사항들을 참고해 예수님의 예언을 고안했다. 이 구절은 예루살렘 멸망을 기록하고 있기 때문에 그 이후에 기록된 게 분명하다.

하지만 이런 주장에도 문제를 제기할 수는 있다. 첫 번째 이유이자 가장 근본적인 이유는 이런 식의 예언이 불가능하며, 한 사람이 현재를 보고 미래에 일어날 일을 예언하는 것이 불가능하다는 것이다. 예수님의 신성은 제쳐두고라도, 그분이 정치 상황을 전망하는 것이 정말 불가능했을까? 가야바도 그릇된 변화가 유대인의 삶의 방식과 성전을 무너뜨릴지도 모른다고 우려한 바 있다. 예수님은 그런 변화가 이미 일어났다고 믿은 것뿐이다.

둘째, 이 예언을 예루살렘 포위 이후 기독교 작가가 창작하고, 예수님의 입만 빌린 것이라면 왜 더욱 극적일 수 없었는지 물어야 한다. 실제 요세푸스는 포위 당시 상황에 관해 성서 구절보다 훨씬 많은 내용, 특히 질병, 인육을 먹은 일, 건물들을 무너뜨린 화재 등을 다루고 있다.[23] 극적으로 재구성했다면 이것들이 생략될 리가 없었을 텐데 말이다.

셋째로 가장 효과적인 반박인데, 세부 사항이 완벽하게 부합하지 않는다는 것이다. 예수님은 돌 하나도 돌 위에 남지 않는다고 말씀하셨지만, 꽤 많은 돌이 남았다. 통곡의 벽에 있는 거대한 돌들은 아직도 남아 있다. 그뿐만이 아니다. 만약 포위 기간 중 예루살렘에 있던 사람들이 산으로 도망갔다면 감람 산과 스코푸스 산에 주둔하고 있던 로마 군영에 뛰어드는 셈이다. 초대교회 전승에 따르면 예루살렘에 있던 기독교인들은 베뢰아에 있는 펠라로 도망쳤는데, 산이라고 할 수 없는 해발 87미터 되는 지대였다고 한다. 만약 작가들이 역사를 예언으로 바꾸려 했다면 대단히 큰 실수를 한 셈이다.

따라서 이 구절이 사건 발생 후 기록되었다는 학자들의 주장은 이런 식의 흐름을 갖고 있다.

- 복음서 저자들은 역사에 기초해 내용을 구성했다.
- 그들은 역사를 왜곡했다.

• 어쨌든 그들은 계속해서 역사를 재구성했다.

더 의미 있는 논쟁이 있다. 이 구절은 무슨 일이 일어났는지 예언하고는 있지만 평범한 어휘를 사용한다. 이는 세부적인 부분들이 잘 들어맞지 않는 이유이다.

그렇다면 예수님은 이런 어휘를 어디에서 알게 되셨을까? 그분은 심판과 재앙에 관한 구약의 진술을 인용하신다. 어린아이를 데리고 도망쳐야 하는 사람들의 공포를 설명하시면서 호세아서 13장 16절을 직접 인용하신다. '택하신 자'의 구원은 이사야를 인용하신다(사 65:8-9). 거짓 교사들과 지도자들에 대한 경고는 구약 전반에서 다뤄지는 주제이다.[24] 산으로 도망치라는 권고는 에스겔서를 연상시킨다(겔 7:12-16). 하지만 마카베오의 위기에 관한 묘사와도 직접 관련되어 있다.

> 마따디아는 거리에 나서서 "율법에 대한 열성이 있고 우리 조상들이 맺은 계약을 지키려고 하는 사람은 나를 따라 나서시오" 하고 큰소리로 외쳤다. 그러고 나서 그는 모든 재산을 그 도시에 버려둔 채 자기 아들들을 데리고 산으로 피해 갔다(1마카 2:27-28, 공동번역).

분명 도시가 포위되었다면 당신은 산으로 도망쳐야 한다. 공습이 가능한 오늘로 말하면 계단 아래 숨는 것과 마찬가지이다. 게다가 로마 세계를 경험한 신약 시대 사람들은 군사작전을 무시할 수 없었다. 로마는 이미 한 차례 예루살렘 포위 작전을 수행한 바 있다. 이로부터 25년 전에는 헤롯이 죽고 별 소득 없는 반역이 일어나자 갈릴리로 진군해 마을과 도시를 파괴한 적도 있다. 그들의 전술은 잘 알려져 있었다. 그래서 만약 전투가 시작될 것을 분명 알고 있다면 앞으로의 정황을 예측하는 건 그리 대단한 예언도 아니었다. 예수님이 다가오는 전쟁에서 예루살렘의 상태를 묘사하신 부분은 로마의 공격을 받은 여느 도시들의 모습과 다르지 않다. 다른 점이 있다면 규모뿐이었다.

이 정도는 예언자가 아니더라도 충분히 예측할 수 있었다. 예수님과 제자들은 앞으로 다가올 전쟁이 어떨지 알고 있었다. 도시는 포위되고, 제방과 둑은 전복되고, 곳곳에 기근과 죽음이 있을 것이다. 또 할 수만 있다면 사람들은 산으로, 산으로 도망칠 것이다. 가야바가 우려했던 대로 로마는 모든 것을 제거해버리고 항상 하던 식으로 도시를 에워쌀 것이다. 성전 구역에 자신들의 깃발을 꽂을 것이다. 하나님의 심판이 이스라엘의 지도자들과 그분의 말씀을 받아들이지 않는 이들에게 임할 것이다.

읽은 자는 깨달으라

마가복음 13장의 신학을 세부적으로 살펴보는 것은 이 책에서 다룰 문제가 아니다. 그래도 여기 담긴 내용에서 몇 가지 추론을 끌어올 생각이다. 예수님의 가르침은 거짓 교사들에 의해 왜곡될 것이다(막 13:6). 전투와 전쟁이 일어날 것이다(막 13:7-8). 예수님을 따르는 자들은 핍박과 심판을 받고 심지어 자기 가족으로부터 추방되겠지만, 예수님의 복음은 만국에 전파될 것이다(막 13:9-13). 결국 성전 산에 참람한 일이 일어날 것이고 성소에 이방 제단이 세워졌던 마카베오 시대와 비슷한 일이 벌어질 것이다(막 13:14). 이제 달아날 시간이 다가온다. 가장 악랄한 환란이 시작되고 거짓

지도자들이 일어날 때가 되었다(막 13:14-22).

이제까지 예수님이 설명하신 것은 예루살렘에 일어난 반란과 멸망 사건에 잘 들어맞는다. 로마가 성전 산을 차지하고 수많은 거짓 메시아들이 일어나는 때와 일치한다. 사도행전에서도 볼 수 있듯이 예수님의 죽음과 봉기 이전에 예수님을 따랐던 사람들은 핍박과 환란을 당했다. 따라서 여기에서 예수님이 묘사하는 내용은 주후 35-70년에 실제로 일어났던 역사적 사건임을 알 수 있다.

하지만 다음에 나오는 장면들은 어떤가? 해와 달이 어두워진다? 별들이 떨어지고 인자가 구름을 타고 온다? 천사들과 택하신 자들과 하늘 끝(막 13:24-27)은 어떤가? 다시 한 번 상기해야 할 것은 이것들이 묵시문학의 어휘들이라는 점이다. 액면 그대로 받아들이면 말도 안 된다. (예컨대 별들이 '떨어진다'는 말을 문자 그대로 해석하면? 별이 어떤 방향으로 떨어진다는 말인가?) 이 구절은 고도로 형식화된 어휘를 사용해 하나님나라가 도래했을 때 일어날 수 있는 세상의 변형을 묘사하는 것이다.

우리도 오늘날 이런 형상을 사용하고 있다. 실제로 지진이 일어나지는 않았지만 관례상 '발밑이 꺼진다'는 말을 한다. 또 사업에 대해 이야기할 때도 실제 열이 가해지지 않았어도 '녹아내린다'고 말한다. 물론 이 구절들은 먼 미래에 관한 이야기이기도 하지만, '재림'에 관한 것이기도 하다. 분명 초대교회는 예수님이 다시 오시리라는 믿음을 가지고 살았다. 마태도 많은 비유와 낯선 이야기로 자신만의 종말에 관한 담화를 전한다. 하지만 모두 갑작스러운 나타남과 사라짐이라는 공통 주제를 갖고 있다. 예를 들어 노아 시대에 갑자기 홍수가 시작되었고(마 24:38-39), 사람들은 갑자기 '데려감'을 당하며(마 24:40-41), 갑자기 도둑과 주인과 신랑이 들이닥쳤다

(마 24:45-25:13). 모두 깨어서 경계하라는 경고를 담고 있다. 이들에 이어 바르게 행하라는 이야기가 나온다. 달란트 비유(마 25:14-30)와 양과 염소 비유(마 25:31-46)가 그것이다. 두 가지 모두 심판 비유로, 특히 양과 염소 비유는 '종말에' 무슨 일이 일어날지를 나타낸다고 해석되어 왔다. 하지만 이 문맥에서 예수님은 제자들에게 계속해서 의를 행하라고 경고한다. 임박한 재앙을 삼간다는 것은 자기 재물을 숨기는 대신 나누어야 할 때라는 말이다. 주린 자를 먹이고 헐벗은 자를 입히며 목마른 자에게 물을 주어야 하는 때이다.

할 일이 있다. 난세에 고통스러운 사명이 앞에 있다. 그래서 마태는 이 부분을 다음과 같은 경고로 마친다.

> 예수께서 이 말씀을 다 마치시고 제자들에게 이르시되 너희가 아는 바와 같이 이틀이 지나면 유월절이라. 인자가 십자가에 못 박히기 위하여 팔리리라 하시더라(마 26:1-2).

종말은 그들이 생각한 것보다 가까이 있었다.

:

예수님을 죽이려고 모의함 성전, 수요일 아침
예수님에게 향유를 부음 베다니, 수요일 저녁
유다가 제사장들을 만나러 감 성전, 수요일 밤

:

33년 4월 1일 수요일

니산월 12일

예수님을
죽이려고 모의함

Day Four : The Plot and the Perfume

Wednesday 1 April

넷째 날 : 음모와 향유

4월 1일 수요일

니산월 13일

정오

일몰

예수님에게 향유를 부음

유다가 제사장들을 만나러 감

베다니

The
Longest
Week

/

Day Four
: The Plot and the Perfume

/

예수님을 죽이려고 모의하다

장소 ★ 예루살렘
시간 ★ 아침

이틀이 지나면 유월절과 무교절이라. 대제사장들과 서기관들이 예수를 흉계로 잡아 죽일 방도를 구하며 이르되 민란이 날까 하노니 명절에는 하지 말자 하더라(막 14:1-2).

마가는 시간을 언급하면서 다음 장면을 시작한다. 그러나 헬라어 구문 *meta duo hemeras*는 둘째 날, 즉 '내일'을 의미하고 마가도 여기에서 그런 의미로 사용했을 것이다. 그러나 더 일반적인 번역은 대다수의 현대어 번역본이 선호하듯이 '이틀 후'이다. 이 번역이 요한의 시간표에 더 잘 들어맞는다.

그러나 곧 다가올 명절은 성전 특권층에게 급박한 새 임무를 주었다. 예수님은 여전히 사람들에게 높은 지지를 받았고 갑작스런 체포는 폭동을 일으킬 여지가 있었다. 그것이야말로 그들이 어떻게든 피하고 싶은 일이었다. '유대인'이 예수님을 죽였다는 이야기는 재고해보아야 한다. 성전 지도자들이 예수님을 체포할 수 없었던 건 유대인들이 예수님의 죽음을 반기지 않았기 때문이었으니 말이다.

그들은 예루살렘의 분위기가 가장 고조되는 명절 기간에 예수님을 체포하는 위험을 무릅쓸 수 없었다. 폭동이 일어날까 봐 예수님이 성전에서 가르치는 동안에도 그럴 수 없었다. 뭔가 치밀한 계획이 필요했다. 그들에게는 내부자의 정보가 필요했다.

/

Day Four
: The Plot and the Perfume

/

예수님에게 향유를 붓다

장소 ★ 베다니
시간 ★ 초저녁

복음서의 설명에 따르면 수요일 밤에는 많은 일이 일어나지 않았다. 그 날 예수님은 예루살렘에 들어가지 않았을지도 모른다. 분위기가 심상치 않은 것을 아시고 그냥 머무르셨던 것이다. 그러나 선약이 잡혀 있었다. 나병환자 시몬의 집에서 저녁 식사를 하시기로 했다.

'피부병 환자' 시몬, 딱지가 앉은 시몬이라니 결코 매력적인 이름은 아니다. 그는 나병환자였다. 언젠가 예수님이 고쳐주신 나병환자들 중 한 사람일 것이다. 이 질병에 관한 설명이 복음서에 몇 번 나온다. 요즘은 나병을 한센병이라고도 부르는데, 고대의 나병은 우리가 지금 생각하는 나병과는 조금 달랐다. 고대에 나병은 피부 발진, 상처, 외관 손상 등을 포괄하는 흉터가 남는 유전적 피부 질환을 가리키는 용어였다.[1] 이 질병에 걸리면 추방되거나 공동체에서 제명되었다. 욥기에서는 나병을 '죽음의 장자'라 불렀다.[2] 나병에 걸린 사람은 사형수가 되는 셈이었고, 알다시피 경건한 유대인은 죽은 사람을 만지려고도 하지 않았다.

나병환자를 만지면 만진 사람도 부정하게 된다. 그래서 나병환자는 거의 영원히 격리 조치를 당한다. 이들과 같은 지붕 아래 사는 사람은 모두 부정하다. 그 집에서 자거나 먹었다면 옷을 깨끗이 빨아야 한다(레 14:33-47). 심지어 집 안에 신체 일부만 들여도 부정하게 된다.

> 정한 사람이 부정한 집에 머리나 신체 일부를 집어넣었다면 그는 부정하다. 부정한 사람이 정한 집에 머리나 신체 일부를 집어넣었다면, 그가 그 집을 부정하게 만든 것이다.[3]

나병환자와 접촉해도 부정해지지 않는 집은 이방인의 집뿐이다. 그들은 이러나저러나 부정하기 때문이다.[4] 랍비 문학과 신약과 쿰란문서는 모두 나병환자가 공동체에서 추방되었다고 말한다. 그들은 성이나 마을로 들어올 수 없었다. 예수님이 사마리아 마을 경계에서 만난 나병환자들은 멀찍이 서서 그분께 외쳤다(눅 17:12).

성으로 들어올 수 없으니 성전에 가까이 갈 기회도 주어지지 않았다.[5] 예루살렘이 순전히 거룩하게 보존되었다는 주장이 2세기 이후의 이상주의라지만, 나병환자들이 성전 예배자에게 접근하면 순례자들을 부정하게 만들 우려가 있으므로 예루살렘에서는 특별 조치가 취해졌을 것이다. 거의 목적지에 다 왔는데 나병환자와 부딪치면 그 순례는 망친 것이다. 아니면 또 다른 정결 의식을 치러야만 한다.

이런 이유로 시몬은 베다니에 살았다. 베다니 지역이 있는 동예루살렘에 나병환자촌이 있었는지도 모른다. 쿰란 공동체의 성전 두루마리Temple

Scroll는 이상화된 성전을 그리면서도 현실을 반영한다. 이 두루마리에서는 나병환자를 이야기할 때 어김없이 베다니가 있는 성의 동쪽 지역을 언급한다.[6] 어떤 경우든, 예수님이 그의 집에서 식사하셨다는 사실은 예수님이 당시의 사회, 종교적 경계를 얼마나 쉽게 허무셨는지 입증한다. 그분은 나병환자에게 다가가셨고 그를 만지셨다. 그들의 집에 들어가 그들과 함께 식사하셨다. 이 사건은 예수님이 쫓겨난 자들을 품으시려고 당대 금기에 어느 정도까지 도전하셨는지 보여준다.

예수가 식사하실 때

예수님은 식사를 즐기는 분이셨다. 복음서 전체에서 그분이 사람들과 함께 식사하는 장면을 자주 볼 수 있다. 정통 종교인이든 비종교인이든 존경받는 사람이든 쫓겨난 사람이든 모두 그분과 함께 먹고 마실 수 있었다. 사실 그분은 식사를 너무 즐기신 나머지 먹기를 탐하고 포도주를 즐기는 사람이라는 비난까지 받았다(마 11:19; 눅 7:34). 고대 세계에서 음식은 오늘날보다 훨씬 큰 상징을 갖고 있다. 누군가와 식탁을 나눈다는 것은 상대를 받아들인다는 뜻이고 서로 막역한 사이임을 선언하는 것이다.

그들이 무엇을 먹었는지는 아주 최근의 역사에 기초해 어느 정도 추측이 가능하다. 한 역사가는 다음과 같이 썼다. "19세기에서 20세기 초에 기록된 아랍의 시골 식단의 상당 부분에 고대의 음식과 비슷한 메뉴들이 포함되었다."[7]

주요 에너지 공급원은 빵이다. 팔레스타인에서 빵은 이스트를 첨가한 유교병이다. 그들의 가장 주된 일과는 밀을 가는 것이었다. 주부들이나 딸들은 일찍 일어나 그날 사용할 밀을 갈아서 반죽하고 구워냈다. "6-7인 가족의 경우 매일 아침 3-4시간 정도 가루를 빻아야 했다." 그야말로 고역이었다.[8] 그리고 렌즈콩, 잠두, 이집트콩, 완두콩 같은 콩류가 상에 올랐다.[9] 또 야채로는 마늘, 양파, 상추, 케일, 무, 순무, 호박, 오이 등이 오르고, 물론 올리브와 포도와 대추야자, 무화과, 아몬드, 복숭아 등도 빠지지 않았다.

포도주도 있었다. 고대 이스라엘과 그리스-로마 주민들은 일반적으로 물을 마시지 않았다. 식수로 쓰기에 물은 안전하지 않았다. 그래서 대신 포도주를 마셨다. 탈무드에 나온 자료에 따르면 가정마다 매년 330-375리터의 포도주를 마셨는데, 요즘 포도주로는 440-500병에 해당하는 양이다.[10] 포도주와 물을 섞어 먹기도 했는데, 재력에 따라 3대 1이나 3대 2로 섞었다고 한다.[11]

예수님의 이번 식사는 특별한 경우에 해당하며 아마도 양고기나 염소고기를 먹었을 것이다. 베다니의 발굴 현장에서 발견된 동물 뼈의 65-70퍼센트가 양이나 염소 뼈였다. 물론 쇠고기, 거위, 생선, 비둘기, 명금류도 먹었을 것이다.

순전한 나드 향유

많은 음식이 차려졌다.

이 식사에서 일어났던 일에 관해서는 다양한 설명들이 있다. 이야기의 핵심은 이렇다. 예수님이 식탁에 앉아 계실 때, 여자가 그분께 다가와 값비싼 향유 한 옥합을 깨뜨려 그분의 머리에 부었다. 방 안에 있던 사람들은 이 여자를 비난했는데, 차라리 향유를 팔아 가난한 사람에게 먹을 것을 사주는 게 더 낫다는 논리였다. 하지만 예수님은 여인을 변호하셨다. 가난한 사람은 언제라도 너희 곁에 있지만, 이 여인은 영원히 기념될 만한 일을 한 것이라고 말씀하셨다.

여기까지가 마가복음 14장 3-9절의 기본 줄거리이다. 그러나 이야기는 복음서마다 조금씩 다른 형식으로 전개된다. 마가는 이 사건이 수요일 밤에 베다니에 있는 나병환자 시몬의 집에서 일어났다고 보았다. 마태는 같은 내용을 담고는 있지만, 제자들이 불평했다고 꼬집는다. 요한은 이 사건이 베다니에 있는 나사로의 집에서 일어났다고 보고, 마리아가 예수님의 발에 향유를 붓고 머리카락으로 닦았다고 전한다. 누가는 이 사건이 예수님의 사역 초창기, 가버나움에 있는 시몬이라 불리는 바리새인의 집에서 일어났고, 한 '죄 많은' 여인이 예수님의 발을 향유와 눈물로 닦았다고 기록한다.

내가 보기에는 비슷한 두 가지 이야기가 다소 혼선을 빚은 것으로 보인다. 누가의 이야기는 갈릴리에서 이름 없는 '죄 많은' 여인이 와서 예수님께 향유를 부었을 뿐 아니라 눈물을 흘리며 자신의 머리카락으로 씻어냈다는 것이다. 이 이야기의 초점은 용서이다. 사람들은 이 죄인(거의 창녀와 같은)이 나타나자 분개했는데, 예수님은 여인의 감사를 집 주인에게 받은 홀대와 비교하신다. 마가는 좀 다르게 이야기한다. 감사가 아니라 거절과 사랑과 죽음에 관해 말한다.

이 여인이 누구인지 알 수 있을까? 확실히 알 수는 없다.[12] 요한은 베다니에 사는 마리아라고 말한다. 아마도 요한이 두 가지 전승을 연결시킨 결과일 것이다. 누군가 베다니에서 식사하시는 예수님께 향유를 부었고, 예수님은 베다니 나사로 가족의 집에서 묵으셨다. 그래서 요한은 이렇게 계산했다. 경배하는 여인+베다니=마리아. 이렇게 보아야만 이 손님을 대하는 태도와 마리아가 보인 의외의 행동에 대한 설명이 맞아떨어진다. 나사로가 다시 살아난 이후, 마리아는 확실히 예수님께 감사할 이유가 있었다. 예수님이 마리아의 행동을 옹호하셨을 뿐만 아니라 마리아가 제자의 역할을 수행했다고 변호하신 점에 주목해야 한다. "그는 힘을 다하여 내 몸에 향유를 부어 내 장례를 미리 준비하였느니라. 온 천하에 어디서든지 복음이 전파되는 곳에는 이 여자가 행한 일도 말하여 그를 기억하리라"(막 14:8-9). "마리아는 이 좋은 편을 택하였으니 빼앗기지 아니하리라"(눅 10:42). 사실 어떤 것도 마리아가 자기 성향을 표출한 것으로 보기는 어렵다. 가장 값비싼 향유를 예수님의 발에 부은 사건은 충동적인 젊은 여성에게서나 기대할 만한 영웅담이 아닌가.

여인이 누구이든, 예수님은 기댄 채 모로 누워 계셨으므로 여인이 뒤쪽으로 들어와 그분에게 향유를 부었다고 가정해볼 수 있다. 고대 세계에서 행세 좀 하는 사람들은 날마다 향기로운 기름을 사용했다. 사람들은 날마다 기름을 바르곤 했다(마 6:17 참조). 부유한 사람일수록 좀 더 이색적인 기름을 사용했지만, 대부분의 사람들은 향기 나는 감람유를 사용했다. 성서 시대의 애프터쉐이브나 오드코롱이었던 셈이다. 또 기름은 화장품뿐 아니라 약제로도 사용되었다. 어쨌거나 주된 용도는 사람들에게 좋은 향이 나게 하는 것이다. 공중위생 수준이 높지 않은 세계에서 이것은 참으로 중요한 문제였다.

이 사건에서 향유는 희귀하고 값비싼 것으로 소개된다. 플리니우스에 따르면 나드는 인도의 히말라야 산맥에서 수입되었고, '향유 가운데 으뜸'으로 평가받았다고 한다.[13] 이런 향유가 그리스-로마 시대에 활발했던 거대 무역로를 따라 수천 킬로미터를 지나 예루살렘 외곽 동네로 흘러들어 온 것이다. 무역상들은 이 귀한 상품을 아라비아 사막이나 홍해 항에서 육로를 통해 운반했다.[14]

로마시대 지중해 무역의 범위는 다음 설명으로 알아낼 수 있다. 출처가 알려지지 않은 자료이다.

> 이 무역항(인도의 바리가자 항)으로 들어온 물품들은 주로 이탈리아산 와인과 라오디게아산이나 아라비아산 와인, 구리와 주석과 납, 산호나 감람석, 민무늬 혹은 무늬 있는 각종 의류, 1규빗 크기의 형형색색 벨트, 소합향, 달콤한 황색 클로버, 유리 원재료, 계관석, 황화 안티몬, 지방 화폐보다 가치가 높은 로마의 금은 동전, 비싸지는 않지만 귀한 기름 등등이다. 이 지역에서 수출되는 품목은 나드, 운목향, 베델리엄, 상아, 줄무늬 마노, 마노, 각종 의류, 중국산 실크 등이다.[15]

감송 식물의 뿌리에서도 향유를 얻었다. 여인이 가지고 온 정교하게 빚어 만든 옥합*alabastron*은 그리스-로마 시대의 깜찍한 향수병인 셈이다(마 26:7). 여인이 도자기를 깨서 그것을 열었다는 건, 향유 전부를 사용했다는 의미이다. 방 안에 있던 사람들에 따르면 그것은 300데나리온의 가치가 있었다. 영세 소작농의 열 달치 평균 임금에 해당하는 액수였다. 플리니우스는 이것이 고액이었다고 주장하는데, 가장 사치스런 향유 값이 파운드당 400데나리온이 넘었을 거라고 기록하고 있다.[16]

그러나 사람들이 가격에 연연했는지는 의문의 여지가 있다. 대개 비용에 대한 불평은 다른 불만을 감추기 위한 것이다. 이 사건이 참으로 논란이 된 것은 향유의 가격 때문이 아니라 기름 부음을 받은 사람 때문이다.

가만 두라, 너희가 어찌하여 여인을 괴롭게 하느냐

분명 예수님의 지지자들 가운데는 미혼 여성들이 유독 두드러진다. 막달라 마리아, 베다니의 마리아와 마르다, 수산나(눅 8:2-3) 등이다. 예수님은 분명 여인들에게 1세기에는 보기 드문 지위를 주시고 기대감을 표하셨다. 일반적으로 그리스-로마 시대나, 특히 유대 세계에서 여인은 2등 시민이었고, 여자아이가 태어나면 실망하던 시절이었다. 유대 외경 〈벤 시라〉는 "아비의 훈계를 받지 않는 아들은 수치이며, 딸을 낳는 것은 손실이다"라고 전한다.[17]

여인들은 어느 정도의 독립성을 얻을 수 있었다. 또 직업을 가질 수 있었고 실제로 갖기도 했다. 자기 아내를 가게 주인으로 세워두는 남편도 있었다.[18] 여인들은 올리브를 팔거나 가족 소유의 상점에서 일할 수 있었다.[19] 나그네에게 편의를 제공하는 여관을 운영하기도 했다. 〈미쉬나〉에는 시장에 내다 팔기 위해 빵 반죽을 준비하는 여인들이나, 옷을 만들거나 실을 잣거나 직물을 짜는 여인들의 이야기가 등장한다. 사실 성전의 휘장으로 쓰인 장식용 천 태피스트리를 만든 것도 여인들이었다. 물론 여인들은 그 장식이 달린 휘장을 볼 수 없었다. 여인들은 그 구역에 출입할 수 없었기 때문이다. 대부분의 여성은 집에서만 생활했다. 성전 예배에 참여할 수 있고 참여하기도 했지만, 종교 관례에서 여인들의 주된 역할은 남자들이 그 의무를 수행하도록 돕는 일이었다. 남자들은 정결 규정을 지키기 위해 시간을 쏟아야 하는 반면 여성들은 이 일에서 자유로웠다. 여자들은 '지각없는' 존재로 여겨졌다.[20] 논쟁하고 토론하고 배우는 것은 남자의 몫이었다. 여성들은 그 틈에서 요리를 해야 했다.[21] 여인들은 권리도 거의 없었다. 남편의 부정이 아니면 이혼을 청구할 수도 없었다. 반면에 남자들은 사실상 아무 이유로든 여자와 이혼할 수 있었다.[22]

뭐니 뭐니 해도 가장 주목할 점은 하나님이 여성에게는 결코 말을 걸지 않으신다는 확신이다. "엘리에제르 시므온R. Eliezer B. R. Shimeon은 전능자가 사라를 제외하고는 어떤 여성에게도 말씀하신 증거를 찾을 수가 없다고 말한다."[23]

여성들은 위험한 존재였다. 그들은 성욕을 자극했다. 후대의 랍비들은 여성을 바라보는 것 자체가 위험하다고 강조했다.[24] 예수님도 여성을 바라보는 것을 경계하셨는데, 그분의 초점은 분명 응시당하는 여성이 아니라 바라보는 남성이었다. 여성의 죽음도 유혹이 될 수 있었기 때문에 교수형에 처해질 때 남성은 벌거벗었지만, 여성은 옷을 입었다.

특히 여성의 머리카락은 큰 유혹거리였다. 여성, 적어도 행실이 바른 여성이라면 언제나 머리를 가린 채 집을 나섰다.[25] 여성의 머리칼은 성적 자극을 유발한다고 간주되었는데, 오늘날 서구 사회에서 여성의 가슴이 그런 취급을 받는 것만큼이나 정도가 심했다. 머리카락을 가리지 않고 집을 나서는 것은 가슴골을 내비치는 것과 같았다. 신실한 여성이라면 대중 앞에서 머리카락을 가린다(극단적인 종교를 가진 여성은 집안에서도 머리를 가렸다). 〈미쉬나〉는 남자가 재정 문제를 해결하지 않고 아내와 이혼할 수 있는 경우를 다룬 목록에서 다음 조건을 제시한다. "만약 여자가 머리카락을 묶거나 틀어 올리지 않고 길거리에 나가 아무 남자와 이야기한다면."[26] 이것은 결혼한 여성에게는 치명적인 결과를 초래하는 충격적인 행동이었다. 바빌로니아 탈무드에서 랍비 메이어는 이런 행동을 한 여인과는 이혼하는 것이 남자의 종교적 의무라고 가르친다.[27] 이는 누가복음과 요한복음이 기록한 향유 사건이 얼마나 충격적인 반향을 일으켰을지 가늠하게 해준다. 여인이 자기 머리카락을 사용했다면 대단한 추문을 일으켰을 것이다.

마가복음에는 머리카락이 나오지 않지만, 문화적인 충격에서 자유로울 수 없다. 그 여인은 자신에게 지정된 역할을 이탈해 경계를 넘어섰다. 여성은 남자들과 함께 논쟁에 참여할 수 없었다. 따라서 식사하는 동안 여성은 시중을 들어야지 함께 말을 해선 안 되었다. 그러나 이 여인은 이야기해야만 했다. 또 이야기를 들어야만 했다. 여인이 이야기에 끼어들 수 있는 유일한 길은 항아리를 깨트려 온 집을 향기로 진동하게 만드는 것이었다. 이런 행동은 품위 있거나 사려 깊은 정중한 행동이 아니었다. 그것은 사회로부터 침묵을 강요당한 누군가가 물불을 가리지 않고 터트린 열정적이고 진심어린 눈물이었다. 문자 그대로 여인은 아무 말도 할 수 없었다. 아니 여인은 말할 자격도 없었다. 그래서 여인은 자신만의 언어를 사용했다. 여인 스스로 촉각과 후각을 깨우는 언어가 되어 그리스도를 향한 소리 없는 아우성을 만들어낸 것이다.

제자들은 여인을 비난했다. 마가복음에 따르면 그들은 여인을 심하게 책망했다. 여인을 이해하지 못했기 때문이다. 그들은 여인의 언어를 구사할 줄 몰랐다. 하지만 이 여인은 그 언어를 알았기에, 무슨 일이 일어날지 알고 있었다. 남에게 짓밟힌 사람들만이 알 수 있는 방식으로 여인은 예수님이 어떤 형벌을 받게 되실지 알 수 있었다. 여인은 사회적, 종교적 금기를 깨뜨린 결과가 무엇인지 이해하고 있었다. 같은 처지에 있는 사람들과 마찬가지로 이 여인 또한 높은 분들은 현 질서에 도전한 사람을 용서하지 않는다는 것을 이해하고 있었다. 억압 가운데서 자란 사람들은 탈출 계획을 세운 사람에게 무슨 일이 일어날지 본능적으로 아는 법이다.

그래서 예수님은 여인을 칭찬하셨다. 여인이 앞으로 일어나야 할 일을 이해하고 있음을 아셨다. 제자들이 낭비요 손해라고 여긴 기름은 사실 헤아릴 수 없이 귀했다. 그 가치는 복음이 전파되는 동안 지속될 것이며, 이 아름다운 이야기는 대대로 전해질 것이다. 여인은 그동안 담아온 뭔가를 실행에 옮겼다. 예수님의 죽음을 해설하는 최초의 주석을 감촉과 향기로 기록했다. 예수님의 장례를 대비해 항아리를 깨뜨리고 예수님께 기름을 바름으로써, 여인은 영원히 회자될 또 하나의 깨뜨림의 사건, 바로 십자가를 예비하고 있었다.

마리아인가 다른 여인인가? 일요일인가 수요일인가? 나사로의 집인가 나병환자 시몬의 집인가? 그 역사성과 세부 사항은 논쟁의 여지가 있다. 하지만 분명 이 사건은 예수님과 여인들의 독특한 관계를 설명하는 또 하나의 실례가 된다. 여인들은 예수님의 말씀을 듣고, 그분과 토론했으며, 그분에 관해 이야기했다. 사회는 여인들에게 그런 권한을 주지 않았다. 하지만 여인들은 예루살렘의 돌들과 마찬가지로 침묵하고 있을 수 없었다.

/

Day Four
: The Plot and the Perfume

/

유다가 대제사장들을 만나러 가다

장소 ★ 예루살렘
시간 ★ 늦은 밤

열둘 중의 하나인 가룟 유다가 예수를 넘겨주려고 대제사장들에게 가매 그들이 듣고 기뻐하여 돈을 주기로 약속하니 유다가 예수를 어떻게 넘겨줄까 하고 그 기회를 찾더라(막 14:10-11).

식사 후, 예수님과 제자들은 아마도 잠잘 곳으로 돌아갔을 것이다. 그들이 모두 나사로의 집에 묵었을까? 아닐 것이다. 그래서 그들 중 한 명이 몰래 빠져 나가는 건 일도 아니었다. 가룟 유다는 결정을 내렸다. 아마도 향유 사건이 마지막 임계점이었을 것이다. 그것은 예수님이 종교 관행들을 계속 공격하신다는 뜻이었고, 상황이 어떻게 돌아갈지 유다는 직감할 수 있었다.

유다에 대해 알려진 것은 많지 않다. 그의 아버지는 시몬이었고(요 6:71), 그는 열두 제자 중 한 명이었다. 그의 정체를 설명하는 이름 가룟Iscariot도 그에 대해 도움이 될 만한 정보를 주지는 못한다. 복음서의 헬라어 역본들은 그의 이름을 열 번이나 다른 형식으로 기록하기 때문이다.[28] 가장 잘 알려진 설명은 그가 가룟*Kerioth*이라는 마을 출신이라는 것인데, 그곳이 어딘지 모르기 때문에 그다지 도움이 되지 않는다. 또 어떤 헬라어 역본은 *Skariotes*라고 기록하는데, *siccarius*라는 단어가 변형된 결과라고 해석하는 학자들도 있다. 요세푸스는 시카리*Sicarii*란 검을 휘두르는 광신적인 혁명파 암살자 집단이라고 묘사하는데, 주후 20-30년 사이에 이 집단이 나타났음을 보여주는 증거는 없다.[29]

하지만 진짜 동기가 무엇인지 궁금해하는 이들이 많다. 학자들은 오랫동안 유다의 동기를 논의해왔다. 그는 무엇을 얻고 싶었던 것일까? 게다가 무엇을 팔려고 했을까?

어떤 사람들은 유다가 당국자들에게 팔아넘긴 정보는 예수님의 위치가 아니라, 그분이 자신을 메시아요 유대인의 왕이라고 주장했다는 정보라고 주장한다.[30] 하지만 그것을 확인해줄 사람들은 그 말고도 많았을 것이다. 실제로도 그들은 그렇게 했다. 그렇다면, 유다가 알려줄 수 있는 정보는 군중이 방해할 수 없는 때에 예수님이 계신 위치였을 것이다. 성전 지도자들은 그곳으로 조용히, 누구의 주의도 끌지 않고 재빨리 임무를 수행할 체포조를 보내기만 하면 되었다. 그들은 권력자라면 언제나 값을 지불할 용의가 있는 소위 '행동의 자유'에 대해 값을 치렀다.

이것이 유다가 팔아넘긴 것이다. 그의 동기에 관해서는 많은 가설을 제시할 수 있다. 하나는, 그가 사실상 예수님을 압박하려고 했다는 것이다. 내 눈에는 이 가설이 가장 허술해 보인다. 어쨌거나 그는 예수님이 메시아라고 믿었지만, 예수님은 다소간 그 일을 피하려는 듯 보였다. 혁명을 시작할 기회가 다가올 때마다 예수님은 다른 방향으로 빠져나갔다. 유다는 예수님이 어떤 능력을 발휘하실 수 있는지 알았고 그것을 목격했다. 그러나 성전에서 하루 이틀 시간이 가는데도 그분은 아무것도 하지 않으셨던 것이다.

어쩌면 그 반대일 수도 있다. 예수님께 크게 실망한 것이다. 아마도 그분의 행동에 분노했을 것이다. 배신이 언제 시작되었는지 생각해보자. 한 여인이 예수님의 머리에 향유를 붓고 난 직후였다. 제자들이 항의하자 예수님은 즉시 그들을 내보내셨다. 하지만 이런 식의 대접은 그간 충분히 당했다. 예수님은 그때까지 사회적, 종교적 관행을 깨트리는 행동을 충분히 보여주고 있었다.

어쩌면 더 단순한 동기일 수도 있다. 아마도 돈 문제였을 것이다. 이 문제는 언제든 빠지지 않는다. 값비싼 향유로 차라리 가난한 이들을 먹였어야 했다고 제자들이 항의했을 때, 그들의 분노에 어떤 단서가 담겨 있는 건 아닐까? 누구보다 그들 자신이 가난한 자들이었다. 그들은 유대에서 가장 부유한 도시에 들어와 미복으로 차려입은 힘 있고 부유한 사람들을 지켜보고 있었다. 그들의 눈이 질투로 채색되지 않았다면 오히려 이상한 일이다. 베드로가 예루살렘에 들어서며 "보소서. 우리가 모든 것을 버리고 주를 따랐나이다"라고 말하자 예수님은 이렇게 대답하셨다.

> 내가 진실로 너희에게 이르노니 나와 복음을 위하여 집이나 형제나 자매나 어머니나 아버지나 자식이나 전토를 버린 자는 현세에 있어 집과 형제와 자매와 어머니와 자식과 전토를 백 배나 받되(막 10:29-30).

예수님은 제자들에게 보상을 약속하시는 듯했다. 하지만 이제까지 그들은 아무것도 보지 못했다. 그들은 부유함의 상징인 향유 옥합이 자신들의 우두머리의 발 위에서 흔적도 없이 사라지는 장면을 보았다. 아마도 유다는 단지 돈 때문에 그랬는지도 모른다. 받은 돈은 은 30세겔로 일용직 노동자의 60일분 임금에 해당했다. 결코 작은 돈이 아니었다.

다른 동기들이 끼어들 법도 하지만, 그랬다면 기록으로 남았을 것이다. 유다가 악명이 높은 건 결국 예수님을 넘겨준 행위 때문이 아니라, 그 동기가 하찮았기 때문이다. 하지만 그의 이야기에서 돈이 두 번이나 강조된다는 사실, 그것도 적은 돈이 아니었다는 사실은 아마도 그가 무슨 일이 일어날지 지켜보았음을 뜻한다. 즉, 유다는 이 일이 파멸로 끝나리라는 것을 알고 있었고 사태가 더 악화되기 전에 발을 뺄 속셈이었다.

:

식사 준비 예루살렘, 목요일 아침

최후의 만찬 예루살렘, 다락방, 목요일 저녁

체포 겟세마네 동산, 목요일 밤–금요일 아침

:

33년 4월 2일 목요일

니산월 13일

식사 준비

베다니

Day Five : The Arrest

Thursday 2 April

다섯째 날 : 체포

4 월 2 일 목 요 일

니산월 14일

정오

일몰

최후의 만찬

체포

예루살렘

겟세마네

The
Longest
Week

/

Day Five
: The Arrest

/

식사 준비

장소 ★ 예루살렘
시간 ★ 아침

무교절의 첫날 곧 유월절 양 잡는 날에 제자들이 예수께 여짜오되 우리가 어디로 가서 선생님께서 유월절 음식을 잡수시게 준비하기를 원하시나이까 하매(막 14:12).

유월절은 유대인이 애굽의 노예생활로부터 구원받은 사건을 기억하고 기념하는 큰 명절이었다. 이 절기는 유대력에서 니산월 14일이나 15일에 지켰다. 이어서 니산월 15-21일 주간에는 무교절이 시작되었다. 마가와 누가는 목요일을 '무교절의 첫날', 바로 '유월절 양 잡는 날'로 묘사한다(막 14:12; 눅 22:7). 마태는 간단히 '무교절의 첫날'이라고 한다(마 26:17). 따라서 공관복음에서 최후의 만찬은 유월절 식사였다. 그러나 요한은 최후의 만찬을 공관복음보다 하루 앞선 날로 기록하고 준비일을 십자가 처형일로 셈한다(요 13:1; 18:28; 19:14, 31, 42). 요한은 한 번도 그날 만찬이 유월절 식사라고 말하지 않는다. 그리고 예수님이 유월절 양이 성전에서 도살되는 때에 죽임을 당했다고 말한다.

뭔가 문제가 있다.

유월절을 네 집에서 지키겠다

독창성을 발휘한 이론들은 집단마다 각기 다른 때에 유월절을 지켰다고 주장한다. 즉 유대 지역의 월력과 갈릴리의 유월절 날짜가 다르고 바리새인과 사두개인이 각기 다른 시기에 유월절을 지켰다는 것이다. 이들은 예수님이 일종의 에세네 월력을 따라 유월절을 지켰다고 주장한다. 하지만 이들 중 어느 것도 전폭적인 지지를 받지 못한다.[1]

이 문제를 해결할 수 있는 가장 간단한 방법은 각각 다른 전승을 따라 기록되었다고 이해하는 것이다. 하나는 그날을 유월절이라고 했고, 다른 하나는 유월절이 아니라고 전했을 것이다. 이 중에서 요한은 대부분의 시간을 이른 날짜로 계산하는데, 유월절의 상징을 예수님과 그분의 역할에 대한 신학적 초점으로 삼기 때문이다. 요한이 유월절 어린양의 상징을 사용하기 위해 날짜를 바꾸었다고 생각할 수 있다는 말이다.

자세히 살펴보지 않으면 요한의 해석이 더 괜찮아 보인다. 공관복음에는 일관성이 부족한 부분이 있다. 요한은 유월절에 대해서, 그것이 1세기 예루살렘에서 어떤 영향을 끼쳤는지에 대해서 공관복음의 저자들보다 더 많이 알고 있는 듯하다.[2] 예를 들어 요한은 유월절과 무교절의 차이를 알고 있었다. 위의 구절에서 마가는 그날을 '무교절의 첫날, 유월절 양 잡는 날'

로 그리고 있다(막 14:12). 하지만 무교절은 니산월 15일이고, 유월절 양은 니산월 14일에 잡아야 했다.[3] 따라서 예수님 시대에 명절 전날부터 '명절'로 헤아렸다고 생각할 수 있다. 크리스마스 이브를 '크리스마스'로 보는 것과 마찬가지이다. 그렇다면 실제적으로 요한이 옳다.[4] 공관복음의 용어에서는 약간의 혼란이 있다고 할 수 있다.

마태, 마가, 누가는 마지막 만찬 이후에 일어난 모든 일을 최후의 만찬 다음날에 포함시킨다. 만약 최후의 만찬이 유월절 식사라면, 그 다음날인 거룩한 날, 유월절 당일에 성전 지도자들이 군사들을 보내고 재판을 열고 예수님을 로마 관헌들에게 데려갔다고 하는 게 맞다. 그리고 이 날에 아리마대 요셉이 나가서 예수님을 위한 세마포를 구입했다고 할 수 있다(막 15:46). 하지만 이 모든 일은 유월절 당일이 아니라 유월절 전날 저녁에야 가능했을 것이다.[5] 바이스Weiss는 다음과 같이 말했다.

> 만약 공회가 무장한 종들을 보내고, 골치 아픈 재판을 열고, 사법부의 공식 석상에서 예수님을 비난하고 마침내 공손한 소송 대리인들을 자극해 그날의 신성모독으로 사형 집행까지 했다면, 그리고 이 모든 것을 바로 안식일인 명절날에 행했다면, 예수님이 위반하신 안식일 법은 권위를 잃는 셈이다.[6]

반면에 요한은 예수님의 죽음이 준비일에 일어났다는 주장에 완벽히 들어맞는 세부 사항들을 많이 포함시킨다. 식사가 있던 날 밤, 제자들은 유다가 가난한 사람들을 위해 기부하러 나갔다고 생각했다. 그것은 유월절 당일이 아니라 전날 밤이었기에 가능했을 것이다. 요한에 따르면 예수님을 고발한 제사장들은 이방인들과 접촉해서 부정해질까 봐 로마 총독의 공관에 들어가기를 거부했다. 만약 그랬다면 그날 늦게 유월절을 준비하지 못했을 테고, 그러면 자신들을 다시 정결하게 할 만한 시간이 충분치 않았을 테니 말이다.[7] 성전 지도자들의 관점에서 볼 때, 유월절을 준비하려고 성의 반대편에서 성전을 향해 올라오는 사람이 가장 많은 준비일은 예수님을 군중에게서 떼어놓기에 가장 적합한 날이었다. 이때 예수님을 체포하고 처형하면 가장 큰 소요를 일으킬 수 있었다.

사실 공관복음의 설명에도 몇 가지 혼선이 있다. 누가복음에서 예수님은 이렇게 말씀하신다. "내가 고난을 받기 전에 너희와 함께 이 유월절 먹기를 원한다." 이어서 솔직히 당황스러운 말씀이 뒤를 잇는다. "내가 너희에게 이르노니 이 유월절이 하나님의 나라에서 이루기까지 다시 먹지 아니하리라"(눅 22:16). 그래서 유월절 식사를 먹겠다는 것인가, 안 먹겠다는 것인가? 어떤 사람들은 여기에서 예수님이 말씀하신 진의를 다음과 같이 추측한다. "나는 너희와 함께 유월절 식사를 먹고 싶지만, 그런 일은 없을 것이다. 그들이 나를 죽일 것이기 때문이다."[8]

마지막으로 공관복음에서 묘사되고 있는 식사는 유월절 식사이다. 시편 찬송도 유월절 관습과 어울리는 것이 사실이다(마 26:30; 막 14:26).[9] 그리고 예수님은 식사를 하기 위해 유월절 규율이 명한 대로 성 안에 있는 방을 찾으셨다. 하지만 주님은 그곳에서 묵지 않았다. 유대의 관습은 식사 이후에도 예루살렘에 머물러야 한다고 규정한다. 하지만 식사 직후 예수님은 성 밖 감람 산 건너편으로 나가셨다.[10] 식사 자체에서도 눈에 띄는 결정적 요소가 있다. 바로 빵과 포도주이다. 유월절 식사에 없어서는 안 될 음식이다. (사실 어떤 식사에서나 공통된 요소들이긴 하다.) 하지만 양은 없었다. 양은 유월절 식사에서 가장 중요한 요소지만 결코 언급되지 않는다. 공관복음에서도 양을 잡았다는 암시가 없으며, 준비일을 맞아 그들이 준비한 건 비밀리에 장소를 마련한 것뿐이었다. 그리고 식사하는 동안 예수님은 제자들에게 말씀하시면서 그분의 몸을 양이 아니라 빵에 비유하신다. 이 부분에 대해서는 논쟁할 필요가 없다. 나도 인정하는 바이다. 예수님이 어린양을 무시했으리라고 보기는 어렵다. 이 모든 연관성에도 불구하고 주님은 빵을 들어 올리셨다.

이 퍼즐의 마지막 조각은 초대교회의 전통이다. 초대교회는 최후의 만찬이 유월절 식사라고 추측한 적이 없다. 대신 그들은 그것을 매주, 심지어 매일 기념했다. 초대교회 안에 최후의 만찬을 유월절 식사로 믿었던 교인들이 있기는 하지만, 그들은 소수였던 것으로 보인다. 히에라폴리스의 아폴리나리스는 그들을 무식하고 호전적이라고 묘사했다.[11]

마가, 마태, 누가는 그것이 유월절 식사라고 말하지만, 그들의 설명에서 실제로 유월절의 특성이 드러나진 않는다. 사실상 그들의 설명으로 미루어 보면 유월절 전날 밤 식사라고 하는 게 적합하다. 요한은 그것이 유월절 식사가 아니라고 했고, 이 사건들의 묘사는 요한의 설명과 더 잘 들어맞는다. 따라서 역사적 진술로 인정되려면 요한복음에 맞춰야 할 것이다. 즉 최후의 만찬은 유월절 전날에 이루어졌고, 식사는 유월절 식사가 아니었다.

아닐 수도 있지만….

내가 고난을 받기 전에
너희와 함께 이 유월절 식사를 하기 원한다

우리가 이미 보았다시피, 정결법에 대한 예수님의 태도는 종교 지도자들을 몹시 화나게 했다. 게다가 주님이 자신의 거룩한 사명에 대해 가지셨던 믿음을 생각하면, 그들이 하게 될 일을 묘사하기 위해 '유월절 식사'라는 말을 사용하셨다고 추측할 수도 있다. 유월절보다 하루 일찍 식사를 하고 있긴 하지만 말이다.[12] 물론 양이 희생될 필요가 있었기 때문에 완전한 형태로 하루 일찍 유월절을 기념하는 것은 불가능했을지도 모른다. 그러나 우리가 확인한 대로 양은 없었다. 따라서 이것은 예수님 자신이 고안하신 유월절 식사로 그분의 때에 이루어질 유월절을 형상화하는 하나의 절차였을 것이다. 이 식사는 성벽 안에서 스무 명 가량의 소모임과 함께하는 전통을 따랐지만 어린양은 포함하지 않았는데, 양을 준비할 수 없었기 때문이다. 그 대신 이 식사는 기본적인 요소들을 활용한다. 모든 가정에서 행할 수 있게 하려는 이유에서다. 요한이 제의 목욕을 재해석한 것처럼 예수님은 유월절 식사를 재해석하시고, 그것에 새로운 의미를 부여하시며, 전통적 양식을 재구성해서 새롭게 구현하신다.

"자신들만의 활동을 수행하는" 종교 분파들의 선례가 있었다. 가장 잘 알려진 집단이 쿰란 공동체이다. 이들의 종교 행위를 담은 문서는 유월절을 언급하지 않는다.[13] 하지만 이런 선례가 없어도 예수님의 최후의 만찬, 즉 주님이 제자들과 함께 나누시게 될 '유월절 식사'는 가장 길었던 한 주에 주님이 행하신 다른 일들을 정확히 인증한다. 주님은 성전을 비판하셨고, 다른 제물들보다 과부의 제물을 가장 의미 있게 보셨으며, 이웃을 사랑하고 하나님을 사랑하는 것이 제사보다 낫다고 가르치셨고, 세리와 창녀가 제사장들보다 먼저 하나님나라에 들어간다고 주장하셨다.

지금 주님은 손쉽게 달력을 바꾼다.

물 한 동이를 가지고 가는 사람을 만나리니

미리 예비하기 위해 예수님은 '제자들 중 두 사람'을 앞서 보내신다. 주님의 승리의 입성을 예비했던 장면이 떠오른다. 물을 지고 가는 사람과 은밀히 만나 말을 전했다. '예수'라는 이름 대신 '선생님'을 사용한다. 익명으로 말하고 있다. 기적적이고 결정적인 만남은 아니지만 주도면밀하게 계획된 작전이었다.

주님이 보낸 두 제자는 '열두 제자'가 아니었다. "저물매 그 열둘을 데리시고 가서"(막 14:17)라는 마가의 언급은 그들이 베다니에 남았고 후에 성 안으로 들어갔음을 말해준다. 유월절은 20명까지 모여 지낼 수 있었기 때문에 최후의 만찬이든, 그날 밤 나머지 사건들이든, 예수님과 사도들만 관련되어 있다고 추정할 이유는 없다. 여성을 포함한 더 많은 사람이 그 자리에 있었을 것이다. 이 때문에 '큰 다락방' 이야기가 나온다(막 14:15).

하지만 낯선 사람과 암호화된 메시지를 주고받기 위해 열두 제자를 제치고 익명의 두 제자를 보낼 필요가 있었을까? 주님은 열두 제자가 그 장소를 미리 알기를 원치 않으셨다는 것이 가장 그럴듯한 설명이다. 이 식사는 중요하다. 식사 이후에 예수님은 모든 일을 마쳤다고 생각했다. 그러고 나서 일련의 사건들이 일어난다. 따라서 예수님은 식사를 멈추게 할 한 사람, 미리 장소를 알아서는 안 되는 한 사람이 열두 제자 중에 있는 걸 확실히 하실 생각이었다. 예수님은 유다가 그 장소를 미리 아는 걸 원치 않으셨다.

다락방은 아마도 집에서 다른 곳보다 좀 더 서늘한 꼭대기 층에 있었을 것이다. 이곳은 순례자들을 위한 숙소나 다른 사회 모임처럼 사람들을 환대하는 공간으로 자주 사용되었다.[14] 전통적으로 다락방은 예루살렘의 상부 도시에 위치했다. 오늘날 관광객들이 찾는 곳은 이층에 있는 '다락방'이라 불리는 곳으로 그 아래쪽에는 '다윗의 무덤'이 있다. 원래 건물이 있던 곳은 아니지만, 이 장소를 지목한 것은 고고학자들이 현존하는 건물의 아래쪽에서 1세기 회당이라 할 만한 유물을 발견했기 때문이다. 이 회당은 아마도 유대 기독교인들이 지었을 것이다. 여기에서 발견된 석고 파편들은 건물 벽에서 떨어져 나온 것으로, 파편에 새겨진 문양으로 보아 기독교인의 것이 명백하다. 또 성전 산을 향해 있는 전통적인 유대교 회당과 달리 이 건물은 예수님이 십자가형을 당하고 장사되었다는 성묘교회를 향하고 있다.

이 회당은 로마가 예루살렘을 멸망시킨 이후인 1세기 말에 세워졌다. 그 당시 정통 유대인은 회당을 짓기는커녕 예루살렘에 거주하는 것도 허락받지 못했다. 하지만 유대인 반란 직전에 펠라(오늘날의 요르단)로 도망간 그리스도인들은 돌아올 수 있었다. 에피파니우스는 주후 130-131년에 로마 황제 하드리아누스가 예루살렘을 방문했을 당시의 상황을 기록했다. "작은 하나님의 교회가… [다락]방 지점을 표시했다. 제자들은 주님이 체포된 후 감람 산에서 이곳으로 돌아왔다." 아마도 귀환한 그리스도인들이 최후의 만찬을 가졌다고 기억되는 곳에 회당을 지었을 것이다. 사도들은 예수님의 승천 후에 이곳으로 돌아왔고, 베드로가 오순절 설교를 했던 곳도 바로 이곳이다.[15]

/

Day Five
: The Arrest

/

최후의 만찬

장소 ★ 예루살렘 다락방
시간 ★ 저녁

그들이 먹을 때에 예수께서 떡을 가지사 축복하시고 떼어 제자들에게 주시며 이르시되 받으라. 이것은 내 몸이니라. 하시고 또 잔을 가지사 감사 기도 하시고 그들에게 주시니 다 이를 마시매 이르시되 이것은 많은 사람을 위하여 흘리는 나의 피 곧 언약의 피니라. 진실로 너희에게 이르노니 내가 포도나무에서 난 것을 하나님 나라에서 새 것으로 마시는 날까지 다시 마시지 아니하리라 하시니라 (막 14:22-25).

마가는 고작 9절 분량으로 최후의 만찬을 설명한다(막 14:17-25). 마태는 10절로 중간에 유다에 대한 논평을 덧붙인다(마 26:25). 누가는 마가와 비슷하지만, 제자 중에 가장 큰 자가 누구인가에 관한 논쟁(눅 22:24-30), 베드로가 예수님을 부인할 것에 대한 예고(눅 22:31-34, 다른 공관복음에서는 감람 산 장면에 나옴), 전대와 검(눅 22:35-38) 등의 내용도 덧붙인다. 이렇게 부가된 모든 구절들을 합쳐도 25절밖에 되지 않는다.

그런데 요한복음에 이르면 다섯 장(13-17장)에 걸쳐 155절이나 할애한다. 게다가 이렇게 많은 분량을 기록했음에도 다른 복음서들이 이 식탁의 핵심으로 삼는 성찬 기도와 빵과 포도주는 언급하지 않는다. 다른 복음서와 공통된 요소도 있기는 하지만, 대개 예수님이 제자들에게 하신 말씀으로 구성되어 있다. 요한복음은 최후의 만찬 '행위'를 13장에서 일어난 일들, 즉 발을 씻어주심(요 13:1-20), 유다의 배신 예언(요 13:21-30), 새 언약(요 13:31-35), 베드로의 배신 예언(요 13:36-38) 등에 담고 있다. 그러고 나서 견고한 신학적 근거를 펼쳐놓는다. 남은 네 장은 거의 예수님의 긴 설교문으로 구성된다. 14-17장의 117절 가운데 94퍼센트가 예수님의 말씀이다. 나머지 일곱 절도 제자들의 질문이 주를 이룬다.[16]

그러나 요한의 설명을 비역사적이라고 제쳐놓기 전에, 요한복음이 다른 설명들을 통해 꽤 많은 간극을 채우고 있음에 주목해야 한다. 그중 한 가지를 들자면, 요한복음은 유다가 실제로 방을 나서는 장면을 보여주는 유일한 복음서이다. 그렇다고 해도 요한의 설명은 결코 쉽지 않다. 예수님의 설교에 관한 요한의 설명을 세부적으로 살펴보면 좋겠지만, 이 책에서 다룰 만한 내용은 아니다. 요한복음에서 설교를 빼면 다음과 같은 대략적인 사건의 윤곽이 남는다.

- 예수님이 제자들의 발을 씻기신다(요 13:1-20).
- 예수님이 유다의 배신을 예고하시고 유다는 집을 나선다(막 14:18-21; 눅 22:21-23; 마 26:21-25; 요 13:21-30).
- 빵과 포도주를 나눈다(막 14:22-25; 마 26:26-29; 눅 22:15-20).

• 예수님이 앞으로 일어날 일에 관해 제자들에게 말씀하신다(눅 22:35-38).

주여, 주께서 내 발을 씻으시나이까

요한복음만 유일하게 예수님이 만찬 후에 제자들의 발을 씻기신 사건을 기록하고 있다. 누가복음은 대체적으로 유사한 주제, 즉 누가 가장 큰가 하는 논쟁을 다루는 단락을 담고 있다. 따라서 아마도 초대교회의 전승은 최후의 만찬 동안에 지도력에 관한 논쟁이 일어났다고 봤을 듯하다. 사실 마태복음이 기록하고 있는, 누가 가장 큰가 하는 논쟁에는 "너희 중에 누구든지 으뜸이 되고자 하는 자는 너희의 종이 되어야 하리라"(마 20:27)는 구절이 있는데, 이것이 예수님이 여기에서 알리고자 하신 뜻이다. 알고 보면 예수님이 제자들의 발을 씻긴 것은 예수님이 행하신 일 가운데 매우 급진적인 일 중 하나이기 때문이다.

알다시피 유대 도시들은 매우 불결했다. 길을 걸을 때마다 오물과 먼지, 배설물과 쓰레기, 타고 남은 재와 썩은 음식물을 비껴갈 수 없었다. 따라서 기본적으로 발을 씻는 것은 위생의 문제였다. 하지만 또 다른 정결 규정이 있었다. 바로 성전에 들어가는 자는 누구나 자기 발을 씻어야 하고 최소한 손을 씻어야 한다는 규정이다.[17]

자유민은 누구도 다른 사람의 발을 씻기지 않았다. 이런 역할은 노예들이나 아내와 자녀들에게 제한되었다. 이 행위가 얼마나 천한 것인지는 랍비 이스마엘이 등장하는 일화를 보면 알 수 있다. 회당에서 돌아온 랍비는 어머니가 자신의 발을 씻기려고 하자, 어머니의 위신을 손상시키지 않기 위해 이를 거부했다. 그러자 어머니는 자신에게 영예를 허락하지 않은 그를 꾸짖어달라고 랍비 법정에 호소했다.[18]

그런 일을 하는 사람은 정해져 있었다. 바로 노예였다.

로마제국은 노예에게 의존했다. 제국 안에 노예가 얼마나 많았는지에 대해서는 의견이 분분하지만, 수백만 명은 족히 넘었을 것이다. 대다수는 중부 유럽의 슬라브족Slavs이었다. 노예를 뜻하는 슬레이브slave라는 단어도 이들 민족의 이름에서 유래했다.[19] 대부분의 노예는 집안일을 배우거나 수입원이 되는 생산 기술을 익혔다. 농사일은 품삯이 워낙 싸서 밭에서 일하는 노예는 많지 않았다. 어쨌거나 노예들은 가중되는 어려움과 허리가 끊어질 듯한 육체노동에서 벗어나지 못했다. 그런데 생활수준이 형편없는 건 소작농도 마찬가지여서 집에서 일하는 노예를 부러워할 정도였다.

유대에는 두 종류의 노예가 있었다. 유대인 노예와 이방인 노예였다. 이방인 노예는 대부분 두로에서 예루살렘으로 들어온 자들이었다. 대개 시리아 노예들로 일단 예루살렘에 오면 특정 장소나 바위로 끌려가서 그 위에 선 채 경매에 부쳐진다.[20] 많은 외국인 노예가 억지로 할례를 받고 유대인이 돼야만 했다. 그들의 유대인 주인이 이방인과 접촉하는 것을 예방하기 위해서였다.[21]

유대인 노예는 위와 똑같은 방식으로는 얻을 수 없었다. 유대인은 도둑질을 했을 때 정해진 보상을 할 능력이 없는 경우 노예로 팔려 갔다. 이것이 유대인 노예의 가장 보편적인 유형이었다. 스스로 자신을 팔기로 결정하는 경우도 있는데, 보통 지나치게 많은 빚을 진 사람이 택할 수 있는 최후의 수단이었다. 이스라엘의 소녀들은 12살 이하라면 노예로 팔릴 수 있었다. 그녀들이 노예로 팔린다는 건 대개 주인과 결혼하는 걸 의미했다.[22]

유대인 노예는 5-10므나 정도 하지만, 이방인 노예는 100므나 이상에 팔렸다. 이렇게 값이 다른 이유는 간단하다. 유대인 노예는 일하는 주기가 더 짧았기 때문이다.

토라에 따르면 유대인 노예는 6년만 일할 수 있었지만, 이방인 노예는 평생 동안 노예로 묶어둘 수 있었다. 또 유대인 노예는 '높은 관리비'가 든다. 유대인으로서 그들의 삶은 구약의 가르침에 따라 보호되었고, 일반적으로 다른 노예들보다 훨씬 좋은 대접을 받았다. 이방인 노예와 달리 유대인 노예는 소유물도 가질 수 있었다. 노예의 지위는 레위기에 있는 규정에 의해 보호받았는데, 이 규정은 유대인 노예를 '고용 노동자'와 동급으로 취급한다(레 25:40). 이는 곧 그들을 부정하게 하는 행동을 하도록 강요할 수 없다는 것이었다. 이 규정에 따르면 유대인 노예에게 요구해서는 안 되는 일 중 하나가 발을 씻기는 것이다.[23]

하지만 이방인 노예에게는 무엇이든 시킬 수 있었다. 그들은 이미 부정하기 때문이다.[24] 이 때문에 베드로가 예수님의 행동에 그렇게나 놀랐던 것이다. 헬라어 역본으로 보면 베드로는 충격으로 앞뒤가 안 맞는 소리를 웅얼거린다. "주님, 아니…, 세상에나!"[25] 당최 무슨 일인지 이해하지 못했다는 뜻이 아니다. 오히려 너무도 잘 이해했다. 예수님은 인간으로서 내려갈 수 있는 가장 낮은 지위인 이방인 노예 신분으로 내려가셨다. 이 사건에서 참으로 충격적인 부분은 예수님이 베다니에서 걸어오는 동안 팔을 걷어붙이고 제자들의 발에 묻은 오물과 먼지를 닦아주실 각오를 다지셨다는 것이 아니다. 그들의 발을 씻기기 위해 가장 낮은 인간의 역할을 자임하셨다는 것이 가장 큰 충격이다.

무슨 의도로 이런 행동을 하신 것일까? 이것은 수세기 동안 교회를 괴롭

혔던 질문이다. 세례를 묘사한 것일까? 사람을 깨끗하게 하는 죄 용서를 묘사한 것일까? 나는 두 가지 설명 모두 이 행위를 지나치게 영성화하려는 신학적 경향을 드러낸다고 생각한다. 주님이 하신 일은 노예의 역할을 자임해 할 수 있는 한 가장 비천한 일을 행하는 것이었다. 그리고 이를 통해 주님은 당신의 나라가 어떤 모습인지, 어떻게 이 나라가 이루어져야 하는지를 보여주신다.

여기서부터 주님의 교회가 시작되었다. 엄밀히 말해 주님의 이 행위는 초대교회가 배워야 할 모본이 되었다. 초대교회가 주목을 받은 건 사회에서 가장 천대받는 사람들을 대하는 그들의 태도 때문이었다. 예를 들어 "너희는 유대인이나 헬라인이나 종이나 자유인이나 남자나 여자나 다 그리스도 예수 안에서 하나이니라"(갈 3:28)고 하는 바울의 주장은 그 시대에 매우 급진적인 진술 중 하나이다. 로마제국의 어떤 '평범한' 시민도 이 진술에 결코 동의할 수 없었을 것이다. 바울의 급진성은 '발을 씻기신' 예수님에게서 비롯되었다. 예수님의 모범이 없었다면 초대교회가 그런 태도를 보일 수 없었을 것이다.

한 가지 더 짚고 넘어갈 부분이 있다. 예수님은 제자들의 발을 씻기시기 전, 노예의 옷을 입기 위해 자신의 옷을 벗으신다. 수난 기사 가운데 주님이 자발적으로 옷을 벗은 유일한 순간이다.

이제는 다른 사람이 주님께 옷을 입히거나 벗길 것이다.

내가 진실로 너희에게 이르노니
너희 중 하나가 나를 팔리라

발을 씻기자마자 주님은 배신에 대해 말씀하신다. 요한은 주님이 "심령이 괴로우셨다"고 묘사한다. 주님은 빵 한 조각을 적셔 자신을 배신할 자, 바로 가룟 유다에게 건네셨다.

이 장면을 대할 때면 나는 조마조마하다. 배신자가 눈치채지 못하게 조심해도 모자랄 판인데 말이다. "내가 빵 한 조각을 적셔다 주는 자가 그니라." 이렇게 말씀하시는 대목에서는 특히나 더 그렇다. 제자들과 거기 참석한 사람들 중 일부는 뭔가 일이 잘못되었음을 예감했을 것이다.

공관복음은 그나마 좀 덜하다. 거기서는 배신자가 열둘 중 하나이고, 함께 그릇에 손을 넣는 자라고만 말씀하신다(막 14:20; 마 26:23).

시간이 지나면서 복음서들이 유다의 배신에 훨씬 더 주목하게 되었음을 입증하는 장면이 하나 있다. 예컨대 마가복음에 기록된 향유 사건에서 단지 화를 내던 '어떤 사람들'(막 14:4)이 후에 기록된 마태복음에서는 '분개한 제자들'(마 26:8)로 소개된다. 복음서 가운데 가장 늦게 기록되었을 거라 추측되는 요한복음에 이르면, 가룟 유다가 이의를 제기한 제자로 밝혀진다. 더 나아가 요한은 유다가 돈궤에 손을 대곤 하던 도둑이었다는 정보까지 준다(요 12:4-6). 그렇다면 요한이 단순히 진술을 번복한 것인가? 아니면 예수님의 십자가 사건 후에 갑자기 영리해진 것인가?

그리고 유다는 언제 빠져나갔을까? 마가복음은 식사 전에 그 일이 일어났다고 기록한다. 누가복음에서는 빵과 포도주가 다 돌아간 후에도 배신자의 손이 여전히 '상 위에' 있었다(눅 22:21). 요한복음은 이 내용을 기록하지 않았지만 베드로가 예수님을 부인할 것을 예고한 누가복음의 구절을 되풀이한다. 그때 이미 유다는 자리에 없었다. 요한복음과 누가복음이 같은 전승을 따르고 있다면, 유다는 함께 빵과 포도주를 나눈 후에 빠져나갔다고 볼 수 있다.

어찌됐든 요한복음은 유다가 적발되지 않고 방에서 빠져나갈 수 있었던 단서를 제공한다. 예수님은 유다에게 "네가 하는 일을 속히 하라"(요 13:27)고 말씀하셨다. 그러므로 제자들은 그가 다음날인 유월절에 필요한 물건을 사거나 가난한 자들에게 기부를 하러 나간다고 생각했을 것이다.

기부금을 전달하는 전통은 명절과 밀접한 관련이 있다. 명절에 기부금을 안 들고 오는 사람은 아무도 없었다. 이것은 구약의 명령을 따르는 것이다(출 23:15; 34:20 참조). 시간이 지날수록 이 명령은 순례자들이 명절에 자선을 베풀 의무가 있다는 의미가 되었다. 평상시에 순례자는 희생 제물 대신 기부금을 냈을지도 모른다.[26]

유다가 밤중에 빠져나가자 다른 제자들은 그가 돈을 기부하러 나가는 것이라고 생각했다. 얼마나 큰 착각인가?

이것을 행하여 나를 기념하라

이 식사에 관해 최초로 기록된 책은 복음서가 아니라 다른 신약성경이다. 주후 54-55년, 바울은 고린도에 있는 교회에 이런 편지를 전했다.

> 내가 너희에게 전한 것은 주께 받은 것이니 곧 주 예수께서 잡히시던 밤에 떡을 가지사 축사하시고 떼어 이르시되 이것은 너희를 위하는 내 몸이니 이것을

행하여 나를 기념하라 하시고 식후에 또한 그와 같이 잔을 가지시고 이르시되 이 잔은 내 피로 세운 새 언약이니 이것을 행하여 마실 때마다 나를 기념하라 하셨으니 너희가 이 떡을 먹으며 이 잔을 마실 때마다 주의 죽으심을 그가 오실 때까지 전하는 것이니라(고전 11:23-26).

그러므로 이 식사는 초대교회에서 행하던 전승이었다. 교회는 이 상징적인 행위를 가져다 성례전(*Eucharist*, '감사하다'는 뜻의 헬라어)으로 바꾸었다. 성례전은 공동식사의 핵심으로서 예수님의 죽음을 회상하는 상징적인 예식이 되었다.

예수님은 이 식사에서 두 가지 상징을 사용하시는데, 그리스-로마 세계에서는 보편적인 것이었다. 빵은 흔한 음식이다. 동네 어디를 가도 맷돌 소리가 나고 빵 굽는 냄새가 풍겼다. 포도밭도 산등성이와 마을 곳곳에 있었다. 도시에서도 포도를 키웠는데, 그 좁디좁은 길 사이사이에 지붕을 이룰 정도였다. 이 식사에서 명절에만 볼 수 있는 장면은 찾아볼 수 없다. 이 메뉴는 지중해 식사의 기본일 뿐이다. 게다가 이 식사의 방식은 아주 일반적이다. 어떤 학자들은 빵을 떼어 먹는 방식은 폭력적인 죽음을 상징한다고 주장한다. 하지만 빵을 떼어 먹는 건 특별한 방식이 아니다. 식사를 시작하는 일상적인 방식이었다. 그리스-로마 세계에서 누구나 참여할 수 있는 식사였다.

이 식사를 특이하게 만들려는 시도들은 핵심을 놓치게 하는데, 그 핵심은 바로 일상성이다. 여기엔 특이사항이 없었다. '성배'에 포도주를 담은 것도 아니었다.[27] 그들은 평범한 잔을 사용했다. 그리고 평범한 빵과 포도주를 먹었다. 팔레스타인 지방에서 흔하게 먹고 마시던 일상적인 재료들이었다. 사실 이러한 일상성이야말로 예수님의 사역의 독특한 단면을 보여준다. 식사를 나누시는 사랑 말이다. 어디를 가시든 예수님은 사람들과 식사를 함께하셨다. 그들의 육체적인 배고픔과 목마름뿐 아니라 그들의 영적 배고픔과 목마름까지 만족시키는 식사였다. 소외된 이들, 비천한 자들, 부정한 자들이 이 식탁에 초대되었다. 이 식사야말로 그들이 받은 최고의 유산이었다. 이제 그들은 다른 이들과도 함께 식사를 나눌 것이다. 날마다, 해마다, 세대마다 이어가고 향유하고 기념할 것이다.

이것은 또한 이 주간에 있었던 예언적 행위들과 같은 맥락의 사건이다. 상을 뒤엎은 것이나 나무를 저주한 것이나 성으로 행진해 들어온 것과 같은 예언적 행위이다. 몸과 피인 빵과 포도주를 가지고 예수님은 자신의 죽음을 예고하셨다. 주님은 지금 무슨 일이 닥칠지 아셨다. 어떤 운명이 자신을 기다리는지 아셨다. 이 식사는 그분께 닥칠 운명을 보여준다.

그러므로 이 식사는 예수님의 상징 행위인 동시에 식탁 교제를 나누시는 사랑의 행위이다. 하지만 나는 또 다른 면을 생각하게 된다. 예수님의 수난 이야기를 풀어나가는 게 아닐까 생각한다. 이것이 예수님의 유월절 식사인 점을 기억하자. 유월절의 핵심은 이스라엘의 구원사를 회상하는 것이다. 유월절 식사는 히브리어로 세데르*Seder*라고 한다. 유월절 식탁에 오른 음식들은 그대로 이야기의 소재가 된다. 이스라엘이 이집트의 노예 생활에서 구원받은 것을 기념하는 식사이다. 무교병은 그들이 성급히 떠나야 했음을 상징한다. 희생양은 죽임당한 양의 피를 문지방에 발라 유대인이 죽음에서 보호받았던 일을 떠오르게 한다(출 12:7). 예수님은 분명 이 식사로 자신이 희생된 이야기가 전해질 것을 아셨다.

다락방 밖에서는 뜨거운 밤공기 속에 벌레들이 윙윙거리는 예루살렘의 현실 세계가 펼쳐진다. 격렬함과 아름다움, 그리고 믿음과 배신이 공존하는 현실 세계 말이다. 그리고 방 안에는 더 현실적이고 더욱 위대한 현실, 빵과 포도주라는 삶의 일상적인 요소들이 있다. 하지만 이 하찮은 것들이 나눔과 이야기와 상징으로 승화되었다.

주여 보소서
여기 검 둘이 있나이다

요한복음에는 제자들이 미래에 직면하게 될 일들에 관해 경고하시는 예수님의 긴 설교문이 실려 있다. 누가복음에도 일종의 경고문이 들어 있는데, 더 짧기는 하지만 애매하기로 따지면 요한복음의 신비함에 뒤지지 않는다. 제자들 중에 누가 큰가 하는 다툼이 일어난 후에 예수님이 베드로에게 주신 경고가 나온다. 그러고 나서 전대와 배낭과 검에 관한 특이한 구절이 이어진다.

뭔가 변하리라는 것이 초점인 듯하다. 전에 예수님이 그들을 빈손으로 파송하실 때(눅 10:4), 그들은 하나님의 놀라운 공급을 경험했다. 이제 상황이 달라질 것이다. 전대와 배낭이 필요하다. 무기를 사기 위해 겉옷을 팔아야 한다.[28] 예수님답지 않은 발언이다. 핵심은 그들이 싸워야 한다는 것이 아니라, 그들이 행악자들 중에 거함으로 범법자 자리에 있을 거란 사실이다. 예수님은 여기서 그 핵심을 상징적으로 말씀하신다. 역설적인 해학을 사용해 탐탁지 않은 사실을 기록함으로써 종말을 강조하신다. 제자들은 이를 문자적으로 받아들여 그들이 가지고 있던 두 검을 꺼내든다(그 검을 어디서 났는지는 모르겠다).

그들이 물었다.

"이 정도면 충분합니까?"

주님이 대답하신다.

"족하다."

우리는 이 검들 중 하나가 행동에 나선 것을 보게 될 것이다.

곧 그들은 이 검을 들고 감람 산을 향해 갔다.

/

Day Five
: The Arrest

/

체포

장소 ★ 겟세마네 동산
시간 ★ 늦은 밤부터 이른 아침까지

예수께서 이 말씀을 하시고 제자들과 함께 기드론 시내 건너편으로 나가시니 그 곳에 동산이 있는데 제자들과 함께 들어가시니라(요 18:1).

유월절 식사는 자정이나 새벽 2시쯤 끝내야 한다.[29] 아마도 제자들은 예수님과의 유월절 식사가 끝나고 이른 시간에 성 밖으로 길을 나섰을 것이다.

달빛이 형형했다. 보름달이었다. 그들은 상부 도시에서 계단을 내려가 하부 도시의 미로 같은 골목을 통해 분문을 빠져나갔다. 이 문 너머에 힌놈 골짜기, 즉 게헨나가 가로놓여 있었다. 예수님은 게헨나를 지옥과 동의어로 사용하셨다. 이곳은 도시의 오물과 쓰레기를 모아 태우던(혹은 그냥 버리던) 곳으로 밤낮 불길이 타올랐다. 주님과 제자들은 이곳에 올라 기드론 골짜기를 가로질러 갔다. 분명 달빛이 밝아 무덤들이 눈에 띄었을 것이다.[30] 보이는 거라곤 죽음뿐이었다.

기드론 골짜기 남쪽 전경. 우측으로 성전 산 성벽이 보이고, 좌측으로 주전 2세기 무렵의 거대한 무덤 유적이 보인다.

누가복음에 따르면 예수님은 "습관을 따라 감람 산에 가셨다"(눅 22:39). 요한복음은 기드론 골짜기를 건너갔다고 말하고(요 18:1), 마가복음은 예수님이 다다른 곳의 이름을 밝히는데 바로 겟세마네였다.

겟세마네 동산은 현 감람나무 숲과 만국교회 근방에 있었다고 알려졌는데, 상당히 근거 있는 추측이다. 물론 예수님이 어디서 멈추셨는지 확인할 수는 없지만, 이 유서 깊은 장소는 감람 산에서 성전 동쪽 입구에 이르는 경로로 주후 1세기 당시와 매우 유사하다. 언덕 위로 좀 더 멀리 가면 러시아정교회가 있는데 그 밑에서 고고학자들이 돌계단을 발견했다. 고대의 경로로 추정되는 돌계단이다.[31] 요한은 이 장소를 '동산(정원)'이라고 묘사하는데 꽃을 심어놓은 정원이 아니라 마켓가든을 말하는 것 같다. 성벽으

겟세마네 동산

로 둘러싸인 작은 땅덩어리로 감람나무와 기름틀이 있었다. 겟세마네라는 이름은 아마도 기름틀을 의미하는 아람어 갓세마니*Gatsemani*에서 왔을 것이다. 이 틀은 동굴 안에 보관됐을 텐데, 현재 겟세마네로 추정되는 위치에도 동굴이 있다.[32]

겟세마네는 예루살렘에서 가깝지만 무리들을 피하기에 알맞은 곳이었다. 하지만 성전에서는 그다지 멀지 않았다. 달빛 속에서 시내만 가로지르면 성전이 보였다. 반대편으로는 베다니로 가는 길이 보이는데 그 동쪽에는 여리고가 있다. 성 밖 동쪽으로 가는 길목에 바로 겟세마네가 있다. 예수님이 몸을 피하려고 하셨다면 언덕 꼭대기로 계속 오르면 되는 곳이었다.

하지만 주님은 피하지 않으셨다. 주님은 멈추셨다.

닭이 울기 전에

> 베드로가 여짜오되 다 버릴지라도 나는 그리하지 않겠나이다. 예수께서 이르시되 내가 진실로 네게 이르노니 오늘 이 밤 닭이 두 번 울기 전에 네가 세 번 나를 부인하리라. 베드로가 힘 있게 말하되 내가 주와 함께 죽을지언정 주를 부인하지 않겠나이다 하고 모든 제자도 이와 같이 말하니라(막 14:29-31).

복음서들은 예수님이 유다에게 가라고 말씀하신 일을 보도함으로써 그분이 앞으로의 일을 알고 계셨음을 분명히 한다. 제자들은 물론 예수님의 직관을 공유하지 못한다. 여기서 그들은 염려하는 기색이 조금도 없어 보인다. 예수님은 그들에게 일어날 일을 경고하신다. 하지만 이곳 성 밖에서 그들은 자기들이 끝까지 신실할 거라 자신한다.

예수님이 베드로에 대해 예언하시고 베드로가 예언을 부인한 일은 모든 복음서에 기록되어 있다. 이는 주목할 만한 점이다. 누가와 요한은 이 일을 최후의 만찬 문맥에 포함시킨다(눅 22:34; 요 13:38). 마태와 마가는 겟세마네를 배경으로 이 일을 다룬다(마 26:34; 막 14:30). 베드로에 대한 예수님의 예언은 초대교회에는 아주 중요한 이야기였다. 베드로는 결코 그리스도를 부인하지 않겠다고 힘 있게 말한다. 제자들도 예수님을 버리지 않겠다고 자신한다. 그러나 그들은 깨어 있어야 할 때 세 번이나 잠들어 있었다. 제자 중 어느 누구도 비난을 피할 수 없다.

그들은 시험을 통과하지 못했고, 이젠 너무 늦어버렸다. 배신자가 다가오고 있다.

너희가 강도를 잡는 것같이

누가 예수님을 잡으러 왔을까? 분명 로마 당국은 아니다. 예수님은 지난 일요일에 예루살렘에 입성하신 일 말고는 로마 당국을 자극할 만한 행동을 하신 적이 없다. 성전 뜰에서 어느 정도 소란을 일으킨다는 인상을 받았을지도 모르지만 아무튼 체포 명령이 떨어지지는 않았다.

예수님을 잡으러 온 사람들은 유다와 협상한 사람들, 즉 성전 지도자들이었다. 복음서는 실제 체포에 나선 무리를 다양하게 설명한다. 마가는 대제사장들과 서기관들과 장로들에게서 파송된 무리라고 하고(막 14:43), 마태는 이 중에서 서기관을 빼놓고 언급하며, 누가는 대제사장들과 성전 경비대장들과 장로들과 '대제사장의 종'(눅 22:50, 52)이라고 설명한다. 요한은

"군대와 대제사장들과 바리새인들에게서 얻은 아랫사람들"이라고 한다. 왜 바리새인들이 여기서 언급됐는지 잘 모르겠다. 그들은 예루살렘에서 아무런 권한이 없는데 말이다. 또 요한이 군인들을 가리켜 사용한 단어 스페이라*speira*는 보통 로마 보병대를 의미한다. 보병대는 500-600명으로 구성되었으므로 이 또한 정확한 정보가 아니다. 사실 나는 요한이 무엇을 전달하려는지 확실히 모르겠다. 어쨌거나 요한은 바보가 아닐 테지만, 로마 군대가 겨우 한 사람을 붙잡기 위해 안토니아 요새를 비웠으리라는 발상은 우습기 짝이 없다. 아마도 요한이 암시하고 있는 것은 안토니아 군대와 교신하는 연락장교를 포함한 로마 군인 몇 명이 성전 경비대장을 따라왔다는 것이리라. 요한은 예수님이 "내가 그니라" 말씀하실 때 붙잡으러 몰려온 무리가 땅에 엎드러졌다고 한다(요 18:6). 모두 한꺼번에 무너졌다기보다는 갑작스럽게 뒤로 떠밀렸다는 의미였을 것이다. 또 다른 복음서에는 로마인들이 몇몇 사건들로 경외심에 사로잡혔다는 다른 설명이 있다.

하지만 로마 연락장교가 거기 있었다 해도 성전 경비대장이 주된 체포 병력이었다고 확신할 수 있는 근거가 두 가지 있다. 하나는 성전의 지형학적인 접근성이다. 체포에 나선 무리는 어렵지 않게 성전 동쪽 입구에서 기드론 골짜기를 가로질러 겟세마네에 갈 수 있었다. 예수님이 성전에서 가르치고 있을 때는 왜 잡지 않았느냐고 물으셨다는 기록은 체포조의 주요 인물이 성전 경비대라는 사실을 뒷받침해준다.[33] 이 무리가 후에 사도들을 잡아 산헤드린 앞에 세운 자들과 같은 무리였을 것이다. "제사장들과 성전 맡은 자와 사두개인들"(행 4:1) 말이다.

알다시피 로마는 지역 군대의 활동 구역을 제한하지 않는 편이었다. 성전 경비대는 제사장과 마찬가지로 레위 지파로 구성된다. 그들은 성소 입구에서 문지기로 일했고, 성전 뜰을 순찰했으며, 이방인의 뜰을 둘러싼 성벽에서 보초를 섰다. 이 병력은 산헤드린의 휘하에 있었고, 산헤드린은 예수님을 사로잡을 체포조를 꾸려 보냈을 것이다.[34] 성전 경비대의 지도자나 대장은 '성전 산 맡은 자'라 일컫는다. 밤마다 경비대를 점검하는 것이 그의 임무였다. 모든 경비대는 자신이 깨어 있음을 알리기 위해 비밀 구호로 인사했다.[35] 그들과 함께 성전의 종들도 몇 명 따라왔는데, 대제사장이 의복을 입고 벗을 때 돕거나 현관과 개방된 장소(제사장의 뜰, 즉 제사장이 아닌 사람에게는 희생 제물을 드릴 때만 허락되는 곳을 제외하고)를 쓸고 닦는 것이 이들의 일상적인 임무였다. 체포조의 선두에 선 사람들은 제사장들이었다. 여기에는 대제사장들이 보낸 이, 즉 그의 '종'이 포함되어 있었는데 분명 그는 주인에게 보고하는 일을 담당하는 자였을 것이다.

예수께 입을 맞추려고 가까이 하는지라

유다가 예수님께 입을 맞춘 건 충격적인 밤에 일어난 가장 충격적인 일이었다. 심지어 예수님도 이에 당황하신 듯하다. "예수께서 이르시되 유다야 네가 입맞춤으로 인자를 파느냐"(눅 22:48).

왜 유다는 예수님께 입을 맞추었을까? 유다가 체포 대상을 지목하기 위해 입을 맞추었다는 해석은 석연치 않다. 보름인데다가 횃불까지 동원된 걸로 보면 그렇게 은밀한 작전도 아니었다. 굳이 예수가 누구인지 지목할 필요가 없었다. 충격적 요소를 가미하려는 의도라 할 수도 없다. 경비대가 모두 동산에 들어선 것을 보고 무슨 일인지 깨닫지 못할 제자들도 아니었다.

일반적으로 당시의 문화에서 입을 맞추는 등 공적인 호감을 표현하는 것은 다소 눈살을 찌푸릴 만한 일이었다. 예수님 시대에 공개적인 입맞춤은 아마도 유대인의 풍습이 아니었을 것이다.[36] 더 나아가 그리스-로마 세계에서도 마찬가지였다. 로마인들은 귀족들끼리만 '사회적' 입맞춤을 한다.[37] 하지만 예수님의 제자들이나 초대교회에서 입맞춤은 일상적인 인사였던 모양이다. 예수님은 그분의 발에 입 맞춘 여인과 달리 바리새인 시몬은 입맞춤으로 환영하지 않았다고 꾸짖으셨다(눅 7:45). 바울은 자주 그의 동역자들에게 "거룩한 입맞춤으로 서로 문안하라"고 격려한다.[38] 입맞춤은 하나의 예전으로 활용되던 초대교회의 특징인 듯하다. 또한 입맞춤은 초대교회뿐만 아니라 다른 시대에도 그리스도인들 사이에 통용되는 독특한 인사법이었다.[39] 최초의 그리스도인들에게 입맞춤은 그들이 한 가족이며 "그리스도 안에서 남자나 여자나 유대인이나 헬라인이나 종이나 자유인이나 모두 하나"(갈 3:28)임을 나타내는 독특한 관습이었다. 입맞춤은 예수님의 제자들이 행한 일 중 하나로서 제자도의 표시였다.[40] 또한 "사회의 혁명적인 연대의식과 급진적 평등성의 표현"이었다.[41]

아마도 유다는 일상적인 인사로 예수님께 입을 맞추었을 것이다. 예수님의 제자들이 했던 특별한 일을 행한 것이다. 이 때문에 예수님은 충격을 받으셨다. 주님은 그의 배신에 놀란 것이 아니다. 주님은 무엇이 일어날지 알고 계셨다. 하지만 예수님의 제자들의 특징인 입맞춤을 예수님을 지목하는 방식으로 사용한 것은 예수님만을 겨냥한 배신행위가 아니다. 그것은 제자들의 예전에 대한 배신이요, 그들의 독특한 습관에 대한 배신이었다. 유다는 그들을 하나로 묶어주는 행위를 사용해 동료애를 깨뜨리고 있었다.

어쩌면 그 정도로 미리 계획된 일이 아니었음을 나타내는지도 모른다.

유다의 입장에서 별 생각 없이 행한 이 일은 사실 본능에 가까운 행위였는지도 모른다. 그는 3년 동안 예수님께 이런 식으로 인사했다. 아마도 이 독특한 인사 습관만큼은 배신할 수 없었던 듯하다.[42]

그들이 다 예수를 버리고 도망하니라

입맞춤 직후에 한바탕 난투극이 벌어졌고 베드로는 대제사장의 종의 귀를 칼로 내리쳤다. 요한은 그 종의 이름이 말고였다고 알려준다. 마가복음에서 익명으로 남아 있는 이름들이 요한복음에서 밝혀지는 경우가 있는데, 베다니의 향유 사건과 같은 식이다. 또 요한은 칼을 휘두른 자가 베드로였다는 사실도 밝힌다. 리처드 보캄Richard Bauckham이 설득력 있게 주장하는 바에 따르면, 요한이 이름을 밝히고 있는 대목에서 앞선 복음서 저자들이 침묵한 까닭은 공관복음이 방어적 익명성에 주의하고 있기 때문이다. 다시 말해서 베드로가 여전히 살아 있는 동안 그가 폭력 사건에 연루되었다고 공개하는 건 위험했다는 말이다. 하지만 요한복음이 기록된 시대에 베드로는 이미 죽었고 따라서 위험할 것이 없었다.[43] 또 요한복음이 부분적으로나마 예루살렘에서 이 사건을 목격한 사람의 진술에 기초하고 있다면 온 예루살렘이 관련 인물을 두루 알고 있었을 것이다.

아무튼 예수님이 다락방에서 말씀하신 검에 관한 이야기는 성급하게 나선 베드로 때문에 다시금 묘연해진다. 그럼에도 예수님은 종의 상처를 고쳐주셨다. 이것이 바로 무저항이다. 비폭력 방침은 그때부터 지속되었다. 저항할 가망이 없어지자 제자들은 사라졌다. 마가는 말한다. "모두가 그를 버리고 도망하니라." (스승이 맞서 싸우는 걸 금했다고 그리 놀랄 건 없지 않은가.) 두려웠음에 틀림없다. 가까스로 깨어났더니만 발자국 소리와 고함소리가 들리고 횃불과 검이 번득이다니…. 게다가 동료라는 작자가 모든 꿈을 산산 조각내다니….

그들은 모든 것을 뒤로 한 채 달아났다. 마가는 더 자세한 이야기를 들려준다. 옷을 버려두고 달아난 한 젊은이에 관한 이야기이다. 그가 입고 있던 옷은 헬라어로 신돈*sindon*이라 하는데, 몸에 둘러 걸치는 소매 없는 통짜 옷이었다.

그는 누구일까? 다양한 이름이 거론되었다. 초대교회의 증언에 따르면 마가는 예수님을 만난 적이 없었음에도 불구하고 마가도 포함되었다. 마가가 그의 이름을 밝히지 않은 것으로 보아 아마도 그는 열두 제자 중에 한 사람은 아니었을 것이다. 우리는 단지 그가 젊은이였고 다른 제자들과 달리, 체포조가 잡으려고 애를 쓴 것 같다는 사실만 알 뿐이다. 다른 이들은 모두 아무 방해 없이 달아났다. 심지어 폭력 행위에 연루된 베드로조차도 그랬다. 베드로가 무리를 따라 다시 예루살렘으로 들어갔던 걸로 봐서 사실상 그를 쫓는 사람은 없었던 것 같다. 그런데 이 젊은이는 붙잡혔다.

왜? 아마도 사두개인 지도자들이 붙잡으려고 혈안이 된 사람에게 답이 있을 것 같다. 처음부터 나사로는 죽었다가 살아났다는 신학적인 범죄 때문에 예수님과 함께 처형시키려고 했던 사람이다. 그가 젊은이였다는 점은 앞에서 이야기한 바이다. 대제사장의 종은 가능하면 예수님과 함께 나사로도 붙잡아오라는 지령을 받았을지도 모른다.

만약 그 젊은이가 나사로라면 왜 그의 이름을 밝히지 않았을까? 아마도 이미 살펴본 대로 방어적 익명성 때문일 것이다. 말고의 예에서처럼 다른 복음서가 밝히지 않은 이름이 요한복음에서 밝혀지기도 한다. 실제 나사로는 다른 복음서 어디에도 나타나지 않고 오직 요한복음에만 나온다. 마가가 복음서를 쓰고 있을 당시 나사로는 여전히 유대에 살고 있었을 것이다. 어쩌면 수배 중이었을지도 모른다. 그의 부활 사건은 예수님이 행했던 어떤 일보다 더 정치적 파장이 컸다. 마가는 자신의 복음서를 주후 60년대 중반쯤에 기록했다. 같은 시기에 예수님의 형제 야고보는 아나누스의 명령으로 처형되었다. 예루살렘 안팎의 정치적 상황은 여전히 험악했다. 그래서 마가는 등장인물들의 익명을 보장하고 심지어 나사로 사건은 기록조차 하지 않았던 것이다. 요한이 복음서를 기록했을 때는 성전이 무너지고 사두개인의 권력이 패한 후이기에 사실을 밝힐 수 있었다.[44]

이 사건에서 주목할 점은 사람들이 너무 절망한 나머지 자신의 옷가지조차 버리고 달아났다는 사실이다. 이 젊은이의 정체가 무엇이든 예수님의 제자들은 재빨리 동산에서 벗어났다. 결국 이 무리 중에서 예수님과 유다만 남았다. 예수님은 체포되었다. 예수님은 결박된 채 골짜기를 가로질러 다시 예루살렘 거리로 올라왔다.

:

안나스의 심문 가야바의 집, 금요일 이른 새벽

야간 재판 가야바의 집, 금요일 이른 새벽

뜰에서 지켜보는 베드로 가야바의 집, 이른 새벽

산헤드린 공회 아침 모임 가야바의 집, 오전 6시

빌라도의 첫 번째 재판 헤롯 궁, 오전 7시

헤롯 안디바의 심문 하스몬 궁, 오전 7시 30분

유다의 죽음 성전고, 8시

빌라도의 두 번째 재판 헤롯 궁, 오전 8시

채찍에 맞음 헤롯 궁, 오전 8시 15분

십자가에 처형됨 골고다, 오전 9시

사방이 어두워짐 골고다, 정오

죽음 골고다, 오후 3시

장사지냄 골고다 근처 무덤, 오후 4시

:

33년 4월 3일 금요일

니산월 14일

자정

일출

유월절 준비일

안나스의 심문

야간 재판, 뜰에서 지켜보는 베드로

산헤드린 공회 아침 모임

빌라도의 첫 번째 재판

헤롯 안디바의 심문

유다의 죽음, 빌라도의 두 번째 재판

채찍에 맞음

십자가에 처형됨

가야바의 집 → 빌라도 관정 →

Day Six : The Execution

Friday 3 April

여섯째 날 : 처형

4월 3일 금요일

니산월 15일

정오

유월절 어린양을 잡음

일몰

유월절 식사를 나눔

사방이 어두워짐

죽음

장사지냄

골고다

다락방에서 하부 도시로 내려가는 1세기 계단. 예수님은 이 길을 따라 다락방에서 겟세마네 동산으로 갔고, 체포된 후 다시 이 길을 따라왔을 것이다.

/

Day Six
: The Execution

/

안나스의 심문

장소 ★ 가야바의 집
시간 ★ 이른 새벽

주님은 어느 길로 가셨을까? 성전의 서쪽 문을 지나 광장을 가로질러 다리를 건너가셨을까? 아니면 기드론 골짜기를 따라 내려가 예루살렘의 남동쪽 문들 중 하나를 지나 계단을 오르셨을까? 어떤 경로든지 목적지는 분명하다. 주님은 상부 도시에 있는 대제사장의 집으로 가고 계신다. 하지만 첫 번째 만날 사람은 대제사장 가야바가 아니었다. 먼저 가야바의 장인인 안나스의 심문을 받으셨다.

> 이에 군대와 천부장과 유대인의 아랫사람들이 예수를 잡아 결박하여 먼저 안나스에게로 끌고 가니 안나스는 그 해의 대제사장인 가야바의 장인이라(요 18:12-13).

요한복음만이 이 장면을 묘사하는데, 이 기사의 역사성은 자주 도전을 받았다. 비평가들은 이 당시 대제사장은 안나스(요세푸스는 아나누스라 부른다)가 아니었으므로 그에겐 재판권이 없었다는 주장에 무게를 둔다. 예수님의 체포, 심문, 처형 과정이 공식적인 사법 집행이었다는 사실을 배제하더라도, 역사에 등장하는 안나스의 모습은 요한복음이 그리는 그의 초상과 정확히 일치한다. 그는 원로 정치가요, 정치 귀족이며, 한 왕조의 설립자였다. 심지어 공직에서 물러나고도 여전히 영향력과 권력을 행사하는 사람이었다.

요한복음은 안나스의 심문을 베드로의 부인 이야기와 나란히 둔다. 이 심문이 실제로 가야바의 집에서 일어났음을 암시하는 것이다. 이 장면이 가야바의 집에서 일어났다는 점에는 문제가 없다. 대제사장 가문은 상부 도시와 상당히 가까운 곳에서 모여 살았고, 가야바가 유월절 준비 때문에 바쁜 관계로 유대 정치에 상당한 경험이 있는 그의 장인에게 체포 절차를 위임한 듯하다.

안나스는 예수님께 '그의 제자들과 교훈'에 관해 물었다. 예수님이 이 조직에서 강력한 지도자라는 것 말고는 주목할 만한 점이 없다고 판단했던 듯하다. 그런데 그렇게 별것도 아닌 예수가 안나스의 질문에 성실히 답하지 않는다. 주님은 이미 드러내놓고 말씀하셨다. 성전에서도 가르치셨다. "무슨 말을 하였는지 들은 자들에게 물어 보라. 그들이 내가 하던 말을 아느니라"(요 18:19-21 참조). 예수님이 안나스에 대한 존경을 표하지 않자 예수님의 얼굴에 강펀치가 날아왔다. 그러고는 이렇게 묻는다. "네가 대제사장에게 이같이 대답하느냐?" 예수님의 항의가 이어진다. "내가 말을 잘못하였으면 그 잘못한 것을 증언하라. 바른 말을 하였으면 네가 어찌하여 나를 치느냐?" 이 한 마디 속에 이 장면이 말하는 모든 것이 들어 있다. 여기

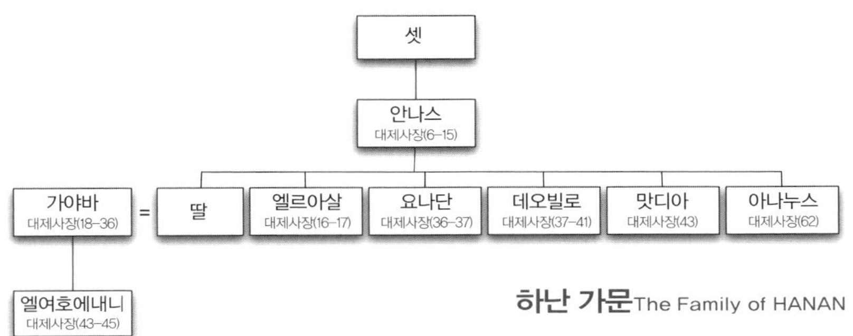

하난 가문 The Family of HANAN

요나단은 사도행전 4장 6절에 나오는 '요한'으로 추정된다.
요세푸스에 따르면, 아나누스는 예수님의 형제인 야고보를 처형한 장본인이다.

는 법의 영향이 미치지 않는 곳이다. 이것은 사법 청문회가 아니다. 유대 성전 정치라는 은밀한 세계에서 주연을 맡은 한 사람에 의한 심문이다. 정말 중요한 배역이다. 주후 6–15년, 로마는 안나스를 대제사장으로 임명한다.[1] 앞에서 보았듯이 그는 대제사장 왕조를 세웠다. 수십 년 동안 권력을 차지한 안나스 가문이라는 정치 왕조를 창설한 당대의 조지프 케네디였다. 그의 다섯 아들은 대제사장직을 차지했다. 엘르아살(16–17년), 요나단(36–37년), 데오빌로(37–41년), 맛디아(43년), 아나누스(63년). 안나스의 사위 가야바는 18–36년까지 대제사장직을 맡았다. 물론 다른 친척들도 있었을 것이다. 엘리오나에우스 벤 칸데라스는 아그립바 치하에서 대제사장직에 올랐는데, 〈미쉬나〉에 언급되는 카이얍의 아들 엘여호에내니와 동일인물인 것으로 보인다. 그러면 그는 가야바의 아들이자 안나스의 손자가 된다.[2] 그러면 6–43년 사이에 대제사장직이 안나스의 아들이나 사위에게 돌아가지 않은 때는 단 2년뿐이라는 결론이 나온다.[3]

안나스가 그 시대의 사건들에 지속적으로 개입했다고 기록하는 책은 요한복음만이 아니다. 누가복음은 세례 요한의 사역이 "본디오 빌라도가 유대의 총독으로, 헤롯이 갈릴리의 분봉 왕으로, … 안나스와 가야바가 대제사장으로 있을 때에"(눅 3:1-2) 시작되었다고 기록한다. 누가는 또 베드로가 공회 앞에 섰을 때 "대제사장 안나스[아나누스]와 가야바와 요한과 알렉산더와 및 대제사장의 문중이 다 참여했다"(행 4:6)고 전한다. 즉 신약성경에서 정치 사안에 대해 안나스가 개입했던 사례가 세 차례나 등장한다. 이 중에서 두 경우는 요한의 설명과 무관하다. 누가와 요한의 기록은 정치 상황의 단면을 보여주는 듯하다. 대제사장은 자리에서 물러난 이후에도 대제사장 행세를 했던 것이다. 미국 대통령이 끝까지 대통령으로 불리는 것과 마찬가지이다.[4] 대제사장이 실권을 가진 왕조의 수장이었다면, 안나스는 그 시대를 좌우하는 정치적 결정권을 행사했을 것이다. 만약 예수님의 마지막 한 주를 누군가 조종했다면, 그는 이 가족의 가장인 안나스일 확률이 높다.

안나스가 예수님께 이렇게 집착한 이유는 무엇일까? 아마도 그 답은 안나스 가문을 집중 공격하게 만든 성전 시위에서 찾아야 할 것이다. 하난 혹은 안나스(아나누스)는 흔한 이름이다. 따라서 랍비 문학에서 이 이름이 등장한다고 해서 반드시 같은 가문 출신이라는 뜻은 아니다. 예수님과 그의 제자들, 그리고 가족들과 관련해서 하난 가문이 뭔가 사연을 가지고 있을 뿐이다. 앞서 보았다시피 베드로는 안나스, 가야바, 요한, 알렉산드리아가 속해 있는 공회 앞으로 끌려 왔다. 여기에서 언급하는 '요한'은 아마도 안나스의 아들 요나단일 것이다. 이런 관점에서 이 '배심원'들 앞에서 한 베드로의 진술, 즉 "너희가 십자가에 못 박고 하나님이 죽은 자 가운데서 살리신 나사렛 예수 그리스도"(행 4:10)라는 말을 살펴보면 훨씬 더 명확하고 강력한 메시지가 보인다. 베드로가 열거한 사람들 중에 표면상으로는 예수님을 못 박은 사람이 없는 듯하다. 그러나 예수님을 체포하고 그분을 로마에 넘긴 가문 사람들에게 하는 말이라면, 이것은 단순히 초대교회의 신조, 즉 신앙 고백이라 할 수 없다. 오히려 하난 가문 전체에 대한 고발로 '당신들'이 예수님을 못 박았다는 비난이다.

이 원한 관계는 좀 더 오래 지속되었다. 62년, 안나스의 아들 아나누스가 대제사장이 되었다. 로마 총독이 이취임하는 시기에 생긴 권력의 진공 상태에서 아나누스는 산헤드린을 소집해 그들 앞에 예수님의 동생 야고보와 '그 외 몇 사람'을 끌고 왔다. 그리고 그들이 율법을 어겼다고 고발하고는 돌로 쳐 죽이게 했다. 기록된 바에 따르면, 공정한 예루살렘 주민들은 이 처우에 분노해 아그립바 왕에게 항의단을 급파했고, 마침 예루살렘으로 오고 있던 새 로마 총독 알비누스를 만났다. 알비누스는 이런 월권 행위에 분노해 아그립바에게 편지를 썼고 아나누스는 곧바로 공직에서 물러나게 되었다.[5]

이들이 예수님 시대에 예루살렘을 손에 쥐고 흔들던 가문이다. 뭔가를 결정하는 산헤드린 집회, 즉 공회는 분명 요식 행위였다. 예루살렘은 하난 가문에 의해 움직였다. 그리고 예수님을 처음으로 심문한 자는 원로 정치가로서 문중의 지도자이자 이 가문의 수장 안나스였다.

/

Day Six
: The Execution

/

야간 재판

장소 ★ 가야바의 집
시간 ★ 이른 새벽

예수님은 더 많은 사람들이 모인 곳으로 끌려가셨다. 마가복음은 이곳에 '대제사장들과 장로들과 서기관들'과 '온 공회'가 모였다고 전한다. 누가복음은 '백성의 장로들 곧 대제사장들과 서기관들의 모임'과 '공회'의 모든 사람이 모였다고 말한다(눅 22:66). 마태복음은 "대제사장 가야바에게로 가니 거기 서기관과 장로들이 모여 있더라"(마 26:57)고 기록한다. 요한복음은 '대제사장 가야바'라고만 할 뿐 거기서 무슨 말이 오가고 누가 거기 있었는지 세부적인 내용은 다루지 않는다(요 18:24, 28).

공회가 공식 기구라고 생각하면 오산이다. 마가복음과 다른 복음서에서 전했듯이 거기 모인 사람들이 제사장들이었는지도 확실치 않다. 과연 이들이 성전의 공식 대표 계급이었을까? 마가복음은 아마도 권력을 장악한 집단, 즉 사두개인 하난 가문의 추종자와 지지자들을 말하는 것 같다.

각각의 복음서 저자가 배치한 사건의 순서도 다르다.

- **마가복음** 대제사장과 만남(14:53; 55-64), 조롱하고 때림(14:65), 베드로의 부인(14:66-72), 공회의 아침 모임(15:1)
- **마태복음** 대제사장과 만남(26:57-65), 조롱하고 때림(26:67-68), 베드로의 부인(26:69-75), 공회의 아침 모임(27:1-2)
- **누가복음** 베드로의 부인(22:54-62), 조롱하고 때림(22:63-65), 공회의 아침 모임(22:66-71)
- **요한복음** 안나스와 만남(18:13-14; 19-24), 베드로의 부인(18:15-18, 25-27), 대제사장과 만남(18:24)

요한복음에 있는 안나스의 심문 장면을 제외하면 사건의 개요가 비슷하다. 누가복음은 첫째 날 늦은 밤이나 이른 아침에 있었던 대제사장과의 만남을 세세히 설명하진 않지만, 예수님이 가야바의 집에 끌려간 때가 분명 밤이었다고 기록한다. 베드로가 일정 시간 동안 뜰에 있었던 일도 전한다. 베드로가 첫 번째로 부인하고 '한 시간쯤'(눅 22:59) 뒤에 또 다시 예수님을 부인한다. 가야바가 그 시간만큼 심문했다는 얘긴데, 매우 긴 시간이다.

따라서 대략 다음과 같이 사건의 개요를 정리할 수 있다.

- 예수님은 붙잡힌 후 대제사장의 집으로 끌려가셨다.
- 주님을 처음으로 심문한 사람은 전임 대제사장이자 명문가 하난 가문의 원로 정치가인 안나스였다.
- 그러고 나서 가야바와 그의 보좌관들이 주님을 심문했다. 그는 주님이 성전을 파괴하려 했다면서 신성모독으로 기소했다.
- 이 심문이 진행되는 동안 베드로는 예수님을 모른다고 부인했다.

- 예수님은 다시 뜰로 끌려나왔고 거기에서 베드로를 보셨다(눅 22:61).
- 주님은 모욕과 학대를 당하신 뒤 감옥에 갇히셨다(눅 22:63).
- 동틀 무렵, 예수님은 다시 성전에서 온 사람들 앞으로 끌려왔는데, 아마도 서둘러 소집된 '산헤드린'일 것이다. 여기에는 심야의 심문에 참석하지 않았던 자들이 포함되어 있다. 이들은 주님을 신성모독으로 고발하고는 빌라도에게 보내기로 합의했다.

대제사장들과 장로들과 서기관들

대제사장과 장로들과 서기관들이 불법적인 면을 보였기 때문에 복음서 저자들은 당시의 심문에 관해 의문을 품었다. 이를 분석한 자료들이 많다. 비평가들은 "그런 일이 일어났을 리가 없다. 그것은 비합법적이다"라고 말한다. 이 심문의 법적 절차에 관한 이의 제기는 다음과 같다.

- 한밤중에 열린 재판이었다.
- 명절날 심문이 열렸다.
- 복음서는 두 번째 재판을 빠뜨렸다.
- 신성모독 죄는 〈미쉬나〉의 규율에 어긋난다.[6]
- 대제사장의 집에서 열린 심문은 불법이다.

이 분석은 〈미쉬나〉를 근거로 삼는다. 그러나 짚고 넘어갈 문제가 있다. 이 규율들이 〈미쉬나〉에 기록된 시기는 200년 이후라는 점이다. 예수님 당

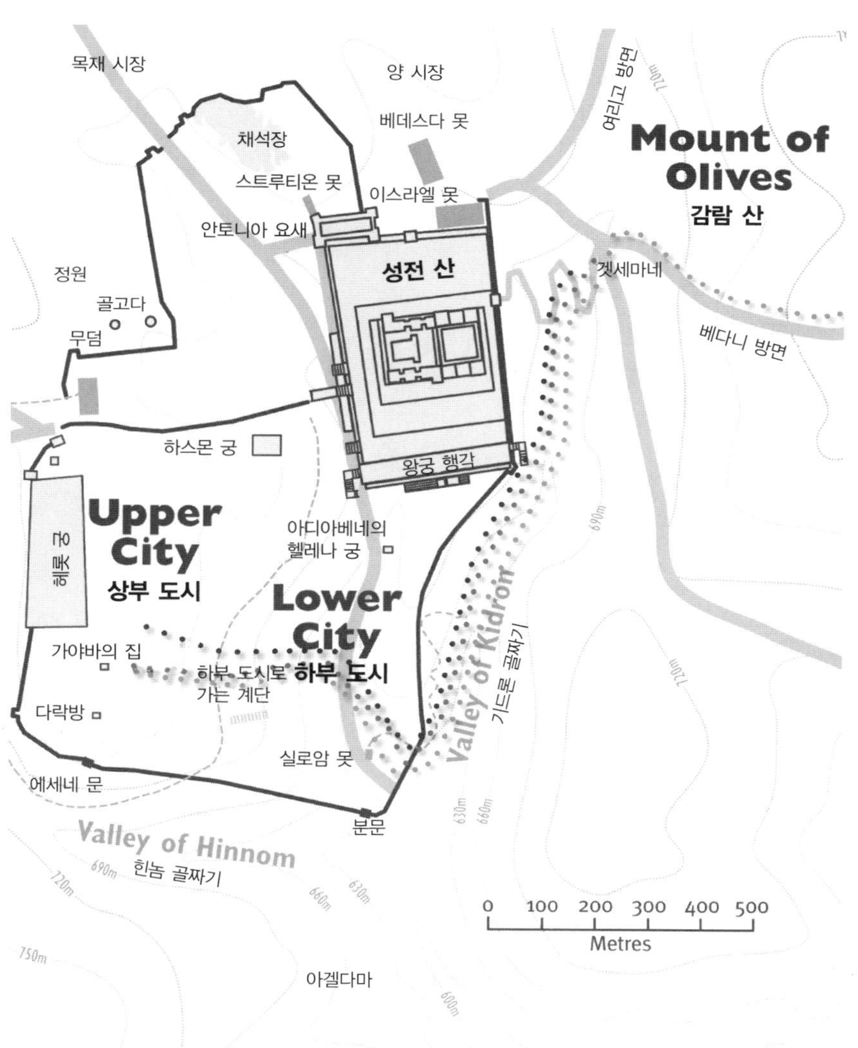

같은 길, 다른 목적지 : 목요일과 금요일 예수님의 이동 경로

베다니에서 다락방으로, 목요일 낮

다락방에서 겟세마네 동산으로, 목요일 밤

겟세마네 동산에서 가야바 집으로, 목요일 밤–금요일 아침

시에 이 규율들이 효력이 있었다는 증거는 전혀 없다. 사실 산헤드린에 관한 〈미쉬나〉의 입장도 대단히 문제가 많다.

둘째, 가장 근본적인 문제라고 할 수 있는데, 재판이 합법적이어야 한다는 생각은 1세기 율법 통치에 대한 낙관적인 기대일 뿐이다. 고대 도시들은 민주적인 장소가 아니었다. 독립적인 사법부나 언론기관도 없었다. 제네바협약이나 유엔인권협약도 없었다. '규율에 어긋나는 일이기' 때문에 한밤중의 공회 심문은 있을 수 없다는 생각은 한마디로 어이없다. 이 음침한 정치판에서 규율은 무시되었다. 그렇다고 이것이 유력한 사두개인 가문에 대한 비난이랄 수도 없다. 그저 단순한 사실에 관한 진술이다. 즉 고대 세계에서 공정한 재판은 흔치 않았다. 심지어 그 유명한 로마법 체계 아래서도 정치가 개입되면 재판이 열리기도 전에 판결이 확정되었다. 재판 자체는 요식 행위에 불과했다.

가야바의 첫 번째 심문은 적어도 허울이나마 유지하려는 노력이 엿보인다. 목격자들이 앞으로 불려나와 증거를 제출했다(막 14:56). 주요 쟁점은 예수님이 성전을 파괴하려고 했다는 점이다(막 14:57-59). 주님은 사실 테러 행위를 계획한 것으로 기소되었다. 그 후 가야바는 예수님이 메시아를 자처하는지 확인한다(마 26:63-66; 막 14:61-64). 이때 예수님은 유일하게 답변을 하시는데, 그들 눈에는 예수님이 스스로 유죄를 인정하는 걸로 보였다.

> 침묵하고 아무 대답도 아니하시거늘 대제사장이 다시 물어 이르되 네가 찬송 받을 이의 아들 그리스도냐. 예수께서 이르시되 내가 그니라. 인자가 권능자의 우편에 앉은 것과 하늘 구름을 타고 오는 것을 너희가 보리라 하시니(막 14:61-62).

이것은 미래에 관한 예수님의 최후 진술이다. 그분은 메시아이시며 새 왕국의 통치자가 되실 것이다. 우리가 주목해야 하는 것은 자신이 메시아라는 예수님의 주장이 신성모독이라는 점보다는 유대인들이 메시아를 신적 존재로 여기지 않는다는 점이다. 장차 주님이 '권능자의 우편에' 앉으리라는 주장이 그들에겐 예수님이 자신을 하나님과 동일시하는 것으로 들렸을 것이다. 또 자신이 하늘 구름을 타고 오리라는 새 왕국에 관한 주님의 묘사는 명백히 현 정권에 대한 심판 선언이었다. 예수님이 성전을 파괴하고 재건하리라는 말씀은 분명 메시아적 은유이다. 은유는 상상력이 부족한 독재자들과 권력층에 저항하는 강력한 무기가 된다. 어쨌든 예수님을 죽이려는 결정은 수일 내지는 여러 달 전에 이루어졌다. 뭐라고 대답을 하든, 이 주간에 주님이 무슨 일을 하시든, 그분은 신성모독으로 고발당하셨을 것이다.

안나스의 심문에서처럼 다시금 조롱과 폭행이 뒤따랐다. 이것은 정의가 아닌 권력의 언어이다. 여기서 말한 조롱은 사두개인들에게서 두드러지게 나타난다. 사두개인들은 천사나 예언의 존재를 믿지 않았다. 그들이 예수님께 '예언자 노릇을 하라'며 누가 때렸는지 알아내라고 한 것은 잔인함으로 옷 입은 신학의 모습이었다(막 14:65).

요약하자면 가야바의 심문은 사두개인 제사장들이 급조한 형식적 심문이라는 증거가 역력하다. 그것은 전체 산헤드린의 공식 심문도 아니었고, 그럴 필요도 없었다. 가야바의 심문은 한밤중의 인민재판이었다. 예수님이 항상 주장하셨던 대로 예루살렘 지도자들이 예언자를 다루던 방식 그대로였다.

/

Day Six
: The Execution

/

뜰에서 지켜보는 베드로

장소 ★ 가야바의 집
시간 ★ 이른 새벽

예수님이 안에서 거짓으로 증거하는 자들과 대치하는 동안 베드로는 간신히 대제사장 집의 안마당으로 들어갔다.

이 안뜰에서 베드로가 예수님을 부인한 일은 '가장 길었던 한 주'에 있었던 꽤 유명한 일화이다. 사복음서 전체에서 중요한 일화 중 하나이기도 하다. 이것은 '유감스럽게도 사실일 수밖에 없는' 이야기이다. 이런 얘기는 적어도 처음에는 베드로에게 치명적인 보도이기 때문에 복음서 저자들이 꾸며낸 것이라고 볼 수 없다. 예수님의 일주일이 꾸며낸 이야기라면, 그들이 시작한 새로운 운동을 이끄는 지도자가 사실은 자기 선생을 배신했다고 꾸며낼 수 있겠는가?

설령 사실이라 해도 다른 문제가 있다. 베드로는 어떻게 안뜰로 들어갈 수 있었을까? 성 안에 있는 집들은 일반인이 쉽게 접근할 수 없고 밤에는 더더욱 불가능하다. 대개 도로를 향해 있는 건물 벽들은 창문도 없고 큰 대문만 있다. 이 대문에는 남자(혹은 여자) 노예가 배치되어 있다. 안뜰은 모든 사람에게 공개하지 않고 주의 깊게 경계를 섰다. 예루살렘에서 발굴된 으리으리한 저택을 보면 집 정중앙에 안뜰이 위치한 걸 볼 수 있다. 여기 접근하려는 방문객은 대문으로 들어간 다음 계단을 내려가 현관을 통과해 저택 중앙에 열려 있는 안뜰로 나갔다.[7] 이 저택이 대제사장의 집인지 아닌지 확인할 방법은 없다. 이곳에 네 군데의 제의 목욕탕이 있는 걸로 봐서 대제사장의 집이 아니었을까 짐작할 수 있을 뿐이다. 근처에 또 다른 저택이 있었는데, 주랑이 늘어선 안뜰이 있는 저택이었다. 이곳이 성경에 묘사된 재판 장소에 좀 더 가까운 모습이다.[8] 하지만 이것이 울타리 너머에서 일어난 가슴 아픈 사건의 핵심은 아니다. 베드로가 그 안에 있었다는 것, 그가 거기에 있었다는 것이 중요하다.

어떤 입구는 주의 깊게 경계를 섰을 것이다. 특히 이처럼 긴장이 고조되고, 범상치 않은 선생이자 설교자가 체포되었으니 더욱 그랬을 것이다. 성전 귀족들은 이 신속한 처형이 무엇에도 방해받지 않도록 주의했다. 그런데 어떻게 예수님의 지지자가 보안을 뚫고 들어갈 수 있었을까?

요한복음은 베드로가 들어갈 수 있었던 방법을 제대로 일러준다. '다른 제자'와 동행했던 것이다.

> 시몬 베드로와 또 다른 제자 한 사람이 예수를 따르니 이 제자는 대제사장과 아는 사람이라. 예수와 함께 대제사장의 집 뜰에 들어가고 베드로는 문 밖에 서 있는지라. 대제사장을 아는 그 다른 제자가 나가서 문 지키는 여자에게 말하여 베드로를 데리고 들어오니 문 지키는 여종이 베드로에게 말하되 너도 이 사람의 제자 중 하나가 아니냐 하니 그가 말하되 나는 아니라 하고(요 18:15-17).

베드로를 보증해줄 사람이 있었다. 그는 대제사장을 아는 사람이라 보안 검색에 걸릴 위험이 없었다. 이제 대문에 있던 여종이 베드로에게 했던 말에 주목해보자. "당신도 이 사람의 제자 중 하나가 맞지요?" 베드로와 함께 있던 사람은 당시 그리스도의 제자로 알려져 있었다.

위에 언급된 '제자 한 사람'이 열두 제자 중 한 명을 의미할 필요는 없다. 열두 제자가 갈릴리 출신이라는 점에 비춰보면 그들 중 누구도 대제사장을 알았을 것 같지는 않다. 그 제자가 남자라는 점은 거의 확실하다. 헬라어로 남성 단수형을 사용하기 때문이다. 모든 면에서 남자만큼 헌신되고 용감한 여성 제자들도 있기는 했지만, 그들은 제자로 불리지 않았다. 이 시대 문화에서는 사용할 수 없는 단어였다.[9] 이 제자가 누구든 그는 대제사장의 집에 바로 접근할 수 있을 만큼 대제사장을 잘 알고 있었다. 또 예수님의 제자로 알려져 있었지만, 위협적인 존재로 인식되진 않았다. 베드로가 제자임을 부인한 사실로 보아 예수님의 제자들은 출입이 금지되었을 것이다. 끝으로 내가 보기에 요한은 이 사람이 누구인지 정말 몰랐거나 알리지 않을 작정으로 그의 신분을 밝히지 않았다.

내 생각에 요한복음의 저자가 그 '정체불명'의 제자일 가능성은 제외해도 된다. 저자가 계속해서 자신을 '사랑받는 제자'로 묘사하기 때문이다. 복음서에 등장할 때마다 항상 자기가 '사랑받는 자'였음을 분명히 하는데, 여기에서는 그런 언급이 없다.[10]

니고데모나 아리마대 요셉처럼 예루살렘에 기반을 잡고 있던 다른 고위직 제자들의 경우는 대개 은밀히 묘사된다. 십자가 사건 전에 그들은 예수님과 연루되었다는 사실을 분명히 드러내지 않았다. 아리마대 요셉은 '유대인이 두려워', 다시 말해 유대 권위자들이 무서워 자신이 제자라는 사실을 숨기고 있었다(요 19:38). 그들이 갑자기 마음이 흔들려 정체를 드러냈을 것 같지도 않다. 따라서 예수님의 제자로 알려져 있으되 위협적인 인물로 간주되지 않은 사람을 찾아야 한다.

이 조건에 맞아떨어지는 제자가 한 명 있다. 대제사장의 집에 들어갈 자유가 있는 사람으로 대문을 지키는 여종을 잘 알았을 인물이다. 확실히 위협적이지 않았을 사람, 바로 가룟 유다이다.

성경은 그때 유다가 체포 현장에 있었던 것 외에 그에게 무슨 일이 일어났는지 말해주지 않는다. 사실 그 후에 유다는 차라리 버려진 듯이 보인다. 이제 이 사건에서 제 몫을 다했으니 이야기에서 무시되어도 상관없으니 말이다. 그가 체포조에 포함되지 않았다는 점은 확실히 암시되어 있다. 게다가 그는 요한이 말한 전제조건 모두를 만족시킨다. 그는 예수님의 제자로 알려졌지만, 대제사장 측에서는 위협적인 인물이 아니었다. 게다가 여종과는 초면도 아니다. 예수님의 거취를 대제사장에게 알리러 왔을 때 한 번쯤은 보았을 것이다. 그러니 어떻게 위협이 될 수 있겠는가? 유다는 그들 편이었다.

그렇다면 왜 요한은 그의 이름을 알려주지 않았을까? 내 생각에 요한은 그의 이름을 알릴 수 없었다. 마가복음의 경우에 나사로의 이름을 밝히지 않은 것은 그를 보호하기 위해서였다. 이번에 보호되어야 할 사람은 유다가 아니라 베드로이다.

요한이 복음서를 쓰고 있을 때에도 유다는 배신과 배반의 상징이었다. 앞으로 보겠지만 복음서는 유다의 죽음에 관해 이중적인 입장을 보인다. 그러나 후대 저자들은 그를 부패한 비인간적 괴물로 만들어 놓았다. 1세기 후반의 신뢰할 만한 자료로서 히에라폴리스의 주교 파피아스Papias가 전하는 이야기를 들어보자.

> 이 세상에서 유다는 불신앙의 실례로 회자된다. 그의 몸은 수레가 쉽게 지날 수 없을 정도로 부풀어 올랐다. 그의 몸은 수레에 으스러졌고 그의 창자는 밖으로 흘러나왔다.[11]

복음서에서도 유다에 대한 증오가 점차 확산되는 현상을 볼 수 있다. 마태복음, 누가복음, 요한복음에 나타난 그에 관한 이야기는 갈수록 어두워진다. 따라서 요한은 유다가 아니라 이 '괴물'과 연루되어 있는 베드로를 보호하려고 한다. 요한은 베드로의 평판을 중요시했다. 제자들이 십자가 사건 이전에 유다와 연루되어 있다는 사실은 잘 알려져 있다. 그들은 유다가 무슨 짓을 할지 몰랐다. 그러나 십자가 사건 후에는 어떤가? 이제 문제가 달라진다.

논리적으로 이 모든 것이 잘 맞아떨어진다고 본다. 베드로의 부인 이야기에 숨겨진 충격적인 사실은 역사성을 입증해준다. 그것이 실제 있었던 일이라면 그는 안뜰에 있어야만 한다. 그리고 안뜰에 들어가려면 그를 들여보내 준 사람이 있어야만 한다.

어째서 유다는 이런 일을 했을까? 이제 아무래도 상관이 없었을 텐데 말이다. 어쩌면 다른 제자들도 자신처럼 실패하기를 바랐을 수도 있다. 혹은 이미 자신이 한 일을 후회하고 있는지도 모른다. 이처럼 작고 하찮은 보상이라도 해보려고 노력했던 건지도 모른다.

나는 그 사람을 알지 못하노라

일단 안뜰에 들어서자 베드로는 모든 상황을 실감했을 것이다. 항상 충동적이었고 언제나(혹은 거의) 용감했던 그는 갑자기 자신이 적진 한복판에서 있음을 깨달았다. 그가 입을 열기만 하면 갈릴리 억양 때문에 신분이 탈로 날 참이었다.

복음서 모두 이 부분에서 극적인 대비를 사용한다. 예수님이 위에서 심문을 받는 동안 베드로는 아래에서 그분을 부인한다. 그는 몸을 덥히느라 불가에 서 있었다. 그리고 질문이 시작되었다. 누가의 서술은 대단히 도발적이다. 대제사장의 여종이 "베드로의 불빛을 향하여 앉은 것을 보고 주목하여 이르되 이 사람도 그와 함께 있었느니라"(눅 22:56)고 했다. 베드로는 부인했지만 잠시 후 누군가 다시 그에게 질문한다. 베드로는 다시 부인한다. 그러고 나서 한 시간이 지난 후 사람들은 베드로에게 다시 질문한다. 이번에 베드로는 저주하고 맹세하며 모든 것을 부인한다. 그러자 닭이 운다. 이야기마다 미세한 차이점이 있기는 하지만 대체로 일치하는 건 동이 트기 전에 세 번의 부인이 있었다는 점이다.

어떻게 베드로를 알아보았을까? 심문한 사람 중 하나는 동산에서 베드로의 공격을 받았던 사람의 친척이다(요 18:26). 아마도 이 사람은 체포조 중 하나였고 희미하게나마 베드로가 도망하는 것을 보았을 것이다. 하지만 가장 큰 요인은 베드로의 억양이다. 갈릴리 사람들 특유의 아람어 방언은 세련된 예루살렘 사람들의 농담거리였다. 갈릴리 사람들은 말을 '제대로' 하지 못했다. 갈릴리 출신의 한 남자가 예루살렘 시장에서 '아마르'라는 물건을 사려고 진땀을 빼는 우화가 있다. 시장 상인들은 그가 사려는 물건이 당나귀*hamâr*인지, 포도주*hamar*인지, 양모 옷*amar*인지, 아니면 희생제

물이 될 양*immar*인지 모르겠다며 그를 잔인하게 조롱한다.[12]

이 때문에라도 예루살렘의 교양 있는 엘리트들은 갈릴리 출신의 메시아를 믿을 수 없었다(요 7:41, 52). 그들에게 갈릴리 사람은 토라에 무지한 멍청이들이었다. 그들의 메시아는 절대 엉터리 억양으로 말할 리가 없었다. 지금도 이같은 문화적 편협함을 찾을 수 있다. 영국으로 치면 버밍엄이나 블랙컨트리 출신이 그런 대우를 받는다. 한 설문조사에 따르면 "버밍엄 지역의 독특한 콧소리를 내는 사람은 다른 억양으로 말하는 사람들보다 훨씬 무식해 보인다"[13]고 한다. 예수님은 1세기의 버밍엄 촌뜨기였다.

의미심장하게도 마가복음은 베드로의 첫 번째와 두 번째 부인이 다른 장소에서 일어났다고 기록하고 있다. 첫 번째 부인은 뒤뜰*aule*에서 두 번째 부인은 앞뜰*proaulion*에서 있었다. 이 사실은 베드로가 뒤로 물러서고 있음을 보여준다.[14] 그는 예수님을 저버리지 않았다는 자기 의를 포기하지 못하고 발버둥치고 있다. 하지만 발각될지 모른다는 두려움이 그를 몰아세웠다. 그래서 육체적으로, 정신적으로 자기 스승으로부터 거리를 두기 시작한 것이다. 베드로의 이야기가 진행되는 동안 거의 새벽이 가까워졌다. 이후 누가복음은 잘 들어맞지 않는 내용을 열거한다. 예수님이 몸을 돌이켜 베드로를 보셨다는 것이다(눅 22:61). 베드로의 배신이 얼마나 통렬한지 강조하려는 누가의 시적 자유가 지나친 탓이 아닐까? 베드로가 여전히 대제사장 집의 한복판인 안뜰에 있고, 예수님은 심문이 끝나고 끌려나와 감옥으로 향하다가 두 사람이 눈이 마주쳤다는 것인가?

그렇다면 당연히 베드로는 밖으로 뛰쳐나갔을 것이다. 어쩔 수 없이 심히 통곡했을 것이다.

/

Day Six
: The Execution

/

산헤드린 공회 아침 모임

장소 ★ 가야바의 집
시간 ★ 오전 6시

동이 트자 예수님은 갇혀 있던 임시 감방 같은 곳에서 나와 다른 모임 앞으로 끌려갔다.

마가복음은 이곳에 모인 자들이 '대제사장들과 장로들과 서기관들과 온 공회'라고 묘사한다. 마가가 공회를 지칭하는 데 사용한 단어는 '산헤드린'(막 15:1)이다.[15] 산헤드린은 유대 민족의 최고 법정이었다. 산헤드린이 얼마나 자주 모였고 어떤 권한이 있었는지, 그 성격에 관해서는 불확실한 점이 많다. 〈미쉬나〉의 산헤드린에 관한 묘사는 너무 미화되어 있다. 고상하고 공식적인 최고의 법정으로 모든 구성원은 토라 연구자이며 산헤드린의 의장은 존경받는 랍비 현자라는 식이다.[16]

사실 신약성경과 요세푸스 모두 산헤드린의 의장은 대제사장이고 이 기구에서 바리새인의 영향력은 미미했다고 기록한다. 산헤드린은 토라 학자들로 구성된 독립적인 최고 법정이기는커녕 대제사장의 요청으로 소집되는 공회로서 엄격하게 통제되었고 기껏해야 자문기구이거나 최악의 경우 손만 들어주는 거수기에 불과했다. 로마는 식민지들이 일종의 자치위원회를 운영하도록 했다. 세금을 거두고 법적인 문제를 다스리기 위해서였다. 산헤드린은 이 목적을 잘 수행하기는 했지만 결코 독립 기구는 아니었다.[17]

이 날 아침의 모임을 산헤드린의 '적법한' 소집으로 가정한다 해도, 정족수를 최대한으로 채울 필요는 없었을 것이다. 산헤드린은 71명의 위원으로 구성되었지만, 사형선고를 통과시키는 데는 23명만 있으면 됐다. 가야바가 자기 수하에서 22명을 불러 모으는 것은 일도 아니었을 테고, 이 점이 아리마대 요셉 같은 사람이 공회의 구성원임에도 불구하고 판결에 낄 수 없었던 이유를 설명해준다. 그는 그곳에 없었다. 초대되지 않았던 것이다.

마가복음은 이 공회와 함께 서기관과 장로들을 언급한다. 바리새인들이 언급되지 않음에 주목해야 한다. 예수님의 오랜 대적자들이었던 바리새인들은 재판에 거의 개입하지 않은 듯하다.[18] 서기관들이 거기 있었던 이유는 일종의 사법적 모양새를 갖추기 위해서였다. '장로들'은 아마도 이 성의 원로 정치가들을 가리킬 것이다. 서둘러 모집된 영향력 있는 사람들, 끝까지 한통속이 되어야 할 사람들의 모임이었다. 혹은 대제사장과 그의 최측근 동맹자들의 음모단이었다. 사실 이 아침의 만남은 그저 도장을 찍는 요식행위와 같은 분위기였다. 누가복음에서 성전에 대한 위협은 언급되지 않는다. 대신 예수님이 자신을 메시아로 인식한다는 사실, 특히 하나님의 아들이라는 주장이 집중적으로 고발된다.

그러나 예수님을 죽이고 그분을 영원히 제거하자면 성전 귀족층도 도움이 필요했을 것이다. 그들에게 수단이 없었던 건 아니다. 그들에게는 검이 있었다. 돌로 쳐 죽일 수도 있었다. 그러나 그들에게 무기가 있어도 그것을 사용할 권리는 허락되지 않았다. 이 권한을 제한하는 문제로 많은 논쟁이 있었을 것이다. 요한복음은 제한의 기준을 정확히 한다. 검의 권리*ius-gladii*, 즉 생사의 권한을 가진 사람은 로마 총독이었다. 요세푸스는 코포니우스라는 로마의 초대 유대 총독이 황제로부터 사형을 언도할 권한을 부여받았다고 자세히 진술한다. 검의 권리는 유대인들에게 허락되지 않은 권한이었다.[19]

63년, 즉 유대인의 반역이 있기 4년 전 일어난 사건에서 이 흔적을 찾아볼 수 있다. 예수 벤 아나누스라는 사람이 장막절 기간에 예루살렘을 어슬렁거리며 했던 예언이다.

> 동방의 목소리, 서방의 목소리, 사방의 목소리, 예루살렘과 거룩한 성전에 반대하는 목소리, 신랑과 신부를 반대하는 목소리, 모든 백성을 반대하는 목소리!

요세푸스에 따르면 청중 가운데 저명한 인물들이 그를 데려다가 때렸지만 그는 예언을 그치지 않았다. 그래서 그를 로마 총독 알비누스에게 데려가 "뼈가 드러날 때까지 채찍질을 했다." 하지만 그는 채찍질이 가해질 때마다 "예루살렘에 화 있도다!"라고 말했다.

이 이야기에는 예수님의 상황과 비슷한 면이 있다. 요약하자면 벤 아나누스는 지도자와 백성들에게 매를 맞았지만, 그의 생사는 로마 총독 알비누스에게 달려 있었다.

또 다른 단서는 메길라트 타아니트Megillat Ta' anit라는 유대인이 남긴 '35가지 중요한 기념일' 기록에서 찾을 수 있다. 유대력에서 엘룰월 17일에 로마인들은 강제로 성을 떠나게 되어 있었다고 기록하는데, 66년 로마 수비대 축출 사건에서 단서를 발견할 수 있다. 그에 따르면 5일 후 유대인이 "범죄자들을 처형할 권리를 다시 얻었다"고 한다.

이것은 로마인을 축출한 것과 동시에 범죄자를 처형할 권한을 되찾았음을 의미한다. 그러므로 예수님 당시에 유대인 지도자들에게 죄인을 처형할 권한이 없었음을 알 수 있다.

처형을 하려면 로마인이 필요했다.

1961년에 발견된 비문으로 '본디오 빌라도'가 티베리움을 가이사에게 헌정했다고 쓰여 있다.

/

Day Six
: The Execution

/

빌라도의 첫 번째 재판

장소 ★ 헤롯 궁

시간 ★ 오전 7시

1961년 가이사랴에서 이탈리아의 고고학자들은 본디오 빌라도의 통치에 관한 유일한 물증을 세상에 내놓았다. 바로 티베리움*Tiberieum*이라는 비문으로 로마의 티베리우스 황제를 기념하여 세운 신전에 헌정된 것이다. 이 비문은 두 가지 사실을 말해주는데, 빌라도의 정확한 직함은 유대 총독*Praefectus Iudaeae*이며 그가 황제를 기쁘게 하는 데 매우 민첩했다는 사실이다.

유대가 총독의 통치 아래 있었다는 사실은 거대한 사건의 흐름 속에서 그들이 서 있는 위치를 알려준다. 빌라도는 로마 계급 제도에서 두 번째 층위에 속하는 기마 계급이었다. 기마 계급, 즉 에퀴테스*equites*는 원래 군대에서 군마 장교(다시 말해서 기사)로 복무할 수 있을 만큼 부유한 로마인이다. 이들은 아우구스투스 시대에 이르러 뚜렷한 계급을 형성했고, 기사*eques*라는 칭호를 얻었으며, 특별한 금고리를 착용하고 극장의 앞줄에 앉도록 허락되었다. 그들은 또한 자주색 끈으로 연결된 긴 겉옷*toga*을 입을 수 있었다. 40만 세스테르티우스나 그 이상의 자산이 있어야 기사 자격을 얻을 수 있었다.[20] 그들 가운데 대다수는 뱀의 머리가 되는 것으로 만족했다. 그들은 속주나 대도시에서 권력을 누리는 지역 유지가 되었다. 그러나 로마 사회의 상류층은 아니었다. 원로원도 되지 못했다. 유대 총독들은 사회적 지위가 높지 않았다. 펠릭스는 노예 출신이었던 것으로 알려져 있다. 노예 출신 총독이라니, 참으로 이상하다. 한편으로는, 유대라는 나라가 한갓 노예가 다스릴 수 있는 속주에 불과했다는 유대의 비참한 현실을 대변한다.[21]

빌라도라는 이름은 그의 출신에 관해 몇 가지 단서를 제공한다. 로마식 이름은 성, 이름, 가문 이름으로 구성된다. 성은 부족이나 민족을, 가문 이름은 가족을, 이름은 개개인의 명칭을 나타낸다. 빌라도는 잘 알려진 이름이 아니다. 후대의 전승은 그의 이름을 루키우스Lucius라고 기록하지만, 어디까지나 신화일 뿐이다. 그의 성姓인 폰티우스(Pontius, 본디오)는 그가 폰티 부족 출신임을 나타낸다. 그들은 삼니움족으로 이탈리아 남부 중앙의 아펜니노 산맥 지역에 살았다. 삼니움족은 언제나 거칠고 호전적인 민족이었다. 수세기 이전에 로마의 권력 부상을 막아낸 민족이다. 주전 82년, 로마의 독재자 루키우스 술라는 로마로 행진해 또 다른 폰티우스, 즉 폰티우스 텔레시누스의 삼니움 군을 쳐부쉈다. 이때 술라는 수많은 삼니움족을 학살하고 이 지역을 쑥대밭으로 만들었다. 이에 관해 그리스 지리학자 겸 역사학자 스트라보Strabo의 기록을 살펴보자.

> 술라의 추방령은 삼니움 이름을 가진 모든 것을 파괴하거나 이탈리아에서 쫓아내고 나서야 끝이 났다. 이 끔찍한 분노의 이유를 물으면 그는 이렇게 설명했다. 어떤 로마인도 삼니움족과 왕래하는 한 평화를 얻을 수 없음을 경험적

으로 터득했다고 말이다. 그래서 삼니움족의 도시는 촌구석이 되었고, 그중 일부는 사라져버렸다.[22]

아마도 빌라도는 과거에 자신의 친족이 고통받는 것을 보았을 것이다. 가문의 토지가 로마제국에 흡수되는 것을 지켜본 아웃사이더, 그가 바로 빌라도이다.

빌라도의 가문 이름은 필라티(빌라도)인데, 필라투스, 즉 창이라는 의미를 담고 있다. 아마도 호전적인 군인 가문이었을 것이다. 확실히 빌라도는 기마 계급 총독으로서 경력 있는 군인이었으며, 전투에 참여해 승진을 거듭하다가 마침내 유대 땅의 지배권까지 얻어낸 성공한 군인이었다. 그의 임무는 간단했다. 세금을 거두고 사람들을 복종시키고 맡은 지역의 기반시설을 유지하는 것이다.[23] 그는 그를 돕는 소수의 수행원과 전령들, 호위를 맡은 소수의 로마군, 그리고 가족과 노예들을 거느리고 있었을 것이다. 가장 중요한 사건들을 빌라도 앞으로 가져오기는 했지만, 그의 역할은 어디까지나 세금 징수와 공정한 행정집행을 감독하는 것이었다.

앞에서 보았다시피 총독은 생사여탈권을 가지고 있었다. 요세푸스는 기마 계급 출신이었던 첫 번째 총독 코포니우스가 폭넓은 권한을 행사했음을 확인해준다.

이제 아켈라우스의 유대 지역은 속주로 전락했고 로마인으로서 기마 계급에 속하는 코포니우스가 케사르에게서 〔생명과〕 죽음의 권한을 받아 쥔 총독으로 보냄을 받았다.[24]

작은 유대 땅에는 종교적 골수분자들과 광신자들이 가득했다. 유대는 로마에서 멀리 떨어진 건조하고 먼지가 풀풀 나는 지루한 곳이었다. 그러나 또한 이름을 떨칠 기회를 준 곳이기도 했다. 권력, 그것도 절대 권력을 휘두를 절호의 기회.

물론 돈을 벌 기회를 잡을 수도 있었다. 로마 속주의 총독들은 탐욕스럽고 무능했다. 이것은 내 의견이 아니라 로마 스스로 토로한 내용이다. 타키투스와 유베날리스 같은 작가들은 속주 관리들을 탐욕스러운 거머리로 그린다. 요세푸스는 유대는 물론 갈리아와 영국에서 일어난 반란과 관련해서 로마 총독들의 잔인함과 우둔함을 비난했다.[25] 속주에서 지나치게 돈을 긁어모으는 일을 제외하면 총독들은 독자적으로 뭐든 해볼 수 있었다. 티베리우스 황제는 "한때 총독들에게 세금 징수에 박차를 가하라고 명령하면서 양 떼의 가죽을 벗기라는 게 아니라 털을 깍으라는 거라고 말했다."[26]

다시 말해서, 총독들이 자기 속주에서 할 수 있는 한 모든 것을 강탈해 가는 건 그야말로 '예상된' 일이었다. 그는 자신이 다스리는 속주를 윤택하게 하려고 존재하는 것이 아니라, 자신과 로마 지도자들의 이익을 위해 존재했다. 심지어 총독이 지나친 일을 벌였더라도 그를 지지하는 이들이 로마에 남아 있으면, 크게 문제되지 않았다. 로마 시인 유베날리스는 이런 시를 남겼다.

> 속주의 총독이 쫓겨났다.
> 허구한 날 갈취와 술과 향연으로 신나게 만끽했던 그,
> 몹시 분노한 신들의 눈앞에서도 여전히 속주는 그의 것이었지.

그를 고발하고 나니, 이제야 그가 고통스러워한다.[27]

사실 총독은 자기 상관들의 호의를 입고 있는 한 언제나 안전했다. 총독이 약해지는 때는 상부의 총애를 입지 못하거나 '로마의 배후에서' 무슨 일이 일어나지 몰라 걱정할 때뿐이었다.

33년에 빌라도는 로마에서 벌어진 사태 때문에 잔뜩 웅크린 상태였다.

이방인의 집권자들이 임의로 주관하고 권세를 부리는 줄 알거니와

26년, 빌라도는 유대 총독으로 임명되었다. 그러나 황제가 직접 임명한 건 아니었다. 당시 티베리우스 황제는 공직에서 물러나 캄파니아와 카프리에 있는 별장에서 여생을 보내는 중이었다. 티베리우스 황제는 통치를 시작하고 12년 동안 로마를 떠난 적이 없었다. 그러다가 26년 캄파니아에 가서 신전을 봉헌하기로 결심했고 카프리 섬에 들렀다고 한다. 그는 거기 머물면서 별장을 짓고 일종의 원격 조종 통치를 시작했다. 그가 로마를 떠났음에도 로마제국은 그의 분신과도 같은 보좌관 세야누스가 장악하고 있었다.[28]

세야누스는 로마 정계에서는 이단아였다. 사실 그는 로마 사람이 아니라 빌라도처럼 에트루리아 사람이었다. 게다가 원로원이 아닌 기사 계급 출신이었다. 아우구스투스 황제가 자신만의 비밀 병력으로 창설한 엘리트 특별군인 집정관 경비대의 지휘관이었다. 이 부대는 세야누스의 지휘 아래 로마에 있는 가장 강력한 군사조직으로 발전했다.[29] 원래 세야누스는 비밀경찰의 수장이었다. 거기에서 그는 '고발자'로 알려진 전문 정보통들로 군대를 만들었는데, 이들은 로마에 회자되는 모든 소문을 세야누스에게 보고했다.

필로에 따르면 세야누스는 악명 높은 반유대주의자로서 '그 나라를 없애 버리려' 유대인들을 중상 모략한 인물이다. 세야누스가 폭력적 반유대주의를 표방했다는 증거들이 있다. 19년에 그는 로마에 있는 유대인들에게 종교 의복을 태우도록 강요했고, 그들을 도시에서 쫓아냈다. 빌라도는 세야누스 통치 때에 총독으로 임명되었다. 따라서 세야누스가 권력을 잡고 있는 동안에 빌라도는 자신이 원하는 대로 할 수 있었다. 필로의 묘사가 맞다면 세야누스는 유대인들의 항의는 들은 척도 하지 않았을 것이다.

빌라도가 한층 더 활개를 칠 수 있었던 것은 그의 '직속 관리자'가 곁에 없었기 때문이다.

유대 총독은 안디옥에 있는 시리아 특사의 수하에 있었다. 시리아 특사는 원로원 계급의 인사로 3만 명의 군대를 통솔했다. 그러나 시리아 특사는 통치 초기 8년 동안 시리아에 없었다. 대신 로마에 머물며 세야누스의 감시를 받은 듯하다.

빌라도가 방심했던 흔적은 당시 동전에 그대로 나타난다. 유대 지역에서는 동전에 유대인을 자극할 만한 형상을 새겨 주조하지 않도록 주의해야 했다. 그러나 29-31년경에 빌라도는 유대 지역 최초로 로마를 상징하는 사물과 형상을 새겨 넣은 동전들을 주조했다. 심풀룸(*simpulum*, 희생 제물에 포도주를 부을 때 사용하는 국자)이나 리투우스(*lituus*, 점칠 때 쓰는 막대기) 같은 것이었다.[30] 이런 동전은 유대인 사이에서 분명히 논란이 됐겠지만, 빌라도는 그런 것쯤은 무시해도 될 만큼 강력한 위치에 있었다. 황제에게 나쁜 보고가 들어갈까 걱정할 필요도 없었다. 빌라도를 임명한 반유대주의자 세야누스를 통해 모든 보고가 들어갈 것이기 때문이었다. 빌라도는 유대인들에게 뭔가 반응을 보여야 했고, 유대의 지도부는 빌라도를 고발할 기회가 많지 않음을 알고 있었다. 유대에는 세야누스와 상대할 만한 권세가 없었다. 총사령관의 황금 조각상이 로마에 세워질 참이었고, 원로원은 그의 생일을 공식 휴일로 지정할지 말지를 투표에 붙였으며, 티베리우스와 세야누스를 위해 공중 기도가 올려졌다. 31년, 세야누스는 티베리우스 황제의 영사로 임명되었다.

그러다가 일이 꼬이기 시작했다.

세야누스가 몰락한 것이다. 정확한 이유는 알려지지 않았지만, 어쨌든 티베리우스 황제가 다소 위협을 느낀 듯하다. 황제는 비밀리에 집정관 경비대의 지휘관을 다른 장교로 바꾸었다. 그러고 나서 세야누스를 원로원으로 불러들였다. 세야누스는 자신이 호민관으로 승진하게 될 줄로 착각하고는 기꺼이 소환에 응했다. 하지만 그에 대한 긴 탄핵문이 낭독되었다. 로마에서 가장 막강한 권력을 지녔던 세야누스는 사람들이 그의 조각상을 끌어내리면서 절대 권력의 몰락을 경축할 때 지하 감옥에 갇혀 있었다.[31] 같은 날 저녁, 그는 결국 사형을 언도받았다. 교살되었으며 시체는 게모니안 계단에 던져져 군중에게 짓밟혔다.

세야누스의 몰락으로 잔혹한 보복의 물결이 일렁이기 시작했다. 티베리우스는 이 기회를 통해 세야누스와 그의 가족들뿐만 아니라 로마에 있는 반대파 모두를 숙청했다. 로마 전역에서 폭동이 일어났고 폭도들은 세야누스와 조금이라도 연루된 사람은 누구든 해치웠다. 세야누스의 자녀들인 스트라보와 카피토 엘리아누스와 유닐라는 모두 다음 달에 처형되었고,

그의 아내이며 티베리우스의 친딸인 리빌라는 자살했다. 고대 자료에 따르면 처형 당시에 처녀였던 유닐라는 교수형 밧줄에 묶인 채로 강간까지 당했다고 한다.[32] 티베리우스는 세야누스의 음모에 가담했을 법한 사람을 전부 찾아내기 시작했다.

유대에 있던 빌라도 또한 분명히 동요했을 것이다. 그는 세야누스가 임명한 사람이었다. 로마에서 무슨 일이 일어날까 궁금해하면서 초조하게 가이사랴 궁을 왔다갔다하는 빌라도의 모습이 그려진다. 그의 친구들과 가족이 혐의를 받은 건 아닐까? 그도 다른 사람들처럼 숙청될까? 더 나쁜 소식이 잇따랐다. 시리아의 새 총독 플라쿠스가 드디어 시리아로 파견된 것이다. 32년에 그는 안디옥에 도착했다.[33] 유대인을 대하는 황제의 태도도 심상치 않았다. 필로의 기록에 따르면 티베리우스는 "로마제국 전역에 파견된 총독들에게 이렇게 명령한다. '다른 도시에 있는 자국민들은 훈방 조치만 하고 처벌조치로 확대하지 마라. 오직 죄가 있는 극소수의 사람들만 처벌하라. 또한 어디서도 제정된 관습을 방해해서는 안 되며, 신뢰로써 그들에게 책임을 맡기고, 백성들을 평화롭게 놓아두고, 질서 있는 행동을 촉진하는 제도로 그들을 관리하라.'"[34]

이렇게 해서 빌라도는 지도부에 있는 자신의 지지자를 잃었고, 새로운 상사가 시리아에 도착해 있었다. 그리고 그가 다스리는 사람들에 대한 정책에도 변화가 생겼다.

이제 주의 깊게 발을 내딛어야 할 순간이었다.

나 또한 권위 아래 있는 사람이니라

티베리움으로 돌아가자. 로마 황제들은 죽고 나서 신격화되었지만 빌라도는 살아 있는 황제를 위해 신전을 세운 전무후무한 관리이다.

왜 그래야 했을까? 정치 상황을 고려하자면, 티베리움은 빌라도를 황제의 손에서 구원하기 위한 첫 번째 걸음이었을지도 모른다. 빌라도는 자신의 충성심을 증명하기 위해 황제의 비위를 맞추려고 애쓰고 있었다. 황제를 기리는 신전, 그의 신격화를 인준하는 신전을 지어주는 것만큼 좋은 길이 어디 있겠는가? 그러나 실상은 별로 좋은 방법이 아니었다. 티베리우스가 감동을 받았는지 의심스럽기 때문이다. 그는 이런 식으로 명예를 얻는 일에 회의적이었고, 수에토니우스에 따르면 그 신전을 자신에게 봉헌하는 것을 허락하지 않았다고 한다.[35]

결국 이런 행동은 역효과를 냈을지도 모른다. 애꿎은 돈만 낭비했을지도 모를 일이다.

그 후 수로에 문제가 생긴다. 빌라도는 예루살렘으로 물을 끌어오는 수로를 건설하기로 결심한다. 겉으로 보기에는 수로를 건설할 만한 타당한 이유가 있는 듯했다. 예루살렘은 물이 부족한 도시였다. 물을 '200펄롱(약 40킬로미터) 길이만큼' 끌어올 수만 있다면 유용한 공사가 될 것이다. 그러나 유대인들은 이 계획을 탐탁지 않게 여겼다. 이 비용을 조달하기 위해 빌라도가 신전에 있는 '거룩한 자금'을 강탈할 것이기 때문이다. 빌라도가 공사를 감독하려고 예루살렘에 도착하자 거센 항의가 있었다. 빌라도는 무기를 감춘 군인들을 배치했다. 그리고 군인들은 빌라도가 신호하면 무장도 하지 않은 군중을 무차별로 과잉 진압했다. "이들은 빌라도가 명령한 것보다 훨씬 큰 타격을 입혔다." 많은 유대인이 무차별 학살로 죽임을 당했다. 이로써 '치안 방해'는 멈추었고 수로는 완성되었다.[36]

그 후 빌라도가 '거룩한' 자금을 강탈했다는 고발이 있었다. 그러나 무력이 사용되었다는 증거는 없었다. 현금을 가져가기 위해 보낸 군대도 해산한 뒤였다. 대제사장이 이 계획에 동의했거나 최소한 빌라도의 요청을 거절하지 않은 게 분명하다. 성전의 돈이 거룩하지 않게 쓰인 사실을 아는 사람들이 있어도 성전 지도부는 이 사실을 극구 부인했을 것이다.[37]

이 사람이 우리를 다스리는 것을 원치 않노니

이후에 일어난 모든 불상사는 방패 때문이다. 빌라도가 황제의 초상을 담은 방패와 관련된 사건에 연루되었다는 이야기가 있다. 두 가지 이야기가 있는데, 하나는 필로가, 다른 하나는 요세푸스가 기록했다. 각각은 몇 가지 큰 차이가 있기는 하지만 사실 같은 사건일지도 모른다.

동전에 황제의 형상을 새겨 넣은 것은 '새긴 우상'을 만들지 말라는 성서의 명령에 위배되는 신성모독이었다. 이전의 로마 총독들은 예루살렘으로 입성하는 군대가 이런 형상을 가져오지 못하도록 재차 확인하곤 했다. 그러나 빌라도는 이처럼 눈에 거슬리는 방패로 무장한 군대를 거리낌 없이 내보냈다. 요세푸스에 따르면 빌라도는 한밤중에 작전을 수행했는데, 유대인들이 아침에 일어나 그들의 거룩한 도시에서 황제의 '초상'을 볼 수 있게 하려는 작전이었다고 한다. 분노한 유대인들은 가이사랴에 있는 총독 본부로 달려가 항의했다. 빌라도는 애초에 로마군의 철수를 거절했지만, 유대인의 항의가 계속되자 성 안의 한 광장에서 공청회를 주선해 다시 그들의 청원을 들어주었다. 광장을 가득 메운 유대인들은 자신들 주위로 빌라도가 무기를 숨긴 채 군대를 배치했다는 사실을 전혀 모르고 있었다. 그의 신호에 군인들은 앞으로 뛰어나와 칼을 뽑아 들었다. 빌라도는 즉시 집으로 돌아가지 않고 계속 항의하는 자들을 그 자리에서 처형해버리려고 했다. 유대인들은 아랑곳하지 않았다. 요세푸스는 "그들은 자기 목을 잡아 뽑으며 자신들의 율법의 지혜가 무시당하는 것을 보느니 기꺼이 목숨을 내던지겠다고 말했다"고 전한다. 빌라도는 이들을 당해낼 수 없다는 것을 깨닫고, 문제가 된 방패를 예루살렘에서 치우고 다시 가이사랴로 가져가라고 명령했다.[38]

이처럼 유대인들은 거룩한 성 예루살렘의 지위가 손상을 입을 때 크게 분노한다. 가이사랴에서는 방패를 문제 삼지 않았지만, 예루살렘에서는 방패가 참람한 물건이었다. 그리고 이 이야기는 빌라도가 비폭력을 상대할 수 없다는 사실을 보여준다. 그의 무릎을 꿇게 한 건 다툼이 아니라 자발적인 집단 자살의 가능성이었다. 이 사건은 아마도 빌라도의 임기 초기에 일어났을 것이다. 그러나 필로가 기록한 이야기는 매우 다른 결말을 보인다. 이 이야기는 요세푸스가 전한 사건 이후에 일어난 게 틀림없다.

> [빌라도는] 거룩한 성의 헤롯 궁에 도금한 방패 몇 개를 헌정해 티베리우스 황제를 영화롭게 하려 했다. 하지만 군중들의 분노를 유발할 뿐이었다. 그 성에는 반드시 필요한 비문을 제외하고는 형상을 만들거나 뭔가를 새겨 넣는 것이 금지되어 있다. 비문에는 두 가지 사실, 즉 그것을 세운 사람들과 그것이 세워짐으로 영광을 받는 사람들의 이름만을 언급해야 한다.

그러자 형상은 없고 비문만 있는 방패들이 점점 많아졌다. 그럼에도 불구하고 방패에 관해 흉흉한 소문들이 나돌았다. '군중 다수'는 방패들이 다시 돌아올 거란 소문을 듣게 되었고, 갑자기 불평이 터져 나왔다. 필로에 따르면 이번에는 헤롯 왕 가문이 연루되었다.

> 그러나 군중들은 무슨 일이 일어났다는 소문을 들었고 상황이 나빠지자 왕의 네 아들을 내세웠다. … 그 순간 군중 속에 있던 장로들은 그에게 방패를 숭상하는 제도를 철회하라고 요청했다.

첫 번째 이야기에서 빌라도는 그들의 청원을 거절했다(필로는 빌라도가 "매우 융통성이 없고 완고한데다가 무자비한 사람"이라고 묘사한다). 하지만 지도자들은 티베리우스 황제에게 항의하겠다고 위협했고, 그것은 빌라도에게 경종을 울렸다. 필로는 분명 빌라도의 지지자는 아니었다. 그에 따르면 만약 황제가 빌라도에게 특사를 파견할 경우 "빌라도의 부패와 무례와 강탈과 잔인함과 사람들을 모욕하는 습관과, 심문이나 유죄 판결도 없이 무작정 사람들을 살해하는 것과, 끝없는 탐욕과 비인간적인 태도" 등이 드러날까 두려워했다.

결국 유대인 지도자들은 티베리우스 황제에게 편지를 썼고, 황제는 즉시 빌라도에게 방패를 가이사랴로 옮겨 아우구스투스의 신전에 배치하라고 답장했다. 필로는 이 사건의 날짜를 빌라도의 임기 말로 추정한다.[39] 확실히 이 일은 세야누스가 몰락한 후에 일어났음에 틀림없다. 유대인들이 세야누스 당시에 로마로 특사를 보냈다면, 한두 명으로는 어림도 없었을 것이다.

이때 빌라도가 무엇을 잘못했다고 보기는 어렵다. 만약 이것이 첫 번째 방패 일화와 다른 사건이라고 추정한다면(세부 사항이 일치하지 않는다), 빌라도가 이미 교훈을 얻었다고 가정할 수 있다. 결국 유대인이 스스로 하지 않은 일을 빌라도가 감히 시도하진 않았을 것이다. 성전 건물에는 성전 건축에 돈을 헌납한 사람들의 명단을 보여주는 봉헌 비문이 있다. 그리고 필로도 방패들에 형상이 없음을 인정했다. 그래서 빌라도는 분명 그의 기반이 더 공고해졌다고 생각했을 것이다. 황제에 대한 충성심과 예루살렘의 통제권을 과시할 길이 열렸다. 그러나 소문이 퍼지자마자 빌라도는 곤란에 처했다.

이 일화에서 헤롯 왕자들, 즉 '왕의 네 아들'의 개입은 흥미롭다. 그들이 함께 등장했다는 사실은 그때가 명절 기간이었음을 알려준다. 그리고 그들이 개입했다는 건 빌라도가 헤롯의 왕자들에게 약점을 잡혔다는 증거이다. 그들에게 이 일은 단순히 방패에 관한 일이 아니었을 것이다. 정확히 말해서 헤롯 안디바는 정통 유대인이 아니다. 그렇다. 헤롯 일가가 그들의 권력을 재천명하는 유리한 고지를 확보할 수 있는 기회가 온 셈이다. 빌라도가 철회 압박을 받자 빌라도와 왕자들 간의 관계는 돌이킬 수 없게 되었다. 다음 구절이 이 사실을 부연해준다. "헤롯과 빌라도가 전에는 원수였으나 당일에 서로 친구가 되니라"(눅 23:12). 그렇다면 빌라도와 헤롯 왕자들의 다툼은 예수님을 심문하기 전, 세야누스가 몰락한 이후인 32년 명절에 어딘가에서 일어났다고 볼 수 있다.[40] 불과 1년 전 일이었다.

이 이야기에서 우리는 정치판에서 줄타기를 하는 사람을 본다. 빌라도는 황제를 기쁘게 하고 유대인들을 진정시키려고 애쓰고 있다. 그는 사실보다는 소문에 의존하는 사람이었다. 상처 입은 짐승이었다. 그가 죽기를 기다리는 무리가 주변을 빙빙 돌고 있었다. 그러므로 33년 유월절에 빌라도는 불미스러운 일을 감당할 여력이 없었다. 또 다시 티베리우스 황제에게 항의 편지가 전달된다면 그것으로 끝이다. 그는 자기편 사람들을 만들어야 했다. 유대인들을 무시하는 대신 그들을 달랠 필요가 있었다. 결국 화폐를 바꿨다. 주후 30-31년 팔레스타인에서 이교도의 리투우스나 심풀룸 형상이 새겨진 동전은 하나도 없었다. 제대로 교훈을 얻은 셈이다.[41]

그리고 필로의 묘사에 조금 과장이 있다는 걸 고려한다고 해도 빌라도를 고발하는 내용에 드러난 그의 악명은 의심의 여지가 없다. 빌라도는 알렉산드리아에 사는 유대인들 사이에서 부패하고 잔인하며 거만한 사람으로 알려졌다. 그리고 "심문이나 유죄 판결도 없이 무작정 사람들을 죽이는 살인자"라는 악명을 얻은 인물이었다.

빌라도가 갈릴리 사람들의 피를 제물에 섞다

결국 갈릴리 사람들과 마찰이 일어났다. 이 사건은 오직 누가복음에만 기록되었다. "그때 마침 두어 사람이 와서 빌라도가 어떤 갈릴리 사람들의 피를 그들의 제물에 섞은 일로 예수께 아뢰니"(눅 13:1-2). 자세히는 몰라도 문맥에 따르면 유월절 기간에 이 일이 일어났음을 알 수 있다.[42] 요세푸스가 이 사건을 보도하지 않은 것으로 보아 아마도 갈릴리에서 크게 원한을 사지는 않았던 모양이다. 하지만 다른 곳에서는 정말 큰일로 생각했다. 누가복음에는 이 사건의 연대에 대한 단서가 없다. 관련 구절은 길고 긴 예수님의 설교 한가운데 놓여 있다. 그러나 누가복음에서 이 사건의 위치로 미루어보아 동시대 사건을 언급한다고 볼 수 있기에 우리는 이 일이 예수님이 죽기 일 년 전에 일어났다고 추측할 수 있다. 그러면 32년 어느 큰 명절에 일어난 일이 된다. 빌라도는 명절에 일어난 폭동을 무력으로 진압했고 유혈사태가 일어났다.

종합하자면, 33년에 빌라도는 더 이상 어떤 불상사도 일어나지 않기를 바랐다. 황제를 감동시키려는 노력은 실패했고, 그에 관한 불평을 적은 편지를 받았으며, 전에 그를 보호해주었던 후원자는 처형되었다.

이번 유월절에 그는 어떤 골치 아픈 문제도 겪고 싶지 않았다.

빌라도의 목이 무사할까?

그들이 예수를 가야바에게서 빌라도의 관정으로 끌고 가니

유월절이 정점에 달하는 그날, 예수님은 아침 일찍 빌라도에게 보내졌다. 요한복음은 주님을 끌고 간 제사장들이 이방인과 접촉함으로써 부정하게 될까 봐 염려한 나머지 궁 안에는 들어가지 않았다고 기록한다(요 18:28).

정확히 말하자면 빌라도가 환영할 만한 태도는 아니다. 빌라도가 애초에 그들의 간청에 부응하지 않았던 것은 특별히 예수님을 지지해서라기보다는 이런 식의 태도 때문이었을 것이다. 대제사장의 집에서 오래된 헤롯 궁 안에 있는 빌라도의 관정까지는 그다지 멀지 않았다. 그러나 예수님을 고발하는 주요 기소 내용이 바뀔 시간을 벌 만큼의 거리는 됐다.

우리가 이 사람을 보매 우리 백성을 미혹하고 가이사에게 세금 바치는 것을 금하며 자칭 왕 그리스도라 하더이다(눅 23:2).

그들이 고한 죄목에 신성모독은 없었다. 성전에 대한 위협도 없었다. 빌라도가 쉽게 동조하기 어려운 죄목은 쏙 빼놓고 로마 통치에 대한 직접적인 반발만 부각시켰다. 예수님의 고발자들은 로마인을 자극하는 두 가지 죄목을 꾸며대고 있다. 즉 세금 납부를 거부하고 자신이 진정한 통치자라고 주장한다는 것이다. 로마의 승인이 없다면 아무도 왕이 될 수 없는데도 말이다.

그러나 분명 빌라도 앞에 있는 사람은 왕 같아 보이지가 않았다. 빌라도가 "네가 유대인의 왕이냐?"고 물은 것은 심각한 질문이 아니었을 것이다. 예수님은 두드려 맞았고 침 뱉음을 당하고 따귀를 맞았으며 24시간 동안 한숨도 주무시지 못했다. 비꼬는 빌라도에게 예수님은 담담하게 반응하신다. "네 말이 옳도다."

이 상황에서 빌라도는 고발을 취하하라고 재빨리 판결한다(눅 23:4). 그러나 성전 지도자들은 고집을 부렸다. "그가 온 유대에서 가르치고 갈릴리에서부터 시작하여 여기까지 와서 백성을 소동하게 하나이다"(눅 23:5).

첫 번째 만남에서 빌라도가 하는 말에는 짜증이 배어 있다. 그는 이 문제에 관여하고 싶지 않은 게 분명하다. 그 와중에 빌라도는 '갈릴리'라는 말을 듣는다. 때는 유월절, 성가신 존재인 헤롯 왕자가 예루살렘에 머물고 있다. 모든 유대의 지도자들도 예루살렘에 모여 있다. 그는 헤롯 왕가에 짐을 떠넘기기로 한다. 예수가 갈릴리 출신이니 갈릴리의 왕더러 이 일을 해결하라고 하면 된다. 빌라도는 예수를 헤롯 안디바에게 보낸다.

/

Day Six
: The Execution

/

헤롯 안디바의 심문

장소 ★ 하스몬 궁
시간 ★ 오전 7시 30분

어떤 학자들은 이 대목이 누가복음에만 나오기 때문에 지어낸 이야기라고 주장한다. 시편 2편의 한 구절을 토대로 창작한 이야기가 사도행전 4장 25-26절에도 인용되었다고 말이다.

> 세상의 군왕들이 나서며 관리들이 함께 모여 주와 그의 그리스도를 대적하도다(행 4:26).

다시 말해서 초대교회가 이 구절을 헤롯과 빌라도(군왕들과 관리들)와 연관시켜 해석할 것을 알고, 누가가 의도적으로 헤롯이 등장하는 장면을 꾸며냈다는 것이다. 하지만 이것은 말이 안 된다. 우선 '각색 내용'이 그다지 창의적이지 않은 까닭이다. 헤롯의 등장을 꾸며내려고 했다면 그를 그저 이것저것 찔러보는 멍청한 인물로 만들어서는 안 된다. 앞으로 보게 되겠지만 헤롯은 실제로 예수님을 '반대했던' 사람이 아니다. 사실 오히려 그 반대라고 보는 게 낫다. 초대교회는 예수님이 헤롯에게 보내진 걸 알았기 때문에 시편 2편을 그런 식으로 해석했던 것이다. 초대교회는 헤롯이 예수님의 죽음에 어떤 식으로든 개입할 거란 사실을 체념하고 받아들였다.

그렇다면 왜 이 이야기는 다른 복음서에 등장하지 않는 것일까? 아마도 다른 복음서 저자들이 내용을 충분히 알지 못했기 때문일 것이다. 그들은 "예수님이 헤롯을 만났다"는 전승을 알고 있었지만, 그것을 이야깃거리로 만들 만큼 충분한 정보는 없었다. 그러나 누가에겐 특별한 정보가 있었다. 누가는 독자적인 자료를 갖고 있었다. 예수님의 제자 중에 요안나가 있었는데, 그 남편인 구사는 헤롯 안디바의 궁에서 일종의 재무장관 역할을 하는 청지기였다(눅 8:3). 예루살렘 이야기에 관한 더 좋은 정보원은 마나엔(행 13:1)으로 그는 분봉왕 헤롯의 가까운 친구이다. 마나엔은 누가와 강한 유대관계를 맺었던 안디옥 교회의 저명인사였다. 누가는 당시 그곳에 있었던 마나엔에게 이야기를 듣고 이 대목을 포함시켰을 것이다.

또 누가의 편지를 받아볼 수신자인 로마인 '데오빌로'는 로마령 유대의 막후 외교관계에 흥미를 가진 사람이었다. 이 사실을 언급하는 건, 지금부터 할 이야기가 외교와 음모에 관한 것이기 때문이다.

그가 헤롯에게 보내니
그때에 헤롯이 예루살렘에 있더라

복음서들은 헤롯대왕의 아들 헤롯 안디바를 안절부절 못하고 우유부단하고 심지어는 약간 우스꽝스러운 인물로 조명하는 경향이 있다. 그의 아버지처럼 그도 유대인은 아니었다. 절반은 이두매 사람이었으며 절반은 사마리아 사람이었고 로마에서 자랐다. 유대인 지도자로서는 그리 자랑스러운 배경이 아니다. 그는 애초에 아버지의 유언을 따라 후계자로 지명되었지만, 막판에 지명이 취소되고 갈릴리와 베뢰아만 겨우 통치하게 되었다. 그는 이때의 좌절감을 평생토록 잊지 못한다. 그가 왕이 되는 걸 로마가 허락하지 않았기 때문이다. 대신 그는 '분봉왕'이라 불렸는데, 문자적으로는 '왕국의 4분의 1을 다스리는 통치자'를 의미한다. 그는 이름만 헤롯이었지 4분의 1만 왕이었고 25퍼센트만 군주였다.

헤롯 안디바는 나바테아 왕 아레타스 4세의 딸과 결혼했다. 그 후 로마를 방문하던 중에 자기 이복동생의 아내 헤로디아와 사랑에 빠졌다.[44] 헤로디아는 그가 첫 번째 아내와 이혼한다면 그를 따라 나서기로 동의했다. 그의 첫 번째 아내는 무슨 일이 벌어지는지 풍문으로 듣고 나바테아에 있는 친정아버지에게로 달아났다. 유대 율법으로 따지면 이 결혼은 불법이다. 사실상 헤롯은 자신의 제수와 동침했기 때문이다(레 18:16; 20:21). 이 때문에 그는 세례 요한에게 격렬한 비난을 들었다. 분명 안디바와 왕실의 생활방식은 유대 백성들이 보기에도 '정통'은 아니었다. 그들의 통치자는 제의적으로 부정했다.[45] 그런데 이상하게도 헤롯은 격렬하게 비판하는 요한에게 매혹되었다. 그의 아내 헤로디아는 공감하지 못했지만 말이다. 철저한 음모꾼이자 조종자인 헤로디아는 요한을 체포하자고 조르고 12살짜리 딸 살로메를 미끼로 삼아 술 취한 헤롯으로 하여금 예언자를 처형하도록 수작을 부렸다.[46] 헤롯 안디바와 그의 왕실은 분명하게 비유대적 특성을 보인다. 아마도 헤롯은 종교적 이유보다는 외교를 이유로 유월절에 예루살렘 성 안에 있었을 것이다. 이 통치자가 상대하는 사람들은 대부분 유대인이 많았기 때문에 '의로운 일을 하는 것'이 중요했다. 그러나 33년에 헤롯이 거기 있었던 까닭이나 빌라도가 그에게 나사렛 예수에 관해 두 번째 재판을 요청한 이유는 훨씬 더 복잡한 외교 문제가 있었다.

앞에서 보았다시피 이 당시에 헤롯과 빌라도의 관계는 냉랭했음에 틀림없다. 헤롯이 티베리우스 황제에게 불평을 토로한 후였기 때문이다. 빌라도의 관점에서 이러한 배경은 그가 왜 예수님을 헤롯에게 보냈는지 설명해준다. 부분적으로는 그가 이 문제를 다른 누군가에게 떠넘기기 원했기 때문이다. 빌라도의 외교 행보는 영리했다. 그는 계속 헤롯을 추켜세웠다. 특히 빌라도가 헤롯에게 조언을 구한다면, 헤롯은 이 일의 결과를 로마에 일러바치지 않을 것이다.

이 회합이 이뤄진 장소는 알려지지 않았다. 아마도 상부 도시에 있는 오래된 하스몬 궁이었을 것이다. 성전 산을 넘자마자 나타나는 곳이다. 하스몬 궁에 대해서는 알려진 사실이 거의 없다. 궁이 높은 곳에 위치했다는 요세푸스의 기록으로 보아 이 성의 높이만 가늠할 뿐이다. 여리고에서 발견된 하스몬 궁의 유적에서는 우아한 방들로 둘러싸인 정원과 주랑, 욕실과 욕조 자리가 남아 있다. 헤롯 궁보다는 작지만 하스몬 궁도 전망 좋은 자리에 서 있는 인상적인 건물이었다.

예수님은 헤롯 궁에서 동쪽 하스몬 궁까지 멀지 않은 거리를 걸어 나와야 했다. 이 길에는 빌라도의 군대나 성전 경비대의 경비병들뿐 아니라 주님을 고발한 몇몇 사람들까지 동행했다.

앞에서도 언급했지만 헤롯은 이 만남을 고대했다. 그는 예수에 대해 알고 있었고 여러 번 보기를 원했다(눅 9:9). 아마도 그는 논쟁과 토론을 희망하고 있었을 것이다. 세례 요한과 벌였던 것과 같은 토론 말이다. 아마도 그는 예수님이 궁중 마술사처럼 행동하기를 원했을 것이다. 헤롯은 예수님이 자신에게 경의를 표할 거라 기대했다.

그러나 전혀 그렇지 않았다. 예수님은 마술 공연도, 논쟁도, 심지어 대화도 하지 않으셨다. 거의 침묵으로 일관했다. 헤롯은 예수님의 고발자들이 힘써 참소하도록 내버려두었다. 심문은 조롱과 모욕으로 끝났다. 예수님의 입을 열지 못한 헤롯은 훨씬 더 쩨쩨하게 권세를 부렸다. 예수님을 조롱하고 그분에게 인형처럼 옷을 입힌 것이다(눅 23:8-11).

이 부분이 흥미로운 부분이다. 누가는 예수님에게 입힌 옷이 '밝고 빛나는' 옷이었다고 묘사한다. 마가복음 15장 16-20절에 나오는 조롱 장면을 누가식으로 표현한 듯하다. 그러나 큰 차이점이 있다. 자주색 옷도 없고, 가시 면류관도 없고, 예수님을 채찍질하지도 않고, 단지 헤롯 경비대의 손에서 약간 괴롭힘만 당하고 있다.

지금 여기서 무슨 일이 일어나고 있는가? 아마도 옷이 단서인 것 같다. 이 겉옷에 관해서는 의견이 분분하다. 어떤 사람들은 공직 후보자들이 입었던 옷이라고 주장한다. 또 다른 사람들은 왕에게 어울리는 휘황찬란한 옷이었다고 얘기한다. 어떤 해석에서든 '조롱'은 '왕'의 옷과 예수님에게 입혀진 옷을 대비시키는 것이다. 또 다른 해석이 있다. 헤롯은 예수님에게 이런 옷을 입혀서 다시 빌라도에게 보냈다. 예수님이 돌아오자 빌라도는 예수님을 흘낏 보고나서 대제사장들에게 말했다.

> 이르되 너희가 이 사람이 백성을 미혹하는 자라 하여 내게 끌고 왔도다. 보라. 내가 너희 앞에서 심문하였으되 너희가 고발하는 일에 대하여 이 사람에게서 죄를 찾지 못하였고 헤롯이 또한 그렇게 하여 그를 우리에게 도로 보내었도

다. 보라. 그가 행한 일에는 죽일 일이 없느니라(눅 23:14-15).

어떻게 그는 이런 사실을 유추해냈을까? 헤롯이 직접 예수님을 따라왔을 리는 없다. 아마도 그는 예수님을 호위하는 경비대를 통해 이런 전갈을 보냈을 텐데 그런 언급도 없다. 가장 그럴듯한 의견은 그 옷이 메시지를 전하는 역할을 했다는 견해이다. 밝고 빛나는 옷은 '흰색'으로 받아들일 수 있는데, 결백을 나타내는 색깔이다. 헤롯은 예수님을 조롱했고 어리석은 예언자의 주장을 비웃었다. 그러나 그는 예수님에게 무죄 판결을 내렸고 그래서 무죄를 뜻하는 흰 옷을 입혔던 것이다.[48]

의심의 여지없이 예수님의 침묵은 무례했고 비위에 거슬렸다. 그러나 헤롯은 세례 요한에게 했던 실수를 하지는 않았다. 또 한 명의 결백한 사람을 죽이지 않았다. 그는 또 다시 예언자 때문에 번뇌하지 않았다. 헤롯의 눈에 비친 예수님은 무례하고 존경심이 부족한 놀림감에 불과했지만, 그래도 유죄를 선고할 수는 없었다.

헤롯은 '가장 길었던 한 주'라는 극에서 작은 배역을 맡았을 뿐이다. 그러나 이 배역, 이 짧은 장면이 당대 외교 전략에 숨통을 틔운다. 그리고 잔인하기는 하지만 예수님이 당하신 조롱에는 숨겨진 메시지가 있다. 빌라도는 그것을 예수님의 결백에 대한 확증으로 해석했다.

이제 이 이야기의 마지막 부분을 남겨두고 있다. 누가복음은 그날부터 빌라도와 헤롯 안디바가 친구가 되었다고 말한다. 예수님을 헤롯에게 보낸 결정은 빌라도에게 즉각적으로 문제를 해결해주지는 못했다. 그러나 장기적으로 볼 때 문제는 해결된 거나 다름없었다. 두 지도자는 화해했고 둘 다 예수님이 결백하다고 판결했다.

/

Day Six
: The Execution

/

유다의 죽음

장소 ★ 성전고
시간 ★ 오전 8시

그 때에 예수를 판 유다가 그의 정죄됨을 보고 스스로 뉘우쳐 그 은 삼십을 대제사장들과 장로들에게 도로 갖다 주며 이르되 내가 무죄한 피를 팔고 죄를 범하였도다 하니 그들이 이르되 그것이 우리에게 무슨 상관이냐 네가 당하라 하거늘 유다가 은을 성소에 던져 넣고 물러가서 스스로 목매어 죽은지라(마 27:3-5).

이제 성전으로 돌아가 보자.

유다의 죽음에 관한 두 가지 이야기가 있다. 두 이야기의 유일한 공통점은 장소인데, 아겔다마, 즉 피밭이라는 곳이다. 누가복음에 따르면 유다는 예수님을 배신한 대가로 받은 돈으로 밭을 샀다. 유다는 그 밭에서 죽은 것 같다. "몸이 곤두박질하여 배가 터져 창자가 다 흘러나온지라"(행 1:18).

마태복음은 누가복음보다 극적이진 않지만 그에 버금가는 충격을 준다. 마태복음은 유다가 자신이 한 일을 쓰라리게 후회했다고 묘사한다. 유다는 예수님이 정죄받는 것을 보고는 다시 돈을 성전에 던져 넣고 가서 목매달아 죽었다. 마태복음에서 돈을 받은 대제사장은 그것으로 밭을 샀다. 부정한 돈이라 성전이 회수할 수 없다는 이유에서였다. 마태복음은 이 사건을 예레미야의 예언과 연결시킨다.

이제 어떻게 하면 이 두 가지 설명을 조화시킬 수 있을까? 그럴 수 있을는지 자신이 없다. 두 이야기를 통해 우리는 당시 초대교회에 유다의 죽음에 관한 여러 전승이 회자되었음을 알 수 있다. 그들은 유다가 처참하게 죽었으며, 그 시간은 그리스도께서 돌아가신 때와 멀지 않았다는 사실을 알고 있었다.[49]

유다가 한 일은 유대인 독자들에게도 충격적인 일이어야 한다. 토라가 이렇게 기록하고 있기 때문이다. "무죄한 자를 죽이려고 뇌물을 받는 자는 저주를 받을 것이라"(신 27:25). 하지만 이 저주가 성전 귀족들에게까지 미친 것 같지는 않다. 그들은 "우리와 무슨 상관이냐"는 식의 반응을 보였다. 도저히 무심할 수 없었던 유다에게 그들의 반응은 따귀를 때리는 것과 같았다. 유다는 돈을 던지고 떠난다. 유다가 그것을 성소에 던진 것 같지는 않다. 무엇보다도 우리는 그가 성전에서 이 사태를 의논하기 위해 대제사장을 만났을 거라고 짐작할 수 있다. 이 만남이 성전고에서 있었을 거란 추측이 더 그럴 듯하다. 처음 유다에게 지불했던 돈이 바로 이곳에서 나왔기 때문이다. 그렇다면 유다는 과부가 헌금을 드렸던 그릇과 비슷한 곳에 동전을 넣은 것이 된다(막 12:41-44).[50]

고대 독자들에게 유다의 자살은 동정심을 유발하기보다는 치욕의 징표로 보였다. 자살에 대한 유대인의 입장은 지금보다 더 과격하다. 자살한 사람에 대해서는 공개적으로 애도하지도 못한다. 자살자의 시신은 일몰시

까지 안장되지 못하고 방치되었다.[51]

이것이 두 이야기를 연결하는 지점이다. 아겔다마, 즉 피밭은 '외지인들'의 매장 장소이기도 했다. 이 전통적인 장소는 와디 기드론에서 남쪽 성벽 바깥에 있다. 구약 시대에 이곳은 평민의 묘지였다(왕하 23:6; 렘 26:23). 이스라엘 왕에게 추방당한 사람들이 버려지는 곳이기도 했다. 성전 시대에는 희생 제물의 피를 닦은 하수가 이곳으로 흘러들었다.[52]

마태복음에 나오는 최후의 만찬에서 예수님은 장래에 관해 세 가지 예언을 하셨다. 그 모든 일이 일어났다. 베드로는 주님을 부인했다(마 26:69-75). 제자들은 달아났다(마 26:56). 세 번째 예언은 함께 상에 있던 누군가가 주님을 배신하리라는 것이었다. 그리고 그 사람은 절망에 빠져 자살하는 사람들이 보편적으로 느끼는 감정을 경험할 것이란 예언이었다. "그 사람은 차라리 태어나지 아니하였더라면 제게 좋을 뻔하였느니라"(마 26:24).

/

Day Six
: The Execution

/

빌라도의 두 번째 재판

장소 ★ 헤롯 궁
시간 ★ 오전 8시

복음서는 이구동성으로 빌라도가 그 모든 일이 사전 공모된 사실을 알았다고 말한다. 마가복음에 따르면, 빌라도는 예수님의 결백을 알았다기보다는 주님이 '시기'를 받아(막 15:10) 고발된 것을 눈치챘다. 로마 총독이 그를 처형하지 않으려고 작정했다는 부분에서만 진술이 엇갈린다. 마가복음에서 빌라도는 예수님 대신에 바라바를 내세우면서 두 가지 질문을 한다. "그러면 너희가 유대인의 왕이라 하는 이를 내가 어떻게 하랴?" "어찜이냐, 무슨 악한 일을 하였느냐?"(막 15:12, 14). 그 후 빌라도는 무리의 비위를 맞추기 위해 예수님을 넘겨준다(막 15:15). 마태복음은 이와 똑같은 사건 전개를 보여준다(빌라도가 예수님을 유대인의 왕 대신 '메시아'로 부르긴 하지만). 누가복음은 더 간단하다. 빌라도는 바라바를 내세우고 "이 사람이 무슨 악한 일을 하였느냐?"고 묻는다. 그러고 나서 무리의 소원을 들어준다.

요한복음은 훨씬 더 많은 대화를 실어놓았다. 빌라도는 왜 유대인들이 주님을 고발해야 하는지 논쟁하고(요 18:29-32), 바라바를 내세우고(요 18:38-40), 예수님을 매질해서 무리 앞에 내보이고(요 19:1-5), 무리에게 그들이 이 일에 책임져야 한다고 말하고(요 19:6-7), 무리가 원하는 대로 하기 전에 최종 제안을 한다. "내가 너희 왕을 십자가에 못 박으랴?"(요 19:15).

이처럼 빌라도가 예수님의 죽음에 깊숙이 개입한 만큼 사건의 개요에 다음 사항도 포함된다.

- 심문(마 27:11-14; 눅 23:13-16; 요 18:29-38).
- 예수님 대신 바라바를 풀어달라고 요구함(마 27:15-18; 막 15:6-14; 눅 23:18-19; 요 19:38-40).
- 무죄 선고(마 27:24-25; 눅 23:20-23; 요 19:6-12).
- 예수를 때리고 가시관을 씌움(마 27:27-31; 막 15:16-20; 요 19:1-5).
- 예수를 십자가에 못 박게 내어줌(마 27:26; 막 15:15; 눅 23:24-25; 요 19:12-16).

누가복음에는 가시관이 없다. 요한복음에서는 선고가 내려지기 전에 가시관이 나온다. 복음서는 모두 빌라도가 예수님을 못 박으라고 명령했다는 데 동의한다.

확실히 빌라도는 예수님을 처형하고 싶어 하지 않았다. 그러나 빌라도에겐 무고한 사람이 죽임당하는 것보다 자신이 비난받는 문제가 더 중요했다. 복음서에서 빌라도는 대중의 압력 앞에서 의지가 약한 사람으로 그려지는 듯하다. 하지만 이것은 사실이 아니다. 빌라도는 비판을 두려워했고 어느 정도는 조종을 받았다. 그러나 앞으로 보겠지만, 그 역시 이 재판을 철저히 조종했다. 요한복음에서 빌라도는 두 공간을 왔다갔다한다. 궁

안에서는 예수님과 이야기하고, 뜰에서는 군중들에게 연설한다. 그리고 사실 이것이 전체 사건의 전조가 된다. 뭔가 일이 터질 듯이 들썩인다. 이것은 전투요 정황이요 축구 경기이다. 과연 누가 득점할 것인가?

요한복음에서 빌라도는 예수님과 거의 질문으로 대화한다. "네가 유대인의 왕이냐?"(요 18:33) "네가 무엇을 하였느냐?"(요 18:35) "그러면 네가 왕이 아니냐?"(요 18:37) "진리가 무엇이냐?"(요 18:38)

물론 마지막 질문이 가장 적절하다. 진리가 무엇이냐? 이 질문에 담긴 냉소는 빌라도가 속한 세계의 단면을 보여준다. 그건 아마도 '현실 정치'가 아니었을까? 현실 정치는 진리에 대한 것이 아니라 진리 인식에 대한 것이다. 시리아에 있는 그의 상관에게 들려져야 할 이야기이다. 아직 표면적으로나마 권한이 있을 때 모두가 이득을 보는 이야기이다. 자기 자리를 잃지 않게 하는 이야기이다.

무엇보다도 이것은 행동의 동기였다. 빌라도의 아내가 무슨 꿈을 꾸었든지 그는 예수님에게 관심이 없었다(마 27:19). 빌라도가 예수님을 풀어주고 싶었다면 그렇게 할 수도 있었다. 명절이 끝날 때까지 감옥에 가둘 수도 있었다. 격동이 사그라지게 할 수 있었다. 그렇게 했을 때 얻는 것이 무엇인가?

그래서 빌라도는 배경을 조사했다. 이 사람 예수에게 대중적 인기가 있는지 알아내야 했다. 그리고 뜰에 있는 사람들에게 선택권을 주었다.

둘 중에 누구를 풀어주기를 원하느냐

> 민란을 꾸미고 그 민란 중에 살인하고 체포된 자 중에 바라바라 하는 자가 있는지라(막 15:7).

선례가 알려지지 않은 것으로 보아 속주의 통치자에게 사면할 권리가 있었던 것 같지는 않다.[53] 그러나 그리스-로마 세계에서 사면의 예가 아예 없었던 건 아니다. 빌라도는 상대적으로 죄질이 가벼운 자를 풀어주는 것이 유대인에게 베푸는 작은 선의에 대한 마땅한 대가라고 여겼는지도 모른다.

마태복음과 마가복음은 이것이 유월절의 관행이었다고 주장하지만, 요한복음은 이것이 유대인의 관습이라고 넌지시 말해준다.[54] 사실 헤롯의 통치 시기나 그 이전부터 내려오는 관습이었을 수도 있다.

이 사건의 역사성에 대한 가장 강력한 논거는 이 사건이 모든 복음서에 등장한다는 점이다. "복음서에 나와 있으므로 사실임에 틀림없다"는 식으로 극단적인 단순화 논리를 펴려는 것이 아니다. 복음서가 역사적으로 세세한 내용을 전달하는 책이라면 적어도 그들의 독자들이나 청자들이 신뢰할 만했을 거란 의미이다. 만약 전에 총독들이 죄수를 사면해준 적이 없었다면, 로마법에서 사면이 불가능했다면, 그런 이야기가 복음서에 그렇게 분명히 등장하지는 않았을 것이다. 복음서 중 하나 정도는 사면이 불가능하다는 것을 알았을 것이다. 그러나 모든 복음서가 이 사건을 기록한 것으로 보아 사면이 가능했던 게 분명하다.

바라바라는 사람에 대해서는 많이 알지 못한다. 사실 그의 이름도 알지 못한다. '바라바'라는 이름은 조상의 이름을 딴 것으로 '아바나 아바스의 아들'을 의미한다.[55] 바라바가 무슨 짓을 했는지도 분명하지 않다. 마가복음은 "민란 때 살인을 저지른 반역자들"과 함께 감옥에 있었다고 묘사한다. 어떤 민란인지는 언급되지 않는다. 마태복음은 그가 '유명한 죄수'였다고 하고(마 27:16), 요한복음은 '강도'였다고 하며(요 18:40), 누가복음은 그가 "민란과 살인으로 말미암아 옥에 갇힌 자"라고 말한다(눅 23:25).

분명 바라바는 정치 혁명가 집단의 일원이었다. 요한복음이 그를 가리키며 사용한 단어 강도*lestes*는 그냥 일상적인 도둑이 아니라, 노상강도인 동시에 정치 게릴라를 말한다. 요세푸스도 이 단어를 정치 혁명가, 게릴라, 1세기 테러리스트를 지칭할 때 사용한 바 있다.[56] 강도들은 사회로부터 완전히 격리되지는 않았다. 시골 농부들과는 계속해서 접촉했다. 그 바람에 강도들과 공모한 일로 처벌받은 마을도 있었다.[57] 빌라도는 군중에게 두 정치범 중 한 사람을 선택하라고 제안한다. 한 명은 나사렛 예수라는, 세금 거부를 옹호하는 자칭 왕이었고, 다른 한 명은 테러에 연루되어 살인을 했다고 전해지는 강도 바라바였다.

어떤 경우든 바라바가 저지른 일은 그리 중요한 사건이 아니었다. 빌라도는 바라바를 일종의 정치적 리트머스 시험지로 사용했다. 험악한 상황을 앞두고 예수님을 풀어주려고 영웅심을 발휘한 것이 아니다. 그것은 빌라도식 여론 조사였다. 누구를 처형해야 인기를 얻을 수 있는지 알고 싶었을 뿐이다. 그는 성전 귀족들이 예수님을 '시기'한 사실을 알았다(막 15:10). 그 상황에서 자기가 곤란해지지 않으려면 대제사장들이 원하는 대로 해야 하는지 말아야 하는지 판단이 서지 않았다.[58] 분명한 것은 이 군중에게 예수님은 인기 없는 인물이라는 점이다. 군중은 바라바를 원한다.

이제 '군중'의 본성을 샅샅이 살펴볼 차례이다.

그러나 대제사장들이 무리를 충동하여

예수님의 가장 길었던 한 주와 관련된 가장 널리 알려진 오보는 '유대인들'이 예수님을 못 박기 원했다는 이야기이다.

이 장면을 어떻게 이해하느냐에 따라 이야기가 달라진다. 보통 '유대인들'이 갑자기 집단적으로 예수님에게 등을 돌린 것처럼 묘사되곤 한다. 언제나 듣는 말이지만, 일요일에 성 안으로 들어오시는 주님을 환호하던 사람들이 금요일에는 주님의 죽음을 요구했다는 것이다. 그러나 왜 그들이 마음을 바꾸었는지는 아무도 말해주지 않는다. 무슨 일이 일어났기에 군중이 돌아섰을까? 왜 그들은 갑자기 예수님께 등을 돌렸을까? 대답은 간단하다. 그들은 그렇게 하지 않았다.

이런 오해는 주로 다음에 나오는 구절 탓이다. "백성이 다 대답하여 이르되 그 피를 우리와 우리 자손에게 돌릴지어다"(마 27:25). 이때 백성을 가리키는 단어는 라오스*laos*로 백성 전체, 즉 유대 백성을 가리킬 때 사용된다. 그러나 이 단어가 홀로 있을 때는 '무리'를 뜻할 수도 있다. 원래 무리를 의미하는 헬라어 오클로스*ochlos*가 뒤에 이어질 때는 특히 그렇다. 그래서 마태복음이 이 단어를 사용했는지도 모른다. 마태복음 27장 24절에서 빌라도는 자기 손을 '무리*ochlos* 앞에서' 씻는다. 뒤이어 25절에서는 '백성이 다*laos*'라고 한다. 좀 더 나은 설명은 마태복음이 그 뜰에 있는 무리뿐만 아니라 성전 권위를 대표하는 자들, 즉 유대인의 지도자들을 포함해 거기 있었던 모두를 의미하고자 했다는 설명이다.[59] 이 단락은 논리적으로 '모든 유대인'을 뜻하지 않는다. 이미 우리는 많은 유대인이 이 판결에 반대하고 있음을 알기 때문이다. 그리고 "예루살렘에 있는 모든 유대인"을 의미하지도 않는다. 왜냐하면 유대인 지도자들이 백성들 사이에 폭동이 일어날까 봐 예수님을 잡을 수 없었다는 마태복음 26장 5절의 진술과 어긋나기 때문이다(마태복음 26장 5절에서 백성을 가리키는 단어는 '라오스'이다).

복음서의 설명으로 볼 때 백성들은 예수님 편이었음이 분명하다. 성전 지도자들이 주님을 체포할 수 없을 정도였으니 말이다. 예수님의 인기야말로 그분의 방패막이었다. 그들은 아주 이른 시간에 외진 곳에서만 주님을 체포할 수 있었다.[60] 예수님은 대중의 폭넓은 지지를 받고 계셨다. 이것은 백성들의 지지를 입증하는 구절들뿐 아니라, 사건이 일어난 시간에 의해서도 강조된다. 이번 재판은 무슨 일이 일어나고 있는지 무리가 파악하지 못하도록 재빨리 신속하게 진행되었다. 대다수 백성들의 관심이 다른 곳에 있을 때 처형이 이뤄지도록 각본이 짜여 있었다. 따라서 예루살렘에 있는 전체 유대 인구가 변절했다는 발상은 어리석기 짝이 없다.

그렇다면 이들 무리는 누구인가? 우리에게는 장소와 시간이라는 두 가지 단서가 있다.

장소는 총독의 관정 뜰이었다. 어떤가? 진정, 일반 백성의 대다수가 이곳에 들어갈 수 있었을 거라 생각하는가? 중동 국가에 있는 미국이나 영국 대사관 밖에 분노한 시위대가 모여 있다고 상상해보라. 대사가 문을 활짝 열어젖히고 그들을 모두 안으로 불러들이겠는가? 그럴 리가 없다. 어쨌든 헤롯 궁이 크다는 것은 우리도 알고 있지만, 울부짖는 다수의 폭도를 수용할 정도로 품이 넓진 않았을 것이다.

또한 시간으로 따지면 지금은 준비일이 시작된 이른 시간이다. 명절 순례자들에게 준비일은 아주 바쁜 날이었다. 오후 3시에 제물을 잡기 시작하지만 그 전에 모든 준비를 갖춰야 했다. 음식을 확보해야 했고 어린양을 성 안으로 끌어가고 집에서 누룩을 찾아 없애야 했다. 솔직히 말해서 이것만 아니라면 다수의 순례자들과 시민들도 그 뜰에 있었을 것이다.

군중들은 철저히 통제되고 있었다. 초대받은 시위대였던 것이다. 마가복음은 "대제사장들과 지도자들과 백성들"로 묘사하지만, 주도자들은 앞의 두 집단이었다. 대제사장들과 지도자들은 성전 귀족들이었다. 그들은 자신들의 계획이 막판에 무산되는 장면을 볼 생각이 없었다. 일주일을 기다리며 겨우 예수님을 잡아 놓았는데 무리들이 모든 것을 망가뜨리도록 둘 수 없었다. 대신 그들을 지지하는 군중을 동원했다. 성전 일파에게는 일상적인 조치였다.

예를 들어 40년대 후반에서 50년대 초반에 대제사장으로 임명된 이스마엘 벤 피아비는 통치 계급 사이에서 경쟁자들이 패거리를 동원하는 걸 얼마나 두려워했는지 설명해준다. 그리고 반란 기간에 시민의 동요와 맞서 싸우는 다른 당파들과 추종자들의 불안이 어느 정도인지 말해준다. 요세푸스는 그들이 강도처럼 행동한다고 묘사한다. 특히 전직 대제사장 아나냐의 식솔들이 눈에 띄었다. 그들의 난폭한 전술은 아나냐의 권력을 확고히 했다. 두 명의 다른 전직 대제사장 예수 벤 다마에우스와 예수 벤 가말라스도 패거리를 동원한 바 있다.[62]

예수님을 죽이라고 야유한 것은 '유대인들'이 아니었다. 바라바를 선택한 것도 '유대인들'이 아니었다. 그들은 다른 곳에서 바삐 움직이고 있었다. 상부 도시의 길거리에서, 하부 도시의 골목에서, 갈릴리와 유대 지역의 도시와 마을들에서, 로마제국 전역에 걸친 유대인 구역에서 유대인들은 유월절을 준비하고 있었다. 오래된 헤롯 궁은 예루살렘의 대제사장들과 유력한 가문의 무리들이 차지하고 있었다. 이 때문에 대제사장은 군중들을 충동해 그들이 원하는 것을 할 수 있었다(막 15:11). 그들은 자기 무리들에게 미리 지시를 내려뒀다. 이들은 이미 바라바를 선택하기로 결정한 상태였다.

빌라도가 이런 군중의 성격을 충분히 이해하고 있었는지는 논쟁의 여지가 있다. 그가 여러 파당들을 따로 만나 이야기를 나누었을지도 의심스럽다. 그의 전적이 말해주듯 빌라도는 유대 종교와 정치의 세세한 부분과 미세한 차이를 파악하지 못했다. 어쨌든 권력을 잡으면 이 땅의 현실과는 동떨어지기 마련인가 보다.

빌라도는 이것을 여론 조사의 일환으로 생각했다. 그가 몰랐던 것은 그 여론이 이미 결정되어 있었다는 점이다. 이것이 바로 군중이 그곳에 모인 이유였다.

황제의 충신이 아니다

빌라도가 행동 방침을 정하게 된 계기는 복음서마다 각기 다르게 제시된다. 마가복음과 누가복음에서 그는 단지 무리에게 만족을 주고자 했다(막 15:15; 눅 23:23). 마태복음은 좀 더 강하게 표현하는데, 폭동이 일어날까봐 빌라도가 두려워했다고 말한다(마 27:24). 그러나 요한복음은 빌라도가 계속 확신이 없었으며 특히 예수님이 하나님의 아들이라고 주장했을 때

더욱 두려워했다고 기록한다(요 19:8). 체포조가 물러나 엎드린 일이나 백부장이 십자가에서 예수님을 바라본 장면에서도 풍기지만, 요한복음은 예수님을 두려워하는 이방인의 모습을 보여주려는 경향이 있다. 분명 빌라도에게는 갑작스런 깨달음이 있었을 것이다. 진정 이 사람에게는 특별한 뭔가가, 눈으로 보이는 것 이상의 뭔가가 있음을 깨달았을 것이다.

어떤 경우든 어차피 소용없었다. 성전 지도자들이 비장의 카드를 내보였기 때문이다.

> 이 사람을 놓으면 가이사의 충신이 아니니이다. 무릇 자기를 왕이라 하는 자는 가이사를 반역하는 것이니이다(요 19:12).

당시 빌라도의 입지를 생각하면 상당히 위협적인 발언이다. 빌라도는 황제에게 또 투서가 올라가지 않기를 바랐다. 특히나 빌라도는 황제의 친구가 아니라고 고발하는 편지는 피하고 싶었다. 성전 지도자들의 말은 으레 하는 말이 아니라 특정 용어를 의도적으로 사용한 위협이었다. 가이사의 친구들*amici Caesaris*이라는 비공식 집단이 있었다. 여기 속한 자들은 원로원이나 기마 계급으로서 높은 관직에 있으면서 서로를 가이사의 친구라고 불렀다. 가이사의 친구라는 지위를 잃으면 정치적, 사회적으로 추방당하거나 자살을 감행하기도 했다.

이제 빌라도가 할 일은 명백해졌다. 예수님을 지지하는 대중은 없고, 유대인 지도자들은 이 작은 사건을 빌미로 빌라도를 끌어내리겠다고 위협하고 있다. 빌라도는 누구도 자신을 비난하지 못하도록 입막음을 해야 했다. 이렇게 해서 가장 길었던 한 주 동안 일어난 사건 중에 가장 중요한 사건이 일어난다. 빌라도는 무리의 의견을 묻고 나서 자기 손을 씻는다.

> 빌라도가 아무 성과도 없이 도리어 민란이 나려는 것을 보고 물을 가져다가 무리 앞에서 손을 씻으며 이르되 이 사람의 피에 대하여 나는 무죄하니 너희가 당하라(마 27:24).

여기에서 빌라도가 하는 말에 주목해보자. 무죄를 주장한 사람은 빌라도이다. 나와는 상관이 없다, 내 손은 깨끗하다는 것이다.

복잡한 절차는 끝났지만 누가 이겼는지는 확신하기 어렵다. 예루살렘 성전 지도자들은 있는 힘을 다해 빌라도에게 자기 변호를 시작했다. 반면에 빌라도는 안디바와의 관계를 강화했고 질서를 유지했으며 비난도 피했다. 그뿐만 아니라 '무리'와 성전 지도자들에게 그들이 원하는 것을 내주면서도 의미 있는 승리를 쥐어짜낼 시간을 확보했다.

요한복음에 따르면 그 일은 '돌을 깐 뜰', 즉 가바다*Gabbatha*로 알려진 곳에서 일어났다. 아마도 돌이 깔린 궁의 중심부와 관련이 있을 것이다. 즉 총독이 재판할 때 앉는 장소였다. '가바다'의 의미는 분명하지 않다. 아람어로서 요한이 구체적으로 밝힌 예루살렘의 한 지명이다. 아마도 높은 장소나 둥글게 솟은 곳을 일컫는 말일 것이다.[63] 돌이 깔려 있는 특별히 높이 솟은 장소였을 것이다. 어쩌면 단순히 헤롯 궁이 성에서 가장 높은 곳에 있다는 의미에서 선택한 단어일 수도 있다. 빌라도는 판결을 내리기 위해 재판석에 앉았다. 마지막으로 그는 다시 사람들에게 기회를 준다. "내가 너희 왕을 십자가에 못 박으랴?" 이 질문은 의도적인 조롱을 담고 있다. 초점은 예수가 그들의 왕이 아니라는 점이다. 빌라도는 여기에서 유대인들의 위협에 대해 작은 복수를 하는지도 모른다. 빌라도는 그들을 몰아세우고 있었다. 그리고 대제사장들이 이렇게 대답한 것으로 보아 효과가 있었다. "가이사 외에는 우리에게 왕이 없나이다"(요 19:15).

참으로 영리하다. 자기 입지가 불안함에도, 늘 위협을 느끼면서도 빌라도는 대제사장들에게 로마와 황제에 대한 충성 선언을 이끌어냈다.

여기서 우리는 빌라도가 유약하고 고분고분한 신화적 인물이거나 어려운 일을 감당하고 있는 예의바른 로마인이 아니라 고도의 정치 조작을 획책하는 교활한 인간임을 알게 된다. 빌라도는 자기가 손쓸 수 없을 것 같은 상황들을 만나기도 했고, 완패를 인정할 수밖에 없는 위험에 처할 때도 있었다. 그러나 모든 상황을 뒤집었고 재판 말미에 가서 빌라도의 권위는 사실상 강화되었다. 그는 아무것도 손해 보지 않고도 성전 권위자들에게 그들이 원하는 것을 내주었다. 그리고 그들에게서 충성 선언을 이끌어냈다. 자신에게 타격이 될 판결 내용을 걸러내고 폭동의 기미를 잠재웠다.

이제 유대인 촌뜨기 한 명만 처형하면 그만이었다.

/

Day Six
: The Execution

/

채찍에 맞음

장소 ★ 헤롯 궁

시간 ★ 오전 8시 15분

군인들이 예수를 끌고 브라이도리온이라는 뜰 안으로 들어가서 온 군대를 모으고 예수에게 자색 옷을 입히고 가시관을 엮어 씌우고 경례하여 이르되 유대인의 왕이여 평안할지어다 하고 갈대로 그의 머리를 치며 침을 뱉으며 꿇어 절하더라. 희롱을 다 한 후 자색 옷을 벗기고 도로 그의 옷을 입히고 십자가에 못 박으려고 끌고 나가니라(막 15:16-20).

요한복음에서 예수님은 마지막으로 무리 앞에서 한 번 더 채찍질과 모욕을 당한다. 다른 복음서에서는 예수님을 채찍질하라는 명령 다음에 십자가에 못 박으라는 판결이 내려진다.

따라서 이것은 첫 번째로 집행되는 형벌이었다. 지옥으로 가는 첫 번째 수순이었던 것이다.

21세기가 1세기와 어떻게 다른지 알고 싶다면, 예수님이 받은 처벌만 보아도 충분하다. 우리에게 이 장면은 상상도 할 수 없는 공포이자 모욕이지만 이들 군인들에게는 그저 오락에 지나지 않았다.

채찍질은 주로 하층민이나 외국인에게 적용되던 형벌이었다. 이 고통이 어느 정도인지는 정확히 짐작할 수 없다. 나 또한 공포를 탐닉하는 사람으로 보이고 싶지 않다. 어쨌든 이것은 희생자의 살점이 떨어져나가는 야만스러운 채찍질이었다. 앞에서 언급한 불운한 예수 벤 아나누스의 이야기에서 그는 "뼈가 드러날 때까지 매질을 당했다." 채찍질을 당하는 동안 희생자는 자기 몸의 기능을 통제할 수 없다. 사실 유대법도 채찍질을 허용하기는 하는데, 남성과 여성에게 집행하는 방식이 다르다. 한 랍비가 전하는 바에 따르면, 남성이 대변을 지려 더러워지면 채찍질을 멈춰야 하지만 여성은 오줌을 지린 후에 즉시 채찍질을 멈춰야 한다. 그들은 이 잔인한 처벌에 있어서도 여성에게 더 관대했다.[64] 로마는 이런 제한을 두지 않았을 것이다. 그들은 제의적인 부정함을 따지지 않는다. 오로지 때려서 고분고분하게 만드는 것이 최종 목표였다.

채찍질은 대단히 난폭하고 무자비했을 것이다. 그리고 채찍을 휘두른 사람에게 실제로 경멸과 증오심이 가득했는지도 모를 일이다.

예수님은 로마 군인들에게 죽임을 당하셨다. 사형 선고를 집행한 것은 군인들이었다. 로마의 클라우디우스나 네로 황제 등이 임명한 수많은 사형 집행관들은 모두 군인이었는데, 종종 고위층 장교도 있었다. 복음서의 묘사에 따르면 예수님을 때리고 십자가에 못 박은 군인들 가운데 고위 장교가 적어도 한 명쯤은 있었다.[65]

'로마인'이라는 말에는 오해의 여지가 있을 수 있다. 그 단어가 연상시키는 이미지는 집에서 멀리 떨어져 있는 자기 소유의 포도밭을 운영하고 라틴어를 구사하는 이탈리아 사람이다. 사실 빌라도의 소규모 수행원 가운데 로마인은 아주 적었고 아마도 장교들과 행정관리들만 로마인이었을 것이다. 나머지는 현지인들이었다.

마가복음은 총독 관정에 있는 '온 군대'를 언급하는데(막 15:16), 아마도 유월절을 대비해 안토니아 요새와 궁에 주둔하고 있던 병사들로, 고작해야 1,000명에서 1,200명 정도 되는 군대를 가리킬 것이다. 이미 보았다시피 유대를 지키는 군대는 로마의 군단병이 아니라 현지에서 차출된 외인 보병대였다. 물론 군대에서 26년간 복무하고 나면 시민권을 얻을 수 있긴 했지만 말이다. 그렇다고 유대인도 아니었다. 유대인은 안식일에 싸움이나 싸움 비슷한 것도 할 수 없기 때문에 군복무에서 면제되었다. 대신 군대는 현지인들, 사마리아나 가이사랴에 거주하는 비유대인들로 조직되었다.[66] 이들 보병대 중 하나의 이름이 알려져 있다. 요세푸스는 한 보병대의 이름을 '세바스티*Sebastii*'라고 전하는데, 헬라어로 아우구스투스를 의미하는 '세바스테*Sebaste*'의 복수형이다. 그리고 '세바스테'는 사마리아 성의 헬라식 명칭이기도 하다.[67]

따라서 빌라도의 명령을 수행하는 군인들은 로마인이나 유대인이 아니라 가이사랴에서 온 헬라인이거나 사마리아인이었을 것이다. 특히 예루살렘을 지킨 군대와 빌라도를 수행해 성으로 들어온 이들 중 일부가 사마리아인이었을 가능성이 크다. 사마리아인은 유대인들과 달리 군복무를 면제받지 않았다.[68]

그리고 사마리아인은 유대인을 '미워했다.'[69]

원수를 사랑하라

유대인과 사마리아인 간의 증오는 수백 년 전으로 거슬러 올라간다. 성전을 재건한 느헤미야는 사마리아인 산발랏을 이방인으로 간주하고 그와의 어떤 접촉도 거절했다. 또 산발랏의 딸이 대제사장 엘리아십의 손자와 결혼하자 예루살렘으로 돌아와 즉시 이들을 쫓아냈다(느 13:28).

구약과 신약의 중간기 시대에는 사마리아인과 유대인 모두 안티오쿠스 4세의 압제에 고통당했지만 그들은 힘을 모아 대항하지 않았다. 마카베오 시대에는 요한 히르카누스가 사마리아인들의 성전을 완전히 불태우고 세겜 성을 파괴했다. 이 일로 사마리아인들은 자신들이 유대인과는 별개의 종파라고 선언했고 앞으로도 이 사실은 변하지 않을 거라고 단정지었다. 사마리아인들의 거룩한 성은 세겜이지 예루살렘이 아니다. 그들의 성전은 모리아 산이 아니라 그리심 산에 있었다. 주로 이 문제가 유대인과 사마리아인이 분쟁하는 원인이 되었다. 좀 더 후에 한 랍비는 사마리아 사람들의 '문제점'을 제기했다. "언제 우리가 그들을 다시 회복할 것인가? 언제 그들이 그리심 산을 포기하고 예루살렘과 죽은 자들의 부활을 고백할 것인가?"[70]

폼페이 장군은 팔레스타인을 점령하고 나서 유대인이 다스리던 사마리아 성과 그 주변 지역을 거주민에게 돌려주고 이 지역을 시리아에 병합시켰다.[71] 이 지역이 유대 관할로 돌아온 것은 헤롯대왕 때였다. 그는 이 성의 기반시설에 크게 투자하는 외교적 기민함을 보였다. 헤롯대왕의 건축 프로젝트에는 아우구스투스에게 바치는 신전도 포함되었다. 헤롯은 자기의 군대와 함께 주위의 다른 인종 사람들을 정착시켰다. 요세푸스에 따르면 약 6,000명의 이주민이 세바스테에 정착했다. 헤롯의 부인 중 하나인 말다

케는 사마리아인이었을 가능성이 있다. 어쨌든 이 지역 출신이며 이방인이었다.[72]

헤롯의 노력으로도 둘 사이의 거리감은 줄어들지 않았다. 서로 때려눕힐 기회만을 엿보았다. 요세푸스는 로마 통치 초기에 몇몇 사마리아인이 성전에 침투해 뜰에 시신을 놓아두었다고 기록하는데, 이 행위로 건물을 부정하게 만들려는 의도였다.[73] 유대인들은 사마리아인에 대한 증오 때문에 그들과 최대한 거리를 두려 했다. 사마리아인은 이방인이었고 따라서 부정했다. 정기적으로 사마리아를 거쳐 여행하는 갈릴리 유대인과 달리 예루살렘에 사는 대부분의 유대인, 특히 대다수의 성전 귀족층이 유일하게 만나는 사마리아인은 로마 군인의 제복을 입고 안토니아 요새에서 자신들을 내려다보는 사람들뿐이었다.

만약 군인들이 사마리아인이라면 예수님에 대한 군인들의 조롱은 더욱 신랄해질 수밖에 없다. 물론 예수님은 사마리아인에 대해 전혀 다른 태도를 취하셨다. 그들 중에는 전에 주님이 사마리아를 지나 유대로 가는 여정에서 만났던 사람들이 있었을지도 모른다. 이들은 주님이 경건한 유대인보다 먼저 하나님나라에 들어갈 거라 말했었다.

이제, 예수님이 라틴어를 말하는 이탈리아 사람들에 의해 십자가에 못 박혔다는 생각이 사실과 다름을 알았을 것이다. 주님은 유대인을 열렬히 증오하는 사마리아 출신 군인들에 의해 십자가에 못 박히셨다.

군인들이
가시관을 씌우고

이 때문에라도 군인들은 마음껏 매질과 모욕을 즐길 수 있었다. "유대인의 왕이여 평안할지어다!" 대단한 놀림이었다. 가엾은 촌뜨기 한 명을 모욕하는 게 아니라, 전체 유대 민족의 오만함에 대한 조롱이었다. 유대인의 '왕'은 로마인 앞에서 완전히 무기력했다. 사마리아인 군대는 주님과 유대인을 향해 맘껏 해댈 수 있었다.

이미 피를 많이 흘리고 뼈가 상한 예수님은 다시 모든 군대가 흥밋거리를 위해 모여 있는 큰 광장으로 끌려가셨다. 그들에겐 주님을 좌지우지할 권한이 있었다. 주님을 마치 기괴한 인형처럼 대하며 옷을 입혔다가 다시 벗겼다. 그들이 입힌 옷은 색깔 있는 긴 옷이었다. 자색이라고 번역되어 있지만 이 단어는 푸른색에서 붉은색에 이르는 모든 색깔을 의미한다. 게다가 그들이 자색 옷을 손에 들고 있었을 가능성은 희박하다. 자줏빛은 가장 값비싼 염료였기 때문이다.[74] 어쨌든 이렇게 '자칭' 놀이가 진행되었다. 주님께 황제를 흉내 낸 옷을 입히고 머리엔 가시 면류관을 씌웠다.

가시 면류관은 가장 길었던 한 주를 상징하는 형상 중 하나이다. 보통 전형적인 서양식 면류관으로 묘사되지만 가시가 머리를 둘러가며 내리누르는, 왕관과는 전혀 다른 종류였을 것이다. 동전에서 찾아볼 수 있는 당시 왕들의 형상은 머리 주변에서 태양 광선처럼 빛이 퍼져나가는 왕관을 그리고 있다. 가시관의 재료로는 주변에서 흔히 구할 수 있는 가시 있는 식물을 사용했을 것이다. 가장 구하기 쉬운 거라면 데이트 팜이라 불리는 종려나무이다. 이 나무는 매우 날카롭고 뾰족한 가시가 위쪽으로 솟아 있는 식물이다.[75] 정말 종려나무라면 불과 며칠 전 예수님이 예루살렘에 들어오실 때 사람들이 흔들었던 나무가 아닌가. 어쩌면 군인들이 일부러 이것을 사용했을 수도 있다. 주님이 성의 반대편으로 들어오는 행진에 대해 하신 이야기를 그들도 들었을까? 그 말에 모욕감을 느끼고 지금 보복하고 있는 걸까?

이처럼 예수님은 심하게 채찍에 맞고, 모욕당하고, 조롱당하고, 침 뱉음을 당하고, 거듭 매질을 당하셨다. 그러고 나서 그들은 주님을 "십자가에 못 박으려고 끌고 나갔다"(막 15:20). 마가복음은 섬뜩한 사실을 참으로 담담하게 진술한다.

/

Day Six
: The Execution

/

십자가 처형

장소 ★ 골고다
시간 ★ 오전 9시

그리스-로마 세계는 십자가형을 입에 올리지 않는다. 물론 십자가형을 알고는 있다. 대부분의 도시에는 십자가형을 집행하는 장소가 마련돼 있었다. 그러나 십자가형은 노예나 반역자 같은 최하위층에게만 집행되는 처형 방식이었기 때문에 고상한 대화 주제는 아니었다.[76]

우리가 십자가형 절차에 대해 실제로 많이 알지 못하는 것도 이 때문이다. 복음서는 고대 문학 가운데 십자가형에 관해 가장 많은 내용을 담고 있는 문헌이다. 그들 또한 세부적인 내용은 그냥 지나치고 있지만 말이다. 그래도 복음서에는 십자가형의 일반적인 과정이 묘사되어 있다. 희생자는 채찍질을 당한 다음, 팔을 쭉 편 채 양팔이 십자가의 가로 기둥에 묶였다. 예루살렘에서는 나무가 흔치 않았기 때문에 아마도 가로 기둥은 전에 사용했던 것을 재활용했을 것이다.[77] 그런 다음 처형 장소로 끌려갔다.

거리는 멀지 않았다. 지금 예루살렘을 찾는 순례자들은 비아 돌로로사

*Via Dolorosa*라는 길을 따라 십자가 처형이 있었던 장소를 돌며 예수님의 십자가 사건을 기념한다. 이 길은 중세에 닦아놓은 것인데, 아마도 시점이 잘못된 것 같다. 이미 보았다시피 빌라도는 안토니아 요새가 아니라 헤롯 궁에 있었다. 그리고 헤롯 궁은 예수님이 처형된 장소에서 남쪽으로 약 100미터쯤 떨어진 곳에 있다.

그러므로 거리는 그렇게 길지 않았다. 그러나 예수님께는 불과 몇 백 미터도 길게 느껴졌을 것이다. 로마는 도와줄 '자원자'를 데려왔다. 공관복음서는 그를 "알렉산더와 루포의 아버지인 구레네 사람 시몬"(막 15:21)이라고 소개한다. 그가 시골에서 올라오는 길이었다면(막 15:21) 밭에서 일하는 사람이거나 막 소식을 듣고 달려온 예수님의 제자였을 것이다. 누가복음에 따르면 이제부터 예수님을 지지하는 큰 무리가 모여들기 시작한다.

무엇보다도 마가복음은 시몬의 아들들을 언급하는데, 이런 소개 방식은 그들이 독자들에게 잘 알려진 사람이라는 사실을 암시한다. 로마 교회에는 루포라는 사람이 있었다(롬 16:13). 또 구레네에는 아주 초창기부터 교회가 있었다(행 6:9; 11:20; 13:1). 기드론 골짜기에서 매장형 무덤이 하나 발견되었는데, 1세기의 납골당으로 밝혀졌다. 여기에 '알렉산더, 시몬의 아들'의 유골이 있다. 히브리어로는 *Alexandros Qrnyt*라고 되어 있는데, 학자들은 이 문자를 *qrnyh*, 즉 구레네 사람을 의미하는 *qireniyah*로 해석한다. 매우 흔한 이름들이지만 이 무덤의 주인이 예수님의 십자가를 대신 지고 간 사람의 아들일 가능성도 배제할 수는 없다.[78] 시몬과 가족들은 예수님의 제자였을까? 시몬은 문자 그대로 주님의 십자가를 대신 진 최초의 제자였을까? 추측하기 나름이다. 하지만 더욱 중요한 사실은 예수님이 스스로 십자가를 지고 가실 수 없었다는 점이다. 채찍질이 어찌나 혹독했던지 주님은 제대로 걷지도 못하셨다.

그러나 그분 주위에는 무리가 있었다. 예수님을 따르는 사람들에 관한 묘사는 주님을 등진 '유대인'의 이야기가 실제와 다름을 다시 한 번 보여준다. 큰 무리의 사람들, 주로 여자들이 상심한 채 흐느끼며 큰 슬픔으로 가슴을 치고 있었다. 이들 중 몇몇은 호기심 때문이었겠지만, 어떤 이들은 연민을 느끼고 있었다. 대개 처형을 당하는 자의 고통을 줄이는 진정제를 제공하는 일은 여인들의 몫이었다.[79] 그러나 알다시피 이들 중 일부는 예수님의 제자였다. 그리고 여기 표현된 슬픔은 형식적인 애도를 넘어선 것으로 보인다.

그렇지 않다면 왜 예수님이 그들에게 말을 거셨겠는가? 예수님이 그들에게 하신 말씀은 누가복음에 기록되어 있는 대로 심판의 말씀이다. 이틀 전 예루살렘이 내려다보이는 언덕에서와 마찬가지이다. "푸른 나무에도 이같이 하거든 마른 나무에는 어떻게 되리요"(눅 23:31). 불이 내려오고 있다. 푸른 나무는 이미 사로잡혔다. 마른 나무에 불이 붙으면 어떻게 될지 생각해보라.[80]

4월 3일 금요일 여섯째 날 : 처형

예수를 끌고 골고다라 하는 곳에 이르러

예수님의 처형 장소는 골고다, 즉 '해골의 곳'으로 알려져 있다. 이런 장소들이 으레 그렇듯이 골고다도 성 바깥에 있었다. 전형적인 로마의 효율성에 맞게 성 바깥이기는 하지만 헤롯 궁에서 가장 가까운 곳, 전에는 채석장이었던 묘지에 있었다.

지금은 이 장소에 교회가 서 있는데 세상에서 가장 오래되고 유명한 교회 중 하나이다. 서방 교회는 이 교회를 묘지 위에 세웠다 하여 성묘교회라 부르는데, 동방 교회는 아나스타시스*Anastasis*, 즉 부활교회라 부른다. 이는 물 잔에 물이 절반 있을 때 '물 잔에 물이 반이나 차 있다'고 보는 그들 특유의 낙천주의를 드러내는 이름이다. 당신이 이 교회를 사랑하든 혐오하든 이곳은 거룩한 곳이다. 많은 기독교인이 끝없는 논쟁, 애매한 제의, 번쩍거리는 잡수함 같은 내부 구조 때문에 혼란을 겪었지만, 어떤 사람들에게는 신비와 근본에 대한 감각을 일깨우는 곳이기도 하다. 바로 모든 것이 시작된 곳이기 때문이다.

이곳이 바로 그곳일까? 예수님이 여기에서 처형되고 가까운 곳에 묻혔다고 추정할 수 있는 이유들이 있다. 첫째, 주님이 돌아가실 당시 이곳은 성벽 바깥에 있었다. 둘째, 헤롯 궁이 있는 곳에서 북쪽으로 가까운 거리에 있다. 사실 이 교회는 1세기 묘지 위에 서 있다. 무덤은 이 건물 아래에서 발견되었다. 그리고 이곳은 기독교가 로마제국의 국교가 되기 전부터 유래된 장소라는 전승이 있다. 그러면 초대교회는 이 장소를 기념했을 것이다. 위험을 무릅쓰고 지속적으로 기념한 게 분명하다. 위치가 정확하진 않아도 가장 근접한 곳이라 할 수 있다. 교회 안에 있는 바위가 실제 골고다가 아니더라도 실제와 가장 비슷할 것이다.

군인들이 예수님께 포도주에 몰약을 섞어 권했지만 주님은 거절하셨다. 보통은 진정제를 먹지 않으려는 행동으로 해석한다. 예수님은 앞으로 무슨 일이 일어나든 의식이 있는 채로 겪어내려고 하신 것이다. 그러나 몰약은 마취제도 진정제도 아니다. 사실 몰약을 섞은 포도주는 맛이 좋았다. 베다니에서 예수님에게 부었던 나드와 달리 몰약은 요단 계곡의 발삼 숲

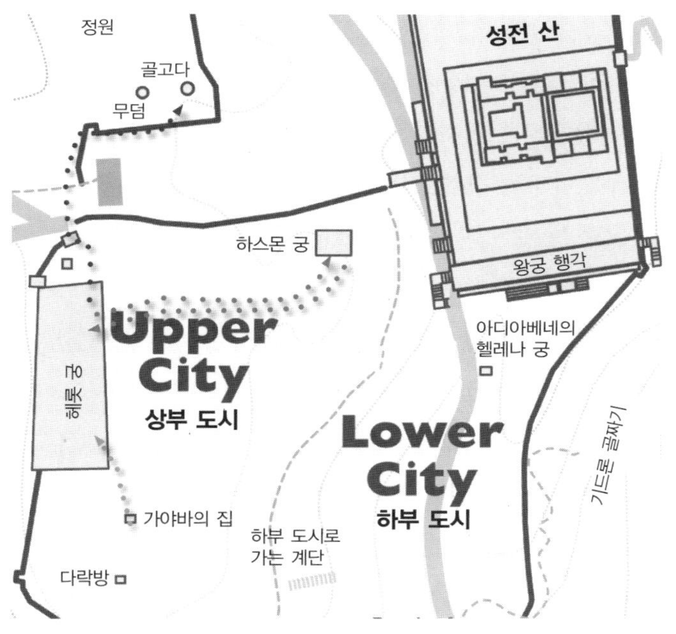

재판과 처형 : 금요일 아침 예수님의 이동 경로

······ 가야바의 집에서 빌라도 앞으로
······ 빌라도에게서 헤롯 안디바에게로, 다시 안디바에게서 빌라도에게로
······ 빌라도의 관정에서 골고다로

에서 나는 지방 특산품이었다. 그곳은 사막기후인데다 지대가 낮아서 최상품 몰약을 생산하기에 최상의 조건을 갖춘 지역이다.[81] 플리니우스는 이렇게 기록한다. "초기에 생산된 극상품 포도주는 몰약의 향으로 풍미를 더한 것이다."[82] 따라서 군인들이 예수님께 포도주를 권한 건 예수님을 도우려는 의도가 아니라 또 다른 형태의 조롱이었다. '극상품' 포도주를 마시는 유대인의 왕! 사실 군인들은 거짓말을 하고 있다. 조금 후에 그들은 거

짓말을 멈추고 주님께 평범한 신 포도주를 드렸다.

그러고 나서 그들은 주님의 옷을 벗기고 아침 9시에 주님을 못 박았다.

이 일이 어떻게 치러졌는지는 복음서마다 조금씩 다르게 기록한다. 십자가형 자체가 다양한 방식으로 행해질 수 있기 때문이다. 십자가형은 원래 로마가 고안한 것이 아니지만 로마의 관행대로 일부분을 개선했다. 로마식 십자가형은 로마의 도로와 다리만큼이나 소름끼칠 정도로 효율적이다. 마르틴 헹엘이 기록한 대로라면 "십자가형은 사형 집행인의 변덕과 가학성의 고삐를 완전히 풀어놓는 처벌이다."[83] 요세푸스는 로마 군인들이 예루살렘을 포위하고 있을 때 다양한 자세와 모양으로 희생자들을 십자가에 매다는 일을 '소일거리'로 삼았다고 증언한다.

> 그들〔사로잡힌 죄수들〕은 죽기 전에 채찍질과 온갖 고문을 당한 다음, 성벽을 바라보며 못 박혔다. … 군인들은 분노와 비통함에 사로잡혀 잔인한 농담을 던지듯 희생자들을 다양한 자세로 뉘어 못질을 가했다. 십자가 처형이 매우 자주 행해졌기 때문에 더 이상 십자가를 세울 공간도 없었고 못 박을 십자가도 없었다.[84]

세네카는 자신이 목격한 집단 십자가형에 관해 이렇게 쓰고 있다. "나는 그곳에서 십자가들을 보았다. 여러 방식으로 못 박힌 십자가들이 즐비했다. 희생자들이 머리를 땅으로 향하는 경우도 있고 은밀한 신체부위가 고정되거나 팔을 쭉 뻗은 경우도 있었다."[85] 고고학자들이 유일하게 발굴한 십자가형 희생자의 흔적이 예루살렘 근처에서 발견되었는데, 여기서 얻은 증거에 따르면 수평대 위에 희생자의 손이 못 박히고 발은 높이 들린 채

작은 말뚝 위에 걸터앉아 있는 형상이었다. 그리고 못 하나가 그의 발꿈치 뼈를 옆에서 관통해 그의 발은 중심 기둥의 측면에 박혀 있었다.[86]

이에 따르면 희생자가 중심 기둥의 높은 곳까지 달리지 않았던 모양이다. 그게 훨씬 힘든 자세이기는 하지만 말이다. 아마도 간신히 눈높이쯤 되었을 것이다. 기독교 전승은 예수님이 십자가에 처형된 지점이 바위 돌출부라고 하는데, 그런 장소라야 많은 사람들이 볼 수 있기 때문이다. 그러나 십자가 자체는 높지 않았다. 예수님은 눈높이에서 사형 집행인들을 보실 수 있었다.

빌라도는 십자가 위에 다음과 같은 죄패를 써서 달았다. '나사렛 예수, 유대인의 왕'. 이 죄패를 예루살렘의 주요 언어인 히브리어와 라틴어와 헬라어로 모두 기록했다. 유대 지도자들을 향한 빌라도의 마지막 공격인 셈이다. 유대 지도자들은 모두가 보는 패니까 '유대인의 왕'이라는 문구는 쓰지 말아 달라고 부탁했을 것이다. 그러나 빌라도는 그들의 불평에도 불구하고 문구를 바꾸지 않았다(요 19:22). 그리고 이것이 예수님의 머리 바로 위 기둥에 달려 있던 '죄명'이었다.

그들이 예수를 십자가에 못 박으니라

십자가형은 수치스러운 죽음이었다. 사실 그것이 핵심이다. 십자가형은 수치를 안겨주려고 고안한 사형 방법이다. 십자가는 창피를 주고 두렵게 만들었다. 사람들을 협박해서 복종시킬 의도로 만든 형벌이었다. 주로 노예들을 겨냥한 처형 방법이기 때문이다. 십자가형은 '노예들의 죽음'이었다. 로마는 제국 내에 있는 수백만 명의 노예들을 통제해야 했다. 그들을 겁에 질리게 해서 복종시켜야 했고, 그럴 수 있게 만든 주요 방식 중 하나가 십자가형이었다. 주전 2세기 노예들의 반란은 집단 십자가형으로 끝장나고 말았는데, 승리한 마르쿠스 크라수스는 6,000명의 노예를 십자가에 못 박아 로마로 향하는 대로를 가득 채웠다. 노예는 어떤 형태로든 반항하면 이 끔찍한 형벌을 받아야 했다.[87]

또한 십자가형은 모반에 대한 형벌이었다. 식민지에서 아주 소소한 반역의 기미만 보여도 로마는 끔찍한 폭력으로 진압에 나섰다. 십자가형은 그 방법 중 하나였다. 공공연한 수치이자 모욕이었다. 때로는 희생자에게 장례도 허락되지 않았다. 마커스 보그Marcus J. Borg와 존 도미니크 크로산John Dominic Crossan의 말을 빌리자면 '제국의 테러' 행위였다.[88]

십자가형이 유대인들에게 가장 빈번에게 가해진 것을 보면, 너무나 긴 세월 동안 유대인들이 십자가에 대한 책임을 지게 된 셈이다. 이는 참으로 잔인한 역설이다. 유대인만큼 십자가형으로 고통당한 민족이 없다. 요세푸스는 하스몬 왕조의 통치자 알렉산더 하나우스가 주전 88년 800명을 십자가형에 처한 일을 묘사한다.[89] 유대 반란이 일어나기 전에 로마의 총독 게시우스 플로루스는 그를 조롱한 사람들에게 십자가형을 내렸다. 그는 수많은 유대인들과 귀족들을 닥치는 대로 잡아들여서 족쇄를 채웠다가 십자가에 못 박았다. 베니게 공주가 자비를 호소해도 소용이 없었다.[90] 요세푸스에 따르면 퀸틸리우스 바루스는 헤롯대왕의 죽음에 이어 발생한 반란의 대가로 2,000명의 유대인을 십자가에 못 박았다.[91]

따라서 예수님이 제자들에게 자기 십자가를 지라고 말씀하셨을 때 이는 일상적인 관행을 언급한 것이다. 유대인들은 자신들이 선을 넘으면 로마

티툴루스(죄패) : 죄수의 이름과
죄목이 적힌 나무 패.

못 하나가
양 목말뼈를
관통함.

그림 1

십자가에 못 박힌 사람 The Crucified Man

1968년, 예루살렘 근처 기브앗 하미브타르에서 1세기 당시의 유물과 무덤이 발견되었다. 석관에는 십자가에 못 박혀 죽은 사람의 뼈가 들어 있었는데, 죽은 자의 이름은 요하난 벤 하그콜이었다. 못이 목말뼈를 관통했고 두 다리가 부러진 상태였다. 아마도 이것이 죽음을 재촉했을 것이다.

죽음의 유형을 둘러싸고 두 가지 가설이 제기되었다. 첫 번째는 손목에 못이 박혔고, 그다음 다리가 들렸으며, 못이 목말뼈를 관통했고, 태아처럼 몸을 잔뜩 오그린 상태로 죽었다는 가설이다(그림 1).

두 번째는 십자가 세로 기둥을 사이에 두고 다리를 벌린 채 못 두 개가 각각 한쪽 목말뼈를 관통했고, 팔은 가로 기둥에 둘렀고 밧줄로 팔을 고정한 상태로 죽었다는 가설이다(그림 2).

복음서에 따르면 예수님은 손에 못이 박혔다. 아마도 팔은 십자가 가로 기둥에 묶였을 것이다. 십자가에는 대개 죄수가 엉덩이를 걸칠 수 있는 좌대나 발을 딛고 설 수 있는 족대가 붙어 있었다.

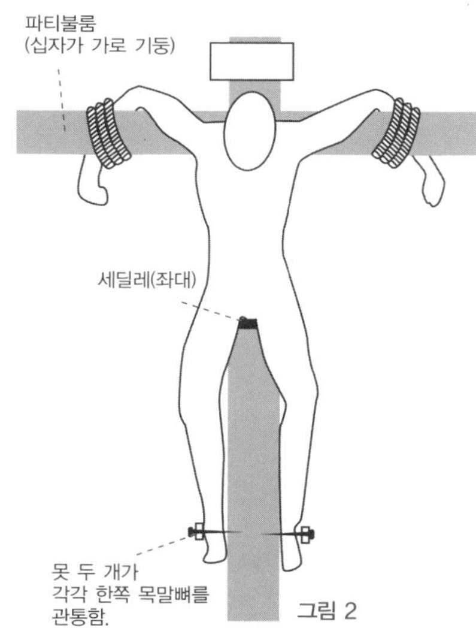

예수님의 십자가 처형을
묘사하는 가장 초기 작품.
5세기 로마 산타 사비나 교회의 문 장식.

가 그들에게 십자가형을 집행할 것을 알고 있었다. 그리고 예수님은 자신의 운명이 로마인의 손에 넘어갈 것을 아셨다.[92] 하지만 십자가는 반역에 대한 대가이기도 하지만 복종에 대한 대가이기도 하다. 랍비 나단이 남긴 출애굽기 20장 6절 주석을 보자.

> "왜 당신은 참수형을 받았소?"
>
> "내 아들에게 할례를 행해 이스라엘 사람으로 만들었기 때문이오."
>
> "왜 당신은 끌려 나와 화형에 처해졌소?"
>
> "토라를 읽은 탓이라오."
>
> "왜 당신은 십자가에 못 박혔소?"
>
> "무교병을 먹은 까닭이오."[93]

다시 말해서 토라에 대한 믿음이 로마와의 갈등을 낳았을 수 있다. 그리고 로마와의 갈등은 십자가라는 한 가지 방법으로 해결된다.

그날 예수님 옆에서 십자가에 달린 다른 두 죄인의 죽음도 반역에 대한 처벌로 십자가형을 사용한 예이다. 그들은 대개 강도나 도둑으로 불리지만 사실상 바라바와 동급에 속한 자들이다. 즉 무법자*lestai*였다. 도둑이자 정치범이었다. 그들이 목표로 삼은 사람들은 갈릴리와 유대 지역에서 부유하고 권세 있는 자들, 특히 친로마 정부의 지지자 혹은 그 일원이었다.[94] 도둑질만 했던 사람을 무법자라 하지는 않는다. 애초부터 정치적인 동기로 행동하는 사람을 무법자라 한다.[95] 고대 그리스의 희극작가 메난드로스Menandros는 "도둑질은 자기가 달릴 십자가를 직접 만드는 행위다"라는 오싹한 시리아 속담을 인용한 바 있다. 하지만 그들의 '도둑질'은 절도나 가

택 침입을 의미하지 않았다. 십자가가 단죄하는 것은 정치적 사안과 관련된 절도 행위였다.[96]

이런 절도 행위의 목표는 돈이 아니라 혼란과 두려움을 조장하는 것이었다. 팍스 로마나를 교란하는 행위로, 동요를 일으키는 게 목적이었다. 강도는 말한다. "당신은 이 성의 통제 아래 있어도 된다. 하지만 성 밖에서는 문제가 달라진다." 따라서 예수님은 좀도둑들이 아니라 강도들 사이에서 못 박히신 것이다. 적어도 로마의 시각에서 볼 때는 정치 절도범인 두 테러리스트 사이에서 못 박히셨다.

그런데 로마 입장에서 예수님은 그들과 크게 다르지 않았다. 주님 또한 정치범이었고 폭동을 일으키고 왕이라 사칭하는 것 때문에 고발된 사람이었다. 그 죄인들 가운데 한 명은 예수님이 자기와 다른 분이라는 것을 인식한 듯 예수님께 이렇게 말한다. "예수여 당신의 나라에 임하실 때에 나를 기억하소서." 예수님의 응답은 믿음과 희망으로 가득한 말씀이었다. "오늘 네가 나와 함께 낙원에 있으리라"(눅 23:43). '낙원'은 페르시아어에서 차용된 단어로 울타리를 두른 정원을 의미한다. 나무와 그늘, 시원함과 휴식이 있는 장소이다.[97] 이것이 죽어가는 촌사람 예수가 약속하신 바이다. 이제는 무용지물이 된 채석장, 로마의 처형지에 가득한 피, 먼지, 열기 속에서 주님은 한 죄인에게 다른 결말을 약속하신다.

로마와는 전적으로 다른 비전을 지닌 이 왕국에서는 유례없는 일이 일어난다. 창녀들과 세리들은 이미 종교적 속임수를 물리치고 낙원 앞에 굴복했다. 이제 이 강도도 낙원 앞에 있다.

그 옷을 나누는지라

주님의 마지막 유품은 예수님을 십자가에 못 박은 군인들이 차지했다. 대단한 유품은 아니었다. 그저 주님이 입고 있던 옷에 불과했다. 장교 계급은 봉급이 재깍재깍 나왔지만 병사들은 그렇지 못했다. 보조군 백부장은 해마다 약 3,750데나리온을 받았는데, 이 액수는 소작농이 받는 연간 임금의 열 배가 넘는다.[98] 물론 신병이나 보병들은 그보다 훨씬 적게 받았다.

보조군 소대 보병들의 연간 임금은 일 년에 750세스테르티움, 약 187데나리온이었다.[99] 숙식이 제공되긴 했지만 그 경비는 애초부터 봉급에서 제했다. 14년에 반란을 일으킨 로마 군단병들은 숙박비 징수 기준이 제멋대로라며 들고 일어났다. 봉급에서 음식, 의복, 장비, 숙소 등의 경비를 제한 후에도 또 다른 비용이 들었는데, 기본적으로 백부장에게 주는 뇌물 성격의 자잘한 요금들이었다. 하급 군인의 경우 이렇게 제하는 비용이 봉급의 40-75퍼센트나 되었다. 남은 봉급으로는 최소한의 생활비만 지출한다 해도 가족을 부양할 수조차 없었다.[100]

또 다른 수입원이 있어야 했다. 그래서 장사 같은 부업을 하거나 갈취에 가담했다.[101] 그래서 세례 요한은 자기에게 와서 세례를 받은 군인들이 이제 어떻게 살아야 하냐고 묻자 이렇게 대답했다. "사람에게서 강탈하지 말며 거짓으로 고발하지 말고 받는 급료를 족한 줄로 알라"(눅 3:14).

이제 그들이 바라던 전리품을 차지할 시간이다. 예수님은 만약 누군가가 겉옷을 요구한다면 속옷까지 내주라고 말씀하신 분이다(눅 6:29). 여기에서 주님은 옷을 빼앗긴다.

누가복음은 군인들이 예수님을 희롱하는 데 가담했다고 기록한다. 주님께 신 포도주를 주며 스스로 구원해보라고 놀린 것이다. 모든 복음서에 예수님을 희롱하는 장면이 나온다. 지나가는 자들(마 27:39)과 군인들(눅 23:36)과 대제사장들과 장로들과 서기관들(마 27:41; 막 15:31)이 그 주인공이다. 예수님을 조롱한 성전 지도자들의 경우 성전 위계질서상 높은 지위는 아니었을 것이다. 그랬다면 유월절 준비일에 예루살렘의 반대쪽에 있어야 하기 때문이다. 그러나 그들과 '지나가는 자들'의 희롱은 모두 성전 귀족들이 첫 번째 심문에서 했던 고발 내용과 일치한다. "성전을 위협하던 예수를 보라! 스스로 메시아라더니 자신은 구원할 수 없지 않은가"(막 15:31-32 참조).

십자가 곁에 섰는지라

지켜보는 무리 가운데는 다른 사람들도 있었다. 조롱할 이유가 없는 사람들, 바로 예수님의 가족들이다. 가족 중에서 여인들은 현장에 있었다. 당시에 아버지 요셉은 이미 죽었고 어머니 마리아만 살아 있었다.[102] 복음서는 십자가 곁에 섰던 여러 여인들에 대해 언급한다.

- **마가복음** 막달라 마리아, 작은 야고보와 요세의 어머니 마리아, 살로메(막 15:40)
- **마태복음** 막달라 마리아, 야고보와 요셉의 어머니 마리아, 세베대의 아들들의 어머니(마 27:56)
- **요한복음** 예수의 어머니, 이모, 글로바의 아내 마리아, 막달라 마리아(요 19:25)

이들 중 몇 명은 동일 인물이지만 다르게 소개된다. 마가복음이 '살로메'라고 한 여인은 마태복음에서 '세베대의 아들들의 어머니'로 나온다. 마태복음은 독자들이 살로메가 누구인지 모른다는 사실을 알고 여인의 신분을 설명하는 편을 택한 것이다. 이대로라면 이 여인은 세 복음서에 전부 등장할 가능성이 있다. 즉 요한복음이 '이모'라고 부르는 여인일 수도 있다는 말이다. 그렇다면 사도 요한과 야고보는 예수님의 외가 쪽 사촌이 되는 셈이다.[103] 물론 다른 사람일지도 모른다. 마리아라 불리는 여인들이 복음서 전체에 등장하는 횟수를 보면 이 이름이 얼마나 흔했는지 알 수 있다. 게다가 복음서 저자들은 이 여인들이 거기 서 있던 사람들 '가운데' 있었다고 말한다. 이로써 우리는 야고보와 요한의 어머니가 예수님께 특별히 아들들을 부탁한 이유를 이해하게 되었다(마 20:20-23). 결국 그들은 가족이었다.[104]

잠깐, 여기서 의문이 남는다. 남자들은 어디에 있는가? 예수님의 형제들과 제자들은 그곳에 없었다. 요한만 남아 있었다. 우리는 그 형제들의 이름을 안다. 야고보, 요셉, 유다, 시몬(막 6:1-4). 하지만 복음서를 보면 그들은 십자가 사건 이후에야 예수님의 사명을 납득하게 된다. 요한복음은 "그 형제들까지도 예수를 믿지 아니함이러라"(요 7:5)고 말한다. 또 그들은 주님을 붙들러 나왔다(막 3:21). 아마도 그들은 주님이 가족들에게 수치를 안겨준다고 느꼈던 모양이다.[105] 그래서 예수님은 십자가에서 형제가 아닌 요한에게 당신의 어머니를 부탁했던 것이다. 주님의 가족들은 대부분 주님을 버리는 바람에 그분의 시신을 무덤에 안장하는 것도 남의 몫이 되었다.

/

Day Six
: The Execution

/

사방이 어두워짐

장소 ★ 골고다
시간 ★ 정오

공관복음은 정오부터 세 시까지 비정상적인 어둠이 땅을 덮었다고 기록한다. 어떤 사람들은 일식이 있었을 거라 말하는데, 천문학적으로 불가능하다는 주장이 유력하다. 유월절은 만월 때를 맞춰 날짜가 정해지는 만큼 만월에 개기일식이 일어날 수 없다는 것이다. 흑점에서 모래 폭풍에 이르기까지 많은 이론이 제시되었다.[106] 확실히 일식은 죽음의 상징이었다.[107] 또한 어둠은 아모스서와 같은 구약 예언서와 연결되어 있다.

> 주 여호와의 말씀이니라. 그날에 내가 해를 대낮에 지게 하여 백주에 땅을 캄캄하게 하며 너희 절기를 애통으로, 너희 모든 노래를 애곡으로 변하게 하며 … 독자의 죽음으로 말미암아 애통하듯 하게 하며 결국은 곤고한 날과 같게 하리라(암 8:9-10).

이때 일어난 일식이야말로 뭔가가 우리를 점차 역사 밖으로 밀어내 더 어둡고 더 깊고 신비로운 곳으로 몰아가고 있다는 첫 번째 신호가 아닐까? 일식은 말로 표현할 수 없을 만큼 이상한 우주 현상이다. 이제부터 복음서에는 섬뜩함이 끼어들기 시작한다.

이야기가 차츰 어두워진다. 유대의 어두운 정치 세계는 세 시간을 고통과 수치와 가볍기 짝이 없는 조롱으로 물들였다. 거기 모인 여인들이 아들이자 조카이며 구원자이신 그분의 고통을 보며 눈물지었던 시간이기도 했다. 어둠은 동틀 무렵부터 몰려왔다.

준비일

오후에는 비명소리가 들려오기 시작했다.

매년 이맘때 들려오던 소음은 희생 동물들의 비명이었다. 이 제물들은 용신할 틈도 없는 곳에 서서 자신들이 처할 운명을 기다리며 공포에 휩싸여 울어댔다.

오늘도 그날이었다. 오후 세 시에 도살이 시작되었고 성 안은 피비린내로 진동하기 시작했다.

전날 밤 예수님이 제자들과 식사를 하시는 동안 성 안에서는 집집마다 누룩을 샅샅이 찾아 없애거나 따로 치웠을 것이다. 그러고 나서 준비일 당일에는 성전 주위와 성전 경내로 모여들었다. 남자들은 홀로 혹은 무리와 함께 4일 전에 심혈을 기울여 고른(대부분 돈으로 구입한) 양을 나르고 있었다. 니산월 14일 오후, 전에 없는 어둠 속에서 명절에 참여한 사람들은 세 집단으로 나뉘어 성전으로 달려갔고, 지정된 시간에 제사장의 뜰에 들어섰다. 각 집단이 들어가고 나면 그들 뒤로 문이 닫혔다. 명절에 참여한 사람들은 어린양의 목을 자르고 죽은 양의 가죽을 벗겼다. 그동안 제사장은 양의 피를 대야에 모았다. 이 대야는 제사장에게서 제사장에게로 전해져 이 제단에 올랐다. 제단 주위의 계단에 피가 뿌려질 것이다. 한편, 명절에 참여한 사람들은 양 가죽을 벗기고 내장을 모두 제거했는데 내장은 따로 모아 제단에서 태워졌다. 이 의식이 진행되는 동안 레위인들은 음악을 연주하고 시편을 노래하거나 암송했다.

요세푸스의 기록에 따르면, 이때 희생되는 동물들의 수는 가히 충격적이다. 아마도 과장된 수치겠지만 명절 때마다 도살된 양의 숫자가 25만 6,500마리라고 한다.[108] 이 만큼의 동물이 두 시간 동안 도살되었다면 분당 2,000마리를 잡아야 하고 스무 명이 양 한 마리를 드렸다고 치면 전체 인구는 500만 명 이상이 된다. 예레미야스는 예루살렘 인구가 3만 명 정도였고, 명절에 찾아온 순례자는 8만 명에서 12만 5,000명 사이일 것이라고 추측한다. 그러나 이 숫자도 수상쩍기는 마찬가지이다.[109] 순례자 수를 8만 명만 잡아도 양이 5,500마리가 필요한데, 그러면 분당 42마리를 처리하는 셈이다. 양마다 피를 따로 모으고 가죽을 벗기고 내장을 제거해야 하는데….

목이 잘린 양은 죽는 데 2분쯤 걸린다고 한다.[110] 게다가 양의 가죽을 벗기고 준비하는 데도 2분이 필요하다. 그러면 양 5,000마리만 잡는다고 해서 333.33시간의 일을 할 인력이 필요하다는 얘기이다. 따라서 두 시간 안에 이 숫자를 처리하려면 170명의 제사장이 필요한데, 그것도 170명 전원이 두 시간 동안 쉬지 않고 최고 효율로 일해야 한다.

그런데 이렇게 사람들로 붐비는 지역에서 이게 가능했을까? 이스라엘의 뜰은 가로 70미터, 세로 20미터에 불과하다. 예루살렘에 사는 사람들의 숫자가 훨씬 적고, 도살자에게 2시간 이상의 시간이 주어지고, 제사장의 숫자가 훨씬 많고, 예루살렘에 사는 사람이 모두 제사에 참여하는 것은 아니라고 해야 이 가설이 성립한다. 앞의 세 가지는 가능성이 거의 없는 이야기이다. 따라서 예루살렘 거주자들 중에도 양을 잡아 제사를 드리는 일에 참여하지 않거나 참여할 수 없는 사람들이 많았음에 틀림없다. 사실 〈미쉬나〉는 양을 살 능력이 없는 사람들도 유월절을 기념하는 무리에 동참할 수 있다고 암시한다.

어떤 상황이든 이렇게 많은 동물을 도살하려면 산업화된 생산 라인이 필요하다. 당시 유대의 명절은 지금의 하지 수준의 행사였을 것이다. 하지 3일 동안에는 약 80–100만 마리의 양이나 염소나 낙타가 도살된다. 고기는 가난한 이들에게 나눠주고 피를 따로 모으지는 않는다. 또 도살은 지정된 장소에서만 가능한데, 거기에서 순례자들은 자신과 일행들이 3일 동안 먹을 양만큼만 고기를 떼어갈 수 있다.[111] 그러나 시설을 갖추었다 해도 희생 제물 처리 시에는 큰 문제가 발생할 수 있다. 1972년 한 도살장에서는 동물 시체를 주체할 수 없어 비상 출구를 내려고 불도저를 출동시킨 해프닝도 있었다.[112]

이스라엘의 뜰처럼 훨씬 더 작은 공간이라면 틀림없이 소란이 대단했을 것이다. 피비린내와 동물들의 비명소리, 뒤죽박죽된 짐승 가죽과 분비물 등은 밝고 하얀 성전의 대리석이나 황금과 완전한 대비를 이루며 분명 거칠고 비이성적인 암살 장면을 연출했을 것이다.

같은 시간, 성의 반대편에 있는 골고다에서도 이 소리와 냄새를 쉽게 감지할 수 있었다. 그리고 오후 3시, 그곳에서도 비명소리가 들렸다.

/

Day Six
: The Execution

/

죽음

장소 ★ 골고다
시간 ★ 오후 3시

마가복음에 따르면 예수님은 오후 3시에 '큰소리'를 지르셨다. 헬라어에서 큰소리는 다급한 절규, 구조 요청 등을 뜻하지만 예수님이 내신 소리는 사실상 기도였다.[113] '큰소리'는 헬라어 *phone megale*를 문자 그대로 번역한 것으로서 십자가에서 부르짖는 사람의 다급함을 정확하게 표현하지는 못한다.

마가복음은 예수님이 시편의 한 구절을 아람어로 외치셨다고 한다. "엘리 엘리 라마 사박다니." 번역하면 "나의 하나님, 나의 하나님 어찌하여 나를 버리셨나이까?"(막 15:34)이다. 마가복음은 예수님이 십자가 위에서 하셨던 말씀 중에 이 구절을 유일하게 기록했다. 시편 22편을 인용하신 말씀으로 철저한 고독과 소외감에 대한 절규이다. 그리고 실제 예수님의 발언이었음이 확실하다. 마가는 예수님의 외침이 철저한 절망의 절규인 것을 알면서도 뒷부분에 가서는 승리하신 그리스도의 모습을 묘사한다. 감동시키는 뭔가가, 심장을 잡아 뜯는 뭔가가 여기 있다. 예수님의 가장 독특한 습관 중 하나는 하나님과 자신의 관계를 묘사하면서 친숙한 아람어 아바*Abba*를 사용하시는 것이다. 주님은 여기에서도 자신의 모국어를 사용하신다. 이 순간에 '아바'라니, 이 상황과는 거리가 먼 단어이다. 곁에 서 있던 사람들은 아람어 엘로이*Eloi*를 히브리어 엘리야*Elijah*로 생각해 이 말을 오해했다.[114] 로마 병사가 '엘리야'를 알아들었는가 하는 문제에는 의문의 여지가 있다. 다만 여기에서 한 가지 중요한 힌트는 보조군이 이 지역 출신이라는 사실이다. 로마의 병사는 '엘리야'를 알 리가 없지만 사마리아 용병들은 아람어를 할 줄 알았다.

이것은 실패의 외침일까, 알아달라는 외침일까? 전통적인 신학은 이것이 포기의 순간, 예수님이 모든 인류를 위해 고통당하시는 순간이라고 주장한다. 하지만 이것은 기도이다. 기도할 때 우리는 항상 누군가가 듣고 있다는 희망을 갖는다. 그리고 시편 22편은 의로움과 회복을 선언하며 끝을 맺는다.

복음서는 모두 예수님이 신 포도주나 초에 섞은 포도주를 받으셨다고 기록한다. 누가복음은 이 장면을 앞부분에 배치하지만 요한복음과 다른 공관복음에서는 최후의 순간 직전에 소개한다. 하지만 고통이 진행되는 동안 주님이 신 포도주를 한 번만 받으셨다고 생각할 이유는 없다. 요한의 묘사가 가장 정교하다. 예수님은 "내가 목마르다"고 말씀하신다. 누군가 해면에 신 포도주를 적셔 우슬초에 매어 예수님의 입에 대주었다. 우슬초를 사용한 것은 예수님이 닿을 수 없는 거리에 있었기 때문이 아니라 잔을 사용하지 않고 액체를 옮기기 위해서였다.

신 포도주를 준 것도 조롱의 연장선상에 있는 행동이었는지도 모른다.

이 순간까지 계속 조롱하는 게 다소 쓸데없는 짓이라는 생각은 들지만 말이다. 여기 그릇에 들어 있는 신 포도주(요 19:29)는 가장 보편적인 음료로, 평범한 군인들이 마시는 농가의 붉은 포도주였다. 예수님은 신 포도주를 한 모금 드시고 즉시 돌아가셨다. 마태복음과 마가복음에서 주님은 크게 소리 지르셨다(마태복음은 마가복음의 설명을 따른다). 요한복음에서는 "다 이루었다"고 외치시며 누가복음에서는 "아버지 내 영혼을 아버지 손에 부탁하나이다"(눅 23:46)라고 말씀하신다.

이것으로 모든 게 끝났다. 실패한 혁명가의 죽음이요, 종교적 살인행위와 다름없는 사건이 이렇게 끝나버렸다. 그는 제국의 행복을 위한 상번제의 희생 제물이었다.

다 이루었다

예수님의 죽음은 그 방법에서 의문이 남는다. 끔찍하기는 하지만 십자가형은 주요 동맥 중 어떤 것도 끊지 못한다. 손발에 못이 관통한다고 해도 금방 죽지는 않는다.

많은 의사들이 십자가형으로 희생자가 죽어가는 과정에 대해 여러 의견들을 제시했다. 적어도 열 가지 이상의 이론이 나왔는데, 많은 저자들이 서로 다른 이론을 뒤섞어 제시하기도 한다.

가장 흔한 설명은 희생자가 질식사한다는 것이다. 팔이 매달린 채 바닥과 발이 닿지 않은 자세가 지속되면 근육이 경련을 일으키고 혼자 숨을 내쉬지 못하다가 죽는다. 그러나 십자가형을 설명하는 고대 기록은 희생자가 오랫동안 살아남았다고 한다. 때로는 이레 동안 버티는 죄인들도 있었다. 사실상 그것이 목적이었다. 앞서 보았다시피 십자가형은 반역을 생각하는 자에게 보이는 경고였다. 따라서 로마의 입장에서는 희생자가 오래 살아남아 고통당할수록 좋았을 것이다.

그들이 오랫동안 살아남을 수 있었던 이유는 사실상 팔을 매달지 않았기 때문이다. 죄인들은 세로 기둥에 고정해둔 작은 말뚝이나 나무토막 위에 앉을 수 있었다. 세딜레*sedile*라 불리는 일종의 좌대이다. 이는 예수님이 이상하리만치 빨리 죽으신 일과 연관이 있다.

> 이 날은 준비일 곧 안식일 전날이므로 저물었을 때에 아리마대 사람 요셉이 와서 당돌히 빌라도에게 들어가 예수의 시체를 달라 하니 이 사람은 존경 받는 공회원이요 하나님의 나라를 기다리는 자라. 빌라도는 예수께서 벌써 죽었을까 하고 이상히 여겨 백부장을 불러 죽은 지가 오래냐 묻고 백부장에게 알아 본 후에 요셉에게 시체를 내주는지라(막 15:42-45).

그때 예수님은 예상보다 훨씬 더 빨리 운명하셨다. 십자가에 이르기 전에 이미 심한 부상을 입었기 때문이다. 앞에서 보았지만 주님은 십자가 기둥을 처형 장소까지 직접 지고 가실 수 없었다. 헤롯 궁에서 골고다까지의 거리는 비교적 가까운데도 불구하고 말이다. 이것은 주님이 이미 과다 출혈로 심하게 탈진해 있었음을 의미한다. 과다 출혈이 일정 수준에 이르면 희생자는 저혈량성 쇼크라 부르는 단계에 돌입한다. 즉 출혈이 너무 심해져서 신체 기관에 산소를 충분히 운반할 수 없는 지경에 이르는 것이다.

보통 우리 몸에는 5리터쯤 되는 혈액이 있다. 저혈량성 쇼크는 외부 출혈이나 내부 출혈로 일어날 수 있다. 10-15퍼센트 이상의 혈액을 잃으면 몸이 쇼크 상태에 들어간다. 30퍼센트까지 잃으면 쇼크가 심각해진다. 십자가형으로 외상이 생겼다면, 더 적은 양으로도 상대적으로 더 큰 영향을 받게 될 것이다. 채찍질과 못질로 인한 외부출혈과 매질로 인한 내부 출혈만으로도 이상이 생겼을 것이다. 주님의 사인은 좀 더 먼저 일어났던 매질로 인한 과다 출혈이었다. 사실상 이런 일은 십자가형을 받는 죄수들에게서 자주 일어났다. 실제로 매질 도중에 죽는 사람이 많았다고 한다.[116]

예수님은 십자가에서 운명하셨다. 그것은 확실하다. 하지만 십자가는 최후의 일격*coup de grâce*이자 마지막 채찍질이었다. 십자가는 전시 목적을 가진 형벌이었다. 권력의 전시였고 반역의 최후를 광고하는 기괴한 인간 게시판이었다.

그날 아침 예수님이 병사들에게 죽도록 맞았던 것이 결정적인 사인이다. 선고가 내려지기도 전에 이미 유죄가 결정되었던 것처럼, 주님은 못에 박히기도 전에 죽음의 문턱에 이르신 셈이다.[117]

그의 다리를 꺾지 아니하고

그날은 거룩한 날이고 또 안식일이었기 때문에 유대인들은 희생자의 시신이 일몰 후에도, 즉 유월절과 안식일이 시작되고도 내걸리는 것을 원치 않았다. 이것 역시 그들의 종교 예전 중 하나였다. 그래서 그들은 희생자의 다리를 꺾으라고 요구했다. 죽음을 앞당길 수 있는 행위였다. 다리를 꺾는 관행, 즉 로마가 크루리프라기움*crurifragium*이라 부르는 것은 일반적으로 희생자가 더는 자기 다리에 의지할 수 없게 만들어 질식시키는 것을 가리킨다. 앞서 보았다시피 그들은 몸을 좌대에 겨우 지탱하고 있었기 때문에 크루리푸라기움은 이미 심각하게 외상을 입은 몸에 더 심한 외상을 가하는 잔인한 방식이었다. 무엇보다도 희생자의 몸에 마비를 일으켜 죽음을 앞당겼다.

예수님 옆에 있던 강도들은 이런 식으로 처리되었다. 하지만 예수님은 이미 운명하셨다. 군인 하나가 확인 차 주님의 옆구리를 찔러보았다. 요한은 자신이 실제로 거기 있었다면서 '피와 물'이 쏟아져 나왔다고 보고한다. 요한은 주님의 죽음을 구약성경의 두 가지 예언과 연관시키면서 이로부터 신학적 결론을 도출한다(요 19:31-37).

생리학적으로 다양한 가능성이 제기되었는데, 예를 들면 피는 심장에서 나왔고 물은 심낭에서 나왔다는 견해이다. 하지만 더 잘 들어맞는 이론은 따로 있다. 심각한 '폐색성' 흉부 외상을 입은 희생자는 갈비뼈와 폐 사이에 2리터 가량의 '출혈성 액체'가 고이는데, 이 때문에 붉은 혈액과 더 선명하고 맑은 혈청이 두 층으로 분리된다. 이 이론을 지지하는 사바A. F. Sava는 "예수님이 십자가에서 죽기 전 몇 시간 동안 계속된 잔인한 채찍질은 가슴 내부에 출혈을 일으켜 고이게 만들었다. 그래서 이 액체가 가라앉으면서 층을 이루었고, 분리된 층 바로 아래를 찔러 가슴을 열자 출혈에 이어 '즉각적으로' 물이 흘러나왔을 것이다"[118]라고 말한다.

마가복음에서 백부장은 예수님이 이렇게 숨지신 것을 보고 "이 사람은 진실로 하나님의 아들이었도다"(막 15:39)라고 말한다. 누가복음에서는 "이 사람은 정녕 의인이었도다"(눅 23:47)라고 선언한다. 마태복음에서는 지진이 일어난 것을 보며 "이는 진실로 하나님의 아들이었도다"(마 27:54)라고 말한다. 헬라어에는 정관사가 없기 때문에 그가 말한 것이 '하나님의 그

아들'인지 '하나님의 한 아들'인지는 모른다. 어쨌거나 이 발언을 갑작스러운 '개종'으로 볼 필요는 없다. 예수님이 숨지시는 모습을 보며 곁에 서 있던 군인이 "이분은 거룩한 사람이다!"라고 선언한 것일 수도 있다.

또 하나, 이 백부장을 로마 사람으로 생각하곤 하는데, 그가 보조군을 책임지고 있었다면 사마리아인이나 헬라인일 가능성도 있다. 지원군 부대는 호민관의 지휘를 받았고 기수급에서 배출되었다. 많은 장교가 첫 번째 임지로 이 부대를 배정받곤 했는데, 일정한 경험을 하기 위한 수순이었다. 아마도 더 빨리 승진하기 위해서 호민관들은 백부장들에게 상당히 의존했을 것이다. 그러므로 이들은 양성된 로마인이 아니라 지방에서 임명된 사람이었다. 식민지의 존경받는 가문에서 백부장 계급으로 들어왔거나 차례차례 승진해 올라간 겸손한 군인이었을 것이다.[119] 그는 빌라도의 지명을 받았을 수도 있다. 실제로 이집트의 총독은 보조군의 백부장을 임명했다고 한다.[120]

이 백부장은 예수님에게 이해할 수 없는 뭔가가 있음을 깨달았다. 주님은 심지어 누구나 맞이하는 죽음의 순간에도 특별한 분이었다.

성소 휘장이 찢어져 둘이 되고

예수님의 죽음과 더불어 낯선 미명이 찾아온다. 이 장면에서도 복음서들은 서로 차이를 보인다. 마가복음과 누가복음은 성전에서 휘장이 찢어진 일과 백부장의 고백을 기록한다. 마태복음에는 휘장, 백부장, 지진, 열린 무덤, 자던 성도의 몸이 일어난 이야기가 나온다. 그런데 가장 우주적인 조율과 신비를 담고 있는 요한복음은 이 일을 가장 지루하게 진술한다. 휘장도, 지진도, 죽은 이의 일어남도 없다. 심지어 신비로운 어둠도 없다.

이것으로 어떤 결론을 얻을 수 있을까? 역사적으로 살펴보자면 무덤이 열리는 순간에 무엇을 할 수 있을까? 지진이 날 때는? 25미터 길이로 수놓인 휘장이 위에서 아래로 찢어졌을 때는?[121]

휘장부터 살펴보자. 공관복음은 예수님의 죽음과 동시에 성전 휘장이 위에서 아래까지 찢어졌다고 기록한다(마 27:51; 막 15:38; 눅 23:45). 이 사건이 자주 의심을 받는 것은 복음서 이외에 다른 어디에도 기록되지 않았기 때문이다. 확실히 이 정도로 의미심장한 사건이라면 요세푸스도 기록할 만하지 않을까?[122] 성전에는 휘장이 두 군데 있다. 하나는 지성소와 성소를 구분하고, 다른 하나는 성소와 뜰을 나눈다. 아마도 상징적 이유 때문에라도 저자들이 말한 휘장은 안쪽 휘장이었을 것이다.

기독교 신학에서 휘장이 찢긴 사건은 그리스도의 죽음으로 모두가 지성소로 나아갈 수 있게 되었음을 의미한다. 즉 대제사장만이 들어갈 수 있던 곳이 이제 모두에게 열려 있다는 뜻이다. 사실 여기에는 또 다른 의미가 있다. 하나는 입장보다는 퇴장의 이미지로, 실제로 하나님의 영이 성전을 떠났음을 암시한다.[123] 또 휘장에 대한 동시대의 묘사들을 살펴보면 또 다른 의미를 파악할 수 있다. 이는 마태복음이 기록하는 지진에 좀 더 잘 들어맞는다. 요세푸스나 필로 같은 유대인에게 성전은 일종의 우주적 의미를 갖고 있었다. 성전은 창조의 중심이었다. 요세푸스에게 일곱 촛대는 행성들을 의미했고, 필로는 대제사장의 옷이 하늘과 땅을 대표한다고 믿었다. 어깨 양쪽에 놓인 에메랄드는 태양과 달을 상징했다.[124] 이 휘장은 바빌로니아에서 들여온 천으로 짜고 청색, 자색, 홍색으로 수놓았다. 요세푸스에 따르면 이것은 창조를 상징한다.

> 정교한 세마포는 땅을 가리킨다. 아마가 땅에서 자라기 때문이다. 자색은 바다를 상징하는데 이 색깔이 바다 조개류의 피로 만들어지기 때문이다. 청색은 공기를 상징한다. 그리고 홍색은 당연히 불을 상징할 것이다.[125]

필로나 요세푸스와 동시대를 살았던 마태는 그들과 같은 방식으로 우주를 이해했다. 마태는 휘장이 찢어진 것을 지구가 흔들리고 바위가 쪼개지는 것과 연관시킨다(마 27:51). 휘장의 찢어짐과 바위의 쪼개짐을 묘사하면서 같은 동사를 사용하고 있다. 훗날 기독교 전승은 이것이 지성소로 나아감을 상징한다고 보지만 동시대의 유대교 신앙은 창조로부터의 단절을 의미한다고 봤다. 그토록 위대한 창조의 상징으로서 스스로 우주의 중심임을 뽐내며 성전 정중앙에 걸려 있는 휘장이 찢어졌다. 그렇다면 요세푸스나 필로 같은 유대인에게 이것은 창조의 과정이 뭔가 잘못되었다는 징표였을 것이다.

사실 무덤이 열렸다는 마태복음의 기록은 이처럼 땅이 흔들리고 우주가 쪼개지는 사건에 비추어 보아야 한다. 그가 묘사하는 내용은 다소 비정상적이다.

> 무덤들이 열리며 자던 성도의 몸이 많이 일어나되 예수의 부활 후에 그들이 무덤에서 나와서 거룩한 성에 들어가 많은 사람에게 보이니라(마 27:52-53).

아마도 지진 때문에 돌이 굴러가고 뚜껑이 치워지면서 무덤이 열렸겠지만, 좀 더 시간이 흐르고 나서야 성 안에서 죽은 이들을 볼 수 있었을 것이다. 죽은 자들은 거주지로부터 멀리 떨어져 성벽 바깥에 묻혀 있었기 때문에, 그들이 성 안으로 들어와야 그들을 볼 수 있을 테니 말이다. 지진 때문에 무덤 문이 열리는 것은 비상한 일이 아니었을 것이다. 그런데 죽은 이들이 걸어 다녔다는 이야기는 다른 신약성경 어디에도 기록되지 않았다. 신약성경 밖에서는 말할 것도 없다. 이처럼 정보가 부족하다는 점에서, 이 사건은 역사적이라기보다 신학적인 진술로 보아야 한다.[126]

갈릴리로부터 따라온 여자들

복음서들은 각기 다른 전승을 따른다. 같은 전승을 따르지만 순서를 달리하기도 한다. 그럼에도 모든 진술에서 일치하는 부분은 바로 여인들의 존재였다.

몇몇 여인들이 십자가형을 지켜보았다는 것은 이미 알고 있을 것이다. 그 장면을 상상하는 것은 어렵지 않다. 예수님의 십자가형이 골고다의 솟아오른 바위 위에서 일어났다면, 여인들과 무리는 십자가 밑에, 이제는 사용되지 않는 채석장 바닥에 서 있었을 것이다.

누가복음은 이 장면을 그리면서 이렇게 마무리한다. 예수님은 운명하셨고 십자가에서 내려졌다. 예수님에게 희망을 품고 기다리던 무리는 서서히 흩어졌다. 오직 신실한 이들만 거기 남아 있었다.

> 이를 구경하러 모인 무리도 그 된 일을 보고 다 가슴을 치며 돌아가고 예수를 아는 자들과 갈릴리로부터 따라온 여자들도 다 멀리 서서 이 일을 보니라(눅

23:48-49).

이제 그분의 지인들이 책임을 맡을 것이다. 그리고 여인들이 마지막으로 일어날 놀라운 사건을 목격한다.

/

Day Six
: The Execution

/

장사지냄

장소 ★ 골다고 근처 무덤
시간 ★ 오후 4시

날은 점점 어두워지고 시간은 많지 않았다. 아리마대 요셉은 빨리 움직여야 했다.

나중 일을 걱정할 때가 아니었다. 할 일을 해야 했다. 요셉은 예수님의 죽음을 목격한 후 남쪽에 있는 문들을 지나 헤롯 궁 아래로 내려갔다. 거기에서 부유하고 영향력 있는 사람으로서 가진 인맥을 모두 동원해 빌라도에게 예수님의 장례를 제대로 치를 수 있도록 시신을 내어 달라고 청원했다.

인맥을 동원하는 일이 그리 힘들었을 것 같진 않다. 알다시피 빌라도는 예수님이 그렇게 죽어도 마땅한지 확신이 서지 않았기 때문이다.

이때 마가복음에 따르면 예수님의 시신은 아직도 십자가에서 내려지지 않았다. 요셉 또한 세마포를 사오라고 지시해야 했으므로 예수님은 세 시가 지나자마자 돌아가셨다고 말할 수 있다. 시간이 더 늦었다면 유월절을 지내느라 가게가 문을 닫았을지도 모른다.

마침 요셉 소유의 빈 무덤 굴이 있었다. 부자인데다 산헤드린의 일원이라 그 정도는 기본이었다. 앞서 보았듯이 아리마대 요셉이 산헤드린의 일원이라는 사실이 그가 예수님의 죽음에 동의했다거나 이와 관련된 논의를 했었다는 의미는 아니다. 빌라도는 예수님이 이미 죽었음을 확인한 다음 요셉에게 예수님의 장례를 지내도록 허락했다.

충격적인 것은 예수님의 장례를 주관한 사람이 가족들도 아니고, 세례 요한의 경우처럼(막 6:29) 핵심 제자들도 아니라는 점이다. 예수님의 장례 절차는 분명 남의 손에 의해서 급히 치러졌다.

장례 이야기의 역사성을 부정하는 사람들은 아리마대 요셉을 허구의 인물로 본다. 십자가에서 처형된 사람은 안장이 금지되었는데 어떻게 예수님이 무덤에 있을 수 있는지(이어서 그곳에서 사라지는지)를 설명하려고 꾸며낸 인물이라는 것이다. 하지만 전승의 힘을 빌자면, 그를 좀 더 진지하게 다룰 필요가 있다. (아리마대 요셉은 네 복음서 모두에 등장한다.) 우리는 그가 부유하다는 것을 안다. 비록 거대한 권력과 영향력은 아닐지라도 산헤드린의 일원이었음도 안다. 아마도 지금으로 말하면 저명한 시의원 정도는 될 것이다. 그의 출신지인 아리마대가 어디인지는 알려지지 않았다. 갈릴리 근처가 아닌 것은 분명하다. 유대 지역에 있다는 의미에서 아리마대를 '유대인의 동네'라고 기록했기 때문이다(눅 23:51). 이 지점이라 할 만한 곳이 몇 군데 물망에 올랐다. 초대교회 역사가 유세비우스는 리다 북동쪽의 렘티스나 렌티스를 제안했다.[127] 그게 어디든 요셉은 이제 예루살렘에 정착한 듯하고 이 때문에 그곳에 무덤을 샀을 것이다. 어떤 이들은 요셉이 예수님의 장례를 치른 것은 실제 제자였기 때문이라기보다 유대교 신앙심과 관련되었을 거라 주장한다. 마가복음이 그를 제자라 부르지 않기 때문이다. 그러나 요한복음과 마태복음에서는 제자라고 명시하며, 앞에서 보았다시피 특히 요한복음은 예루살렘의 제자들에 대한 근거 자료가 따로 있었을 것이다.

요셉이 '당돌히' 요청했다(막 15:43)는 것은 그저 로마 총독에게 접근하려면 다소 용기가 필요했다는 의미일 수도 있다. 아니면 빌라도가 예수님의 동조자를 환영하지 않았을지도 모른다.[128] 그것도 아니면 그 당돌함은 빌라도를 두려워해서가 아니라 산헤드린 동료들에 대한 두려움 때문인지도 모른다. 요한복음은 그가 '유대인이 두려워' 즉 유대 지도자들을 무서워해 예수님에 대한 관심을 조용히 억누르고 있었다고 말한다(요 19:38). 하지만 이때 그들은 모두 성의 반대편에 있는 성전 안이나 근처에서 유월절 준비에 열을 올리고 있었다. 유대 지도자들은 자기네가 스스로 제거한 반역자의 장례를 그들의 일원이 치를 거란 생각을 전혀 할 수 없었을 것이다. 어쨌든 요셉에겐 적어도 예수님의 동조자임을 자처하는 용기가 필요했다.

빌라도의 첫 번째 반응은 예수님이 정말 죽었는지 확인하는 것이었다. 십자가형을 받은 희생자들은 여러 날 동안 죽지 않는 경우도 있기 때문에 이것이 구출을 위한 시도가 아닌지 확인해야 했던 것이다. 개중에는 십자가형을 받고 살아난 사람도 있었다.[129] 예수님의 죽음이 확인되자마자 빌라도는 시신을 가져가라고 허락했다. 빌라도가 결국 희생자의 친척도 아닌 사람에게 시신을 내준 건 단순히 정치적인 이유에서였다. 그는 성전 지도자들을 괴롭히고 싶었다. 그가 예수님의 머리 위에 내걸었던 죄패나 '너희의 왕'으로 시작하는 반복된 질문처럼 말이다. 그는 성전 귀족들이 예수님을 죽이고 싶어 했다는 사실과 자신은 정치적 이유 때문에 동조해야 한다는 점을 잘 알았다. 결국 그들의 뜻을 따르긴 했어도, 누구에게 실권이 있는지 상기시키고 싶었던 빌라도는 이를 위해 기꺼이 다른 방법을 찾았다. 그때 빌라도에게 예수님의 장례는 아리마대 요셉과 마찬가지로 치를 만한 가치가 있는 일이었다. 작은 승리이지만 승리는 승리였다.

복음서는 "요셉이 시신을 내려다가"라고 말하고 있지만, 이것을 문자적으로 해석할 필요는 없다. 여인들의 개입이 없었다는, 지나치게 분석적인 입장을 취할 필요도 없다. 요셉은 부유한 사람이었고 부유한 사람들에게는 그들을 위해 일해줄 종과 노예가 있는 법이다. 그의 일꾼들과 고용인들이 돌을 옮기고 시신도 운반했을 것이다. 그에게는 이방인 종들이 있어서 시신으로 인한 부정을 염려할 필요가 없었을 것이다. 혹은 군인들을 고용했을 수도 있다. 앞에서 보았다시피 그들은 항상 부업에 관심이 많았다. 군인들은 다음 날 무덤을 지키기 위해 보냄을 받았을 때 무덤이 어디 있는지 알았던 듯하다. 거기에 있었던, "갈릴리에서 그[예수]와 함께 온 여자들"(눅 23:55)은 그저 뒤를 따라가면 되었다.

정상적인 예식을 거행할 시간은 없었다. 유대인의 장례식은 상당히 복잡하다. 시신을 씻어 기름을 붓고 감싸거나 옷을 입히고 턱을 묶고 눈을 감기는 절차가 필요했다.[130] 그러나 예수님의 장례에서 예식을 거행할 시간은 없었다. 심지어 시신을 씻기지도 못했다. 시신에 묻은 피가 부정하게 여겨졌기 때문이다.[131] 요한복음은 시신을 싸고 기름을 부었다고 언급하지만 그 또한 간소화된 절차였다.

니고데모라 하는 바리새인

그리고 요한은 연루된 또 한 사람 니고데모를 언급하는데, 그는 전에 밤 늦게 예수님을 찾아왔던 사람이다(요 3:1-21). 그는 '유대인의 지도자'이자 바리새인이었다(요 3:1). 그도 산헤드린의 일원이었을 것이다. 그가 요한복음에 여러 번 등장한다는 사실은 그가 요한의 특별 정보원 가운데 한 사람이었음을 암시한다(요 3:1, 4, 9; 7:50; 19:39). 아마도 그는 갈릴리 출신이었을 것이다. 따라서 바리새인들이 그에게 "너도 갈릴리에서 왔느냐?"라고 추궁하는 말은 가장 큰 모욕이었다(요 7:52). 한편, 니고데모가 시신에 바르기 위해 가져온 향품과 향유로 판단해 보건데 그도 부유한 사람이었다. 요한은 그가 백 리트라쯤 되는 몰약과 침향(알로에)을 가져왔다고 하는데, 오늘날 도량법으로 계산하면 35킬로그램이다. 예수님을 체포하러 온 군인이 600명이었다는 것과 마찬가지로 요한복음에 등장하는 큰 숫자 중 하나이다. 사실 향료 35킬로그램은 지나치게 많은 양이다. 시신이 둑을 이루어도 전부 덮을 수 있을 정도이다. 그래서 어떤 학자는 여기에서 헬라어 *hekaton*을 *hekaston*으로 읽어야 한다고 제안하는데, 그러면 '몰약과 침향 각 450그램'이라는 뜻이 된다. 이것이 좀 더 현실적인지도 모른다.[132]

몰약은 앞에서 이미 다룬 바 있다. 침향 나무는 원산지가 동남아시아로 백단유와 비슷한 매우 향긋한 가루일 수도 있고 나리 과에 속하는 나무 추출액으로 지금은 샴푸 향으로도 친숙한 알로에 베라였을 수도 있다. 상당히 향이 강하고 효과가 좋은 의약품으로 부패 방지를 위해 많이 사용된다. 마른 향료를 사용했다면 아마도 향기 나는 나무 종류가 최선의 선택이었을 것이다.[133]

전형적인 1세기 무덤. 홈을 파고 박아놓은 돌이 동굴 입구로 굴러가게 되어 있다.

여기 나오는 니고데모는 랍비 문학에 언급되는 고리온의 아들 니고데모와 동일인일 수도 있다. 니고데모 벤 고리온은 예루살렘 공의회의 일원이었고 성에서 가장 부유한 사람 중 하나였다. 67-70년, 유대인 반란 기간에 그의 창고 하나가 불에 탔다고 전해온다. 또 이 니고데모는 갈릴리에 가문의 사유지를 갖고 있었다. 요한복음을 통해 보건대 그는 상당히 부유했지만 그가 가져온 향료는 지나치게 많은 양이었다. 그래서인지 니고데모가 반란 기간에 죽고 나서[134] 그의 딸은 빈털터리가 되었다고 한다.[135]

예수님의 무덤은 십자가 처형 지점에서 약간 떨어진 예루살렘의 성묘교회 안에 있었다고 한다. 마가복음이 두 마리아가 시신 둔 곳을 보았다고 언급한 것은 정확한 장소를 목격한 사람을 확보하기 위해서이다. 이들은 예수님이 어디에서 죽었는지 보았고 그분이 어디 묻혔는지도 알았다. 또 알다시피 초대교회에서 예수님의 가족들은 저명인사들이었다. 아마도 그들이 이 전승을 보존했을 것이다.

예수님이 죽고 나서 15년이 지나자 이 무덤이 있던 지점은 헤롯 아그립바가 예루살렘을 확장하면서 성벽 안쪽으로 병합되었다. 2차 유대인 반란 이후인 135년, 로마가 유대인을 전부 성에서 쫓아냈을 때 이 지역은 거대한 아프로디테 신전을 세우면서 매몰됐다. 사실 이 신전이 그 후 200년 동안 이 지점을 가리키는 표시였다. 제롬에 따르면 골고다 바위는 신전의 받침대 위로 돌출되어서 신의 조각상을 놓는 기초로 쓰였다. 역설적이게도 이 때문에 마치 로마가 후대의 기독교인들을 위해 이 장소를 보존해준 셈이 되었다. 2세기 후반, 사르디스의 멜리토Melitto of Sardis는 예루살렘에 왔다가 이 지역 기독교인들의 인도로 이 지점에 왔었는데, 무덤 위치가 성의 큰길 한복판이었다고 묘사하고 있다.[136] 이 전승이 지켜졌기 때문에 325년 콘스탄티누스 황제의 건축자들은 하드리아누스의 건물 아래에서 바위 하나와 동굴 무덤을 발굴할 수 있었다.[137] 이곳은 정확한 지점일까? 누가 알겠는가. 분명한 건, 누군가가 꾸며내려고 했다면 이곳을 선택하지 않았을 거란 사실이다. 그때까지 이 지점은 성벽 안쪽에 있었기 때문이다. 하지만 오래전부터 전승이 내려왔다. 그곳이 의미 있는 장소이긴 해도 그리스도인들이 무덤에 와서 경배했을 것 같지는 않다. 하지만 그들은 무덤이 어디에 있는지는 기억하고 있었다.

십자가에서 무덤까지 거리는 그다지 멀지 않았다. 둘 다 옛 채석장의 잔해 속에 있었다. 채석장은 유대인이 묻히기에 이상적인 장소였는데, 암벽이 많아서 동굴을 팔 수 있었기 때문이다. 이 시기 유대인의 무덤은 주로 벽감형 무덤*loculi*으로, 벽감이 있는 중앙 방으로 들어가는 출입구가 있고,

시신들을 놓을 수 있도록 벽으로 구획되어 있었다. 벽감의 넓이는 약 60센티미터였고, 바위 속으로 약 2미터 깊이의 굴을 팠다.[138] 이런 배치는 안치실에 시신을 보관하기 위해 만들어놓은 서랍들과 비슷하다. 무덤 안에는 또한 시신을 둘 수 있는 돌로 된 선반이나 작업대가 있었을 것이다. 이런 구조라서 그 후에 무덤에 누군가 앉아 있는 것을 볼 수 있었을 것이다. 다른 유형의 무덤에서는 벽감보다는 시신을 놓는 선반이나 작업대가 있었다. 두 유형 모두 성묘교회 주변에서 발견되었다.[139]

알려지기로 요셉은 이 무덤을 만들었을 뿐 사용한 적이 없었다. 새 무덤이었고 가족을 위해서 구입한 것이었다. 벽감형 무덤은 보통 가족형 무덤인데, 이때 가족은 직계로만 구성된 핵가족을 의미하는 것이 아니다. 사촌과 수양 형제, 그들의 아내, 숙모 등 확대 가족의 구성원 누구나 가족형 무덤에 묻힐 수 있었다. 이 무덤의 실제 입구는 작았기 때문에 들어가려면 몸을 구부려야 했다. 무덤은 커다랗고 둥근 돌로 막아놓았는데, 무덤 앞쪽을 가로질러 나 있는 홈 위에 놓여 있었다. 이 돌은 야생 동물을 막기 위한 것으로 홈 위로 굴려 무덤을 막게 되어 있었다.

복음서의 기록들에서 받는 인상은 단순히 아리마대 요셉이 뭔가 해야겠다고 생각했다는 것이다. 그에게는 비어 있는 새 무덤이 있었다. 이 때를 위한 것이었다.

나사렛 예수, 여호수아 벤 요셉이 죽었다. 모험은 끝났고, 모두가 집으로 돌아갔다.

해가 떨어졌다. 계명에 따라 쉬어야 하는 안식일이었다(눅 23:56).

그들이 돌아가 향품과 향유를 준비하더라

예수님의 제자들에게 예루살렘 성 안에서 지내는 밤은 어땠을까? 십자가 옆에 있었던 사람들은 성 안으로 돌아오는 동안 틀림없이 고통스러웠을 것이다. 주위는 유월절의 소리와 구경거리와 냄새 등으로 온통 축제 분위기였다.

원래 유월절은 성전 뜰에서 기념해야 했다.[140] 하지만 인구가 불어나고 헤롯의 재건축 프로그램이 성전을 순례자들로 가득하게 만들었기 때문에 더는 이 관행을 지킬 수 없었다. 결국 규정이 바뀌어 유월절을 지내는 장소는 성전 뜰 안에서 성 전체로 확대되었다. 이 하룻밤 동안 성 전체가 성전 역할을 했고 성벽 안 어디에서나 유월절 음식을 먹을 수 있었다. 이러한 명절의 보편화를 극렬히 반대한 이들이 에세네 사람들이다. 〈희년서The Book of Jubilees〉라는 주전 150년경에 쓰인 유대 묵시 작품의 저자는 성전 밖에서 양을 먹는 사람은 사형시켜야 한다고 주장했다.[141]

유월절에는 열 명에서 스무 명 정도가 모여 양을 먹었다. 성 안에 있는 사람들이 너무 많았기 때문에 어느 곳에서나 유월절을 기념할 수 있었다. 좀 더 후에 〈미쉬나〉에 없는 내용까지 추가한 유대인의 구전 율법 모음집 〈토세프타Tosefta〉는 유대인이 "그것[유월절 양]을 그들의 뜰과 지붕 아래서 먹었다"고 기록한다.[142] 양을 구울 수 있도록 길거리에 유월절 화로가 마련되었다.[143] 그래서 그날 밤 예루살렘은 불빛으로 반짝였고 양을 굽는 냄새가 진동했으며 지붕, 골목, 길거리 할 것 없이 어디에서나 순례자 무리를 볼 수 있었다. 분명 유월절 밤은 일종의 거대한 길거리 축제와 같았을 것이다.

이 분위기를 뚫고 여인들은 터벅터벅 걸어 돌아와야 했다. 그들이 성안에 머물렀을까? 아니면 베다니로 돌아갔을까? 아마도 다락방으로 돌아와서 거기에 잠시 머물렀을 것이다. 하룻밤 전만 해도 그들의 영웅이었고 그들의 희망이었으며 그들의 아들이었던 분이 자신만의 유월절 식사를 제자들과 나누었던 곳으로 돌아왔다. 하지만 이제 전부 끝났다.

그분을 그렇게 멀리까지 따라갔던 여인들처럼 우리에게도 이런 질문이 떠오를 것이다. 예수님은 왜 죽어야 했을까?

사람들이 그분을 죽이고 싶어 했기 때문이다. 그분은 거짓된 사람들을 공격하셨다. 성전의 경제 정책과 관련해 특정 인물을 공격하셨다. 성전 귀족층을 강도로, 서기관들을 사기꾼으로 고발하셨다. 성전 몰락을 예언해 그들의 지위를 흔드셨고, 죽은 자를 다시 살려 그들의 믿음을 공격하셨다. 당신에게 거룩한 장소에 접근하게 허락할 권한이 있다고 가정해보자. 갑자기 그 거룩한 장소는 아무것도 아니라면서 언젠가 그곳이 무너질 것이라고 말하는 사람이 나타난다면 어떨가? 성전 지도층에게 예수님은 거슬리는 존재였다. 그는 규율에 복종하지 않았다. 그야말로 통제 불능이었다. 그는 문제를 일으키고 선동을 야기하는 골칫덩어리였다. 그래서 로마 당국에 어렵지 않게 고발할 수 있었다.

로마와 유대 지도자들이 벌인 게임판에서 주님은 로마에게 유리한 패 이상도 이하도 아니었다. 주님은 유대인의 정치 게임에 희생된 순진무구한 사람이다. 그분은 이런 길을 제시하면 저 길로 돌아서고, 고발 내용을 부인하라면 다시 확인해주었다. 이렇게 게임을 거부할 때는 어쩔 도리가 없었다.

그렇다면 예수님 자신은 어땠을까? 왜 그분은 가만히 잡히셨을까? 왜 겟세마네에 도착해 그 너머로 빠져나가지 않으셨을까? 주님이 죽게 된 까닭은 그분 스스로 사람들이 자신을 죽이도록 내버려두었기 때문이다. 예수님이 비폭력을 옹호하시는 것은 어느 정도 유대적 배경에 기인한다. 과거에 유대인들은 전쟁을 벌이면서도, 절대 전쟁이 평화를 가져올 수 없다고 생각했다. 이 때문에 고대 세계에서 그들은 결코 전쟁에 능하지 않았다. 다른 문화에서는 군사적 승리를 행렬과 개선문과 축제로 기념하지만, 유대 명절에서 군사적 승리를 기념하는 유일한 예는 하누카, 즉 빛의 축제뿐이다. 게다가 이것은 유대인의 성경에 나오지도 않는 기념일이다.[144]

따라서 예수님의 비폭력 정신의 뿌리는 유대교적 해석에 있다. 특히 두 가지 사상이 녹아 있다. 하나는 네 이웃을 네 몸처럼 사랑하라는 것이다. 이 이웃에는 상상하는 것보다 훨씬 많은 사람이 포함되었다. 사마리아인, 세리, 창녀, 이방인 등 사실상 그들의 원수까지 포함되었다. 이들은 하나님의 사랑의 빛을 받아야 할 사람들이었다. 예수님은 유대교를 폐지하기 위해서가 아니라 완성하기 위해 왔다고 주장하시면서 유대교를 절정으로 끌어올리신다. 그래서 유대교를 완전히 변화시키신다.

이것이 십자가 사건의 어두운 심장부에 자리한 가장 핵심적인 역설이다. 예수님은 유대 법을 파괴하려 했기에 위험한 인물이 되신 게 아니다. 진정 유대 법 그대로 살기 원하셨기 때문에 위험인물이 되셨다. 타협이 불가피한 사람들에게 타협을 거부하는 사람은 위협 그 자체이다.

성전 권위자들은 군사, 정치, 경제 세력들과 타협했다. 그들과의 거래를 밀어붙인 덕분에 자기들 딴에는 민족과 성전을 지킬 수 있었다. 이들을 무언의 악당들로 둔갑시켜서는 안 된다. 그들은 대단히 고상한 동기에서 이 거래를 행했을지도 모른다. 자신들에게 선택의 여지가 없다고 느꼈을 것이다. 독재자들과 합의를 할 때는 아무리 깔끔하게 성사되었다 하더라도 뭔가 틀어질 가능성이 있는 법이다. 군사 독재자는 절대 규율을 지키지 않기 때문이다.

그러나 예수님은 그들의 무기를 치워버리셨다. 무서울 것 없는 사람을 부정함을 들어 위협할 수는 없는 법이다. 성전에 들어오려고도 하지 않는 사람들에게 성전 예배를 금지할 수 없듯이 말이다. 그리고 죽을 준비가 된 사람이 죽음 따위에 위협을 받을 리가 없다. 이 때문에 빌라도 또한 그렇게 당황한 것이다. 자신을 죽이려 하는 자들을 사랑할 준비가 되어 있는 사람에게 제아무리 독재자라 한들 무엇을 할 수 있겠는가.

결국 예수님은 스스로 죽음을 택하셨다. 주님이 맞서 싸우기를 거부하시고 항상 원수를 사랑하라고 말씀하셨기 때문에 원수들의 손에 자신을 내어주셨다.

이보다 더 그럴 듯한 이유가 있다. 예수님은 적들과 싸우지 않더라도 도망은 갈 수 있었다. 알다시피 주님이 겟세마네만 넘어가셨어도 이 사태를 피하실 수 있었다. 그래서 여기 남아 있는 것은 일종의 시험이자 전략이요 승리이자 무죄 증명이다. 파올로 사키Paolo Sacchi가 말했다. 아마도 "예수님은 죽기를 원하셨고 그 때문에 죽으려 하셨을 것이다."[145]

:

경비병이 무덤을 지킴 헤롯 궁, 토요일 아침

:

33년 4월 4일 토요일

니산월 15일

일출

경비병이
무덤을 지킴

Day Seven : The Silence

Saturday 4 April

일곱째 날 : 침묵

4월 4일 토요일

니산월 16일

정오

일몰

The
Longest
Week

Day Seven
: The Silence

경비병이 무덤을 지킴

장소 ★ 헤롯 궁
시간 ★ 아침 8시

안식일이며 명절인 토요일 아침, 너무도 고요하다. 요한복음, 마가복음, 누가복음은 안식일에 대해 언급하지 않고 일요일 아침 이야기로 넘어간다.

마태복음에만 중요한 이야깃거리가 나온다. 무덤을 지킨 경비병들의 이야기이다.

빌라도는 조용히 안도의 숨을 쉬었을 것이다. 유월절이 시작되었고 더는 폭동이 번지지 않았다. 외교적인 갈등도 빗겨갔다. 그는 점수를 땄고 새로운 동맹관계를 다졌다. 그러나 마태복음에 따르면 성전에서 온 대표단이 빌라도에게 들이닥쳤다. 아리마대 요셉이 시신을 묻었다는 소식이 귀에 들어간 게 분명했다. 몇 가지 조처가 필요했다. 빌라도는 예수님이 알려지지 않은 새 무덤에 묻혔으리라 추측했다. 만일 적당한 매장지를 제공했다면 십자가에 못 박힌 죄인이 순교자가 될 판이었다. 묘하게도 마태는 이 대표단에 바리새인을 포함시켰다. 알다시피 그들은 예수님의 재판이나 처형에 직접적으로 연루되지 않았다. 사실 이들은 마태복음의 수난 기사 중 여기에만 등장한다.[1] 바리새인들이 개입한 건 그들의 동료인 니고데모 때문이었다. 사실 아리마대 요셉도 바리새인이었을 것이다. 마가와 누가는 그를 "하나님의 나라를 기다리는 자"(막 15:43; 눅 23:51)로 소개하는데, 그렇다면 사두개인은 아니라는 뜻이다. 자기 동료들이 성전 엘리트들을 화나게 했다면 외교적인 이유에서나마 개입할 필요를 느꼈을 것이다.

또 안식일 문제도 있다. 성전에서 이 날 대표단을 보낸 것은 이상해 보인다. 하지만 성전과 고위 관료 사이에는 안식일에도 소통할 수 있는 장치가 있었던 듯하다.

이렇게 해서 성전 지도자들은 예수의 추종자들이 시신을 가져가지 못하도록 무덤에 경비병을 세우려 했다. 빌라도는 이 요청을 받아들였는데, 그 전날 예수의 시신을 매장하도록 허락해준 조치가 지나치게 관대하게 보일까 봐 균형을 맞추려는 의도에서 결정한 일일 것이다.

사실 그런 무덤을 경비하는 것은 가능하지도 않고 그럴듯하지도 않다. 도대체 어떤 식의 경비를 의미하는 것일까? 이들이 로마 경비병인 것은 알겠지만, 이 사건의 뒷부분에 가면 경비병들은 빌라도가 아니라 대제사장들에게 보고하러 간다(마 28:11-15). 그러나 이들이 사용한 어법과 용어들을 보면 로마 군대가 맞긴 하다.[2] 아마도 이들이 성전 옆에 있는 안토니아 요새에서 왔다면 대제사장들이 그들을 먼저 만난 까닭을 설명해줄 수 있을 것이다. 즉 성전 지도자들이 경비병을 물색해둔 다음, 빌라도에게 가서 무덤이 어디인지 묻고 정식으로 허락을 받았을 거란 말이다.

이 사건은 다른 복음서에는 기록되지 않았다. 사실 다른 복음서에는 군인들이 완전히 빠져 있다. 이것은 마태복음만의 특수한 자료, 즉 마태복음에만 기록되어 있는 전승 자료이다. 그래서 많은 학자들은 후에 마태가 삽입한 이야기라고 주장한다. 그리스도인들이 무덤에서 시신을 훔치고는 그분이 살아나셨다고 주장했다는 고발에 대응하기 위해서 그랬다는 말이다. 마태는 "자, 보아라. 무덤을 지킨 병사들이 있었다!"라고 외치고 있다.

내 생각에 이 설명에서 문제점은 지어낸 이야기치고는 그렇게 매끄럽지 못하다는 데 있다. 경비병들은 토요일 아침부터 거기 있었다. 예수의 시신은 12시간 동안 경비 없이 무덤에 있었고, 따라서 그 이후에 경비병을 배치했으니 어떤 고발을 해도 상황은 달라지지 않는다.[3] 이 이야기가 꾸며낸 것일지라도 무덤은 비어 있었다고 볼 수 있다. 이 이론에 따르면, 초대교회와 제자들은 시신이 무덤에 놓여 있었고 그 후 사라졌다는 주장을 당연하게 받아들였다. 그들은 시신에 무슨 일인가가 일어났다고 주장했다.

마태의 설명에 따르면, 후에 성전 지도자들은 병사들에게 뇌물을 주고 그들이 잠든 사이 추종자들이 시신을 훔쳐간 것으로 둘러대게 했다. 이 결론에서 근무 중 잠자는 것은 심각한 잘못이었을 텐데, 성전 지도자들이 나서서 '무마해주기로' 했다.

이 이야기의 역사성은 어떻게 해도 입증되지 않는다. 하지만 흥미로운 점이 남아 있다. "이 말이 오늘날까지 유대인 가운데 두루 퍼지니라"(마 28:15). 무덤이 비어 있었고 기독교의 대적자들조차 이를 반박할 수 없었다는 뜻이다.

토요일에 발생한 사건 중 한 가지가 더 기록되었다. 일몰 후, 안식일이 끝났을 때였다. 세 명의 갈릴리 여인, 막달라 마리아, 야고보의 어머니 마리아, 살로메가 나가서 시신에 바를 향품을 샀다(막 16:1). 그날 밤 그들은 준비를 갖추었을 것이다. 이들은 시신을 씻고 보살펴야 했다.

:

빈 무덤 무덤, 일요일 새벽

엠마오로 가는 길 엠마오 길, 일요일 오후

다락방 다락방, 일요일 저녁

:

33년 4월 5일 일요일

니산월 16일

일출

무교절 첫째 날

빈 무덤

Day Eight : The Return

Sunday 5 April

여덟째 날 : 귀환

4 월 5 일 일 요 일

니산월 17일

정오

일몰

엠마오로
가는 길

다락방

The Longest Week

/

Day Eight
: The Return

/

빈 무덤

장소 ★ 무덤

시간 ★ 오전 5시

일요일 아침 '아주 일찍' 여자들이 성을 가로질러 성벽 밖에 있는 무덤을 향한다. 동이 트고 있었다. 성전에서 부는 아침 나팔소리는 아직 들리지 않았다. 하루 중 유일하게 성안이 조용한 시간이다. 무덤으로 가려면 성을 빠져나와 바로 이틀 전, 그분의 죽음을 지켜봤던 처형 장소를 지나야 했다. 그들은 시신에 바를 향품을 가져간다. 그토록 치욕스런 죽음을 맞은 사람을 위한 마지막 위안이다. 다만 그 거대한 돌을 어떻게 치우느냐가 문제이다.

드디어 무덤에 이르렀다. 그러나 돌은 이미 굴려져 있고 무덤은 비었다. 누군가 벌써 그들이 할 일을 해버린 것이다.

우리는 이제까지 복음서들의 묘사를 당대 역사와 문화로 조명해보았다. 당시의 정치 및 종교 상황과 비교도 하고 서로의 연관성도 살펴보고 다른 예를 검토하면서 주요 사건들을 되짚어 볼 수 있었다. 그런데 8일째 일어난 사건들은 다소 까다롭다.

우리는 이 지점에서 유혹을 받는다. 역사라는 관점을 은밀히 제쳐놓고 복음서들의 묘사를 신화나 문학이나 은유로 남겨두려는 유혹 말이다. 문제는 복음서들이 그렇게 하도록 놔두지 않는다는 것이다. 복음서들은 갑자기 다큐멘터리였다가 공상과학으로 둔갑하지 않는다. 오히려 복음서들은 지극히 담담하다. 그들은 이것이 실제 사건이라고 주장한다.

이 사건들에 대해서도 복음서들은 각각 다른 세부 사항을 제시하고 강조하는 부분도 일치하지 않는다. 그러므로 차이점과 공통점을 살펴볼 필요가 있다.

마가는 세 명의 여인이 무덤으로 갔고 돌이 굴려져 있었다는 점에 주목한다. 그들은 무덤에 들어가 흰옷 입은 젊은이를 보았고 그는 나사렛 예수가 '살아나셨다'고 말해주었다. 젊은이는 예수가 누워 있던 곳을 가리키며 '그분의 제자들과 베드로'에게 가서 그분이 갈릴리로 먼저 가셨다고 전하라고 했다. 여인들은 놀라고 두려워하며 무덤에서 도망해 "아무에게 아무 말도 하지 못했다"(막 16:1-8).

마태의 요점은 다르다. 그에 따르면 두 여인 막달라 마리아와 '다른 마리아'가 무덤에 갔다. 그리고 큰 지진이 났고(마태는 지진을 선호한다) 천사가 내려와 돌을 굴려버리고 그 위에 앉았다. 그의 외모는 번개 같고 옷은 "눈같이 희었다." 그를 보고 있는 동안, 파수꾼들은 떨며 "죽은 사람과 같이 되었다." 천사는 여인들에게 마가와 동일한 내용을 전했다. 예수가 갈릴리로 가셨으니 제자들에게 가서 전하라는 것이다. 여인들이 무덤을 떠나 제자들에게 가려는데, 갑자기 예수님이 그들 앞에 나타나셨다. 여인들이 그분의 발을 붙들고 경배하자 그분은 같은 말을 하셨다. "가서 내 형제들에게 갈릴리로 가라 하라. 거기서 나를 보리라 하시니라"(마 28:1-10).

누가복음에서 여인들은 무덤에 갔다가 돌이 무덤에서 굴려 옮겨진 것을 보았다. 그들은 무덤에 들어가 두 천사를 보았는데, 천사들은 여인들에게 다시 살아나리라 하셨던 예수님의 예언을 일깨워주었다. 여인들은 돌아가 '열한 사도와 다른 모든 이에게' 이것을 알렸다. 그래서 이 여인들이 '막달라 마리아와 요안나와 야고보의 모친 마리아와 그들과 함께 한 다른 여자들'이라는 것을 알 수 있다. 사도들은 그들의 말을 믿지 않았지만, 베드로는 무덤에 달려가 구부려 들여다보고는 세마포만 남고 무덤이 비어 있는 사실을 알았다(눅 24:1-12).

요한의 설명에서 여인은 막달라 마리아 한 명뿐이다. 마리아는 '아직 어두울 때' 무덤에 가서 돌이 치워진 것을 보았다. 그래서 다시 달려가 베드로와 '그 사랑하시던 제자'에게 말했고, 그들은 무덤으로 달려왔다. '그 사랑하시던 제자'가 먼저 도착했다. 그는 들어가지는 않고 세마포가 바닥에 놓인 것을 보았다. 베드로가 따라와 무덤에 들어갔다. 그도 세마포를 발견했고 예수님의 머리 쪽에 있어야 할 수건이 '딴 곳에 쌌던 대로' 놓인 것을 보았다. 다른 제자도 들어가 보고 나서 그들은 "자기들의 집으로 돌아갔다." 반면에 막달라 마리아는 무덤으로 돌아와 거기 서서 울고 있었다. 마리아는 흰옷 입은 두 천사가 "예수의 시체 뉘었던 곳에 하나는 머리 편에, 하나는 발 편에" 앉아 있는 것을 보았다. 천사들은 마리아에게 왜 우는지 물었고, 마리아는 사람들이 주님을 옮겨다가 "그분을 어디에 두었는지" 모른다고 대답했다. 그러고 나서 돌아서자 누군가 서 있는 것을 보았다. 동산지기인 줄로만 알았다. 마리아가 동산지기에게 예수님을 어디 두었는지 묻자 그는 한 마디만 하셨다. "마리아야!" 그러자 마리아는 그분이 누구인지 알았고, 예수님은 제자들에게 가서 본 대로 말해주라고 이르셨다. 마리아는 그대로 했다(요 20:1-18).

그래서 천사는 한 명인가, 두 명인가? 천사들은 무덤 안에 있었는가, 무덤 밖 돌 위에 앉아 있었는가? 베드로가 있었는가, 없었는가? 여인들이 사람들과 말을 했는가, 안 했는가? 이 일은 동틀 녘에 일어났는가, 이후에 일어났는가?

그들이 나와
무덤에서 도망하다

우선 마가복음의 종결에서 출발해야 한다고 본다. 사실 너무 갑자기 이야기가 끝나버리는 느낌이다. 후대에는 종결부가 두 개가 되었다. 후대 편집자에 의해 첨가된 것이다. 종결부가 이처럼 돌연히 끝나는 까닭은 간단하다. 그렇게 끝낼 의도였기 때문이다. 무덤은 비었다. 여인들은 두려움에 사로잡혀 달아났고, 그들은 예수님의 지시도 분명 따르지 않았다. 하지만 뭔가가 빠졌다. 우리를 여기까지 이끌어온 마가가 여기에서 맥없이 끝날 리가 없다. 문학적인 관점에서 종결부의 흐려짐이 원작의 의도라고 믿기는 어렵다.

두 번째 설명은 원작의 종결부가 없어졌다는 것이다. 후대에 두 가지 종결부가 나온 것은 마가복음을 이렇게 끝낼 의도가 없었다는 믿음이 널리 퍼진 결과이다. 사실 나는 그들이 원작에 있던 결말의 전조를 검토할 수 있었다고 본다. 예를 들어 좀 더 긴 종결부에서 부활의 묘사는 사도 바울의 설명과 유사하다. 두 가지 모두 초대교회의 가르침이었을 것이다. 긴 종결부는 최초의 현시가 막달라 마리아에게, 두 번째로는 엠마오로 가는 제자들에게 있었으며, 마지막으로 문을 닫고 숨어 있던 열한 제자에게 나타났다. 다시 말해 다른 복음서가 설명하는 이 사건의 유형과 잘 맞아떨어진다.[1] 마가의 종결을 알아보려면, 다른 복음서들도 살펴보아야 한다. 누가와 마태의 복음서가 마가의 진술에 의존하고 있다면, 마가가 처음 작성한 종결부는 그들에게도 그럴 듯했을 것이다. 어쩌면 차이점에 주목하는 대신, 모든 복음서가 공통으로 담고 있는 부분을 살펴보는 게 더 간단할지 모른다. 모든 복음서에 들어 있는 내용은 다음과 같다.

- 여인들이 무덤에 갔다. 여인들이 무덤에서 일어난 일을 목격한 최초의 증인이며 그들이 제자들과 다른 사람들에게 이 소식을 전했다.
- 막달라 마리아는 무덤에 갔다.
- 돌은 굴려져 있었고 세마포는 바닥에 떨어진 채 무덤은 비어 있었다.
- 천사들이 나타났다.

또 세 복음서는 베드로를 특별하게 다룬다. 마가복음에서 여인들은 "베드로에게 전하라"는 말을 들었다. 누가복음과 요한복음에서 베드로는 무덤에 가서 살펴보았다. 이에 따라 다음과 같이 사건의 요점을 재구성해보자.

여인들의 무리 속에는 막달라 마리아, 야고보의 어머니 마리아, 요안나, 살로메가 있었다. 그들은 동이 틀 무렵 무덤에 가서 돌이 굴려진 빈 무덤과 세마포가 떨어져 있는 것을 발견했다. 그들은 당시 천사(혹은 천사들)를 만나 예수님이 살아나셨다는 말을 들었다. 그러자 여인들은 제자들이 머무르던 방(아마도 다락방이었을 것이다)으로 한걸음에 돌아왔다. 베드로와 다른 제자들은 무덤에 가서 직접 살펴보았다. 그리고 여인들이 말한 것이 사실임을 알았다. 그들을 인도한 막달라 마리아는 예수님을 만났다.

이렇게 하면 핵심적인 일련의 사건들이 잘 들어맞는다. 물론 진술들이 엇갈리는 면도 있다. 목격자의 진술은 항상 다르다. 그러나 진술들의 차이점을 두고 논쟁하는 사람들이 오히려 큰 그림을 무시한다는 점에 주목하자. 그분이 무덤에 계시지 않았다는 것을 설명하기 위해 이 믿겨지지 않는 큰 사건에서 사소한 점에 집착하고 있는 것이다. 모든 진술들은 기본적인 사실에 동의하고 있다. 즉 예수님은 죽었지만 무덤에 계시지 않았다.

/

Day Eight
: The Return

/

엠마오로 가는 길

장소 ★ 엠마오 길
시간 ★ 오후

한편 어느 길 위에서는….

누가복음에는 같은 날 일어난 매혹적인 이야기가 들어 있다. 아직 예루살렘에 있는 열한 제자가 아니라, 다른 두 제자가 엠마오라는 마을로 가고 있었다. 낯선 이가 다가와 최근 예루살렘에서 일어난 일을 끄집어냈다. 여인들의 소식을 들은 것으로 보아 이 제자들은 그날 아침 다락방에 있었을 것이다.

> 또한 우리 중에 어떤 여자들이 우리로 놀라게 하였으니 이는 그들이 새벽에 무덤에 갔다가 그의 시체는 보지 못하고 와서 그가 살아나셨다 하는 천사들의 나타남을 보았다 함이라. 또 우리와 함께한 자 중에 두어 사람이 무덤에 가 과연 여자들이 말한 바와 같음을 보았으나 예수는 보지 못하였느니라 하거늘(눅 24:22-24).

흥미롭게도 "우리와 함께한 자 중에 두어 사람이 무덤에 가"라는 대목은 베드로와 '사랑하시던 제자'가 보러 갔다는 요한복음의 진술을 뒷받침한다. 어쨌든 낯선 이는 이야기를 늘어놓았고 두 제자는 그를 자기 집 식탁에 초대했다. 그가 빵을 떼는 순간, 그들은 이 낯선 사람을 알아보았고 그는 사라졌다. 그들은 즉시 예루살렘으로 돌아가 다른 이들에게 알렸다.

엠마오가 어딘지는 밝혀지지 않았다. 누가복음의 다른 고대 사본들에는 그곳이 예루살렘에서 60스타디아 혹은 160스타디아 떨어진 곳이라고 되어 있다. 아마도 작은 숫자 쪽이 더 정확할 것이다. 그러면 약 11킬로미터 거리이다. 두 제자 중 한 명은 알려진 인물이다. 누가복음은 그를 글로바라고 밝히는데, 초대교회에 관한 문헌에서 예루살렘 교회의 지도자였던 야고보의 후계자가 글로바의 아들 시므온으로 불리게 된 이유를 알 수 있다.

> 알려진 대로 하자면 그(시므온)는 주님의 사촌이다. 사실 교회사가 헤제시푸스 Hegesippus는 글로바를 요셉의 형제라고 설명한다.[2]

예수님의 친척 중 한 사람이 교회를 다스렸고, 그의 후계자 역시 예수님의 친척이었다는 말이 된다. 시므온은 예수님의 사촌이다. 예수님의 십자가 곁에 서 있던 여인들을 언급한 대목에는 글로바의 아내 마리아가 나온다(요 19:25). 누가복음의 글로바와 요한복음의 글로바가 동일인일 가능성은 매우 크다.[3] 그러면 엠마오로 가는 길에서 예수님은 자신의 친척을 만난 셈이다. 이것은 예수님이 또 다른 인척인 형제 야고보에게 나타나셨다는 전승에도 완벽히 들어맞는다. 초대교회 신학자 오리게네스Origenes는 한 걸음 더 나아가 함께 길을 걸었던, 이름이 알려지지 않은 제자를 글로바의 아들 시므온으로 본다.[4] 분명 이 사람은 야고보를 계승할 만한 자격이 충분했을 것이다. 시므온은 예수님의 친척이었을 뿐 아니라 부활하신 예수님을 목격한 사람이 되는 것이다.

또한 그의 가문 전체나 적어도 가족 몇몇은 예수님이 죽었을 때 예루살렘에 있었던 셈이 된다. 예수님의 어머니와 함께 두 숙모가 십자가 곁에 있었다. 또 누가복음에 따르면 예수님은 살아나신 후 그분의 삼촌 앞에 나타나셨다.

물론 다른 이들에게도 나타나셨다.

/

Day Eight
: The Return

/

다락방

장소 ★ 다락방
시간 ★ 저녁

글로바 일행이 예루살렘에 돌아오고 나서 다른 사람들도 예수님을 보게 된다. 누가복음은 두 사람이 흥분한 채 방에 뛰어들어 "열한 제자 및 그들과 함께 한 자들이 모여 있는 것을 보고 '주께서 과연 살아나시고 시몬에게 보이셨다'고 말했다"(눅 24:33-35)고 기록한다. 이게 언제인가? 누가는 언급하지 않는다. 그러나 이는 부활에 대한 최초의 기록과 일치한다. 바울이 고린도 교회에 보낸 첫 번째 편지는 복음서들보다 먼저 기록되었다.

> 내가 받은 것을 먼저 너희에게 전하였노니 이는 성경대로 그리스도께서 우리 죄를 위하여 죽으시고 장사 지낸 바 되셨다가 성경대로 사흘 만에 다시 살아나사 게바에게 보이시고 후에 열두 제자에게와 그 후에 오백여 형제에게 일시에 보이셨나니 그중에 지금까지 대다수는 살아 있고 어떤 사람은 잠들었으며 그 후에 야고보에게 보이셨으며 그 후에 모든 사도에게와 맨 나중에 만삭되지

못하여 난 자 같은 내게도 보이셨느니라(고전 15:3-8).

고린도전서는 54년경에 기록되었지만, 위 내용은 예수님이 죽고 몇 년 후 바울이 예수님의 제자가 되었을 때 알게 된 뭔가에 대해서 말한다. 즉 이것은 매우 일찍 교회의 교리가 되었고, 한 사람에게서 다른 사람에게로 '전해졌다.' 상세한 진술은 아닐지라도 초대교회의 신조였던 것이다. '제자들'을 의미하는 '열두 제자'라는 단어도 사용한다(당시에는 열한 명뿐이었다). 예수님의 현시가 '열두 제자'에게인지, '모든 사도'에게인지 분명하지 않고, 마리아에게 현시하신 것도 언급되지 않았다. 대신 잘 알려진 인물이나 무리들로서 더 널리 교회에 알려질 이들을 언급하고 있다. 일시에 보이신 오백 명 중 상당수는 아직 살아 있다. 또 '모든 사도'를 열두 제자보다 확대된 무리로 정의하는 데는 무리가 있지만, 초대교회와 고린도 교회에 알려진 선교사와 교사들을 포함하는 듯하다. 사도행전 6장 1-6절에 언급된 일곱 집사도 포함될 것이다.[5]

이를 통해 베드로에게 현시하심과 무리들에게 나타나심은 분리되어 전해져왔음을 알 수 있다. 베드로에게 나타나셨다는 기록은 없지만, 베드로와 함께 있던 무리에게 나타나셨다는 전통은 있다.

누가는 자기들이 모여 글로바 일행이 겪은 일을 말하고 난 직후에 예수님이 열한 제자에게 나타나셨다고 전한다. 예수님이 "그들 가운데 서서" 살과 뼈를 가지고 다시 살아나셨음을 보이셨다. 심지어 구운 생선 한 토막도 드셨다(눅 24:41-43). 요한복음은 더 자세하다. 열한 제자는 '유대인들을 두려워해' 문을 닫고 있었다(요 20:19). 두 복음서 모두 예수님은 손과 발을 보이시고(눅 24:40; 요 20:20), 이어서 성령님을 언급하신다(눅 24:49; 요 20:22).

그 일요일에 부활하신 후 예수님은 네 번이나 나타나셨다. 즉 무덤에서 마리아 막달라에게, 길 위에서 글로바와 일행에게, 알려지지 않은 곳에서 베드로에게, 다락방에서 제자들에게 현시하신 것이다.

다음 몇 주 동안 더 많은 사람들이 그분을 보게 된다. 복음서들은 현시가 연이어 일어난 것으로 기록한다. 따라서 무엇을 진실이라고 생각하든 이 진술들 때문에라도, 고작 한 사람만이 "그분을 다시 보았어"라고 말하기라도 한 듯 이 기록들을 무시해 버릴 수는 없다. 예를 들어 바울은 편지를 쓰던 당시, 예수님을 목격한 대부분의 사람들이 아직 살아 있다고 밝혔다. 분명 그가 고린도인들에게 편지를 쓰고 있을 때, 부활하신 예수님을 보았다고 주장하는 사람들이 살아 있었다. 이들 중 몇몇은 베드로나 야고보 같은 '주요' 인물이었을 것이다. 하지만 더 많은 사람들은 예수님을 따르던 평범한 사람들이었고 고린도 교회는 이들 중 몇몇을 확실히 알고 있었다. 그들의 이름은 오래 전 잊혔지만, 증언은 남아 있다.

장사 되셨다가 성경대로 사흘 만에 다시 살아나셨다

전부 수긍이 되지만 아직 중요한 의문이 남아 있다. 그들은 진실을 말하고 있을까?

여기에서 신중해야 한다. 나는 이 책에서 복음서의 배경과 사건들이 신빙성이 있다고 주장했고, 그 내용에 대해 어떻게 생각하든 그중에 1세기 유대의 사회정치적 배경과 어긋나는 점이 없기를 바란다. 내가 이 책을 쓰고 싶었던 것은 몇몇 주요 인물들을 살펴보고, 역사의 뒤안길을 거닐어보고, 복음서에 묘사된 사건들을 조명하기 위해서였다.

나는 이 책이 변증서로 탈바꿈하기를 바라지 않는다. 그러나 서문에서 언급한 몇 가지를 되짚어보겠다. 더 깊이 알 수 없을 거라 체념하고 복음서를 일방적으로 지지해서는 안 된다. 고대 세계에 대해 우리가 무엇을 알고 있든 우리보다 이들이 죽음에 훨씬 친숙하다는 점을 알아야 한다. 그들은 길거리와 하수도와 집들과 로마제국이 세운 처형장 근처에서 죽음이 넘쳐나는 것을 보았다. 따라서 우리는 그들이 삶과 죽음에 대해서, 걸으며 생선을 먹는 살아 있는 인간과 시신의 차이에 대해서 알고 있었다고 믿어야 한다.

부활을 영적이거나 은유적인 사건으로 치부하는 것이 유행이지만, 고대 세계는 그런 식으로 생각하지 않았고 복음서 저자들도 그렇게 주장하지 않았다. 손과 발과 생선은 그분의 육체성을 보여준다. 어떤 복음서도 예수님이 인간의 몸으로 무덤에 들어갔다가 나왔다는 사실을 은유라고 주장하지 않는다. 그들의 주장은 부활이 실제 있었다는 것이다. 부활은 일어났다. 어중간한 은유는 존재하지 않는다.

그러면 목격자들의 증언을 지지할 증거를 제시할 수 있는가?

첫째, 증인으로 여성들을 들었다는 점이다. 단도직입적으로 말해서 자기 확신이 있는 종교라면 여성의 증언에 기대지 않는다. 유대인 법정에서 여성은 증인으로서 아무 자격이 없었다. 보통 재판에서는 여성의 증언을 요구하지도 않았고, 사실상 가능하면 회피했다. "남자는 법정에서 아내가 스스로 품위를 떨어뜨리길 원치 않았기 때문이다." 여성의 증언이 채택되는 유일한 경우는 선택의 여지가 없을 때뿐이었다.[6] 따라서 빈 무덤의 주요 증인으로 여성들을 택했다는 것은 그들이 진정 최초의 증인이었다는 말이다. 그렇지 않다면 여인의 증언은 전략적으로 볼 때 최악의 수이다. 또 이것은 여성들이 처음부터 이 이야기에서 중요한 역할을 맡았다는 사실과 관련해 큰 논쟁거리가 된다. 이미 살펴본 대로, 바울은 그리스-로마 문화의 심장부에 끼어 있던 고린도 교회에 부활 현시를 묘사하면서 여성을 특별히 언급하지 않았다. 아마도 앞에서 언급한 대로 문화적 고려 때문이었을 것이다. 여성을 믿을 만한 소식통으로 취급하지 않는 것은 유대 사회뿐만이 아니었던 것이다. 복음서들은 바울의 서신들보다 후에 기록되었다. 후대에 만들어진 이야기라고 한다면, 여인들도 누군가 의도적으로 목록에 집어넣었다고 보아야 한다. 〈타임〉이나 BBC 뉴스, 〈워싱턴포스트〉 보도를 입증하기 위해 '월간 외계인' 기사를 끼워 넣는 것과 마찬가지이다. 후대 기록이라면 여성을 집어넣었을 리 없다. 여인들은 최초의 기억에 등장했다. 그리고 여인들이 있었다는 점은 꾸며낸 진술이 아니라는 증거이다.[7]

둘째, 진술들 간에 혼선이 있다는 점이다. 이로써 이들의 주장이 위해를 입는 것처럼 보일 수도 있지만, 제임스 던James Dunn이 말한 대로 "상충하는 증언들은 그 진실성을 해치는 표시라기보다는 증거가 바로 거기에서 유래했음을 나타내는 진실의 표시이다."[8] 증언들이 후대 편집자들에 의해 꾸며진 것이라면, 훨씬 더 일관성을 갖추었을 것이다. 아니면 부조화들이 슬슬 풀리고 난제들이 완전히 해명되었을지도 모른다. 그러나 이렇게 진술이 거칠게 남아 있는 것은 초대교회가 서로 상충할지라도 원래의 진술을 보존하는 게 중요하다고 믿었기 때문이지 다른 이유는 없다. 여인 중의 한 명이 사실과는 약간 다르게 기억해냈는지도 모른다. 하지만 사람들은 그 여인의 독특한 보고라고 생각했을 것이다. 이것이 초점이다. 여인의 보고였기 때문에 무시될 수 없었다. 톰 라이트N. T. Wright가 말한 대로 "이처럼 땅을 뒤흔들고 공동체를 결속하는 이야기는 쉽게 수정되지 않는다. 처음 진술에 아주 많이 의존하게 된다."[9]

셋째, 진술들이 정직하다는 점이다. 앞서 마가복음의 종결부를 보았는데, 진실로 이야기가 그렇게 마쳤을 가능성이 있다. 부활 현시도 없고 두려움과 충격밖에 없는 채 말이다. 확실하지는 않지만 그럴 수도 있다. 그럼에도 불구하고 진술들은 이 사건의 비현실성을 인식하고 있다. 예를 들어 마태복음은 "예수를 뵈옵고 경배하나 아직도 의심하는 사람들이 있더라"(마 28:17)고 말한다. 아름답게 채색할 생각이었다면 왜 이렇게 썼는지 나로서는 이해할 수가 없다. 누군가 정말 의심했기 때문에 의심이 남아 있었다.

넷째, 빈 무덤과 관련해서 어떤 이견도 없다는 점이다. 마태복음에 나오는 파수꾼 이야기에서 보았다시피, 이야기의 구성은 무덤이 실제로 비었을 때만 그럴 듯하다. 무덤이 비었는지 여부는 논란거리가 아니었다. 유일한 이유는 그것이 비어 있었다는 것이다.[10]

다섯째, 초대교회는 실제로 무덤을 소중히 여기지 않았다. 물론 그들이 장소를 기억하고 있었지만 경배하러 갔었다는 증거는 없다. 사도행전의 작가부터 시작해서 초대교회의 작가 어느 누구도 그들이 경배하기 위해 거기에서 만났다고 기록하지 않는다. 그 까닭은 그곳에 경배할 만한 것이 없었기 때문이다.

여섯째, 바울의 증거가 있다. 예수님이 죽고 나서 두 세대가 지나도록 예수님을 목격한 오백 명의 무리 중 일부가 여전히 주위에 살아 있었다. 바울이 하려는 말은 분명하다. 증인을 원한다고? 바울에겐 증인이 있고 그들은 여전히 살아 있었다.

일곱째, 부활은 너무나 불가사의해서 믿기 어렵다는 점이다. 바리새인들이 죽은 자의 부활을 믿는다는 것은 안다. 하지만 그들이 믿는 부활은 여호와의 날 이후에 있을 최종적인 부활이다. 이방인이 남아 있는 상태로는 가망이 없다. 부활이 종말 전에 일어나고 그것이 일반적인 부활을 예표한다는(마태복음에서 죽은 자들이 걸어 다니는 것처럼) 기독교 신앙은 정말 이상하다.

마지막으로, 초대교회가 살아남았다는 사실이다. 뭔가가 이들을 강력하게 변화시켰다. 뭔가가 공포에 질린 촌뜨기 일꾼들의 세계를 변화시켰다. 사도행전은 교회가 빠르게 성장했다고 말한다. 오순절 하루에만 3,000명이 세례를 받았다. 이 숫자에 의혹이 든다 해도 기독교가 번성해서 성장한 것은 순수한 역사적 사실이다. 기독교에 빈번히 핍박이 가해짐에도 불구하고 기독교는 빠르게 퍼져나갔다. 예를 들어 예수님 가정에 일어난 전격적인 변화를 보라. 예수님의 친척들 중에 남자는 그 누구도 십자가 곁에 남아 있지 않았지만 이후 그분의 형제들은 예루살렘에 있었다.

> 그들이 유하는 다락방으로 올라가니 베드로, 요한, 야고보, 안드레, 빌립, 도마와 바돌로매, 마태와 알패오의 아들 야고보, 셀롯인 시몬, 야고보의 아들 유다가 다 거기 있어 여자들과 예수의 어머니 마리아와 예수의 아우들과 더불어 마음을 같이하여 오로지 기도에 힘쓰더라(행 1:13-14).

뭔가가 그들을 변화시켰다. 그리고 바울에 따르면 그들은 예수님을 만났다. 이것이 그들을 변화시켰다. 예수님의 형제 야고보는 처음에 그분이 속이고 있다고 믿었지만, 종국에는 예루살렘에서 초대교회를 이끌었고 결국 안나스의 아들 중 하나에게 순교를 당했다. 예수님의 또 다른 형제 유다는 신약성서에 편지 한 통을 남겼다. 학자들의 논쟁대로 이 편지의 집필자가 유다가 맞는지 확실하진 않더라도 유다가 초대교회의 유력자였음은 의심의 여지가 없다. 제자도 아닌 사람이 이런 편지를 썼을 리가 없다.[11] 적어도 예수님의 형제 중 두 명이 갑자기 불신앙에서 신앙으로, 의혹에서 헌신으로 돌아섰다.

개인적으로는, 부활이 개입되지 않고서는 초대교회의 성장이나 예수님에 대한 신앙이 보전된 현상을 설명할 수 없다고 생각한다. 예수님에게서 부활을 떼어내면 실패만이 남는다. 명예로운 실패는 우리 시대 종교 운동의 원천이 되기도 하는 모양이지만, 잔혹한 신약 시대에서는 아니었다. 명예로운 실패는 종교 운동을 촉발하지 않는다. 마사다의 순교자들을 떠올려보자. 아무도 그들의 명예로운 죽음 위에 종교를 세우지 않았다.

이것이 가장 길었던 한 주의 전말이다. 그 전 주 일요일에 예수님은 베다니에서 호기롭게 성으로 들어오셨다. 누가복음은 예수님의 여정을 빠짐없이 제시한다. 예수님은 제자들을 이끌고 예루살렘 밖으로 나가셨고, 멀리 있는 감람 산에 오르셨으며, 그 너머의 베다니에서 "그들을 떠나셨다"(눅 24:51). 그분은 의기양양하게 들어오셨다가 당당히 나가신다. 길고, 힘겹고, 이상한 여로이다.

그리고 이 여정은 아직 끝나지 않았다.

Aftershock

AD 33 and after

여진

3 3 년 이 후

The
Longest
week

/

Aftershock

/

여진 : 33년 이후

물론 이 사건은 끝나지 않았다. 기독교는 예루살렘에서부터 바이러스처럼, 폭풍처럼, 이 사람에게서 저 사람에게로 좋은 소식이 되어 퍼져나갔다. 예수님을 따르던 최초의 제자들은 다락방에서 나와 가르치고 전파하고 가난한 사람들을 먹이기 시작했다. 또 자신들의 소유를 통용했고 마치 승리한 것처럼 행동했다.

베드로라는 불명예스러운 제자는 이 새로운 운동의 심장이자 영혼이었다. 새롭게 살아나 완벽하게 재기한 그는 스승이 했던 것들을 행하는 데 앞장섰다. 여기에는 당국에 체포되는 일도 포함된다. 그는 파란만장한 삶을 살고 나서 68년 로마에서 처형되었다고 한다. 다른 제자들과 무리들의 죽음은 잘 알려지지 않았다. 야고보 사도는 46년 헤롯 아그립바에게 처형되었다. 예수님의 형제 야고보 장로는 63년 대제사장 안나스의 아들 아나누스에게 죽임을 당했는데, 나사렛 예수 가문에 대한 안나스 집안의 최후의 보복 행위로 보인다. 다른 무리들에 관해서는 거의 알려지지 않았다. 그들은 역사 속으로 사라졌다.

헤롯과 빌라도가 서로 친구가 되니라

예수님의 적들에 대해서도 좀 더 알아보자.

헤롯 안디바는 그 후 4년쯤 더 갈릴리를 다스린 듯하다. 그의 형제 분봉왕 빌립이 34년에 죽자 티베리우스 황제는 영지를 로마령에 통합시켜 안디바를 실망시켰다. 36년 가을쯤 안디바의 군대는 한때 그의 장인이었던 아레타스와의 전투에서 참패했다. 안디바는 패배를 만회하기 위해 군대를 보내달라고 로마를 설득했지만, 티베리우스가 죽었다는 소식을 듣게 된다. 칼리큘라 황제는 안디바의 조카이며 헤롯 가의 변변치 못한 음모자 아그립바와 가까운 사이였다. 그는 아그립바에게 죽은 숙부 빌립의 영지와 함께 왕의 칭호를 주었다. 헤로디아는 안디바를 로마 황제에게 보내 왕으로 삼아줄 것을 부탁하게 했다. 안디바는 내키지 않았지만 그렇게 했다.

그것이 재앙이었다. 아그립바는 이 소식을 듣자 칼리큘라에게 편지를 보내 아그립바가 페르시아와 비밀 협정을 맺고 로마를 배신했다고 고발했다. 멀리 떨어져 있어 안디바를 처벌할 길이 없는 황제는 안디바에게 음모죄를 물어 헤로디아와 함께 루그두눔 꼰베라룸으로 추방했다. 지금의 프랑스 생생 베르나르드 코멩쥬 지역이다. 그의 재산과 영지는 아그립바에게 넘어갔다. 그에 관해 알려진 마지막 소식에 따르면, 헤롯 안디바는 아내 헤로디아의 책략에 희생되어 집에서 수천 킬로미터 떨어진 제국의 반대편에서 은둔하며 생을 마쳤다.

그는 결국 '왕'으로 불리지 못했다.

빌라도의 임기는 36년 말이나 37년 초에 끝났다. 칼리큘라의 재임 기간에 빌라도 역시 관직을 지킨 듯하고 두 사람은 함께 임기를 마쳤다. 대제사장 가야바를 달래려는 의도에서 빌라도를 사퇴시켰을 수도 있다.

결과적으로 종교 분쟁 때문에 빌라도의 임기가 끝났다고 볼 수 있다. 고대 사마리아인들은 성전 기구들이 사마리아의 그리심 산에 숨겨져 있다는 믿음을 갖고 있었다. 35년, 한 사마리아 '예언자'가 사람들이 이 산에 모이면 이 기구들을 만들어내겠다고 장담했다. 이리하여 어마어마한 사마리아인 무리가 그리심 산자락에 모여들기 시작했다. 폭동을 염려한 로마 군대가 이들에게 무력을 사용해서 많은 사람이 죽었고 일부는 잡혀가고 나머지는 도망쳤다. 결국 빌라도는 가장 존경받는 유명한 사마리아 지도자들을 포함해 주모자라고 생각되는 사람들은 모두 처형했다. 빌라도가 왜 이들을 저지하려고 했는지는 이해하기 어렵다. 산에 모여든 사마리아인 무리가 그렇게 위협적인 대상은 아니었을 텐데 말이다. 아마도 사마리아인들이 그리심 산에 성전을 세울까 염려했던 가야바의 조언을 받아들였기 때문으로 보아야 할 것이다. 또 하나의 성전과 제사장이야말로 가야바가 절대로 원하지 않은 것들이다.[1] 사마리아인들은 집회가 결코 위험하지 않다는 것을 알았기에 시리아 총독 비텔리우스에게 항의했다. 비텔리우스는 이 일의 책임을 물어 빌라도를 로마로 송환했다.[2] 또 티베리우스 황제에게 청원서를 쓰고 나서, 30년 만에 처음으로 유대인에게 대제사장 의복을 양도해주었다.[3]

요세푸스의 기록에 따르면, 빌라도는 로마로 서둘러 돌아갔지만 티베리우스 황제에게 탄원하기에는 너무 늦어버렸다. 37년 3월에 황제가 죽기 때문이다. 빌라도는 최선을 다해 황제의 비위를 맞추었다. 예루살렘으로 방패를 가져오는 것도 삼갔다. 심지어 황제를 기려 사원도 세웠다. 하지만 모두 돈 낭비였다. 새 황제는 가이우스 칼리귤라였는데 그는 양할아버지를 기념할 만큼 감상적이지 않았다.[4] 빌라도는 경고받았다시피 자신이 황제의 친구가 아님을 알게 되었다. 유세비우스에 따르면 빌라도는 자살했다고 한다.[5]

우연찮게도 가야바는 빌라도를 물러나게 한 대가로 지위를 잃었다. 36년 비텔리우스는 가야바를 대제사장 직에서 해임했다. 20세기에 들어 그의 무덤이 발견될 때까지 그에 대해 알려진 바는 없다. 그의 뒤를 이은 것은 그의 처남이며 안나스의 아들인 요나단이었다. 이렇게 영리한 모사가 안나스는 다시 한 번 가업을 이어갈 수 있었다.

안나스가 묻힌 곳에 대한 기록이 남아 있다. 요세푸스는 70년 예루살렘 포위 당시 지어진 성벽에 대한 기록을 남겼다. 요세푸스에 따르면 성의 동쪽면을 따라 성벽에는 총안銃眼이 설치되었고, 남쪽으로 내려가면 "샘문 계곡이 있고, 그 너머로 올라가면 대제사장 안나스의 무덤을 마주보게 되어 있다"고 한다.

이 지역에서 '아겔다마' 무덤이 발굴되었다. 한가운데 나란히 놓인 여섯 무덤이 가장 정교하게 지은 것들이다. 입구는 삼중으로 되어 있는데, 이곳이 위대한 현인 안나스의 마지막 쉼터일지도 모른다.[6]

이미 알다시피 그의 아들들도 대제사장직에 올랐다. 하지만 모두가 행복한 최후를 맞지는 않았다. 요나단은 60년 단도를 휘두르는 시카리에게 암살되었다.[7] 그의 막내아들인 아나누스가 대제사장이 되어 알다시피 야고보를 죽이게 된다. 이는 예수 가문에 대한 최후의 보복 행위였다. 이 때문에 그는 로마 당국에 의해 해임된다. 로마에 저항하는 반란이 꿈틀거리는 시기에 그는 중요한 역할을 하고 있었는데, 평화로운 해결책을 지지하는 중심인물이었다. 그의 가문이 수년 동안 로마에 협력했는데도 위기에 처한 것이다. 불행히도 로마와 타협하려는 이 가문과 뜻을 같이하는 사람은 없었다. 아나누스는 붙잡혀 암살되었고 뼈도 묻히지 못했다.[8]

내가 세상 끝날까지
너희와 항상 함께 있으리라

이제 예수님에게 눈을 돌려보자. 그분에게 무슨 일이 일어났는가?

우리는 그분을 얻고 역사를 잊었다. 정치, 빈곤 같은 골칫거리를 없애버렸다. 그러고 나서 그 피로 씻김을 받고 그분을 보좌에 앉히고 자주옷을 입히고 제왕으로 삼았다. 그분을 돈 바꾸는 상인들의 상에서 멀찌감치 떨어뜨려놓고, 그분이 처형당한 도구를 장신구로 만들었다.

무엇보다 결정적인 배신행위는 그분이 혐오하는 원리들을 신봉하는 세계적 운동의 지도자 자리에 그분을 두었다는 점이다. 그분을 우두머리 삼은 전 세계 공식 교회는 사두개인과 로마당국과 바리새인을 통 털어도 모자랄 만큼 분열되었다. 예수님의 생애는 비폭력과 사랑과 가난과 정의 자체였건만, 일단 돌아가시자 권위와 권력과 소유와 허영과 지위에 집착하며 자신에게 동의하지 않으면 짓밟아버리는 존재로 돌변했다.

나도 안다. 항상 그렇지는 않았다. 시작은 좋았다. 초대교회는 예수님의 가르침이 하나님의 영으로 인해 능력을 얻는 곳이었다. 듣고자 하는 모든 이에게 좋은 소식이 선포되었고, 노예와 자유인, 유대인과 이방인 사이에는 차별이 없었으며, 사람들은 이런 것들을 실천에 옮기려고 진정으로 노력했다. 물론 논쟁과 난관도 줄곧 존재했다. 자기 이익을 위해 가르침을 왜곡하고 진리를 변질시키고 교회를 이용하는 사람들이 있었다. 하지만 교회는 자랐다. 예수님처럼 행했다. 당대의 권력구조에 맞섰다. 제국은 교회에 최악의 타격을 가했고 교회는 자기 지도자의 길을 따랐다.

초대교회는 예수님의 사상을 따랐고 세상을 변화시켰다. 그러자 로마제국은 반격에 나섰다. 325년 콘스탄티누스 황제는 기독교를 로마제국의 국교로 삼았다. 탄생 이래 최초로 교회는 실제 권력을 얻게 되었다. 그러자 갑자기 모든 것들이, 비폭력과 무력함과 가난함에 관한 모든 것들이 길을 잃었다. 콘스탄티누스 대제 이래, 기독교가 서방 세계의 '공식' 교회가 되고나서도 제도로서 교회는 자신의 기초를 세우신 위대한 아웃사이더의 원칙을 따르기 위해 몸부림쳤다. 하지만 손쉽게 돈 버는 기계가 되어 높은 자리에 오르거나 상석을 차지하거나 훈장과 명예와 제도를 자랑하게 되었다. 그래서 유대인을 보며 자신을 양성하고 융성하게 해준 문화와 민족이 아니라, 보복을 가할 대상으로 생각했다. 사명을 지키고 있는 아웃사이더들만 남아 있다.

사막으로 피해 들어간 수사들이나, 감히 자기 생각을 표현한 교사들이나, 예수님의 이야기가 왜 자국어로 읽혀서는 안 되는지 의구심을 품은 학자들이 그들이다. 유대인의 살인 음모에 동참하는 대신 그들을 숨겨준 기독교인이나, 노예들이 족쇄를 끊고 달아나도록 돕는 목사들과, 흑인과 백인은 전혀 다를 바가 없다고 주장하며 행진하는 설교자가 그들이다. 나병 환자를 끌어안고 돌보며 죄수들을 돕는 이들, 이들이야말로 진정 영광을 받아야 한다. 이런 사람들이 수백만 명이다! 이들은 공식적인 역사나 길고 지겨운 총회와 공의회와 십자군과 이단에서는 큰 비중을 차지하지 않지만, 그들은 거기 있었다. 그리고 자신을 세우신 분의 생애를 주목하고 그대로 살아내려고 했다.

이것이야말로 이 책이 전하고자 한 바이다. 사실들이나 날짜나 이론들에 관한 것이 아니다. 한 사람과 그분에 대한 우리의 반응에 관한 이야기이다. 참된 진실은 아무도 그리스도를 통제할 수 없다는 것이다. 그분은 우리가 산처럼 쌓아둔 이론들을 거침없이 침몰시키신다. 우리 삶의 한복판으로 진격해 들어와 그동안 우리가 신중하게 차곡차곡 정돈해놓은 사상들을 전복하기 시작하신다. 역사적 예수는 압제하는 종교와 정치 제도에 도전하셨고, 가장 가난한 이들의 불행에 열렬히 공감하셨으며, 문자 그대로 추방자가 되었지만 제도권을 조롱하시고 그들의 지혜를 어리석게 만드셨으며, 사랑의 길을 걸어 결국 승리를 쟁취하셨다. 그분이 계시다. 자주옷을 벗어버리고 보좌에서 내려와 궁핍한 자들에게 빵과 포도주를 주신다. 그분은 살아 계셔서 여전히 저항하신다. 위대한 모반자이며 전복된 나라의 지도자인 예수 그리스도, 요셉의 아들 여호수아, 하나님의 아들이시다.

이것이 가장 길었던 한 주의 전말이다.

하지만 그분의 역사는 절대 끝나지 않는다.

들어가는 말

1. 기독교인이라면 누구나 고난주간에 일어난 사건들에 관한 자료를 읽고 묵상할 필요가 있다. 다음 웹사이트가 도움이 될 것이다. http://www.nickpage.co.uk.
2. 초대교회 역사가 유세비우스는 〈빌라도 행전〉에 대해 언급한다. 〈빌라도 행전〉은 로마 원로원의 정체가 확실히 알려지기 전에 티베리우스에서 발견되었다. 빌라도에 관한 다양한 '행전들'과 '서신들'이 기록되었지만, 모두 4세기에 기록된 위경들이다. 다음 자료를 참고하라. Eusebius, *The Ecclesiastical History and The Martyrs of Palestine*, trans. Hugh Jackson Lawlor and John Ernest Leonard Oulton(2 vols: London: SPCK, 1927), I, 38. 다음 자료도 참고하라. Ernest Bammel, and C. F. D. Moule (ed.), *Jesus and the Politics of His Day*(Cambridge: Cambridge University Press, 1984), p.173.
3. Légasse, Simon, *The Trial of Jesus*(London: SCM Press, 1997), pp.2–3.
4. Goodman, Martin, *The Ruling Class of Judaea: The Origins of the Jewish Revolt Against Rome, A.D. 66–70*(Cambridge: Cambridge University Press, 1987), p.5.
5. Goodman, *The Ruling Class of Judaea*, p.23.

1. 이 외에도 아기 때와 유년 시절에 성전을 방문한 기록이 있다. 눅 2:22-28; 2:41-51.
2. 이 서술대로라면 간음 중에 사로잡힌 여인 사건도 포함되어야 한다. 이 또한 성전에서 일어난 일이다(요 7:53-8:11). 이 사건은 요한복음의 가장 초기 사본에는 나오지 않으므로 원 복음서에 들어 있지 않았을 수도 있다. 하지만 예수님에 대해 기록한 다른 전승들에는 들어 있다. 어쨌든 급진적이고 충격적인 이 교훈은 전통적인 종교와 사회 관습을 뒤집는 것이었다. 간단히 말하자면, 예수님의 교훈에 전적으로 부합하는 내용이다.
3. 막 15:42; 마 27:62; 눅 23:54; 요 19:31.
4. De specialibus legibus, ii, pp.144-175. 다음 책에 인용된 내용을 재인용했다. Segal, J. B., *The Hebrew Passover: From the Earliest Times to A.D. 70*(London: Oxford University Press, 1963), p.27.
5. Ogg, George, *The Chronology of the Public Ministry of Jesus*(Cambridge[Eng.]: The University Press, 1940), p.276; Finegan, Jack, *Handbook of Biblical Chronology: Principles of Time Reckoning in the Ancient World and Problems of Chronology in the Bible*(Peabody, Mass: Hendrickson Publishers, 1998, pp.361-362.
6. Finegan, Jack, *Handbook of Biblical Chronology*, p.360. Fotheringham, J. 'Astronomical Evidence for the Date of the Crucifixion,' *Journal of Theological Studies* XII. p.1910. 달에 관해서는 다음 자료를 참고하라. Riesner, Rainer, *Paul's Early Period: Chronology, Mission Strategy, Theology*(Grand Rapids, Mich.; Cambridge: Eerdmans, 1998), pp.56-57.
7. Beasley-Murray, George Raymond, *John*(Waco, Texas: Word Books, 1987), pp.172-173.
8. Goodman, *The Ruling Class of Judaea*, p.12.
9. Seneca, *On Mercy* 1:2-3.
10. Carlton, Eric, *Occupation: The Policies and Practices of Military Conquerors*(London: Routledge, 1992), p.18.
11. 그리스 파트라스의 프랑스 영사 자비에르 레쿠르유(Xavier Lecureuil)가 한 말로 다음 자료에서 인용했다. Mazower, Mark, *Inside Hitler's Greece: The Experience of Occupation, 1941-1944*(Yale Nota Bene, New Haven, Conn.; London: Yale University Press, 2001), p.3.
12. Wengst, Klaus, and John Stephen Bowden, *Pax Romana and the Peace of Jesus Christ*(London: SCM, 1987), p.13.
13. Erhardt, Wengst and Bowden, *Pax Romana and the Peace of Jesus Christ*, p.28.
14. Juvenal, and Peter Green, *The Sixteen Satires*(Penguin Classics, London: Penguin Books,

1974), p.293.

15. Plutarch, *Precepts of Statecraft* X, Lewis, Naphtali, and Meyer Reinhold, *Roman Civilization: Selected Readings*(3rd edn, New York: Columbia University Press, 1990), p.231.
16. Reader, John, *Cities*(London: Heinemann, 2004), p.83.
17. Wengst and Bowden, *Pax Romana and the Peace of Jesus Christ*, p.27.
18. Babylonian Talmud Sabbath 33b. Translation by M. Hadas, *Philological Quarterly*(1929), 8:373. 시므온은 죽음을 피해 동굴 속에서 14년간 숨어 지냈다고 한다.
19. 랍비 가말리엘의 말로 다음 자료에 나와 있다. McMullen, Ramsay, *Enemies of the Roman Order: Treason, Unrest, and Alienation in the Empire*(Cambridge, Mass; London: Harvard University Press; Oxford University Press, 1966), p.148.
20. Sidebotham, Steven E., *Roman Economic Policy in the Erythra Thalassa 30 B.C.-A.D. 217*(Mnemosyne, Bibliotheca Classica Batava, Supplementum 91; Leiden: Brill, 1986), pp.133, 135.
21. 다음 자료를 참고하라. Ant 17. 11. 4, Millar, Fergus, *The Roman Near East, 31 BC-AD 337*(Cambridge, Mass.; London: Harvard University Press, 1993), p.51.
22. Goodman, *The Ruling Class of Judaea*, pp.33-35.
23. Goodman, *The Ruling Class of Judaea*, pp.40-41.
24. Goodman, *The Ruling Class of Judaea*, pp.44-45.
25. Notley, R. Steven, and Anson F. Rainey, *Carta's New Century Handbook and Atlas of the Bible*(Jerusalem: Carta. Jerusalem, 2007), p.235.
26. Goodman, *The Ruling Class of Judaea*, p.56.
27. Notley and Rainey, *Carta's New Century Handbook and Atlas of the Bible*, p.235.
28. Horsley, Richard A., and John S. Hanson, *Bandits, Prophets, and Messiahs: Popular Movements in the Time of Jesus*(San Francisco: Harper & Row, 1988), p.61.
29. Goodman, *The Ruling Class of Judaea*, p.111.
30. Carter, Warren, *Pontius Pilate*(Liturgical Press, US, 2003), p.35.
31. Horsley and Hanson, *Bandits, Prophets, and Messiahs: Popular Movements in the Time of Jesus*, p.53.
32. m.Shebiith 10.3-4, Danby, Herbert, *The Mishnah, Translated From the Hebrew*(London: Oxford University Press, 1933), p.51.
33. Horsley and Hanson, *Bandits, Prophets, and Messiahs: Popular Movements in the Time of Jesus*, p.60.

34. Horsley and Hanson, *Bandits, Prophets, and Messiahs: Popular Movements in the Time of Jesus*, p.61.
35. Notley, Turnage and Becker, *Jesus' Last Week*, p.204.
36. Paxton, Rover O., *Vichy France: Old Guard and New Order, 1940-1944*(New York: Columbia University Press, 2001), pp.285-286.
37. Crossan, *The Historical Jesus*, p.118.
38. Goodman, *The Ruling Class of Judaea*, p.74.
39. Wright, *Jesus and the Victory of God*, p.161.
40. Bammel and Moule, *Jesus and the Politics of His Day*, pp.135-136.
41. Hengel, Bammel and Moule, *Jesus and the Politics of His Day*, p.142.
42. Bammel and Moule, *The Trial of Jesus: Cambridge Studies in Honour of C. F. D. Moule*, pp.48-50.
43. Moule, C. F. D., *The Birth of the New Testament*(London: A. & C. Black, 1981), p.55.
44. Goodman, *The Ruling Class of Judaea*, p.123.
45. Josephus, *War* 2. p.162.
46. Bammel and Moule, *Jesus and the Politics of His Day*, p.144.
47. Rhods, David M., *Israel in Revolution: 6-74 C. E. A Political History Based on the Writings of Josephus*(Philadelphia: Fortress Press, 1976), p.32.
48. Vanderkam, James C., *From Joshua to Caiaphas: High Priests after the Exile*(Mineapolis, Minn Assen: Augusburg Fortress Van Gorucum, 2004), pp.435-436.
49. 가야바는 후에도 4년간 대제사장직에 있었기 때문에, 19년 동안 이 지위에 있었던 셈이다. Jeremias, Joachim, *Jerusalem in the Time of Jesus: An Investigation into Economics and Social Conditions during the New Testament Period*(London: SCM Press, 1974), 195 n. p.153.
50. Goodman, *The Ruling Class of Judaea*, p.121.
51. Ilan, Tal, *Jewish Women in Greco-Roman Palestine: An Inquiry Into Image and Status*(Tübingen: J. C. B. Mohr(Paul Siebeck), 1995) p.71.
52. Millar, *The Roman Near East*, 31 BC-AD 337, p.362.
53. Bammel and Mould, *The Trial of Jesus: Cambridge Studies in Honour of C. F. D. Moule*, p.63.
54. Carter, *Pontius Pilate*, p.39.
55. Jeremias, *Jerusalem in the Time of Jesus*, pp.97-99.
56. Josephus, *War* 2. pp.397, 400.

57. 구약성경에 나오는 비그리의 아들 세바 사건을 암시하는지도 모른다. 세바는 자신들의 살 길을 찾는 사람들의 손에 참수되었다. 사람들은 자기들의 성과 목숨을 지키기 위해 성벽에 세바의 머리를 내걸었다. 사무엘하 20장 14-22절을 참고하라.
58. Avi-Yonah, Michael, *The Jews under Roman and Byzantine Rule : A Political History of Palestine from the Bar Kokhba War to the Arab Conquest*(Jerusalem New York : Magnes, the Hebrew University Schocken Books, 1984), p.9.
59. Goodman, Martin, *Judaism in the Roman World : Collected Essays*(Leiden : Brill, 2007), p.124.
60. Josephus, *Antiquities* 18. pp.16-17.
61. Josephus, *Antiquities* 13. pp.297-298.
62. Josephus, *Antiquities* 13. p.173.
63. Goodman, *Judaism in the Room World : Collected Essays*, p.128.
64. Josephus, *Antiquities* 20. pp.198-200.
65. Josephus, *War* 2. p.166.
66. Josephus, *Antiquities* 18. p.16.
67. Josephus, *Antiquities* 18. p.17.
68. Goodman, *Rome and Jerusalem : The Clash of Ancient Civilizations*, pp.422-423. 존 도미니크 크로산은 성전 수장을 '부대제사장' 이라고 묘사한다(Crossan, *The Historical Jesus*, p.212).
69. War 2. p.409-410.
70. Bammel and Moule, *The Trial of Jesus : Cambridge Studies in Honour of C. F. D. Moule*, p.35.

전날 밤

1. 요한의 시간표가 맞다면 예수님이 안식일에 길을 떠나셨다고 보아야 한다. 토라에 따르면 안식일에 움직일 수 있는 거리는 2,000규빗으로 제한된다(민 35:5; 행 1:12).
2. Goodman, *The Ruling Class of Judaea*, p.132.
3. Tohoroth 7. 6 in Danby, H., *The Mishnah, Translated From the Hebrew*, p.726.
4. Hagner, Donald Alfred, *Matthew 1-13*(Dallas, Texas : Word Books, 1993), p.8.
5. 신약성경에서 '제자'라는 단어가 여성형으로 쓰인 예는 한 번뿐이다. 다비다가 여제자를 뜻하는 *mathetria*라고 불린 것이 전부이다. 하지만 복음서가 아니라 사도행전에서다(행 9:36). 또 베

드로가 욥바를 방문한 것은 대략 37년경이다.

6. Bailey, Kenneth E., *Jesus Through Middle Eastern Eyes*(London: SPCK, 2008), p.193.
7. 다음 자료를 참고하라. Brandon, S. G. F., *Jesus and the Zealots: A Study of The Political Factor in Primitive Christianity*(Manchester: Manchester University Press, 1967).
8. 브랜든의 이론을 반박하는 견해는 다음 자료를 참고하라. Bammel and Moule, *Jesus and the Politics of His Day*, pp.1-9.
9. Ilan, *Jewish Women in Greco-Roman Palestine*, p.55.
10. Ilan, *Jewish Women in Greco-Roman Palestine*, p.67. 예를 들어 아그립바 1세의 딸인 베레니케는 13살에 결혼했다.
11. 마르다가 가장 맏이고 결혼했지만 과부가 되었을 가능성이 있다. 누가복음에서 처음 등장할 때 마르다는 예수님을 '자기 집'으로 영접했다(눅 10:38). 하지만 요한복음에서는 모두 식솔들이 있었다. 나병환자 시몬이 마르다의 남편이거나 이 집안의 아버지라고 주장하기도 한다(Nesbitt, *Bethany Traditions*, p.120). 네스빗은 예수님이 예루살렘을 방문하시는 동안 항상 시몬의 집에 머무셨다고 주장한다.
12. mSot 3.4 in Danby, *The Mishnah*, p.296.
13. (tSot 7.9) Ilan, *Jewish Women in Greco-Roman Palestine*, p.191.

첫째 날 : 입성

1. Wilkinson, John, *Jerusalem as Jesus Knew it: Archaeology as Evidence*(London: Thames and Hudson, 1978), pp.114-115.
2. 수 15:63; 삼하 5:6-10.
3. Ball, *Rome in the East: The Transformation of an Empire*, p.261.
4. 볼은 호주와 미국의 예를 인용하는데, 호주와 미국은 현관과 산책로가 가로수 역할을 한다. Ball, *Rome in the East: The Transformation of an Empire*, pp.270-271.
5. Goodman, *The Ruling Class of Judaea*, p.127.
6. Josephus, *War* 5. pp.201-206.
7. Roller, Duane W., *The Building Program of Herod the Great*(Berkeley; London: University of California Press, 1998), p.180.
8. Goodman, *Judaism in the Roman World: Collected Essays*, pp.64-66.
9. Fuks, Gideon, Uriel Rappaport and Aryeh Kasher, *Greece and Rome in Eretz Israel: Collected Essays*(Jerusalem: Yad Izhak Ben-Zvi, Israel Exploration Society, 1990), p.143.

10. Goodman, Martin, *Rome and Jerusalem: The Clash of Ancient Civilizations*(London: Penguin, 2008), p.316.

11. Feldman, Louis H., *Jew and Gentile in the Ancient World*(Princeton: Princeton University Press, 1993), p.293.

12. Ball, Warwick, *Rome in the East: The Transformation of an Empire*(London: Routledge, 2000), p.59.

13. Goodman, *The Ruling Class of Judaea*, p.97.

14. Lewis, Naphtali, *Life in Egypt Under Roman Rule*(Oxford: Clarendon Press, 1983), pp.29, 169.

15. Goodman, *The Ruling Class of Judaea*, pp.48–49.

16. Safrai, Ze'ev, *The Economy of Roman Palestine*(London: Routledge, 1994), p.379.

17. Richardson, Peter, *City and Sanctuary: Religion and Architecture in the Roman Near East*(SCM Press, 2002-10-01), p.137.

18. 다음 자료에서 인용했다. Reader, *Cities*, p.83.

19. Safrai, *The Economy of Roman Palestine*, p.34.

20. Scobie, Alex, 'Slums, Sanitation and Mortality in the Roman World,' *Klio* 68, 1986, p.404.

21. 아르시노에에서 발견된 파피루스에는 앞쪽에 하나, 옆쪽에 두 개, 총 세 개의 가게가 딸린 집을 빌려주겠다는 제안이 기록돼 있다. Lewis, *Life in Egypt Under Roman Rule*, p.51.

22. Scobie, Alex, 'Slums, Sanitation and Mortality in the Roman World,' Klio 68, 1986, pp.399–433(402).

23. Neuwirth, Robert, *Shadow Cities: A Billion Squatters, a New Urban World*(New York; London; Routledge, 2005), p.181.

24. Neuwirth, *Shadow Cities*, p.179.

25. Scobie, 'Slums, Sanitation and Mortality in the Roman World,' p.402.

26. Scobie, 'Slums, Sanitation and Mortality in the Roman World,' p.403.

27. Davis, Mike, *Planet of Slums*(London; New York: Verson, 2006), p.33.

28. Kearns, Kevin Corrigan, *Dublin Tenement Life: An Oral History*(Dublin: Grill & Macmillan, 1994), p.27.

29. Kleijn Gerda de, *The Water Supply of Ancient Rome: City Area, Water, and Population*(Dutch Monographs on Ancient History and Archaeology, v. 22; Amsterdam: Gieben, 2001), p.74.

30. 도시의 강우량에 관해서는 다음 자료를 참고하라. A. Trevor Hodge, *Roman Aqueducts &*

Water Supply(London: Duckworth, 1993), p.335.

31. Wilkinson, *Jerusalem as Jesus Knew it*, pp.66-67.

32. Hayward, Robert, *The Jewish Temple: A Non-Biblical Sourcebook*(London: Routledge, 1996), p.28 중에서 Aristeas 89.

33. 폼페이의 집 앞에는 이런 경고문이 붙어 있다. "여기에 쓰레기를 버리지 마시오!" Hodge, A. Trevor, *Roman Aqueducts & Water Supply*, p.337.

34. Suetonius, *Vespasian* 5. p.4.

35. Suetonius, *Nero*, p.26.

36. Hodge, A. Trevor, *Roman Aqueducts & Water Supply*, p.339.

37. m.Shekalim 8.1, Danby, *The Mishnah*, p.161.

38. Scobie, 'Slums, Sanitation and Mortality in the Roman World,' pp.408, 414.

39. Scobie, 'Slums, Sanitation and Mortality in the Roman World,' p.416.

40. Scobie, 'Slums, Sanitation and Mortality in the Roman World,' p.419.

41. Scobie, 'Slums, Sanitation and Mortality in the Roman World,' p.417.

42. Kearns, *Dublin Tenement Life: An Oral History*, p.27.

43. Kearns, *Dublin Tenement Life: An Oral History*, p.29.

44. Neuwirth, *Shadow Cities*, p.186.

45. Neuwirth, *Shadow Cities*, p.4.

46. Scobie, 'Slums, Sanitation and Mortality in the Roman World,' p.431.

47. Josephus, *Antiquities* 17. pp.213-217.

48. b.Sukk. 37a-b. Witherington, Ben, *The Gospel of Mark: Socio-Rhetorical Commentary* (William B. Eerdmans Publishing Company, January, 2001), p.307.

49. 열왕기하 9장 13절에서 예후도 비슷한 환대를 받는다. 사실 사랑받는 유명인사 앞에 옷을 펼치는 관습은 그리스-로마 세계에도 널리 통용되었다. 플루타르크에 따르면 카토가 군대를 떠날 때 군대가 그의 발밑에 자신들의 옷을 펼쳤다고 한다. 또 아델피아의 석관은 한 사람이 아델피아가 타게 될 말의 안장 밑에 옷을 까는 모습을 보여준다.

50. Bammel and Moule, *Jesus and the Politics of His Day*, pp.319-321.

51. Josephus, *The Jewish War*, (Harmondsworth: Penguin, 1981), p.40.

52. Josephus, Williamson and Smallwood, *The Jewish War*, p.144.

53. 내가 알기로 이 생각을 최초로 제안한 사람은 존 도미니크 크로산과 마커스 보그이다. Borg, Marcus J. and John Dominic Crossan, *The Last Week: What the Gospels Really Teach about Jesus' Final Days in Jerusalem*(San Francisco: HarperSanFrancisco, February, 2007), pp.2-5.

54. Sanders, E. P., *The Historical Figure of Jesus*(London: Penguin, 1995), pp.23-26.

55. Peters, F. E, *Jerusalem: The Holy City in the Eyes of Chroniclers, Visitors, Pilgrims, and Prophets From the Days of Abraham to the Beginnings of Modern Times*(Princeton University Press, 1985), p.89.

56. Goodman, *The Ruling Class of Judaea*, p.102.

57. 죽은 사람에게 접촉해서 불결해지지 않을까 두려워하는 것은 유대인에게 드문 일이 아니다. 몇몇 로마 자료에는 장례 절차를 밟는 중에 불결해지는 것에 대해 다룬다. Kazen, Thomas, *Jesus and Purity Halakhah: Was Jesus Indiffernet to Impurity?*(Coniectanea Biblica, New Testament series, 38; Stockholm: Almqvist and Wiksell, 2002), p.177.

58. 민 19:2-13. 이 본문은 제사장이 이 재를 보관했다가 어떤 경우에 사용하는지 말해준다. Kazen, *Jesus and Purity Halakhah: Was jesus Indifferent to Impurity?*, pp.185-186.

59. M. Yoma 3.3, Danby, *The Mishnah*, p.164.

60. Bobon, François, 'Fragment Oxyrhynchus 840, Fragment of a Lost Gospel, Witness of an Early Christian Controversy over Purity,' *Journal of Biblical Literature* 119(4), 2000, p.705.

61. Bonaccorsi, *Vangeli apocrifi*, pp.36, 38; Bovon, 'Fragment Oxyrhynchus 840, Fragment of a Lost Gospel, Witness of an Early Christian Controversy over Purity,' pp.714-715. 보본은 이 파편이 유대교 전통이 아닌 그리스도교 안에서 벌어진 세례 논쟁을 반영하는 후대 작품이라고 주장한다. 그는 다음 책에 나온 견해를 지지한다. Tripp, David, 'Meanings of the Foot-Washing: John 13 and Oxyrhynchus papyrus 840,' *Expository Times*, 1992. 가장 포괄적인 연구에서 예레미아스와 크루거는 이 구절의 진정성을 논하며 이를 유대-기독교의 문맥에서 다룬다.

62. Jeremias, *Unknown Sayings of Jesus*(London: SPCK, 1964), p.52.

63. Kruger, Michael J., *The Gospel of the Savior: An Analysis of p.Oxy. 840 and Its Place in the Gospel Traditions of Early Christianity*(Leiden: Brill, 2005), pp.110-111.

64. Jeremias, *Unknown Sayings of Jesus*, p.52.

65. 'Was the Aksa Mosque built over the remains of a Byzantine church?' *Jerusalem Post*, Nov.16, 2008. 다음 웹사이트에서 자료를 확인할 수 있다. http://www.ritmeyer.com/2008/11/28temple-mount-mikveh/

66. m.Sequal 8.2, in Kruger, *The Gospel of the Savior*, p.119.

67. Kruger, *The Gospel of the Savior*, p.121.

68. Jeremias, *Unknown Sayings of Jesus*, p.52.

69. Krugger, *The Gospel of the Savior*, pp.136-139.

70. Tos. Kelim B. Q. 1.6. Jeremias, *Unknown Sayings of Jesus*, p.58.

71. Kazen, *Jesus and Purity Halakhah: Was Jesus Indifferent to Impurity*:, pp.258–259.

둘째 날 : 성전

1. 성벽으로 둘러싸인 예루살렘 성은 넓이가 약 115만 제곱킬로미터이다. 그중 성전 넓이는 14만 4,000제곱미터이다. *The Anchor Bible Dictionary*, III, p.747.
2. Josephus, *Apion*. 2. p.103.
3. Spec. Laws. 1.74, p.156.
4. Goodman, *Judaism in the Roman World: Collected Essays*, p.50.
5. Schürer, Millar, Vermés and Goodman, *The History of the Jewish People in the Age of Jesus Christ*(175 B.C.–A.D. 135), I, p.366.
6. Josephus, *Apion* 2. pp.104–105.
7. Ball, *Rome in the East: The Transformation of an Empire*, p.261.
8. m. Kelim 1.8–9 Danby, *The Mishnah*, p.606.
9. m. Yoma 3.10 Goldhill, Simon, *The Temple of Jerusalem*(Profile Books Ltd, 19 January, 2006).
10. Goodman, *Judaism in the Roman World: Collected Essays*, p.51.
11. Middoth 4.7. 성전의 외형에 관해서는 논란이 많다. 요세푸스의 말과 〈미쉬나〉에 나온 내용이 일치하지 않기 때문이다. 현 정치 상황 때문에 성전 산을 완전히 발굴하는 건 불가능하다. 의견 차이가 심한 이유 중 하나는 성전 건물들이 계속해서 공사 중이었기 때문이다. 헤롯대왕이 시작한 공사는 66년 대반란이 발발할 때까지 계속되었다(Goodman, *Judaism in the Roman World: Collected Essays*, p.48). 또 다른 이유는 〈미쉬나〉가 훨씬 후대에 기록되었기 때문이다. 마이클 츄틴의 말대로 "가능한 모든 자료를 사용하고 그것을 일관된 그림으로 짜 넣어도 실제로 그런 성전은 존재하지 않는다." Michael Chyutin, *Architecture and Utopia in the Temple Era*(Library of Second Temple Studies, p.58; London: T. & T. Clark, 2006), p.145. 〈미쉬나〉에서 성전 규모와 건축 종사자들의 이야기를 담은 '미도트(Middoth)'의 내용은 역사적 서술이 아니라 문학적 재구성에 가깝다.
12. Middoth 3.8. 〈미쉬나〉는 황금 포도를 옮기려면 300명이 힘을 합쳐야 했다고 말한다. 과장된 이야기이겠지만 황금 포도의 무게를 지탱하려면 현관에 상당히 많은 기둥이 필요했을 게 분명하다. 입구에 관해서는 다음 책을 참고하라. Chyutin, *Architecture and Utopia in the Temple Era*, p.161.

13. Bammel and Moule, *Jesus and the Politics of His Day*, p.332.

14. Bammel and Moule, *Jesus and the Politics of His Day*, p.333.

15. Watts, John D. W., *Isaiah 34-66*(Revised edu, Nashville, TN: Thomas Nelson, 2005), p.820.

16. 예를 들어 다음 책을 참고하라. Sanders, E. P., *Jesus and Judaism*(London: SCM, 1985), p.68.

17. Fuke, Rappaport and Kasher, *Greece and Rome in Eretz Israel: Collected Essays*, p.167.

18. m. Pesahim 4.8; t Pesahim 2(3):19, Safrai, *The Economy of Roman Palestine*, p.154.

19. Safrai, *The Economy of Roman Palestine*, p.378.

20. Bammel and Moule, *Jesus and the Politics of His Day*, p.278.

21. Mekilta, Yithro, Bahodesh I, Bammel and Moule, *Jesus and the Politics of His Day*, p.280.

22. Bammel and Moule, *Jesus and the Politics of His Day*, p.283.

23. m.Shek 1.3, Danby, *The Mishinah*, p.152. 다음 책을 참고하라. Witherington, *The Gospel of Mark: Socio-Rhetorical Commentary*, p.316; Lane, William L., *The Gospel According to Mark: The English Text With Introduction, Exposition, and Notes*(Grand Rapids: Eerdmans, 1974), p.405.

24. m.Shekal 6.5.

25. Richardson, Peter, *Building Jewish in the Roman East*(Jsjsup, v. 92; Waco, Tex: Baylor University Press, 2004), p.245.

26. m.Shekel 2.4, Danby, *The Mishinah*, p.154.

27. t.Ketub p.12.

28. War 4. p.105.

29. Richardson, *Building Jewish in the Roman East*, p.246.

30. Richardson, *Building Jewish in the Roman East*, p.247.

31. Sperber, Daniel, *Roman Palestine, 200-400: Money and Prices*(Bar-Ilan Studies in Near Eastern Languages and Culture, Ramat-Gan: Bar-Ilan University Press, 1991), p.74.

32. m.Shek 1.7 in Danby, *The Mishnah*, p.153.

33. "지불해야 하는 돈은 반 세겔이지만 1세겔이나 테트 드라크마가 더 값나가는 동전이었기 때문에 1세겔로 두 사람 몫을 지불하면 각각 반 세겔을 지불하는 것보다 8퍼센트만큼 돈을 더 내는 셈이었다." Murphy, Catherine M., *Wealth in the Dead Sea Scrolls and in the Qumran Community*(Leiden: Brill, 2002), p.312. 이런 관행이 성전 지도자들에게 잘 통했다는 증거가 있다. 1세기로 추정하는 동전 저장고에서 고고학자들은 두로의 세겔 3,400개와 반 세겔

1,000개와 로마의 아우구스투스 데나리온 160개를 발견했다. 초과금은 로마의 은 데나리온으로 지불되었다. 반 세겔이 2데나리온의 가치가 있었으므로 반 세겔의 8퍼센트는 0.16 로마 데나리온에 해당한다. 따라서 동전 저장고에 들어 있던 돈은 7,800명이 낸 성전세를 합한 금액이 된다. 이 중 6,800명이 세겔 할인의 혜택을 보았고, 1,000명은 반 세겔을 냈다. 이들은 0.16데나리온씩 더 낸 셈이고 그 총액은 160데나리온에 이른다.

34. Josephus, *Apion* 2. p.195.

35. Hayward, Robert, *The Jewish Temple: A Non-Biblical Sourcebook*(London: Routledge, 1996), p.119.

36. Wright, *Jesus and the Victory of God*, pp.408–410.

37. 사프라이는 이 급료가 너무 높다면서 0.5데나리온이나 그 이하였을 거라고 추정한다. Safrai, *The Economy of Roman Palestine*, p.433. 다음 자료에는 일용직 노동자의 하루 품삯이 1데나리온으로 나온다. B. Avoda Zara 62a.

38. 다음 자료에서 인용한 가격들이다. Sperper, *Roman Palestine, 200–400: Money and Prices*, p.101. 서기관의 임금은 다음 자료에서 참고했다. Eccles Rab. 2.17.

39. Sperber, *Roman Palestine, 200–400: Money and Prices*, p.103.

40. 그리스-로마 세계의 다른 지역 물가와 비슷하다. 키케로에 따르면 1데나리온으로 밀 13리터를 살 수 있었다. Jeremias, *Jerusalem in the Time of Jesus*, pp.122–123.

41. Jeremias, *Jerusalem in the Time of Jesus*, pp.120–121.

42. m. Menabot 13.8, m. Bava Kama 3.9, Soerber, *Roman Palestine, 200–400: Money and Prices*, pp.104–105.

43. Murphy, *Wealth in the Dead Sea Scrolls and in the Qumran Community*, pp.311–312.

44. Peters, *Jerusalem: The Holy City in the Eyes of Chroniclers, Visitors, Pilgrims, and Prophets From the Days of Abraham to the Beginnings of Modern Times*, pp.99–100.

45. Long, David E., *The Hajj Today: A Survey of the Contemporary Makkah Pilgrimage*, (Albany: State University of New York Press, 1979). p.27.

46. Long, *The Hajj Today*, p.34.

47. Long, *The Hajj Today*, pp.14–15.

48. Long, *The Hajj Today*, p.5.

49. Goodman, *The Ruling Class of Jueaea*, p.52.

50. Goodman, *Judaism in the Roman World: Collected Essays*, p.60.

51. Long, *The Hajj Today*, p.102.

52. m. Ker 1.7, Danby, *The Mishnah*, p.564.

53. m.Shekel 4.9 in Danby, *The Mishnah*, pp.157, 798. 〈미쉬나〉에서는 단위로 셀라(sela)와 세

아(seahs)를 사용한다. 현대 단위에 맞춰 무게를 비교하는 건 조금 복잡한데, 1세아는 대략 12리터에 해당한다. 다음 자료에서 무게와 단위 항목을 참고하라. *The Anchor Bible Dictionary*, VI, pp.897–908. 예레미아스는 이를 13리터로 본다(Jeremias, *Jerusalem in the Time of Jesus*, p.122). 1셀라는 2세겔 혹은 4데나리온이다.

54. b.Yoma 35b, Sperber, *Roman Palestine 200–400: Money and Prices*, p.103.
55. 다음을 참고하라. Sanders, *Jesus and Judaism*, pp.64–65.
56. Goodman, *The Ruling Class of Judaea*, p.52.
57. Jeremias, *Jerusalem in the Time of Jesus*, p.20.
58. Jeremias, *Jerusalem in the Time of Jesus*, p.49.
59. Sifre; cf. j.Pe'a 1.6. Notley and Rainey, *Carta's New Century Handbook and Atlas of the Bible*, p.235.

셋째 날 : 종말

1. Woolf, Bertram Lee, *The Authority of Jesus and It's Foundation: A Study in the Four Gospels & the Acts*(London: Allen & Unwin, 1929), pp.84–85.
2. (BAGD, 793) *The Anchor Bible Dictionary*, IV, p.493.
3. Bammel and Moule, *Jesus and the Politics of His Day*, p.251.
4. Gammel and Moule, *Jesus and the Politics of His Days*, pp.241–248.
5. Wengst and Bowden, *Pax Romana and the Peace of Jesus Christ*, pp.58–61.
6. Goodman, *The Ruling Class of Judaea*, p.79.
7. Saldarini, Anthony J., Pharisees, *Scribes and Sadducees in Palestinian Society*(Grand Rapids: Eerdmans, 2001), p.274.
8. Lane, *The Gospel According to Mark*, p.434에서 m. Aboth 1.2.
9. Lane, *The Gospel According to Mark*, p.435. 예를 들어 다음 구절을 참고하라. 사 9:2–7; 11:1–9; 렘 23:5; 30:9; 33:15, 17, 22, 암 9:11.
10. Gundry, Rovert Horton, *Mark: A Commentary on His Apology for the Cross*(Grand Rapids: Eerdmans, 1993), p.718.
11. Lane, *The Gospel According to Mark*, p.440.
12. Lane, *The Gospel According to Mark*, p.440.
13. Saldarini, Anthony J., *Pharisees, Scribes and Sadducees in Palestinian Society*, pp.274–275.

14. Jeremias, *Jerusalem in the Time of Jesus*, pp.112-113.
15. Jeremias, *Jerusalem in the Time of Jesus*, p.115.
16. Jeremias, *Jerusalem in the Time of Jesus*, p.114.
17. *Leviticus Rabba* III, p.107 ; Lane, *The Gospel According to Mark*, p.443.
18. Zeldin, Theodore, *An Intimate History of Humanity*(London : Vintage, 1998), p.350.
19. 성서문학협회(Society of Biblical Literature)에서 내린 정의에 따르면, "묵시는 서사적 얼개를 가지고 있는 계시 문학의 한 장르이다. 여기에서 계시란 초자연적 존재의 중재로 인간에게 전달되는데, 계시가 종말론적 구원을 상정한다는 점에서 일시적인 동시에, 다른 초자연적 세계를 포함한다는 점에서 공간을 초월하는 실체를 드러낸다.' Webb, Robert L. '"Apocalyptic" : Observations on a Slippery Term,' *Journal of Near Eastern Studies* 49 (2), 1990, p.123.
20. Webb, '"Apocalyptic" : Observations on a Slippery Term,' pp.115-116.
21. 소외된 집단에 대한 다른 집단의 견해는 객관적이라 보기 어렵다. 중세에는 교황권이나 제국을 지지하는 묵시 작품들이 많았다. Collins, *The Apocalyptic Imagination : An Introduction to Jewish Apocalyptic Literature*, p.10.
22. 더 자세한 설명을 위해서는 다음 자료를 참고하라. Wright, *Jesus and the Victory of God*, pp.339-346.
23. Wright, *Jesus and the Victory of God*, pp.348-349.
24. Wright, *Jesus and the Victory of God*, p.349.

넷째 날 : 음모와 향유

1. Kazen, *Jesus and Purity Halakhah : Was Jesus Indifferent to Impurity?*, p.98.
2. Kazen, *Jesus and Purity Halakhah : Was Jesus Indifferent to Impurity?*, p.109.
3. m. Neg 13.8, in Danby, *The Mishnah*, p.694.
4. m. Neg 12.1, in Danby, *The Mishnah*, p.691.
5. Kazen, *Jesus and Purity Halakhah : Was Jesus Indifferent to Impurity?*, pp.111-112.
6. Vernès, Géza, *The Complete Dead Scrolls in English*(London : Penguin Books, 2004), p.207.
7. Dar, Shimon, 'Food and Archaeology in Romano-Byzantine Palestine,' in *Food in Antiquity*, John Wilkins Ed., David Harvey and Mike Dobson (Exeter : Exeter University Press, 1995), p.327.
8. 이게 꼭 나쁜 것만은 아니었다. 탈무드에 따르면, 매일 아침 가루를 빻아야 하는 시골 소녀들이

빵집에서 빵을 사먹기만 하는 도시 소녀들보다 가슴 발육이 더 왕성했다. Tosefta Nida 6.9. Dar, Shimon, 'Food and Archaeology in Romano-Byzantine Palestine,' in *Food in Antiquity*, John Wilkins Ed., David Harvey and Mike Dobson(Exeter: Exeter University Press, 1995), p.330.

9. Dar, Shimon, 'Food and Archaeology in Romano-Byzantine Palestine,' in *Food in Antiquity*, pp.327-328.
10. Yerushalmi Shevitt 5.7.36. Dar, Shimon, 'Food and Archaeology in Romano-Byzantine Palestine,' in *Food in Antiquity*, p.331.
11. Tosefta Baba Metzia 3.27.
12. 누가복음에 등장하는 여인이 막달라 마리아라는 전승은 다른 복음서에는 적용되지 않는다고 말할 수 있다.
13. Gundry, *Mark: A Commentary on His Apology for the Cross*, p.802.
14. 'Spices, Incense, Drugs, and Condiments' in *Anchor Bible Dictionary* II, 810-813. 감송유(甘松油)라는 추출액에서 나드를 구할 수 있다. 성경 이야기를 새로운 방식으로 접하고 싶다면, 감송유 한 병을 사서 발 마사지를 해보면 좋을 것이다.
15. 저자 미상, *Navigation of the Erythraean Sea* xlix, lvi. Lewis and Reinhold, *Roman Civilization: Selected Readings*, pp.121-122.
16. Grundry, *Mark: A Commentary on His Apology for the Cross*, p.803.
17. Ben Sira 22.3, Ilan, *Jewish Women in Greco-Roman Palestine*, p.44.
18. Ilan, *Jewish Women in Greco-Roman Palestine*, p.129.
19. m.Ket 9.4
20. (bQuidd. 80b) Ilan, *Jewish Women in Greco-Roman Palestine*, p.124.
21. Ilan, *Jewish Women in Greco-Roman Palestine*, p.179.
22. 랍비 힐렐 학파를 따른 것이다. 샴마이 학파는 남자가 여자와 이혼하는 때는 여자가 부정을 저질렀을 때뿐이라고 주장했다. mGitt 9.10.
23. (ySot. 7.1, 21b) Ilan, *Jewish Women in Greco-Roman Palestine*, p.127.
24. Ilan, *Jewish Women in Greco-Roman Palestine*, p.127.
25. 부유한 유대인은 가발로 이 문제를 해결했다. 하지만 가발은 꽤 부유한 여성들만 착용할 수 있는 사치품이었다. 상류층에 한해 정결 조항이 면제될 수 있음을 보여주는 또 하나의 실례라 하겠다.
26. Bailey, *Jesus Through Middle Eeastern Eyes*, 248; Danby, *The Mishinah*, p.794.
27. Bailey, *Jesus Through Middle Eeastern Eyes*, p.248.
28. Brown, Raymond Edward, *The Death of the Messiah: From Gethemane to the Grave: A*

Commentary on the Passion Narratives in the Four Gospels(London: Geoffrey Chapman, 1994), p.1411.

29. Hagner, *Matthew 1-13*, p.266. Brown, *The Death of the Messiah*, p.1415.
30. Richardson, Alan, *The Political Christ*(London: SCM Press, 1973), p.38.

다섯째 날 : 체포

1. Jeremias, Joachim, *The Eucharistic Words of Jesus*(London: SCM, 1966), pp.22-23.
2. Ogg, *The Chronology of the Public Ministry of Jesus*, p.232.
3. Jeremias, *The Eucharistic Words of Jesus*, p.17.
4. Segal, J. B., *The Hebrew Passover: From the Earliest Times to A.D. 70* (London: Oxford University Press, 1963), p.245.
5. Segal, *The Hebrew Passover: From the Earliest Times to A.D. 70*, pp.244-245.
6. Ogg, *The Chronology of the Public Ministry of Jesus*, pp.232-233. Segal, *The Hebrew Passover: From the Earliest Times to A.D. 70*, pp.244-245.
7. 요한복음 18장 28절과 다음을 참고하라. Jeremias, *The Eucharistic Words of Jesus*, pp.19-20.
8. Ogg, *The Chronology of the Public Ministry of Jesus*, p.230.
9. Notley, R. Steven, Marc Turnage and Brian Becker, *Jesus' Last Week(Leiden: Brill, 2006)*, pp.49-50. 어떤 이들은 음식을 먹을 때 기댄 자세를 취했다는 이유로 이것이 유월절 식사를 의미한다고 주장한다. 하지만 신약성경에서 사람들이 기대고 먹는 장면은 흔하게 나온다. 따라서 기댄 자세로 먹는 때가 주요 명절뿐이라고 단정할 수는 없다.
10. Brown, *The Death of the Messiah*, p.124.
11. Ogg, *The Chronology of the Public Ministry of Jesus*, p.239. 바울은 예수님의 '희생'을 어린양의 희생과 연관시키는 것은 물론이고 집안에서 누룩을 전부 제거하는 것과도 연관시킨다. 고린도전서 5장 7절과 다음 자료를 참고하라. Segal, *The Hebrew Passover: From the Earliest Times to A.D. 70*, p.243.
12. Witherington, *The Gospel of Mark: Socio-Rhetorical Commentary*, p.371.
13. Segal, The Hebrew Passover, p.247. 쿰란에서 발견된 달력 가운데 유월절을 포함하는 것이 있지만, 쿰란 공동체의 달력보다는 사두개인의 달력일 가능성이 크다.
14. Chyutin, *Architecture and Utopia in the Temple Era*, p.108.
15. Pixner, Bargil, 'Church of the Apostles Found on Mount Zion,' *Biblical Archaeology Review* 16 (3), May/June 1990.

16. 요 14:5, 8, 22; 16:17-18, pp.29-30.
17. Tos. Kelim B.Q. 1.6.
18. Pe'a 1.15c. 14, Beasley-Murray, *John*, p.233.
19. Zeldin, *An Intimate History of Humanity*, pp.7-8.
20. Jeremias, *Jerusalem in the Time of Jesus*, p.36.
21. Jeremias, *Jerusalem in the Time of Jesus*, p.111.
22. Jeremias, *Jerusalem in the Time of Jesus*, pp.313-314.
23. Jeremias, *Jerusalem in the Time of Jesus*, p.314 n.56.
24. 아내나 자녀에게 발을 씻어달라고 요구할 수도 있다.
25. Beasley-Murray, *John*, p.233.
26. Notley, Turnage and Becker, *Jesus' Last Week*, p.43.
27. 전설에 따르면 성배는 예수님이 최후의 만찬에서 사용하신 잔이고, 나중에는 십자가에 달리신 주님의 피를 담는 데 사용되었다고 하는데, 나로서는 도무지 이해가 가지 않는다. 성배는 12세기 전까지 어떤 문헌이나 문학 작품에서도 언급되지 않았다. 그러다 1180년과 1191년 사이에 쓴 것으로 추정하는 크레티앵드트루아(Chrétien de Troyes)의 시에 처음 등장한다.
28. Nolland, John, *Luke*(Dalls, Texas: Word Books, 1989), pp.1076-1077.
29. Jeremias, *The Eucharistic Words of Jesus*, p.46, n.6.
30. Murphy-O'Connor, J., *The Holy Land: An Archaeological Guide From Earliest Times to 1700*(Oxford: Oxford University Press, 1986), p.106.
31. Murphy-O'Connor, *The Holy Land: An Archaeological Guide From Earliest Times to 1700*, pp.106-107.
32. Brown, *The Death of The Messiah*, p.149.
33. 마 26:55, Jeremias, *Jerusalem in the Time of Jesus*, p.210.
34. Jeremias, *Jerusalem in the Time of Jesus*, pp.209-210.
35. Jeremias, *Jerusalem in the Time of Jesus*, p.211.
36. Gen.Rab.70[45b] in Page, Nick, *What Happened to the Ark of the Covenant?*(Nilton Keynes: Authentic Media, 2007), p.113. 공적 입맞춤의 예로는 세 가지 유형이 있었다.
37. Harvey, Karen, *The Kiss in History*(Manchester: Manchester University Press, 2005), p.197. Brown, *The Death of The Messiah*, p.255.
38. 다음 성경구절을 참고하라. 롬 16:16, 고전 16:20, 고후 13:12, 살전 5:26. 베드로 또한 베드로전서 5장 14절에서 언급하고 있다.
39. Phillips, L. Edward, *The Ritual Kiss in Early Christian Worship*(Alcuin/Grow Liturgical Study, 36; Cambridge: Grove, 1996), pp.7-8.

40. Brown, *The Death of The Messiah*, p.255.

41. Kreider, Alan, *Worship and Evangelism in Pre-Christendom*(Cambridge: Grove Books, 1995), p.28.

42. Page, *What Happened to the Ark of the Covenant?*, pp.113-116.

43. Bauckham, *Jesus and The Eyewitnesses: The Gospels as Eyewitness Testimony*, pp.194-195.

44. Bauckham, *Jesus and The Eyewitnesses: The Gospels as Eyewitness Testimony*, pp.199-200.

여섯째 날 : 처형

1. Vanderkam, *From Joshua to Caiaphas: High Priests after the Exile*, p.420.
2. m.Par 3.5. Goodman, *The Ruling Class of Judaea*, p.143.
3. 전체 설명은 다음 자료를 참고하라. Vanderkam, *From Joshua to Caiaphas: High Priests after the Exile*, p.420.
4. 요세푸스는 이와 관련된 몇 가지 사건들을 기록하고 있다. Vanderkam, *From Joshua to Caiaphas*, p.420.
5. Vanderkam, *From Joshua to Caiaphas*, pp.476-477.
6. M. Sanhedr, 7.5 in Danby, *The Mishnah*.
7. Ritmeyer and Ritmeyer, *Jerusalem in the Year 30 A.D*, pp.42-43.
8. Ritmeyer and Ritmeyer, *Jerusalem in the Year 30 A.D*, p.44.
9. Page, *What Happened to the Ark of the Covenant?*, pp.180-181.
10. 요 13:23-24; 19:26-27; 20:2-4, 8; 21:7-20, 24. 어떤 사람들은 그가 요한복음 1장 35절 이하에서 예수님께 부름을 받은 제자 중에 이름이 밝혀지지 않은 자라고 주장하기도 한다.
11. 더 후대의 설명은 그의 눈이 "너무 부어서 볼 수 없었고", 그의 몸이 아주 많은 "벌레들로 덮여 있었으며" 묻힌 곳이 심하게 황폐해졌다고 말한다. "코를 손으로 막지 않고는 누구도 그곳을 지날 수 없었다." *Church Fathers-The Ante-Nicene Fathers*, Robers, Rev. Alexander and Donaldson, James Ed., 1885.
12. b.Erubin 53b. Vermès, Géza, *The Changing Faces of Jesus*(London: Penguin, 2000).
13. 'Brummie accent is perceived as "worse than silence"', *The Times* April 4, 2008.
14. Brown, *The Death of the Messiah*, p.601.
15. 막 15:1.

16. Goodman, *The Ruling Class of Judaea*, p.113.

17. Goodman, *Rome and Jerusalem*, p.327.

18. Flusser, David, R. Steven Notley, *The Sage from Galilee: Rediscovering Jesus' Genius (Grand Rapids, Mich.; Cambridge: Eerdmans, 2007)*, pp.138-139.

19. Schürer, Millar, Vermès and Goodman, *The History of the Jewish People in the Age of Jesus Christ(175 B.C.-A.D. 135)*, I, p.370.

20. Goodman, Martin, and Jane Sherwood, *The Roman World, 44 BC-AD 180*(Routledge History of the Ancient World, London: Routledge, 1997), pp.172-173.

21. Goodman, *The Ruling Class of Judaea*, p.8.

22. Strabo 5.4.11.

23. 플리니우스는 수많은 건축 계획을 세웠다. Pliny, *Epistles* 10. pp.37-44.

24. Josephus, *War* 2. pp.117-118.

25. Goodman, *The Ruling Class of Judaea*, p.7.

26. Matyszak, Philip, *The Sons of Caesar: Imperial Rome's First Dynasty*(London: Thames & Hudson, 2006), p.143.

27. Juvenal, and Green, *The Sixteen Satires*, p.66.

28. Tacitus, *Annals* iv, pp.41, 57. Suetonius, *Tiberius*, xli.

29. Matyszak, *The Sons of Caesar: Imperial Rome's First Dynasty*, pp.143-144.

30. Goodman, *The Ruling Class of Judaea*, p.7.

31. Matyszak, *The Sons of Caesar: Imperial Rome's First Dynasty*, p.151.

32. Tacitus, *Annals* V.9, Cassius Dio, *Roman History* LVIII.11

33. Carter, *Pontius Pilate*, pp.3-4.

34. Philo, *De Legatione and Gaium* xxiv, pp.159-161; F. *The Loeb Classical Library*, X, pp.81-83.

35. Notley and Rainey, *Carta's New Century Handbook and Atlas of the Bible*, p.236.

36. Josephus, *Antiquities*, 18.60-62.

37. McLaren, James S., *Power and Politics in Palestine: The Jews and the Governing of Their Land 100 BC-AD 70*(Sheffield: JSOT Press, 1991).

38. Josephus, *Antiquities*, 18.55-59.

39. Doyle, 'Pilate's Career and the Date of the Crucifixion', *Journal of Theological Studie* 42, 1941.

40. Philo, *Embassy to Gaius*, pp.299-305. 이 사건들이 일어난 날짜에 관해서는 다음 자료를 참고하라. Hoehner, Harold W., *Herod Antipas*(Cambridge: Cambridge University Press,

1972), pp.178-183.

41. Doyle, 'Pilate's Career and the Date of the Crucifixion', *Journal of Theological Studies* 42, 1941.

42. Bond, Helen K., *Pontius Pilate in History and Interpretation*(Cambridge: Cambridge University Press, 1998), p.194.

43. Hoehner, *Herod Antipas*, pp.227-230.

44. 헤로디아는 그의 조카이기도 했다. 헤로디아의 가계도는 매우 복잡하다. 다음 자료를 참고하라. Connolly, Peter, *Living in the Time of Jesus of Nazareth*(Oxford: Oxford University Press, 1983), p.39.

45. 안디바가 어긴 것은 정결법만이 아니다. 그는 황제를 기념하기 위해 디베랴라는 거대한 신도시를 지었는데, 불행히도 그가 선택한 지점은 이방인의 무덤이었다. 이는 이 성에 거주하는 유대인은 모두 7일간 부정하다는 뜻이다(민 19:11-16). 안디바는 노예들과 풀려난 죄수들을 성에 강제로 정착시켰는데, 결코 성을 떠나지 않는다는 조건으로 집을 제공했다.

46. 막 6:14-29. Page, *What Happened to the Ark of the Covenant?*, pp.19-26.

47. Wilkinson, *Jerusalem as Jesus Knew It*, p.142. 이곳은 유대 지역이 로마의 통치를 받을 때 아그립바 2세의 거주지이기도 했다. Josephus, *Antiquities*, 20.189-190.

48. Hoehner, *Herod Antipas*, pp.241-243.

49. Brown, *The Death of the Messiah*, p.655.

50. Brown, *The Death of the Messiah*, p.645.

51. Brown, *The Death of the Messiah*, p.644.

52. m.Yoma 5.6, Danby, *The Mishnah*, p.168. Vermès, *The Complete Dead Sea Scrolls in English*, pp.201-202.

53. Schürer et al., *The History of the Jewish People in the Age of Jesus Christ (175 B.C.-A.D.135)*, I, p.370.

54. Bond, *Pontius Pilate in History and Interpretation*, p.199.

55. 마태복음의 후대 사본 일부는 이 이름을 '예수 바라바'로 기록한다. 이것이 원래 이름일 수도 있는데, 기독교 전승이 '예수'란 이름을 악당에게 일부러 주었을 리 없기 때문이다.

56. Carter, *Pontius Pilate*, p.144; Wright, *Jesus and the Victory of God*, pp.155-156.

57. Goodman, *The Ruling Class of Judaea*, p.63.

58. Carter, *Pontius Pilate*, pp.69-70.

59. 다음 자료에서 라오스(*laos*)를 참고하라. Colin Brown Ed., *New International Dictionary of New Testament Theology*,(Exeter: Paternoster, 1986). Brown, *The Death of the Messiah*, p.836; Hagner, Donald Alfred, *Matthews 14-28*(Dallas, Texas: Word Books,

1995), p.828.

60. 이런 지지는 일정 기간 지속되었을 것이다. 사도행전 5장 26절은 사람들이 성전 맡은 자들에게 돌을 던질까 무서웠기 때문에 사도들을 체포하는 일에 신중을 기했다고 기록한다.

61. Josephus, *War* 20.179–181.

62. Josephus, *Antiquities* 20.214; Goodman, *The Ruling Class of Judaea*, p.139.

63. Brown, Raymond Edward, *The Gospel According to John*(London: G. Chapman, 1971), pp.881–882.

64. Ilan, *Jewish Women in Greco-Roman Palestine*, p.159.

65. Schürer et al., *The History of the Jewish People in the Age of Jesus Christ (175 B.C.–A.D.135)*, I, p.371.

66. Pollard, Soldiers, *Cities, and Civilians in Roman Syria*, p.120.

67. Freeman and Kennedy, *The Defence of the Roman and Byzantine East: Preceedings of a Colloquium Held at the University of Sheffield in April 1986*(Oxford, England: B.A.R. 1986) II 311; Millar, *The Roman Near East, 31 BC–AD 337*, p.45.

68. Crown, Alan David, *The Samaritans*[Tübingen: J. C. B. Mohr (Paul Siebeck) 1989], p.61.

69. Brown, *The Death of the Messiah*, 701 n.64; Jones, A. H. M., and Michael Avi-Yonah, *The Cities of the Eastern Roman Provinces*(2nd den, Oxford: Clarendon Press, 1971), p.272.

70. Tractate Kutim 28.

71. Crown, *The Samaritans*, p.35.

72. Crown, *The Samaritans*, pp.35–36.

73. Josephus, *Antiquities* 18.29–30.

74. Gundry, *Mark: A Commentary oh His Apology for the Cross*, p.942.

75. Hart, H. St. J., 'The Crown of Thorns in John 19:2–5', *Journal of Theological Studies* 3, 1952.

76. Carroll, Hohn T., and Joel B. Green, *The Death of Jesus in Early Christianity*(Peabody, Mass: Hendrickson Publishers, 1995). pp.167–170.

77. Zias, J. and Skeles, E., 'The Crucified Man from Giv'at ha-Mivtar: A Reappraisal', *Israel Exploration Journal* 35, 1985, p.22.

78. van der Horst, Pieter, 'Jewish Funerary Inscriptions–Most are in Greek', *Biblical Archaeology Review* 18 (5), 1992.

79. Marshall, I. Howard, *The Gospel of Luke: A Commentary on the Greek Text*(Exeter:

Paternoster, 1978), p.864.

80. Marshall, *The Gospel of Luke: A Commentary on the Greek Text*, p.865.

81. Safrai, *The Economy of Roman Palestine*, p.147.

82. Pliny, Nat. 14.15 §92, Evans, Craig A., *Mark 8:27-16:20*(Nashville: Thomas Nelson, 2001), p.501.

83. Hengel, Martin, *Crucifixion in the Ancient World and the Folly of the Message of the Cross*(London: SCM, 1977), p.25.

84. Josephus, *War* 5.449-451. Josephus, *The Jewish War*, p.326.

85. Seneca LA, Michaelis, H. C., Ed., 'De Consolatione ad Marciam'. Maslen, Matthew W. and Mitchell, Piers, D. 'Medical theories on the cause of death in crucifixion'. *Journal of the Royal Society of Medicine* 99, 2006, p.185.

86. Haas, N., 'Anthropological Observations on the Skeletal Remains from Gi'vat ha-Mivtar', *Israel Exploration Journal* 20, 1970, 49ff. Zias, J. and Sekeles, 'The Crucified Man from Giv'at ha-Mivtar: A Reappraisal'. pp.22-27.

87. Hengel, *Crucifixion in the Ancient World and the Folly of the Message of the Cross*, p.59.

88. Borg and Crossan, *The Last Week: What the Gospels Really Teach About Jesus' Final Days in Jerusalem*, p.146.

89. 이 사건이 사해사본에서 언급된 예일 수 있다. 4QpNah, 1.7-8.

90. Josephus, *War* 2.293-314.

91. Josephus, *War* 2.74-76.

92. Notley, Turnage and Becker, *Jesus' Last Week*, p.201.

93. Mekilta DeRabbi Ishmael, Notley, Turnage and Becker, *Jesus' Last Week*, p.199.

94. Sidebotham, *Roman Economic Policy in the Erythra Thalassa 30 B.C.-A.D.*, pp.217, 132.

95. Grünewald, Thomas, *Bandits in the Roman Empire: Myth and Reality*(London: Routledge, 2004), p.99.

96. Bammel and Moule, *The Trial of Jesus: Cambridge Studies in Honour of C. F. D. Moule*, pp.163-164.

97. Nolland, *Luke*, pp.1152-1153.

98. Speidel, 'Roman Army Pay Scales', *Journal of Roman Studies* 82, 1992, p.105.

99. Speidel, 'Roman Army Pay Scales', p.106. 기마병들은 자기 말을 먹일 건초 값을 지불해야 하기 때문에 월급을 더 많이 받았다.

100. Phang, Sara Elise, *Roman Military Service: Ideologies of Discipline in the Late Republic*

and Early Principate(Cambridge: Cambridge University Press, 2008), p.172. Lewis, *Life in Egypt Under Roman Rule*, p.470.

101. Speidel, Michael, 'The Pay of the Auxilia', *Journal of Roman Studies* 63, 1973, pp.146–147.
102. 요셉에 관해서는 다음 자료를 참고하라. Page, *What Happened to the Ark of the Covenant?*, pp.159–163.
103. 보캄은 살로메가 예수님의 이모가 아니라 여동생이라고 주장한다. Bauckham, Richard, *Gospel Women: Studies of the Named Women in the Gospels*(Edinburgh: T. & T. Clark, 2002), 225ff.
104. Page, *What Happened to the Ark of the Covenant?*, pp.94–95. 좀 더 뒤에서 알 수 있겠지만, 글로바의 아내 마리아도 친척일 수 있다.
105. Shanks, Hershel, and Ben Witherington, *The Brother of Jesus: The Dramatic Story & Meaning of the First Archaeological Link to Jesus & His Family*(London: Continuum, 2003), p.105.
106. Nolland, *Luke*, pp.1156–1157.
107. 플리니우스는 일식을 황제의 죽음과 연결시킨다. *Natural History* 2.30, *Brown*, *The Death of the Messiah*, p.1043.
108. Josephus, *War* 6.423–425.
109. Jeremias, *The Eucharistic Words of Jesus*, p.42.
110. 농장복지위원회 자료에 따른 것이다. 다음 웹사이트를 참고하라. http://news.bbc.co.uk/1/hi/uk/3604675.stm. 도축업에 종사하다가 지금은 목회를 하는 내 친구의 말로는 기술 좋은 도축업자는 4분 안에 어린 양을 죽이고 가죽까지 벗길 수 있다고 한다.
111. Long, *The Hajj Today*, p.85.
112. Long, *The Hajj Today*, p.86.
113. Brown, *The Death of the Messiah*, p.1046.
114. Evans, *Mark 8:27–16:20*, p.507.
115. 자세한 목록은 다음을 참고하라. Maslen, 'Medical theories on the cause of death in crucifixion', p.186.
116. Hengel, *Crucifixion in the Ancient World and the Folly of the Message of the Cross*, 29 n.21.
117. Page, *What Happened to the Ark of the Covenant?*, pp.145–151.
118. Beasley-Murray, *John*, p.356.
119. Gilliam, J. F. 'The Appointment of Auxiliary Centurions (PMich. 164)', *Transactions*

and Proceedings of the American Philological Association 88, 1957, pp.155-156, 167.

120. Gilliam, 'The Appointment of Auxiliary Centurions (PMich. 164)', p.158.

121. Josephus, Williamson and Smallwood, *The Jewish War*, p.303.

122. 어떤 사람들은 이 사건이 성소로 나아가는 일을 설명하는 히브리서 9장에 반영되어 있다고 주장한다. 그러나 히브리서는 특별히 이를 언급하는 것이 아니다.

123. Witherington, *The Gospel of Mark: Socio-Rhetorical Commentary*, p.400.

124. Hayward, *The Jewish Temple: A Non-Biblical Sourcebook*, p.150.

125. Hayward, *The Jewish Temple: A Non-Biblical Sourcebook*, p.150.

126. Hagner, *Matthew 14-28*, pp.850-852.

127. Brown, *The Death of the Messiah*, 1213 n.17.

128. Witherington, *The Gospel of Mark: Socio-Rhetorical Commentary*, p.402.

129. 요세푸스는 유대인의 실패한 혁명이 어떤 영향을 끼쳤는지 다음의 일화를 전해준다. "나는 티투스 황제의 보냄을 받아 케랄리우스와 수천 명의 기병을 이끌고 테코아라 불리는 마을로 갔다. 진영을 세울 만한 적임지인지 알아보기 위해서였다. 나는 그곳에서 많은 포로가 십자가에 달린 것을 보았다. 그들 중 세 명은 전에 알던 사람이었다. 마음 속 깊이 슬픔을 느꼈고 티투스 앞에서 눈물을 흘렸다. 내가 그들에 대해 말하자, 티투스는 즉시 그들을 내리라고 명령했다. 그러나 그중 두 명은 치료 도중 사망했고, 세 번째 사람만 회복되었다(Josephus, *Life* 1.420-422)

130. Brown, *The Death of the Messiah*, p.1243.

131. m.Oholot 2.2 in Danby, *The Mishnah*, p.651.

132. A. N. Jannaris, *Expository Times* 14, 1902-1903, p.460; Brown, *The Death of the Messiah*, p.1260.

133. Brown, *The Death of the Messiah*, p.1263.

134. *Encyclopaedia Judaica*(Jerusalem: Encyclopaedia Judaica, 1971), 12: 801-802.

135. Flusser, Notley and Flusser, *The Sage From Galilee: Rediscovering Jesus' Genius*, pp.140-141.

136. Biddle, Martin, *The Tomb of Christ*(Stroud: Sutton, 1999), p.60.

137. Brown, *The Death of the Messiah*, pp.1281-1282.

138. Hachlili, Rachel, Jewish Funerary Customs, *Practices and Rites in the Second Temple Period*(Jsjsup, v. 94; Leiden: Brill, 2005), pp.56-57.

139. Brown, *The Death of the Messiah*, p.1249.

140. 역대상 35장을 참고하라.

141. IIQ19 17:8-9, Vermès, *The Complete Dead Sea Scrolls in English*, p.196; *Jublilees*

49:16-20.

142. Tos Pes 6.11, Jeremias, *The Eucharistic Words of Jesus*, 43 n.3.

143. m. Taan 3.8. Danby, *The Mishnah*, p.198.

144. Kurlansky, Mark, *Nonviolence: The History of a Dangerous Idea*(London: Jonathan Cape, 2006), p.13.

145. Sacchi, Paolo, *The History of the Second Temple Period*(London: T. & T. Clark International, 2004), p.494.

일곱째 날 : 침묵

1. Brown, *The Death of the Messiah*, p.1289.
2. Nolland, John, *The Gospel of Matthew: A Commentary on the Greek Text*(Grand Rapids, Mich.; Cambridge/Bletchley: W. B. Eerdmans/Patenoster Press, 2005), pp.1238-1239.
3. 다음을 참고하라. Craig, W. L., 'The Guard at the Tomb', *New Testament Studies* 30, 1984, p.273-281.

여덟째 날 : 귀환

1. 예수님을 따르는 자들은 "뱀을 손으로 집어 올릴 것이다"라는 독특한 견해가 있다. 어떤 사교 집단은 이를 문자적으로 시현하며 거룩함의 징표로 '뱀 집어 올리기'에 열중한다. 아마도 바울의 경험에서 유래한 전통일 것이다. 누가복음에 따르면 바울은 독이 든 뱀에 물렸지만 아무 해도 입지 않았다.
2. Eusebous, *The Eclesiastical History and the Martyrs of Palestine*, p.78.
3. 다음을 참고하라. Bauckham, *Gospel Women: Studies of the Named Women in the Gospels*, pp.203-223.
4. Origen Contra Celsus 2.62. 다음을 참고하라. Bauckham, *Jesus and the Eyewitnesses: The Gospels as Eyewitness Testimony*, p.43.
5. Orr, William F., James Arthur Walther, *I Corinthians: A New Translation*(Garden City, N.Y.: Doubleday, 1976), pp.321-322.
6. 다음 자료를 참고하라. Ant 4.219, bKet 74b, in Ilan, *Jewish Women in Greco-Roman Palestine*, pp.163-165.

7. Wright, *The Resurrection of the Son of God*, pp.607–608.

8. Dunn, James D. G., *The Evidence for Jesus: The Impact of Scholarship on Our Understanding of How Christianity Began*(London: SCM, 1985), p.65.

9. Wright, *The Resurrection of the Son of God*, p.611.

10. Dunn, *The Evidence for Jesus: The Impact of Scholarship on Our Understanding of How Christianity Began*, p.67.

11. 유다가 예수님을 따르는 자가 된 것만은 분명한 것 같다. 그렇지 않다면 왜 그를 유다서의 저자로 보겠는가?

여진 : 33년 이후

1. Charlesworth, James H., *Jesus and Archaeology(Grand Rapids, Mich.: Cambridge: William B. Eerdmans*, 2006), p.334.

2. Schürer, Millar, Vermès and Goodman, *The History of the Jewish People in the Age of Jesus Christ (175 BC–AD 135)*, I, pp.386–387.

3. Millar, *The Roman Near East, 31 BC–AD 337*, p.55.

4. 티베리우스 황제는 칼리큘라의 아버지 게르마니쿠스 장군을 입양했다.

5. Eusebius, *The Eclesiastical History and the Martyrs of Palestine*, p.42. 이 진술에 대해 의심하는 사람들도 있지만, 유세비우스는 이 이야기를 뒷받침하는 고대 자료를 제시한다.

6. Vanderkam, *From Joshua to Caiaphas: High Priests after the Exile*, pp.423–424. Ritmeyer, Leen and Kathleen Ritmeyer, *Jerusalem in the Year 30 AD*(Jerusalem: Carta, 2004), p.44.

7. Goodman, *The Ruling Class of Judaes*, p.213.

8. Vanderkam, *From Joshua to Caiaphas: High Priests after the Exile*, p.481.

Avi-Yonah, Michael, *The Jews under Roman and Byzantine Rule: A Political History of Palestine from the Bar Kokhba War to the Arab Conquest*(Jerusalem/New York: Magnes, Hebrew University/Schocken Books, 1984).

Bailey, Kenneth E., *Jesus Through Middle Eastern Eyes: Cultural Studies in the Gospels*(London: SPCK, 2008).

Ball, Warwick, *Rome in the East: The Transformation of an Empire*(London: Routledge, 2000).

Bammel, Ernst, and C. F. D Moule, *Jesus and the Politics of His Day*(Cambridge: Cambridge University Press, 1984).

_______, *The Trial of Jesus: Cambridge Studies in Honour of C. F. D. Moule*(London: SCM, 1970).

Bauckham, Richard, *Gospel Women: Studies of the Named Women in the Gospels*(Edinburgh: T. & T. Clark, 2002).

_______, *Jesus and the Eyewitnesses: The Gospels as Eyewitness Testimony*(Grand Rapids, Michigan: William B. Eerdmans Publishing Company, 2006).

Beasley-Murray, George Raymond, *John*(Waco, Texas: Word Books, 1987).

Biddle, Martin, *The Tomb of Christ*(Stroud: Sutton, 1999).

Bond, Helen K, *Pontius Pilate in History and Interpretation*(Cambridge: Cambridge University Press, 1998).

Borg, Marcus J., and John Dominic Crossan, *The Last Week: What the Gospels Really Teach about Jesus' Final Days in Jerusalem*(San Francisco: HarperSanFrancisco, February, 2007).

Bovon, François, 'Fragment Oxyrhynchus 840, Fragment of a Lost Gospel, Witness of an Early Christian Controversy over Purity', *Journal of Biblical Literature* 119(4), 2000.

Brandon, S. G. F, *Jesus and the Zealots: A Study of the Political Factor in Primitive Christianity*(Manchester: Manchester University Press, 1967).

Brown, Colin, ed. *New International Dictionary of New Testament Theology*(Exeter: Paternoster, 1986).

Brown, Raymond Edward, *The Death of the Messiah: From Gethsemane to the Grave: A Commentary on the Passion Narratives in the Four Gospels*(Anchor Bible Reference Library, London: Geoffrey Chapman, 1994).

______, *The Gospel According to John*(London: G. Chapman, 1971).

Carlton, Eric, *Occupation: The Policies and Practices of Military Conquerors*(London: Routledge, 1992).

Carroll, John T., and Joel B. Green, *The Death of Jesus in Early Christianity*(Peabody, Mass: Hendrickson Publishers, 1995).

Carter, Warren, *Pontius Pilate*(Liturgical Press, US, 2003).

Charlesworth, James H., *Jesus and Archaeology*(Grand Rapids, Mich.: Cambridge: William B. Eerdmans, 2006).

Chyutin, Michael, *Architecture and Utopia in the Temple Era*(London: T. & T. Clark, 2006).

Collins, John Joseph, *The Apocalyptic Imagination: An Introduction to Jewish Apocalyptic Literature*(Grand Rapids, Mich.: William B. Eerdmans, 1998).

Connolly, Peter, *Living in the Time of Jesus of Nazareth*(Oxford: Oxford University Press, 1983).

Craig, W. L. 'The Guard at the Tomb', *New Testament Studies* 30, 1984.

Crossan, John Dominic, *The Historical Jesus: The Life of a Mediterranean Jewish Peasant*(Edinburgh: Clark, 1993).

Crown, Alan David, *The Samaritans*(Tübingen: J. C. B. Mohr 1989).

Danby, Herbert, *The Mishnah*, Translated From the Hebrew(London: Oxford University Press, 1933).

Dar, Shimon, 'Food and Archaeology in Romano-Byzantine Palestine', in *Food in Antiquity* edited by John Wilkins, David Harvey and Mike Dobson,(Exeter: Exeter University

Press, 1995), 326–35.

Davis, Mike, *Planet of Slums*(London; New York: Verso, 2006).

Doyle, D. 'Pilate' s Career and the Date of the Crucifixion' *Journal of Theological Studies* 42, 1941.

Dunn, James D. G, *The Evidence for Jesus: The Impact of Scholarship on Our Understanding of How Christianity Began*(London: SCM, 1985).

Encyclopaedia Judaica(Jerusalem: Encyclopaedia Judaica, 1971).

Esler, Philip Francis, *The Early Christian World*(London: Routledge, 2000).

Eusebius, *The Ecclesiastical History and the Martyrs of Palestine trans. Hugh Jackson Lawlor and John Ernest Leonard Oulton*(London: SPCK, 1927).

Evans, Craig A., *Mark 8:27–16:20*(Nashville: Thomas Nelson, 2001).

Feldman, Louis H., *Jew and Gentile in the Ancient World*(Princeton: Princeton University Press, 1993).

Finegan, Jack, *Handbook of Biblical Chronology: Principles of Time Reckoning in the Ancient World and Problems of Chronology in the Bible*(Peabody, Mass: Hendrickson Publishers, 1998).

Flusser, David, R., *The Sage From Galilee: Rediscovering Jesus' Genius*(4th expanded edn, Grand Rapids, Mich.; Cambridge: Eerdmans, 2007).

Fotheringham, J. 'Astronomical Evidence for the Date of the Crucifixion', *Journal of Theological Studies* XII, 1910. *The Anchor Bible Dictionary* ed. David Noel Freedman(New York: Doubleday, 1999).

Fuks, Gideon, Uriel Rappaport and Aryeh Kasher, *Greece and Rome in Eretz Israel: Collected Essays*(Jerusalem: Yad Izhak Ben-Zvi, Israel Exploration Society, 1990).

Gilliam, J. F. 'The Appointment of Auxiliary Centurions(PMich.164)' *Transactions and Proceedings of the American Philological Association* 88, 1957.

Goldhill, Simon, *The Temple of Jerusalem*(London: Profile Books, 2006).

Goodman, Martin, *Judaism in the Roman World: Collected Essays*(Leiden: Brill, 2007).

________, *Rome and Jerusalem: The Clash of Ancient Civilizations*(London: Penguin, 2008).

________, *The Ruling Class of Judaea: The Origins of the Jewish Revolt against Rome, A.D. 66–70*(Cambridge: Cambridge University Press, 1987).

Goodman, Martin, and Jane Sherwood, *The Roman World, 44 bc–ad 180*(London: Routledge, 1997).

Grünewald, Thomas, *Bandits in the Roman Empire: Myth and Reality*(London: Routledge, 2004).

Gundry, Robert Horton, *Mark: A Commentary on His Apology for the Cross*(Grand Rapids: Eerdmans, 1993).

Haas, N. 'Anthropological Observations on the Skeletal Remains from Gi'vat ha-Mivtar', *Israel Exploration Journal* 20, 1970.

Hachlili, Rachel, *Jewish Funerary Customs, Practices and Rites in the Second Temple Period*(Leiden: Brill, 2005).

Hagner, Donald Alfred, *Matthew 1-13*(Dallas, Texas: Word Books, 1993).

______, *Matthew 14-28*(Dallas, Texas: Word Books, 1995).

Hart, H. St. J. 'The Crown of Thorns in John 19:2-5', *Journal of Theological Studies* 3, 1952.

Harvey, Karen, *The Kiss in History*(Manchester: Manchester University Press, 2005).

Hayward, Robert, *The Jewish Temple: A Non-Biblical Sourcebook*(London: Routledge, 1996).

Hengel, Martin, *Crucifixion in the Ancient World and the Folly of the Message of the Cross*(London: SCM, 1977).

Hodge, A. Trevor, *Roman Aqueducts and Water Supply*(London: Duckworth, 1993).

Hoehner, Harold W., *Herod Antipas*(Cambridge: Cambridge University Press, 1972).

Horsley, Richard A., and John S. Hanson, *Bandits, Prophets, and Messiahs: Popular Movements in the Time of Jesus*(San Francisco: Harper & Row, 1988).

Ilan, Tal, *Jewish Women in Greco-Roman Palestine: An Inquiry into Image and Status*(Tübingen: J. C. B. Mohr(Paul Siebeck), 1995).

Jeremias, Joachim, *The Eucharistic Words of Jesus*(London: SCM, 1966).

______, *Jerusalem in the Time of Jesus: An Investigation into Economic and Social Conditions during the New Testament Period*(London: SCM, 1974).

______, *Unknown Sayings of Jesus*(London: SPCK, 1964).

Jones, A. H. M. and Michael Avi-Yonah, *The Cities of the Eastern Roman Provinces*(Oxford: Clarendon Press, 1971).

Josephus, Flavius, *The Jewish War*(Harmondsworth: Penguin, 1981).

Justin and Leslie W. Barnard, *The First and Second Apologies*(New York: Paulist Press, 1997).

Juvenal, and Peter Green, *The Sixteen Satires*(London: Penguin Books, 1974).

Kazen, Thomas, *Jesus and Purity Halakhah: Was Jesus Indifferent to Impurity?*(Stockholm:

Almqvist and Wiksell, 2002).

Kearns, Kevin Corrigan, *Dublin Tenement Life: An Oral History*(Dublin: Gill & Macmillan, 1994).

Keener, Craig S., *The Gospel of John: A Commentary*(Peabody, Mass: Hendrickson Publishers, 2003).

Kleijn, Gerda de, *The Water Supply of Ancient Rome: City Area, Water, and Population*(Amsterdam: Gieben, 2001).

Kreider, Alan, *Worship and Evangelism in Pre-Christendom*(Cambridge: Grove Books, 1995).

Kruger, Michael J., *The Gospel of the Savior: An Analysis of P. Oxy. 840 and Its Place in the Gospel Traditions of Early Christianity*(Leiden: Brill, 2005).

Kurlansky, Mark, *Nonviolence: The History of a Dangerous Idea*(London: Jonathan Cape, 2006).

Lane, William L., *The Gospel According to Mark; the English Text with Introduction, Exposition, and Notes*(Grand Rapids: Eerdmans, 1974).

Légasse, Simon, *The Trial of Jesus*(London: SCM Press, 1997).

Lewis, Naphtali, *Life in Egypt under Roman Rule*(Oxford: Clarendon Press, 1983).

Lewis, Naphtali, and Meyer Reinhold, *Roman Civilization: Selected Readings*(New York: Columbia University Press, 1990).

Lieu, Judith, John North and Tessa Rajak, *The Jews Among Pagans and Christians in the Roman Empire*(London: Routledge, 1994).

Long, David E., *The Hajj Today: A Survey of the Contemporary Makkah Pilgrimage*(Albany: State University of New York Press, 1979).

McMullen, Ramsay, *Enemies of the Roman Order: Treason, Unrest, and Alienation in the Empire*(Cambridge, Mass; London: Harvard University Press; Oxford University Press, 1966).

Marshall, I. Howard, *The Gospel of Luke: A Commentary on the Greek Text*(Exeter: Paternoster, 1978).

Maslen, Matthew W. and Mitchell, Piers, D. 'Medical theories on the cause of death in crucifixion', *Journal of the Royal Society of Medicine* 99, 2006.

Matyszak, Philip, *The Sons of Caesar: Imperial Rome's First Dynasty*(London: Thames & Hudson, 2006).

Mazower, Mark, *Inside Hitler's Greece: The Experience of Occupation 1941-44*(Yale Nota

Bene, New Haven, Conn.; London: Yale University Press, 2001).

McLaren, James S., *Power and Politics in Palestine: The Jews and the Governing of Their Land 100 bc–ad 70*(Sheffield: JSOT Press, 1991).

Millar, Fergus, *The Roman Near East, 31 bc–ad 337*(Cambridge, Mass.; London: Harvard University Press, 1993).

Moule, C. F. D., *The Birth of the New Testament*(London: A. & C. Black, 1981).

Murphy-O'Connor, J., *The Holy Land: An Archaeological Guide from Earliest Times to 1700*(Oxford: Oxford University Press, 1986).

Murphy, Catherine M., *Wealth in the Dead Sea Scrolls and in the Qumran Community*(Leiden: Brill, 2002).

Neuwirth, Robert, *Shadow Cities: A Billion Squatters, a New Urban World*(New York; London: Routledge, 2005).

Nolland, John, *Luke*(Dallas, Texas: Word Books, 1989).

______, *The Gospel of Matthew: A Commentary on the Greek Text*(Grand Rapids, Mich./Bletchley: W.B. Eerdmans/Paternoster Press, 2005).

Notley, R. Steven, and Anson F. Rainey, *Carta's New Century Handbook and Atlas of the Bible*(Carta, 2007-12-17).

Notley, R. Steven, Marc Turnage and Brian Becker, *Jesus' Last Week*(Leiden: Brill, 2006).

Ogg, George, *The Chronology of the Public Ministry of Jesus*(Cambridge: Cambridge University Press, 1940).

Orr, William F., and James Arthur Walther, *1 Corinthians: A New Translation*(Garden City, N.Y: Doubleday, 1976).

Page, Nick, *What Happened to the Ark of the Covenant?*(Milton Keynes: Authentic Media, 2007).

Paxton, Robert O., *Vichy France: Old Guard and New Order 1940-1944*(New York: Columbia University Press, 2001).

Perrin, Nicholas, *Thomas: The Other Gospel*(London: SPCK, 2007).

Peters, F. E., *Jerusalem: The Holy City in the Eyes of Chroniclers, Visitors, Pilgrims, and Prophets from the Days of Abraham to the Beginnings of Modern Times*(Princeton: Princeton University Press, 1985).

Phang, Sara Elise, *Roman Military Service: Ideologies of Discipline in the Late Republic and Early Principate*(Cambridge: Cambridge University Press, 2008).

Phillips, L. Edward, *The Ritual Kiss in Early Christian Worship*(Alcuin/Grow Liturgical

Study, 36, Cambridge: Grove, 1996).

Pixner, Bargil, 'Church of the Apostles Found on Mount Zion', *Biblical Archaeology Review* 16(3), May/June 1990.

Pollard, Nigel, *Soldiers, Cities, and Civilians in Roman Syria*(Ann Arbor: University of Michigan Press, 2000).

Reader, John, *Cities*(London: Heinemann, 2004).

Rhoads, David M., *Israel in Revolution: 6-74 C.E.: A Political History Based on the Writings of Josephus*(Philadelphia: Fortress Press, 1976).

Richardson, Alan, *The Political Christ*(London: SCM Press, 1973).

Richardson, Peter, *Building Jewish in the Roman East*(Waco, Texas: Baylor University Press, 2004).

_______, *City and Sanctuary: Religion and Architecture in the Roman Near East*(London: SCM Press, 2002).

Riesner, Rainer, *Paul's Early Period: Chronology, Mission Strategy, Theology*(Grand Rapids, Mich.; Cambridge: Eerdmans, 1998).

Ritmeyer, Leen, and Kathleen Ritmeyer, *Jerusalem in the Year 30 A.D.*(Jerusalem: Carta, 2004).

Roberts, Rev. Alexander and James Donaldson,(editors) *Church Fathers-The Ante-Nicene Fathers*(Accordance, 1885).

Roller, Duane W., *The Building Program of Herod the Great*(Berkeley; London: University of California Press, 1998).

Sacchi, Paolo, *The History of the Second Temple Period*(London: T. & T. Clark International, 2004).

Safrai, Ze'ev, *The Economy of Roman Palestine*(London: Routledge, 1994).

Sanders, E. P., *Jesus and Judaism*(London: SCM, 1985).

_______, *The Historical Figure of Jesus*(London: Penguin, 1995).

Saldarini, Anthony J., *Pharisees, Scribes and Sadducees in Palestinian Society*(Grand Rapids: Eerdmans, 2001).

Schürer, Emil, Fergus Millar, Géza Vermès and Martin Goodman, *The History of the Jewish People in the Age of Jesus Christ*(175 B.C.-A.D. 135)(Edinburgh: T. & T. Clark, 1973).

Scobie, Alex. 'Slums, Sanitation and Mortality in the Roman World', *Klio* 68, 1986.

Segal, J. B., *The Hebrew Passover: From the Earliest Times to A.D. 70*(London: Oxford University Press, 1963).

Shanks, Hershel, and Ben Witherington, *The Brother of Jesus: The Dramatic Story & Meaning of the First Archaeological Link to Jesus & His Family*(London: Continuum, 2003).

Sidebotham, Steven E., *Roman Economic Policy in the Erythra Thalassa 30 B.C.-A.D. 217*(Leiden: Brill, 1986).

Speidel, Michael, 'Roman Army Pay Scales', *Journal of Roman Studies* 82, 1992.

_______, 'The Pay of the Auxilia', *Journal of Roman Studies* 63, 1973.

Sperber, Daniel, *Roman Palestine, 200-400: Money and Prices*(Ramat-Gan: Bar-Ilan University Press, 1991).

Tripp, David, 'Meanings of the Foot-Washing: John 13 and Oxyrhynchus Papyrus 840', *Expository Times*, 1992.

van der Horst, Pieter, 'Jewish Funerary Inscriptions - Most are in Greek', *Biblical Archaeology Review* 18(5), 1992.

Vanderkam, James C., *From Joshua to Caiaphas: High Priests After the Exile*(Minneapolis, Minn./Assen: Augsburg Fortress/Van Gorcum, 2004).

Vermès, Géza, *The Changing Faces of Jesus*(London: Penguin, 2000).

_______, *The Complete Dead Sea Scrolls in English*(London: Penguin Books, 2004).

Watts, John D.W., *Isaiah 34-66*(Nashville, TN: Thomas Nelson, 2005).

Webb, Robert L. '"Apocalyptic": Observations on a Slippery Term', *Journal of Near Eastern Studies* 49(2), 1990.

Wengst, Klaus, and John Stephen Bowden, *Pax Romana and the Peace of Jesus Christ*(London: SCM, 1987).

Wilkinson, John, *Jerusalem as Jesus Knew it: Archaeology as Evidence*(London: Thames and Hudson, 1978).

Witherington, Ben, *The Gospel of Mark: Socio-Rhetorical Commentary*(William B. Eerdmans Publishing Company, January, 2001).

Woolf, Bertram Lee, *The Authority of Jesus and Its Foundation: A Study in the Four Gospels and the Acts*(London: Allen & Unwin, 1929).

Wright, N. T., *Jesus and the Victory of God*(London: SPCK, 1996).

_______, *The Resurrection of the Son of God*(London: SPCK, 2003).

Zeldin, Theodore, *An Intimate History of Humanity*(London: Vintage, 1998).

Zias, J. and Sekeles, E. 'The Crucified Man from Giv'at ha-Mivtar: A Reappraisal', *Israel Exploration Journal* 35, 1985.

| ㄱ |

가버나움 29, 143, 203
가야바 52–56, 59, 60, 62, 106, 184, 191, 251–254, 256, 257, 260, 261, 287, 389, 390
가이사 171, 173, 174, 288, 307, 309
가이사랴 86, 106, 273, 280, 282–284, 312
갈릴리 17, 23, 24, 29, 34, 48, 58, 89, 94, 120, 144, 149, 164, 172, 176, 190, 203, 218, 254, 264, 267, 268, 286, 288, 291, 306, 314, 326, 344, 347, 349, 350, 351, 363, 368, 369
감람 산 72, 81, 97, 103, 126, 159, 185, 189, 188, 220, 224, 225, 236, 238, 383
게헨나 99, 102, 237
겟세마네 238, 240, 242, 356, 357
기드론 골짜기 81, 102, 126, 185, 237, 238, 251, 318
기혼 골짜기 97

| ㄴ |

나사렛 26, 44, 255, 292, 302, 323, 353, 368, 387
나사로 51–53, 60, 63, 67, 68, 71–73, 75, 76, 184, 203, 209, 210, 246, 247, 265
노예 54, 76, 99, 100, 217, 227–230, 234, 263, 274, 275, 317, 323, 324, 349, 392
니고데모 25, 264, 350, 351

| ㄷ |

다윗의 자손 104, 178
대제사장 35, 36–38, 42, 52, 53–56, 59, 61–63, 75, 89, 106, 107, 116, 130, 136, 137, 147, 155, 157–159, 165, 170–172, 174, 176, 197, 210, 241–243, 245, 246, 251–258, 260, 262–265, 269, 270, 282, 287, 293, 296, 302, 303, 305, 306, 309, 313, 329, 342, 362, 387, 389, 390

데나리온 34, 145, 146, 149, 150, 154, 155, 171, 173, 205, 328

| ㄹ |

랍비 가말리엘 34, 47, 179
랍비 힐렐 30, 40, 149

| ㅁ |

메시아 41, 42, 60, 68, 104, 106, 108, 109, 177, 178, 182, 192, 211, 260, 261, 268, 270, 298, 392
몰약 320, 321, 350
무교병 234, 326
묵시문학 18, 186, 187, 192
〈미쉬나〉 17, 18, 57, 68, 74, 98, 103, 111, 113, 134, 144, 145, 154-156, 179, 206, 253, 258, 260, 269, 354
미크바 36, 45, 112, 116, 117

| ㅂ |

바라바 298, 299, 301-303, 305, 306, 326
바리새인 18, 23, 24, 44-49, 52, 57-61, 63, 70, 111, 112, 116, 117, 120, 121, 142, 165, 171, 172, 174-176, 181, 182, 203, 242, 244, 269, 270, 350, 361, 362, 382, 391
베다니 51, 52, 67, 68, 70-72, 74, 75, 81, 82, 109, 125, 159, 200-204, 206, 223, 229, 240, 245, 320, 355, 383
〈벤 시라〉 206
빌라도 12, 13, 15, 25, 26, 54, 55, 105, 106, 254, 258, 273-275, 277-289, 293, 294, 298-303, 306-309, 312, 318, 323, 338, 341, 346-349, 357, 361, 362, 388-390
〈빌라도 행전〉 13

| ㅅ |

사도 바울 370
사두개인 18, 42, 47, 56-60, 62, 70, 111, 121, 165, 168, 172, 174, 175, 178, 181, 182, 218, 242, 246, 247, 256, 260, 261, 362, 391
사마리아 24, 45, 46, 110, 130, 200, 291, 312-315, 336, 341, 356, 389
산헤드린 44, 52, 60, 242, 243, 255, 258, 260, 261, 269, 270, 347, 348, 350
성소 126, 127, 129, 134, 136, 143, 145, 191, 242, 295, 296, 341-343
성전 산 128, 131, 191, 192, 224, 292
성전세 18, 89, 139, 141-146, 150, 155, 156, 171
세겔 142, 143, 145-147, 150, 213
세례 요한 45, 46, 48, 70, 167, 254, 291, 292, 294, 328, 347
세리 45, 67, 68, 70, 71, 110, 168, 181, 222, 327, 356
세야누스 277-280, 284, 285
수전절 29, 30
순례자 24, 45, 63, 86, 87, 89, 99, 103, 108, 113, 116, 120, 127-129, 141, 143, 144, 148, 150, 151, 153, 154, 200, 223,

232, 305, 317, 333, 334, 354
스트루티온 못 97
시리아 33, 278, 280, 300, 313, 326, 389
시카리 211, 390
십자가형 25, 49, 140, 224, 317, 322-324, 326, 337-339, 344, 348

| ㅇ |

아겔다마 295, 297, 390
아그립바 53, 56, 253, 255, 387, 388
아리마대 요셉 69, 72, 264, 270, 346-349, 353, 361, 362
아우구스투스 86, 88, 146, 273, 277, 284, 312, 313
안나스 36, 38, 39, 54, 59, 61, 106, 158, 159, 184, 251-255, 257, 261, 382, 387, 390
안디옥 33, 145, 146, 172, 278, 280, 290
안토니아 요새 85, 105, 130, 138, 242, 312, 314, 318
알렉산드리아 17, 87, 88, 91, 145, 148, 156
알비누스 255, 271
엠마오 82, 371, 373, 374
여인들의 뜰 133
열심당 48, 49, 70, 71
요단 강 29, 43, 51, 52
요세푸스 15, 30, 34, 49, 57-60, 84, 91, 103, 105, 116, 130, 131, 145, 147, 188, 211, 252, 269, 271, 275, 276, 282, 283, 286, 292, 302, 312-314, 322, 333, 342, 343, 389, 390
요안나 70, 172, 290, 369, 371
욥바 85, 106
유대인 반란 15, 17, 38, 42, 49, 56, 106, 138, 192, 224, 276, 305, 324, 328, 351, 352, 391
유세비우스 347, 390
유월절 24-26, 63, 67, 102, 103, 105, 113, 144, 148, 150, 153, 170, 172, 193, 197, 217-223, 232, 234, 237, 252, 286-288, 291, 301, 306, 312, 329, 331, 334, 339, 346, 348, 354, 355, 361
이방인의 뜰 128, 139, 243
이스라엘의 뜰 133, 334

| ㅈ |

제사장의 뜰 116, 133, 134, 243, 332
제사장의 의복 56, 62
제의 목욕 46, 110, 112, 114, 116, 129, 153, 222, 263
준비일 217, 219-221, 305, 332, 338

| ㅊ |

최후의 만찬 15, 26, 82, 217, 219, 221-227, 241, 297
침향 350

| ㅋ |

콘스탄티누스 352, 392
쿰란 200, 222

| ㅌ |

타키투스 13, 32
토라 40, 44, 46, 47, 56, 58, 60, 62, 67, 74, 145, 156, 229, 268, 269, 296, 326
티로포에온 골짜기 81, 84, 97, 127
티베리우스 13, 146, 173, 273, 276, 277, 279-281, 283, 284, 286, 292, 388, 389

| ㅎ |

하스몬 왕조 84, 130, 324
향유 11, 55, 71, 73, 202-206, 212, 213, 231, 234, 245, 350, 354
헤롯대왕 23, 34, 35, 85, 106, 126, 172, 290, 313, 324
헤롯 안디바 24, 48, 172, 285, 288, 290, 291, 294, 388
황금 문 134
힌놈 골짜기 81, 97, 99

The
Longest
Week